国家出版基金项目

当代中国农民的脚印系列

共生经济（1962—1982）
人民公社时期的农业经营

张乐天　丰箫　邱梦华　著

复旦大学出版社

作者简介：

张乐天，1949年出生，高中毕业后回浙江海宁联民村务农10年。1985年毕业于复旦大学哲学系，获哲学硕士学位后留校任教，长期从事农村社区等领域的教学与研究工作，目前担任复旦发展研究院当代中国社会生活资料中心主任。主编普通高等教育"十一五"国家规划教材《社会工作概论》（第三版）；创建了中国第一个社会调查类数据库——张乐天联民村数据库；代表作《告别理想——人民公社制度研究》受到国内外学术界的高度评价。

丰箫，上海大学副教授，复旦大学历史学博士，主要从事中国近现代社会史、教育史研究。著有《权力与制衡：浙江省嘉兴地区乡镇自治研究（1945—1949）》《现代社会中的乡村教育：浙江省嘉兴地区乡村小学教师研究》等；在《社会学》《史学月刊》《学术月刊》等刊物发表多篇论文；主持完成国家社会科学青年基金项目、教育部人文社会科学青年基金项目等多项课题。

邱梦华，上海工程技术大学社会科学学院教授，上海大学社会学博士，近年来聚焦于城乡基层社会治理研究。著有《农民合作与农村基层社会组织发展研究》《城市基层社会组织发展研究》；发表文章二十余篇；主持国家社会科学青年基金项目、教育部人文社会科学青年基金项目等十余项课题。

目 录

绪 论 ··· 1

第一章 联民大队：浙北的一个行政村 ·· 8
第一节 区划、居民与历史 ·· 8
第二节 社会情况 ·· 18

第二章 生产资料 ·· 34
第一节 农具 ·· 34
第二节 农药 ·· 48
第三节 肥料 ·· 57
第四节 农田水利 ·· 67

第三章 "吃饭靠集体" ·· 79
第一节 水稻 ·· 79
第二节 麦 ·· 107
第三节 杂粮 ·· 119

第四章 蚕桑与经济作物 ·· 136
第一节 蚕桑 ·· 136
第二节 络麻 ·· 165
第三节 油菜、蔬菜与瓜类 ·· 183

第五章 林牧副渔与家庭经营 ·· 196
第一节 生产队的林牧副渔业 ·· 196
第二节 家庭经营 ·· 229

第六章　集体经营的组织、制度与运行 …… 264
　　第一节　公社、大队与生产队 …… 264
　　第二节　生产队的两项基本制度 …… 288
　　第三节　生产队的簿记体系 …… 318

第七章　共生与内卷 …… 341

绪　　论

一

1949年10月1日,伟大领袖毛泽东主席在天安门城楼上庄严宣布:中华人民共和国成立了。全国沸腾,世界瞩目。

然而,新政权接收的是一个烂摊子。旧中国在帝国主义、封建主义和官僚资本主义的长期统治下,经济极端落后。落后的经济在抗日战争、解放战争时期又遭受严重破坏,全国范围内市场投机盛行,通货膨胀,物价飞涨,人民生活十分困苦。

在中国共产党的英明领导下,新政权勇敢面对挑战,从历史的经验中汲取智慧。在初步恢复了经济与社会秩序以后,新政权于1953年确定了"优先发展重工业"的国家战略,并通过农业合作化等一系列制度变革建立"国家优先"的新秩序,以确保全国人民"拧成一股绳",尽快改变中国的落后状况,"使我国由工业不发达的落后的农业国变为工业发达的先进的工业国"。

新政权的这种努力得到了农民的拥护。在经历了互助组、初级农业生产合作社、高级农业生产合作社以及人民公社初期的动荡以后,"国家优先"的秩序通过"三级所有,队为基础"的体制而基本稳定了下来,时间是1961年下半年。

人民公社的基础是生产队集体。生产队是解开人民公社秘密的钥匙,是理解"国家优先"的社会秩序的关键。在另一个层面上,生产队有助于我们观察与理解经历了革命与社会转型的农民的价值观与道德,这种理解有重要的现实意义。

我们先从比较宏观的层面考察海宁地区生产队集体本身以及其与国家、个人之间的关联。

共生经济（1962—1982）
——人民公社时期的农业经营

其一，生产队集体本身的存在状态。生产队是一个农业生产单位，1968年以后，浙北地区标准的生产队规模约45户，以每户4人计算，生产队有180人。生产队里大多是土生土长的农民，他们文化水平低下，超过50%的人是文盲；大多数人都没有离开过海宁县。生产队从事传统的精耕农业，农业生产基本靠手工操作，运输靠人的双肩或者人工摇船。生产队集体产出的大部分农副产品主要供内部消费，农民生活的自给程度非常高。农民全年辛苦劳动，只够维持生存，年终积余很少。生产队除了与国家的交易以外，与外界的联系很少，是一个相对封闭的生活共同体。这种存在状态规定了其与国家、个人之间的关系。

其二，生产队是国家组织与制度体系中的末梢。这个体系具有等级分明的科层结构与权力关系，越到下级，权力越小，从而确保了下级服从上级。

其三，国家以户口制度控制了生产队的人口流动，以信用合作社、供销合作社、食品公司、粮食供销站等机构控制了生产队的物资流动。从某种意义上说，自从贯彻了统购统销政策以后，生产队集体就与国家建立了某种"协定关系"，国家要求生产队提供它所需要的一切，生产队从国家那里获得维系农业生产与日常生活必需的各种物资。这种交换过程完全受国家控制，交易的价格和方式由国家规定。

其四，自从农民交出土地证，把土地所有权、使用权悉行转让给集体以后，农民就放弃了对农业生产资料的支配权。人民公社成立以后，个人从集体的"退出权"被取消，生产队集体成为每一个农民注定的"生存场所"和唯一可以依赖的"家"。

当然，农民不是"木头人"，他们是活生生的、具有创造性的、追求发展的群体。他们总在"螺蛳壳里做道场"，实践着"捆绑着的个体化"，演绎出矛盾曲折的故事，使生产队集体成为充满张力的、过渡性的历史存在。

二

生产队集体是农民基本的、唯一的生产与生活空间，是他们生命活动展开的场所和共同生存的地方。生产队集体的共生性特征影响着农民们的行为，也制约着国家-集体-个人三者的关系。在联民大队一带，我们发现了三者关系中相互支持的情况，其中，农业生产条件的改善，特别是技术引进引人关注。

绪　论

在人民公社时期,联民大队一带的各个生产队都积极响应国家号召,开展大规模的农田水利建设。每年冬天,农民满怀热情地参加开河挖渠、平整土地、修机耕路等建设工程。经过多年的努力,联民大队一带的农业生产条件大大改善,大部分土地都做到了旱涝保收。联民大队一带是半经济作物地区,生产队种植粮食作物、经济作物,种桑养蚕,开展副业生产。为了增加粮食与经济作物的产出,生产队一直希望国家提供更多的农药、化肥,并乐意"为国家多做贡献";国家没有辜负生产队的希望,农药、化肥以及其他重要农业生产资料的供应每年都呈上升趋势。国家农科系统提供的作物良种对于生产队的粮食产出有较大的贡献率,几乎每一次粮食亩产"上一个台阶"都与引进新品种相关。此外,农业机械的运用大大减低了农业劳动强度,农村电力的普及提高了农业自动化水平,科学管理技术的引进不断改变着农业生产方式,这一切都有助于农业的发展。

总体上说,一切有助于提高农业产出的努力都会同时受到国家、集体与个人的支持,人民公社时期浙北乃至全国农业生产条件的改善不仅引人注目,而且对于改革开放以后的农业生产有很大的影响。但仔细观察,三者关系中仍存在一些问题,农业生产秩序中有些不协调因素。其一,瞎指挥或者资源、技术的滥用。一方面,上级部门不顾生产队的实际情况,下达指令,硬性推行,造成了许多不必要的损失。瞎指挥在农田水利建设十分突出。另一方面,部分农民在劳动中缺乏责任心,不按操作要求去做,造成浪费、损失。其二,国家把农药、化肥等农业生产资料作为引导生产队生产的砝码,生产队为了从国家那里多买农药、化肥,不得不去种植一些服务国家需要的作物。其三,农药、化肥等重要的农业生产资料十分短缺,导致出现拉关系、走后门现象。

人民公社有力地推动了农业生产条件的改善和现代农业生产资料、农业技术的引进,从而有助于传统农业向现代农业的转型。但是,生产队集体却使传统农业的现代转型被生存经济所吸纳,无法释放出应有的能量,难以促成浙北农业的发展,甚至造成后患。

其一,现代农业生产技术与资料的工具性运用及其弊端。

在传统农民心中,自然是神秘的,土地是珍贵的。他们敬畏自然,害怕因为某种触犯行为导致灾难。他们小心翼翼地保护土地,努力提高土地质量,希望来年有更高的产出,给家庭增添荣耀。农业合作化改变着农民与土地、自然的关系。自然成了人类可以无限索取的对象,浙北农村提

共生经济（1962—1982）
——人民公社时期的农业经营

出口号："人有多大胆，地有多大产。"实行集体化以后，土地不再是家庭的财产，农民只关注土地的产出。在这样的背景下，当国家为生产队集体提供更多的农药、化肥等农业生产资料的时候，生产队常常只考虑提高土地的产量，较少关注农药、化肥的大量使用对于土地的危害。生产队集体以及农民家庭对于农药、化肥等现代农业生产资料的工具性运用污染了土地，破坏了生态环境，其负面影响需要进行认真的评估，其背后的价值观更应该认真反思。

其二，现代农业生产技术与资料的被动式运用。

在人民公社时期，"国家优先"的社会秩序为农业现代化的推进提供了良好的条件。那时候，农业技术的推广十分顺利，现代农业生产资料毫无障碍地进入遥远的村落，与前公社时期相比，农业现代化在人民公社时期取得了令人瞩目的成就。

然而，从另一个角度看，问题仍然存在。农业现代化不只是物的现代化，更重要的是人的现代化，是从事农业生产的农民大众对于现代农业技术的掌握、对于现代农业生产资料的创造性运用。但是，由于现代农业生产资料都掌握在国家手里，生产队"再积极也没有用"，所以，生产队通常都只是"被动地"运用农业技术和农药、化肥等生产资料。生产队的领导们"等着"国家的分配，"听着"公社农科系统布置农药的使用方法，再"照葫芦画瓢"地通知社员。普通的农民较少有机会直接接触农业技术。实际上，他们也没有任何兴趣，因为农业现代化是生产队的事，是国家的事，"关我什么事"？

其三，现代农业生产技术和资源的过密式运用。

农业现代化追求着两大目标：一是大大减轻农业生产的劳动强度；二是提高农业生产效率，逐步实现农业的产业化。在人民公社时期，农业现代化的第一个目标部分地达到了，但是，第二个目标却流产了。从技术的角度看，现代农业的高效率是不容置疑的。化肥的肥效比传统的河泥提高几十倍；拖拉机耕田，劳动效率起码高出十倍以上，质量与人工翻田不可同日而语。那么，在人民公社时期，既然引进了许多现代化的要素，为什么"农业停滞不前"？原因就存在于生产队集体与农民个体之间的关系中。在国家计划经济体制下，生产队成为农民唯一的"就业"单位，生产队里所有的农民都要求生产队长尽可能多地安排农活，以"赚工分"，增加收入。换句话说，生产队内部没有提高劳动效率的意愿，农民们只看着自己"拿了多少工分"，完全不顾劳动效率。这就出现了现代农业技术与资源的过密式运用,现代化可能提高的效率被过度的劳动投入消解了,生产队的工分值长期在低水平徘徊。我们从联民大队一带的粮食生产及其管理中可以看到这一点,在经济作物的生产及其管理中也存在着这样的情况。

三

"国家优先"的社会秩序不仅涉及所谓"正确处理三者关系",更涉及国家对于集体、个人的支配与改造。农业现代化实际上是国家推动的一场改造传统农村与农业的运动,国家推动的另一项重要工作是完善基层管理与治理,旨在改造传统农民,建设现代新农村。"三级所有,队为基础"的人民公社建立以后,生产队集体的管理成为维系正常生产与生活所必需的工作,各个生产队都在上级领导下建立了一套完整的制度。

生产队管理是表达性实践的典范。生产队里的许多工作与民主话语相匹配。每年进行的生产队队务委员会与生产队长选举是"民主的实践",大队党支部要求所有社员"以主人翁态度"积极参与选举,选举过程严格遵循着民主程序。生产队里每隔一段时间举行的社员代表大会、全体社员大会总是高举着民主的旗帜,生产队长与队务委员会有机会倾听社员的意见。生产队"财务管理民主化"最引人关注,会计每一个月都按时张榜公布每一个社员的工分记录,以便大家核对;每次结算以前,队长都听取大家的意见,生产队所有的账目都是公开的,随时可以让社员查询。

生产队的管理总希望做得更加规范,以克服生产队长个人的随意性。生产队每年都进行队长和队务委员会换届选举。新一届领导班子上任以后,第一件大事就是制定生产队行为规范,包括生产队长、生产队会计、出纳以及其他委员的职责,生产队关于出工、评工记分、实物分配的规范等,在听取社员的意见以后,新的规范就确定下来,要求大家"严格执行"。在生产队运行的过程中,遇到一些涉及社员行为的事情,生产队就开会讨论,"推出几条规定",宣布某个时间开始执行。

在国家的推动下,生产队表达性实践中所体现的民主精神、规范化努力都具有正面效应。从一定的意义上说,生产队集体的实践是现代性的启蒙,但是,这种启蒙是有限的、弱小的,总被淹没在传统的冰水之中。

其一,少数人支配与多数人依附。

在生产队集体的运行过程中,社员群众的参与只是表面上的,生产队

共生经济（1962—1982）
——人民公社时期的农业经营

的事情总是由少数人甚至个别人决定。他们支配着生产队的权力结构，左右着生产队的运行。以生产队长选举为例。在联民大队，大队党支部每年都在生产队换届选举前下生产队进行调研，了解情况，物色下一届生产队长与其他干部的人选。党支部在"心中有数"以后，才派人员到生产队组织召开社员大会进行换届选举。如果"条件不够成熟"，党支部会继续做一些人的"思想工作"，以"统一认识"，完成上级组织的任务。因此，社员大会的投票只是"做一个形式"，主要人选事先由少数决定了。

这种"少数人支配"之所以可能，是因为村落里绝大多数农民缺乏自主意识与主体性，他们遇事只想着找别人"帮忙"，习惯让别人来支配。一句话，农民的生存状态与依附心态决定了民主只是"做做样子"。

其二，绝对平均主义。

国家号召"农业学大寨"，传统大家庭推崇"一碗水端平"，两者的结合促成了生产队集体中的绝对平均主义。从1960年代中期以后，生产队的粮食分配首先满足每一个人的粮食需求，按劳分配的比例很低。生产队分配实物，为了保证公平合理，最常用的办法就是"抓阄"，叫作"手指头没有眼睛，抓到没有话可说"。生产队评定劳动工分，男性全劳力一律10分，女性全劳力一律7.5分，一旦拿到这个工分，就每年如此，不再变动。绝对平均主义是中国大家庭家长的处事办法，延用到生产队集体中，严重地伤害了生产队的强劳动力，后者甚至感觉受到了"剥削"。

其三，漠视规章。

在生产队管理中，为了规范农民们的行为，每年都会制定一些规章制度。但是，农民很少把生产队的规章制度放在眼里，他们总是自行其是，随意破坏"他们双手表决同意"的那些规定。在联民大队，每年的禁鸡令是典型的案例。生产队每年都在适当的时候颁布禁鸡令，以保护集体粮食，确保粮食丰收。但很少有人严格遵守禁鸡令，逼得生产队使用强制手段。有人说，"农民是蜡烛，不点不亮"。这种情况令生产队长头痛，更令一些生产队长使用强迫命令、体罚等手段，谁之过？宽泛地说，农民们缺乏法制意识、契约精神，在这一片土地上，谈何现代管理？

四

在"国家优先"的社会秩序中，生产队集体是一个关键环节。生产队集体的稳定与持存确保了社会秩序的延续，生产队集体内部的张力也给社会秩序的长期维系带来了困难。

绪 论

生产队集体是特殊时期的历史存在,是与外界关联度很低、自给自足的社会空间。低下的农业生产水平,受国家计划控制的农业生产经营,以自然村落为基础的适度集体规模,封闭的集体生产与生活空间,这一切使得生产队集体中的农民们产生了共同生存的意识,一种"同船合一命"的观念。

在生产队中,土地与主要生产资料都归生产队集体所有,集体土地几乎是全体农民唯一的生活资料来源和生命延续的保障。在这样的情况下,共同生存意识有效地抵御了来自外部、内部的妨碍农业生产的干扰,确保了农业生产可能循着自然的节律展开,各类作物都能有所收获。因此,我们把生产队集体经济称为"共生经济"。

但是,共生经济仅仅使经济水平停留在维持人的生存的水平上,这显然不是向前发展的经济,反而是向后倒退到较原始状态的经济。人类历史已经进入20世纪下半叶,农民再落后,也不能容忍停滞不前。生产队里的农民,特别是青年农民从一开始就不满意自己的生存状态,到1970年代中后期,这种不满意情绪更多地转化成自行其是的行动。

1956年,当联民村的农民们交出土地证的时候,谁也不会想到,从此以后,他们以及他们的后代都将被束缚在这片集体的土地上,成为一个个"被束缚的个体","没有出头的机会"。这是最让生产队里的年轻人沮丧的事。生产队集体如此严格地"绑住了"他们的手脚,他们缺乏学习提高的机会,缺乏增加收入的机会,缺乏选择职业的机会,更不可能改变身份。

希望是人的生命意义所在,新的需要的产生与满足新的需要的行动才是真正的历史实践。生产队里的农民,特别是年轻人,各自以不同的方式"想办法",其中两种努力明显触及了人民公社的社会秩序。其一是化公为私。化公为私的行为与"正确处理国家-集体-个人三者关系"所规定的行为规则相反,严重地损害了"国家优先"的社会秩序。在人民公社里,国家是公,集体是公,个人是私,化私为公行为暴露了农民,特别是青年农民中存在着"无公德的个人主义价值观"。其二是逃离集体。1970年代后期,浙北农村越来越多的农民离开生产队,有的自己做泥水匠、木匠等,有的到社办企业上班,有的做小生意赚钱等。逃离集体的行为影响了生产队集体的劳动与分配,妨碍了生产队正常的农业经营,冲击了"国家优先"的社会秩序结构,并最终导致了人民公社的解体。

人民公社终结了,公社给人们留下的历史教训却是深刻的。

第一章　联民大队：浙北的一个行政村

直到1960年代,联民大队一带的农村仍然保持着传统的风格。农民们日出而作、日落而歇,所有的劳作都依靠人的体力,锄头、铁耙等农具几乎与一千年以前的一样。在农业生产中,时间只是周而复始的循环,历史只是古老故事的翻版。

公社的环境与资源构成了农业生产的外部约束,生产队是农民们维系生命的全部依托。几十户人家,100多口人,耕耘于同一片土地,共担风险,同享收益,过着近乎自给自足的日子。这种生存状况滋生出集体生存的意识,用当地农民们的话来说,叫"同船合一命"。那是怎么样的一艘船,又在什么样的环境中行驶?

第一节　区划、居民与历史

每一个行政村都有自己独特的历史,光荣的或者悲情的;每一个农业村落都只是中华大地上的一个细胞,都内在地包含着"村落的真理"❶。到2012年,联民大队的名字早已在海宁市的版图上消失,然而,联民大队却还是一方农业村落。

联民大队是人民公社时的一个大队,有8个生产队,其中之一是红旗生产队,小地名叫陈家场。

---

❶ 村落都有一整套为村民们所接受的善与恶、对与错、美与丑等地方性观念,这些地方性观念构成村落文化,制约着村民的行为。

第一章 联民大队:浙北的一个行政村 ◎

一、地理位置

联民大队是浙北杭嘉湖平原南端海宁县境内的一个生产大队。

海宁县位于钱塘江北岸,在浙江省省会杭州市东北偏东61.5公里处。东邻海盐县;西接余杭县;南临钱塘江,与萧山、上虞县隔江相望;北连桐乡;东北隅与嘉兴市郊接壤。地理坐标为北纬30°19′—30°35′,东经120°18′—120°50′。东西长51.65公里,南北最宽处28.94公里,总面积681.5平方公里。1990年,海宁全区有15个镇,12个乡,辖89个居民委员会,286个村民委员会❶。

截至1990年,盐官乡位于海宁市市府所在地硖石镇西南20公里处,杭州湾北岸。地理坐标为北纬30°24′,东经120°32′。东接丁桥镇,西邻钱塘江镇,西南毗连盐官景区,西北隅与周镇乡接壤,北靠郭店乡和丰士乡。全乡面积19.65平方公里,有130个自然村。盐官乡共有11个行政村,联民村在盐官乡的东南部,离镇政府足有十里路程❷(见图1-1)。

图1-1 联民大队地理位置图(1993年)
资料来源:海宁市工商交通旅游图,1993年。

联民大队的南端有一条老沪杭公路。公路筑于民国年间,沿着杭州

---

❶ 参见海宁市志编纂委员会:《海宁市志》,汉语大词典出版社,1995年,第1、21、31页。
❷ 参见盐官镇志编写组:《盐官镇志》,南京出版社,1993年,第1页;海宁市志编纂委员会:《海宁市志》,汉语大词典出版社,1995年,第127页。1990年,盐官乡与盐官镇没有合并,盐官乡乡政府在盐官镇上,所以,盐官乡地理区位与盐官镇相同。

共生经济（1962—1982）
——人民公社时期的农业经营

湾蜿蜒曲折，从杭州一直通到上海。公路是运输的通道，更是防护钱塘江大潮的一道防线。1937年，日本军队在乍浦登陆，沿着老沪杭公路烧杀抢掠，联民大队一带公路南面的房子化为废墟，一些人惨死于日本兵的刺刀下，给当地农民留下了很多痛苦的记忆。

盐官素以钱塘江潮而闻名天下。月缺月圆，潮汐的时间随之变化，半个月一个轮回。汹涌澎湃的海潮蔚为大观，却严重地威胁着沿岸人民的生存，联民大队一带自古就有"海宁海塘不修，七郡生灵成鱼鳖"之说。清嘉庆十六年（1811年）浙江东防海塘同知杨振斋著《海塘擥要》序云："浙江海塘为杭嘉湖苏松常六郡民田庐舍所关国计至重，晋唐以后，南江道塞，南宋嘉定以前，潮由中门出入，南北两岸俱无所害，自嘉定十二年（1219年）潮失故道，水力直趋于北，海宁州南四十余里沦入海水。"❶此后，潮水多次冲坍海塘，海水内灌，农田被淹，百姓受灾。

解放以后，国家十分重视修筑海塘。人民公社时期，政府动员农民们修起了高高的防潮大堤，并在大堤上种植了固土的芦竹。站在江边远眺，大堤犹如绿色的长城。改革开放以来，国家投入大量资金，已经把泥堤改建成牢固的水泥堤。当地农民们说，"从此以后，我们再也不需要担心潮水泛滥了"。然而，江边偶尔会有噩耗传来，个别"不识潮性"的人看水面平静，走下海塘，不料被潮水卷走了。

二、历史与居民

联民大队所在的海宁县有着悠久的历史。据考古发现，海宁庆云镇永安村郭家石桥遗址，为新石器时代马家浜文化；盐官镇城北村徐步桥遗址和郭店镇莲花村千金阁遗址，均为新石器时代良渚文化。这些考古发现证明，早在五六千年前，海宁一带已有先民生息。

联民大队所在的盐官乡设乡政府于盐官镇。盐官之名始于西汉，以吴王濞煮海为盐，于此设司盐之官得名。盐官镇始建于吴越年间，在明清时代非常繁荣。从公元655年到1911年，盐官一直是县州治所在地，人口最多时达5万以上。在沪杭铁路修通以前，盐官是重要的码头、南北交通的要冲、各类货物的集散地，商业十分发达。解放以前，盐官一直是国民党县政府的所在地。1949年解放后，海宁县人民政府在盐官镇正式成立。1949年6月中旬，海宁县人民政府迁到硖石。此后，盐官镇一直是

---

❶ 转引自海宁市志编纂委员会：《海宁市志》，汉语大词典出版社，1995年，第375页。

第一章 联民大队：浙北的一个行政村

海宁县直属镇，与人民公社属同一个级别。1990年，盐官镇辖4个居民委员会和1个村民委员会，总人口2 017户，6 139人❶。设于盐官镇上的盐官乡在1970年代称为红江人民公社，管辖着盐官镇东面、北面共12个生产大队，联民大队离盐官镇10里，是红江人民公社最东面的大队。

1970年代，联民大队下辖8个生产队，其中，在袁花塘、油车巷和冯家洪环绕的一片土地上坐落着一个古老的自然村落——陈家场，正式名称是红旗生产队。"陈"为姓氏，"场"即场地，陈家场就是陈氏家族世代居住、劳动和生息的地方。据传，陈氏家族早在明代万历年间便于此居住，至今已有400多年的历史。1981年，红江人民公社组织专人调查生产大队与所有自然村的历史，下面是调查的全部记录。

> 联民大队：高级社时命名，现仍为联民大队，是联合农民走集体化道路的意思。
>
> 九里桥：此桥建于公路南运盐河上，距盐官9里路，故名九里桥。现在，建在培塘河❷上的红江2号桥代替九里桥，离原九里桥向东北段约100公尺。
>
> 红江一号桥：此桥建于1973年，因属公社东边界，故名红江一号桥。
>
> 椿树底下：该地原有大椿树，附近的村庄就叫椿树底下。
>
> 贾家场：这地方住的都姓贾，故叫贾家场。
>
> 陈家场：该村都姓陈，故叫陈家场。
>
> 冯岸上：该村都姓冯，村前有一条河，故得名冯岸上。
>
> 张开泰：据说在清末，张家在这地方开过店，后又成为一个村庄，故得名张开泰。
>
> 太平庵：太平庵原是一座庙的名字，据说始建于清末，此村就以

---

❶ 参见盐官镇志编写组：《盐官镇志》，南京出版社，1993年，第31页。1990年，盐官镇是海宁市直属镇，盐官乡是盐官镇西部、北部的农村地区，乡政府在盐官镇上。几年以后，盐官乡与盐官镇合并，称为盐官镇。2005年下半年，盐官镇、郭店镇、丰士乡合并建立新的盐官镇，当地的"头面人物"就镇政府"设在哪里"展开了权力博弈，最后，盐官镇政府没有设在历史悠久的盐官老镇，而是搬到了郭店镇。后来，由于老盐官镇有许多重要的历史古迹，海宁市把老盐官镇单独划出，成立"盐官景区管理委员会"。

❷ 培塘河又称上塘河。海宁县的水系区分为上河水系与下河水系，位于联民大队南部的培塘河是上河水系，故称为上塘河；位于联民大队北面的袁花塘河属于下河水系，有时农民们称其为"下河"。

共生经济（1962—1982）
——人民公社时期的农业经营

庙名命名。

横浜头：该村有一条浜叫横浜，住在浜头一带的人家就叫横浜头。

斜河头：村内有一条河，河头不规则，取名斜河头。

十里亭：离盐官约10里路，有一座凉亭叫十里亭，附近的村庄就叫十里亭。❶

2000年8月份，联民大队原会计胡少祥经过调查，记录了联民大队各个不同姓氏的历史与分布，全村没有一个姓氏的农民对于自己的宗族历史有比较清晰的记忆。或许，缺乏历史记忆本身就是重要的历史现象。下面摘录一些他当年写下的文字。

我村姓江的人家

我村只有四组有几家姓江的，大约最早也只有2家，不知为什么这个小地方叫江家场。

其中有1家姓江的，有1位老人。我小时候人家都叫她九姑，她男人是招女婿的，不知男的是姓朱的还是姓江。她老头已死了，儿子也死了，只剩下媳妇和孙子，这个孙子就是江志成，已死，他比我大3岁。他有4个儿子，其中3个已成家，目前已成为4家姓江的。

另一家姓江的，据说叫江阿七，最早也只有一位老太，人都叫她七阿太。她有1个儿子，不在家中，去余杭平窑做（工作），人家那里有儿有女，他的名字叫关通。他平均1年不到1次来家，他就是江家真正的子孙。

江家七老太儿子不在家，也不愿在家。一个老太身边无人，有一次一个要饭的年轻女子（来了），她留了下来当女儿。后来，一个当地方兵的男子叫徐兴甫，给她当了女婿。没有生孩子，把隔壁王家一个小姑娘当领女。徐的老家在斜桥北面高桥头。后来又将徐兴甫的侄儿给领女做了女婿，生了2个女儿和1个儿子，现在已经有了孙子，继承着姓江的，实际上没有一个人姓江的。七太的女儿都叫她金宝，不知娘家姓什么。七太的女婿姓徐，孙女姓王，孙婿又姓徐。到

---

❶ 参见联民大队文书档案：《海宁县红江公社地名录（1981）》。《地名录》对于地名的表述不够严谨，联民大队中没有单姓的自然村，说"都姓×"的说法与实际情况有出入。

第一章　联民大队：浙北的一个行政村

目前为止,全村姓江只5家人家。

我村姓章的人家

我村只有五组原来4户姓章,直到现在也只有6户人家,原来是章厚仁、章洪彬、章义堂和章阿三。章厚仁是做木工的,当时在社会上可算是一般的人家。他只有一个儿子,叫章永堂,父子都已亡故,传下来有3个孙子,分成了3户,大孙子章仲华,又名长发,也已死了。仲华也只有一个儿子,未成年。

章洪彬原在上海油墨厂工作,解放前一段时间在乡下,在伪祝会乡当过办事员,参加国民党,解放前夕又到上海,他家里有妻子,有一个儿子,名叫章默兴,而他长时住上海,上海有小老婆,直到死于上海。

章义堂很早死亡,生有一个女儿,出嫁住在屠甸。家里只有一个老太,后来去女儿家和女儿女婿一起过,直到死在屠甸,这户人家没有人下传。章阿三生有2个儿子,当时很苦。大儿子叫章云松,在旧社会大约到上海当伪警察,全国解放时,跟随国民党去台湾,杳无音讯。直到改革开放后曾回来过2次,在第一次来之前,生母刚巧死亡,没有见面。二儿子章桂松,很小给人家,解放后逐步翻身入了党。他有2个儿子成了2家。第二次兄弟会面,十分亲切。桂松有病时,他哥从台湾寄钱、寄药,3年前已死亡,以后他哥嫂没有来过。

我村姓胡的人家

我们胡家的祖先不知在哪里。我们双秧河兜最早大约只有3户人家,我已经不知道我家的曾祖辈的情况,不知道坟墓以及亲戚关系了。

原来的3家,我只知道现在的堂哥胡瑞芳的祖母,虽说是堂哥,他们已经和我家比较远了。他的父亲没有弟兄,他有个弟弟,在余杭。传下来只有他的3个儿子,其中一个在硖石,家里还有2个儿子为2户。第二家是我堂伯父,大约比胡瑞芳家要近一点。这个堂伯父3个女儿,儿子也有一个比我大1岁,在大约10岁左右死亡。后来大女儿招个女婿,现在有1个儿子只传下1户。最早的第三家是我们这家姓胡的,曾祖辈和前2家的关系我不清楚。祖父辈有4个弟兄,其中一个最小的给人家做领子,现在在群海村四组姓葛,传下也有4户人家。家里的3个弟兄,我的祖父最小,生了2个儿子,父亲传下我一个。伯父母不生,领个儿子,现在有2个孙子为2户。大

共生经济(1962—1982)
——人民公社时期的农业经营

祖父传下1户,二组父这1户现在已经绝后。整个姓胡的现在不分近远,都属自族一样有事往来,在这里总共只有8户人家。在外边总算也有3户。不知姓胡的人家这么少。

王姓人家的分布

一组有4户姓王,王金福、王六彩、王继福和王有法,现在已增至6户。二组原有1户姓王,现在居住在盐官。三组有4户人家姓王,王洪章、王祖金、王海章、王华手、王海章户皆居盐官。

四组有7户姓王,王三兴、王汉兴、王九年、王明华、王张青、王炜江、王定方。还有从姓沈的农户中分出1户姓王。沈瑞仙招女婿王进元,3个儿子3户,其中2户姓沈,1户姓王。五组只有1户姓王,六组原来有户姓王,王金祥已死,侄儿王东明在嘉兴居住。

据了解,一组的几户姓王的靠近东面,丁桥勤海村四组的和那里王姓的是自族。三组、四组、五组的大部分王姓基本上都是自族,是原来九里桥被日本人烧掉房屋以后向北迁移的。他们的自族,有联新村一组王琴仙、王飞庆、王飞龙等户,还有联新村三组的王志安弟兄和四组的王生康、王才康等,都是较近的自族。

四组的王张堂户是丰士北面王家场迁来,张堂小时寄托我村外婆抚养成人,家里父母各奔前程,抛弃小孩,待他长大以后,把那里的房屋拆来造在这里,现在就永久居住在这里外婆家,现在有2个儿子已分成2户。二组有1户姓王和六组只有1户姓王,其来历很不明确。其余没有姓王的人家。

陈姓人家的分布

我村姓陈的大多数在六组,当时有人称这里是陈家场,这个组姓陈为多数。三组姓陈的也近半个组,三组的东半个组,基本上姓陈,原来是一个小小组,塘南村五组小地名叫斜河头。二组只有1家姓陈的人家。四组有2家姓陈。

五组有好几家姓陈,东半个组大约有9家姓陈的人家,而且也有外出做工的人家,五组的西面也有2户姓陈的人家。

六组姓陈的人家,过去大多数男人外出经商,过去叫学生意,也还有不少人家因学生意而全家外迁。解放初期组织起来的生产队男劳动力很少,人称"太太队"。这些外出、外迁的人和整户人家当中,去上海的为多数,杭州、南京以及本市的很多地方。

牵涉到全村有五个组姓陈的人家,看来都不是自族,二组的1户可能是五组的自族。四组的2户,没有较近的自族。五组西面的2户和东面的9户不是自族。全村姓陈的有5个自族。而六组的陈姓自族里面也还有远近之差。陈家场由于外出较多,加上过去封建世族的压力,生女的人家不准招上门女婿,只能外嫁,这样就控制了陈姓人家的发展。在改革开放之前,农村人口不能随便外出和进城经商,也由于户口的控制不能进工厂和企业,陈姓人家才在这里发展了农业人口。

冯姓人家的分布

冯岸上是我村集中姓冯的人家,作为我村姓冯也算是个大姓,冯岸上主要分成2个组,八组为主,九组为副,还有五组也有好多人家姓冯。四组也有好几家姓冯的。而且三组也有1家姓冯的。

三组冯建兴的父亲冯云彬很早就住在三组,居住在一所草屋,不知这户人家是不是冯岸上的,看来好像不是,没有冯岸上的自族,也不清楚这户人家是那里搬迁过来的。

八组、九组本是一个大组,因为这里人家多,很早就分成两组,"文革"时期造小小队反的时候,冯岸上首先开始并组,其他各组同样并组,只有五组、六组这两个组无法合并,没有并组,其余各组都进行了并组,也叫并队。冯岸的叫胜利队,这个胜利队带头造小小队的反,带头并组,却很早就分了组。其余的各个组至今没有分组。

这个八组姓冯的占大多数,但没有全部姓冯,九组也有不少人家姓冯,但还有很多人家姓张。五组即在冯岸上南面可能是延伸出来的,这个地方原本叫张开泰,但姓张的少,而姓冯的也有好几户人家。

四组很早有4户姓冯的人家,直到现在还是4户人家,他们可能是很早从冯岸上搬迁过来的,与冯岸上好像没有近族人家。即使是自族,也一定很远的了。

全村姓氏总括

我全村不存在什么主姓,不然的话会出现什么王家村、李家村的了。

我村较为多数的姓大概要算姓冯的了,多数住在八组、九组和五组,但也有四组和三组。其次可能要算姓徐的了,主要住在七组及一组。第三可能是陈姓,主要住在六组和三组以及五组和四组。

陈此以外,姓贾的在七组占半个组。姓邹的占二组半个组以及一组、三组和四组。姓张的有五组、二组、四组。

共生经济(1962—1982)
——人民公社时期的农业经营

其余的都是很多的人家,比如姓李的,只有二组几户,姓沈的只有四组几户和二组几户,姓章的只有五组几户,姓顾的只有六组几户,姓周的只有一组、三组和四组几户,姓王的只有一组几户、三组和四组几户。

姓羊、叶、邰、林、韩,只有一组而且每个姓只有1户,最多是2户,姓葛、姓戴只有二组及六组1户,姓赵、姓刘都只1户,在四组姓袁只有五组有几户,姓金只有七组有几户及八组1户,姓祝的只有六组几户和四组3户,姓胡的只有四组几户,姓江的也只有四组几户。

三、行政区划

随着历史的推进,行政区划发生着变动,反映了不同时代社会的变迁。汉末孙吴析海盐,由拳县南境地置海昌县。三国吴黄武二年(223年)改为盐官县,因汉代吴王濞于此立盐官而得名。南朝陈永定二年(558年),割吴地盐官、海盐、前京三县置海宁郡,始有海宁之名。因其地处滨海,寓祈求海港安宁之义。陈末废海宁郡,盐官县先属钱塘郡,后属东武州。唐武德七年(624年)盐官县并入钱唐(塘)县,贞观四年(631年)复置。元代元贞元午(1295年)升为盐官州。因盐官县南临钱塘江,屡受潮害,海塘几经修筑,至天历二年(1329年)塘岸建好,海水始宁,因而改称海宁州。民国初改为海宁县❶。1949年5月7日,海宁解放。隶属省人民政府第一专员公署,10月改属嘉兴专区,隶属浙江省。1958年10月,撤销海盐县,大部并入海宁。1961年12月复置海宁县、海盐县❷。1986年11月,撤销海宁县设海宁市(县级),属浙江省嘉兴市。

1999年,海宁市由25个乡镇调整为14个镇和4个乡:硖石镇、长安镇、盐官镇、许村镇、斜桥镇、袁花镇、丁桥镇、庆云镇、郭店镇、马桥镇、沈亡镇、盐仓镇、周王庙镇、钱塘江镇;许巷乡、新仓乡、谈桥乡、黄湾乡。2006年年底,海宁市面积668平方千米;人口64.39万人;辖4个街道、8个镇、61个社区、161个行政村。当年,盐官镇面积56.01平方千米,人口5.18万人。下辖3个社区、17个行政村:郭店街、春熙、安澜;盐官、联

---

❶ 参见网页"9—11海宁市历次行政区划调整汇总"。
❷ 海宁市志编纂委员会:《海宁市志》,汉语大词典出版社,1995年,第18—19页。

农、祝会、群益、桃园、联丰、郭店、广福、包王、丰士、中新、红友、万寿、联群、安星、城北、新星。

清末民初,盐官镇区及附近地区改称城或城区。1928年,全海宁县归并为5个自治区,盐官称第一区。1935年起复称盐官镇。中华人民共和国成立以后,盐官镇一直为建制镇❶。改革开放以后,盐官镇曾一度与周边农村合并,统称盐官镇。后来,盐官镇区重新划出,成立盐官景区管理委员会。

联民大队位于盐官镇区东面5公里处,其行政区划在历史上多次变动。1928年,国民政府推行村里制,县以下设区、村、里。百户以上之村为一村,不足百户之村合数村为一联合村;百户以上之市镇为一里。海宁全县划分8区。据《分省地志·浙江》(1939年中华书局)载,当时规定:在县地方以百户之村庄为乡,百户以上街市为镇。五户为邻,五邻为闾。1934年9月,国民政府开始实行保甲制❷。1945年9月到1947年2月,祝会乡下辖包括联民大队所在区域的12个保。1947年3月,祝会乡部分区域并入诸桥镇,联民大队所在区域归诸桥镇管辖。

1949年5月30日,海宁县各区委、区人民政府成立,海宁被划为7区、25个乡镇。当时,联民大队分为太平村与塘南村,归诸桥镇管辖,隶属盐官区。不久,全海宁县调整为6区、68个乡镇,太平村被划入了新成立的祝会乡(全乡共9个行政村),仍隶属盐官区。

1956年2月,海宁撤区并乡,全县被划为6个镇、22个乡。太平村、塘南村合建为联民高级农业生产合作社,隶属三星乡。

1958年10月,联民高级社改建成联民生产大队,隶属钱塘江人民公社祝会管理区。

1960年4月,联民大队与联新大队合建为祝会大队,隶属钱塘江人民公社。

1961年4月,联民与联新分置,建立联民大队,隶属三星公社。

1966年,改"三星公社"为"红江公社",大队名未易。

1984年1月,联民大队改建为联民村。

2005年,联民大队与西面的联新村合并,建成祝会村。

---

❶ 盐官镇志编写组:《盐官镇志》,南京出版社,第34页。其中,盐官镇于1958—1961年并入钱塘江人民公社,1961年年底重新划出。

❷ 参见海宁市志编纂委员会:《海宁市志》,汉语大词典出版社,1995年,第12—15页。

共生经济(1962—1982)
——人民公社时期的农业经营

第二节 社会情况

在人民公社时期,农业经营在特殊的社会环境中展开。严格的户口控制以及僵硬的生产队结构构成了那个时代农业经营的内部环境。限制人口流动的历史后果是人口、劳动力之于土地的压力渐次增大,心理与社会后果是消极、无奈以及在维系生命层次上的集体生存意识。严格的计划经济制度体系是农业经营的外部社会环境❶。外部环境的严峻使得"共生"成为农民们的"智慧的选择":离开了生产队这条船,他们就没有任何的生存空间。

一、人口与劳动力

农村人口无疑是影响农业经营的一个重要因素。像全国其他地区一样,解放以后,海宁城乡人口增长很快。1949 年,海宁县总户数 85 462 户,总人口 318 531 人,到 1990 年,全市总户数 173 549 户,总人口达 620 603 人,总人口几乎翻了一倍。1949 年,海宁县农业人口 270 451 人,占总人口的 85%;1990 年,全市农业人口 520 125 人,占总人口的 83.8%。值得关注的是,1990 年,海宁市农村每平方公里有 790 余人,比全省平均数高出近一倍。下面的表 1-1 列出了海宁市人口的变动情况。

表 1-1 海宁市 1949—1969 年度户数与人口变动表

年 份	总 户 数	总 人 口	年 份	总 户 数	总 人 口
1949	85 462	318 531	1956	92 503	379 885
1950	89 269	328 419	1957	92 992	384 316
1951	90 306	333 009	1958	94 030	395 237
1952	90 784	340 499	1959	94 095	405 536
1953	91 291	347 309	1960	94 270	411 569
1954	91 633	353 641	1961	100 425	421 447
1955	92 477	365 527	1962	100 609	440 073

---

❶ 政治和意识形态是维系人民公社组织与计划经济体制的强制性力量,同样成为农业经营的社会环境。政治和意识形态与农业经营的关系这里不再介绍。

第一章 联民大队：浙北的一个行政村

续表

年 份	总户数	总人口	年 份	总户数	总人口
1963	101 067	455 674	1977	125 819	563 897
1964	103 446	468 975	1978	127 017	568 014
1965	104 486	481 032	1979	125 304	572 756
1966	105 448	490 555	1980	127 230	576 866
1967	105 916	498 960	1981	135 339	582 597
1968	105 817	507 742	1982	142 404	589 565
1969	109 236	516 765	1983	145 303	592 464
1970	111 802	524 951	1984	148 606	592 770
1971	112 635	533 275	1985	154 011	594 063
1972	113 519	540 701	1986	159 930	599 980
1973	115 513	547 899	1987	164 105	606 572
1974	117 270	552 114	1988	167 439	610 756
1975	119 517	556 308	1989	171 467	615 315
1976	122 388	560 244	1990	173 549	620 603

资料来源：海宁市志编纂委员会：《海宁市志》，汉语大词典出版社，1995年，第141页。

观察表1-1可以看到，海宁市人口从1949年开始，第一个10年中增长了87 005人；第二个10年中增长人口最多，达到111 229人，年均增长人口超过1万人；第三个10年中增长55 991人；最后一个10年中增长最少，只有42 559人。实际上，1960年代初期到1970年代初期，海宁几乎出现了一个"人口爆炸期"，而这个时候增长的人口更多地滞留在农村中。联民大队的人口统计数字可以让我们更清楚地看到农村人口增长的情况。

表1-2 联民大队1961—1982年度人口变动表

年度	户数	人数	男	女	男劳力	女劳力	迁入	迁出	出生	死亡
1961	313	1 145	482	663						
1962	314	1 241	570	671	223	249	77	7	44	18
1963	323	1 336	602	734	251	264	57	9	53	6

共生经济(1962—1982)
——人民公社时期的农业经营

续表

年度	户数	人数	男	女	男劳力	女劳力	迁入	迁出	出生	死亡
1964	327	1 365	631	674	280	295	4	6	15	1
1965	324	1 389	645	744			8	15	38	7
1966	322	1 403	654	749			5	11	34	14
1967	321	1 416	662	754			6	15	32	10
1968	326	1 441					*21*	*15*	*28*	*12*
1969	337	1 485					*33*	*17*	*37*	*8*
1970	339	1 517	702	815			*18*	*7*	*39*	*10*
1971	337	1 522			363	415	*15*	*18*	*35*	*7*
1972	336	1 530	722	808			11	15	27	8
1973	335	1 559	743	816			20	18	42	15
1974	336	1 576	755	821			10	12	31	12
1975	362	1 590			364	416	*12*	*12*	*29*	*11*
1976	362	1 605	773	832			18	16	21	8
1977	383	1 634	788	846			14	10	26	9
1978	377	1 636					*10*	*15*	*23*	*14*
1979	377	1 619					*24*	*38*	*22*	*20*
1980	382	1 595			368	358	*31*	*57*	*14*	*16*
1981	389	1 590					*23*	*24*	*14*	*14*
1982	393	1 621								

资料来源：联民大队文书档案。

注：在联民大队会计档案、统计档案中，部分年份的报表中有关劳动力的设计分"总劳力"与"其中全劳力"两栏，相关的数字设法测算出男劳力与女劳力，表1-2中只能空缺。部分年份的报表中没有迁入、迁出、出生、死亡等栏目。本表格中的斜体粗字是我们根据1963年度、1969年度两套联民大队户口资料汇总的数字。但是，联民大队的会计或者统计报表中，迁入、迁出都是指进入或者离开联民大队，而户口资料中的迁入、迁出指进入或者离开家庭，两者之间存在着区别。我们在统计的时候考虑到这个因素，剔除了联民大队内部的迁入与迁出，却难免会有疏漏。

对照表1-1与表1-2，联民大队1982年的人口数与1961年相比，比值达到141.6%，海宁市的相关数字是140%。联民大队的人口增长仅比海宁市高1.6个百分点。但是,如果我们把比较的时间再推早几年,情况就会有很大的变化。联民大队1977年的人口数字与1961年相比,1977年联民大队全村的人口是1961年的142.7%,而海宁市的相关数字仅133.8%,联民大队的人口增长竟然比海宁市高出近9个百分点。如何解释这种情况?这是农村人口增长的一般情况吗?

表1-2包含着这个问题的答案。在联民大队,1962年迁入人口多达77人,1963年又有57人从外面迁入。为什么?原来联民大队一带解放以前就有"学生意"的传统,那时候,许多人到周边城市去工作,却把家人留在家乡。1960年代初期,城市经济遇到了困难,国家动员工人"为国家挑重担",回到农村生活。在这场"工人下放"运动中,联民大队的很多人首当其冲,因为他们的"家庭生活基础在农村"[1]。过了几年,"文化大革命"又给城市带来了困难,克服困难的办法之一是减少城市人口,于是一大批"知识青年"下放到农村生活。1969年,迁入联民大队的有33人,其中来自上海的"回乡知识青年"就达10人。两次"下放"运动,城市人口迁入农村,当然导致了人口统计中农村人口增长速度远高于城市的结果。1970年代后期,农村出现了下放工人、知识青年"返城"高潮,部分抵销了"下放"带来的统计学结果。因此,联民大队人口统计所反映出来的农村人口的增长情况与海宁市的数据基本吻合。

在实行"三级所有,队为基础"的人民公社体制时期,联民大队一带农村人口增长的主要因素是较高的生育水平。从1962年到1981年,联民大队一共出生小孩603人,死亡人数只有219人,两者相减,净增长384人。如果我们把1981年的人口数减去1961年的人口数,结果等于445人。生育因素在人口增长中的贡献率高达86.3%。

在人民公社时期,人口的增长极大地影响了农业经营与农民生活,但是,我们仅仅考虑人口的数量是不够的,还需要看一看人口的构成。解放以前,联民大队一带迫于人口之于土地的压力,男人几乎都选择外出学生意。所谓"男大十六闯,女大十六藏",那时很多家里只有女人,她们中的很多人又缠着小脚。旧时联民大队一带劳动力的情况可想而知。人民公

---

[1] 所谓"家庭生活基础",指当时家庭主要成员的生活地点与生活资料的获得,如果农村有房子,老婆、小孩全部都生活在乡下,那么"家庭生活基础"就一定在农村,城市里的男人就必须"下放"回到农村去。上海救护车厂的王海章就是这种情况,他本是厂里的积极分子,又是8级钳工(最高级别的技术工人),但是,他被"划进了下放的杠子",1962年,他不得不卷起铺盖回到了联民大队。

共生经济(1962—1982)
——人民公社时期的农业经营

社禁止农民自由外出,所有的年轻人都在田里干活,同时,从城市"下放"来的又都是年轻人,因此,那时候农村的劳动力资源是过剩的。下面的表1-3反映了联民大队1960年代初期的人口结构。

表1-3 联民大队1964年1月人口构成情况表

岁数	人口数 合计	男	女	岁数	人口数 合计	男	女	岁数	人口数 合计	男	女
总计	1 336	602	734	12	37	19	18	25	18	11	7
0岁	52	22	30	13	33	19	14	26—30	61	28	33
1	38	15	23	14	38	17	21	31—35	75	33	42
2	23	10	13	15	34	20	14	36—40	72	29	43
3	22	12	10	16	37	17	20	41—45	73	30	43
4	17	8	9	17	31	17	14	46—50	79	36	43
5	35	18	17	18	21	11	10	51—55	61	22	39
6	29	14	15	19	24	8	16	56—60	50	20	30
7	30	10	20	20	14	8	6	61—70	80	28	52
8	51	26	25	21	11	3	8	71—80	27	4	23
9	38	22	16	22	21	9	12	81—90	5	1	4
10	22	13	9	23	20	8	12				
11	46	27	19	24	11	7	4				

资料来源:联民大队文书档案。

从表1-3可以看到,如果我们把16岁到60岁作为农业劳动力,联民大队共有农业劳动力740人,占当时总人口的55.4%。实际上,农民一辈子辛苦,"做到双脚伸直才停止",村落里60岁以上的老人"只要爬得起",都会在田里干活。如果算上这些老人,联民大队的劳动力占人口的比例超过60%。但是,老人与小孩都只是"辅助劳动力",他们在大队的统计中都被忽略了。例如,1967年,联民大队共有321户家庭,1 416人,其中男性为662人,女性为754人,整劳动力有406人,半劳动力有171人。整、半劳动力只占总人口的40.7%。

表1-4 联民大队1967年人口与劳动力情况表

基本情况报告表													农年5表	
红江公社联民大队						1967年度								
生产大队(生产队)名称	年底生产队个数	年底总户数		年底总人口			在总人口中：		1月1日至12月31日四项变动				年底农业劳动力	
		合计	其中：入社户数	合计	男	女	入社人口	非农业人口	出生	死亡	迁入	迁出	※整	※半
甲	1	2	3	4	5	6	7	8	9	10	11	12	13	14
合计	8	321	321	1 416	662	754	1 416		32	10	6	15	406	171
东风		53	43	175	80	95	175		5	3		2	71	15
红星		35	35	187	96	91	187		5	2	2	1	57	21
红江		32	32	136	63	73	136		4	1		2	38	32
立新		39	39	177	83	94	177		7			1	44	29
东方红		35	35	153	67	86	153		2	1		1	37	18
红旗		46	46	183	73	113	186		2	1		9	30	16
向阳		43	43	201	109	92	201		3	1		1	66	15
胜利		48	48	201	91	110	201		4	1	2		63	25
实际报出日期：1968年2月15日					社(队)长：章					制表人：章				
注：入社户数、人口是指参加经济或粮食分配的户数、人口数。														

资源来源：联民大队文书档案。

二、人口与土地

在精耕农业中,假如土地能为农民提供充裕的粮食和其他消费资料,土地的人口压力就不存在;假如土地所提供的东西只能满足农民生存的需要,土地的人口压力就已经存在;假如土地的产出还不能满足农民的生存需要,土地的人口压力就十分严重。1940年代的海宁和盐官地区属于第三种情况。人多地少一直是浙北乡村的一个严峻现实。1951年,激烈的土地制度改革只是改变了土地的占有、使用关系,因而程度不同地缓解了由于地权集中而加剧的人口与土地之间的矛盾,但是不可能从根本上缓解人口之于土地的压力。像解放以前一样,1950年代初期,农民们缓

共生经济（1962—1982）
——人民公社时期的农业经营

解压力的主要方法是人口流动。1958 年,国家出台了严格的户口政策,人口流动戛然而止,土地压力随着时间的推移不断上升❶。

在人民公社时期,联民大队的人口数量大幅度增加,耕地的情况如何呢？下面的表 1-5 反映了联民大队在实行"三级所有,队为基础"制度以后的耕地变化情况。

表 1-5　联民大队 1962—1982 年度耕地变动情况表　（单位：亩）

年　度	耕地总面积	其中水田面积	其中旱地面积	其中桑园面积
1962	1 565.354	608.314	839.458	117.582
1963	1 887.863	608.314	855.849	423.700
1964	1 868.020	608.314		606.473
1965	1 868	608		606
1966	1 865	608	651	606
1967	1 863	608	649	606
1968		608	641	606
1969		608.565		606.473
1970		608.134	595.519	606.473
1971		608	606	606
1972		608.136	604.439	606.473
1973		608.1	602.5	606.5
1974		608.134	580.058	606.471
1975		608.134	583.498	606.473
1976		608.134	575.988	606.473
1977		608.134	561.863	606.473
1978		663.134	506.863	606.473
1979		663.134	506.863	606.473
1980		663.134	579.240	530.856
1981		663.134	579.24	530.856

资料来源：联民大队会计档案。

在表 1-5 中可以看到,联民大队 1963 年的耕地面积有较大增加,这是大人民公社在划成小公社时土地调整的结果。但是,从 1963 年以后,联民大队的耕地总面积基本上没有什么变化。在这个时期,联民大队像

---

❶　张乐天:《告别理想——人民公社制度研究》,上海人民出版社,2005 年,第 17—19 页。

全国其他农村一样,开展了大规模的农田水利建设,水田、旱地与桑园的面积应该有较大的变动,我们在大队会计报表中却看不出来。这就是说,表1-5中的许多数字并不准确。那么,是不是联民大队刻意隐瞒土地结构的变动呢?回答是肯定的。在人民公社时期,"自由种植"一直受到严厉的批判,哪个生产队干部愿意"自找倒霉"呢?再说,土地面积与农户的收益分配没有直接关联,数字不准确没人会追究,生产队会计做账的时候,通常都"照抄上一年"的土地面积,因为这样做既轻松,又不会"犯错误",何乐而不为呢?联民大队的土地面积从1962年到1982年没有增加,这一结果正确吗?回答是肯定的。实际上,联民大队一带根本就没有增加土地的潜力。解放初期,这里还有一些荒地,到1962年,荒地早已复耕成熟地,而且各有其主。农田水利建设中填了一些河浜,但是,增加的土地面积或许还不够用来做渠道、修机耕路和建房。1982年与1962年相比,联民大队的耕地面积只会减少,不可能增加。

在人民公社时期,联民大队像其他浙北地区的农村一样,人口大幅度增加,粮食以及生活资料需求随之大幅度增加,但可以利用的耕地却不可能增加,甚至还可能减少。因此,人口之于土地的压力随着时间的推移而加大。这种情况成为人民公社时期每一个农村基层干部与农民不得不面对的困境。下面的表1-6能够让我们体会到海宁农村人口之于土地压力增加的情况。

表1-6 海宁市耕地面积以及农业人口人均耕地面积变化表

(单位:亩)

年 份	年 末 耕 地 面 积			农业人口人均耕地面积
	合 计	水田	旱地	
1949	496 539	365 450	131 089	1.84
1950	529 544	369 807	159 737	1.90
1951	537 819	371 607	166 212	1.90
1952	547 101	375 620	171 481	1.89
1953	548 926	376 668	172 258	1.86
1954	545 926	376 387	169 539	1.82
1955	546 112	376 387	169 725	1.76
1956	553 306	361 457	191 849	1.73
1957	569 432	367 199	202 233	1.76

共生经济(1962—1982)
——人民公社时期的农业经营

续表

年份	年末耕地面积			农业人口人均耕地面积
	合计	水田	旱地	
1958	569 819	363 958	205 861	1.72
1959	562 078	359 624	202 454	1.66
1960	569 634	359 406	210 228	1.67
1961	571 115	357 096	214 019	1.63
1962	571 590	356 407	215 183	1.52
1963	589 762	356 832	232 980	1.49
1964	576 707	356 745	219 962	1.40
1965	573 414	358 351	215 063	1.35
1966	574 285	358 691	215 594	1.32
1967	572 448	358 826	213 622	1.30
1968	571 768	359 154	212 614	1.28
1969	573 034	358 565	214 469	1.26
1970	565 794	359 884	205 910	1.21
1971	564 198	363 507	200 691	1.19
1972	562 939	365 328	197 611	1.10
1973	558 501	365 891	192 610	1.15
1974	552 815	366 672	186 143	1.12
1975	550 679	367 747	182 932	1.11
1976	547 848	370 143	177 705	1.09
1977	546 693	373 549	173 144	1.09
1978	544 332	378 296	166 036	1.08
1979	539 897	378 216	161 681	1.07
1980	535 277	377 612	157 665	1.06
1981	531 770	375 842	155 928	1.05
1982	530 086	376 488	153 598	1.05

资料来源：参见内部文稿,海宁市农业局编：《海宁农业志》,2008年,第9页。

三、计划经济体制

在人民公社时期,严格的户口制度把每一个农村出身的人或者因这样那样的原因而持有农村户口的人都牢牢地束缚在土地上；计划经济体制规范着农村干部与农民们的农业经营行为。计划经济制度对于农村、农业与农民的历史影响是复杂的、多元的。在浙北地区,农村经济的增长十分明显,而小农的"走资本主义道路"行为也无处不在。因此,计划经济体制需要持续不断地批判小农意识,以维系组织体系、价格控制与行为规范。

其一,组织体系。

国家通过一整套的组织体系及其运行把生产队的农业经营纳入计划经济之中,其中,最重要的组织是人民公社制度本身。人民公社是党政合一的基层组织,区分为公社、生产大队和生产小队三个层级。生产小队直接负责农业经营,而生产小队的工作受到大队与公社的制约。公社、生产大队通过各种形式的会议规范生产小队的农业经营,下面的文字引自联民大队党支部副书记、副大队长兼机站站长周生康1972年的《工作笔记》,我们从一个大队干部忙碌的身影中可以体会公社组织对于农民的约束。

联民大队支部副书记周生康1972年6月17日至7月16日的工作记录

六月份

6月17日,县委组织出席到永福晚稻育秧现场会。

18日,机站工作,下午大队开会。

19日,机站工作,下午大队开会。

20日,上午机站,下午到胜利队检查秧田。

21日,上午机站,下午公社现场会(众联、中新)。

22日,上午机站,下午公社张书记来检查。

23日,上午机站,下午大队召开正队长会计会议。

24日,公社组织检查,分两片,参加东片检查生产。

25日,出席公社农业学大寨交流大会,在中新大队。

26日,上午检查全大队虫情,下午召开治虫会议。

27日,机站工作一天。

28日,出席公社植保员学习班(两天)。

29日,同上。

30日,大队检查秧田,向王张堂同志汇报。

七月份

1日,机站工作。

2日,大队召开操作组长以上会议。

共生经济(1962—1982)
——人民公社时期的农业经营

3日,机站及大队工作。
4日,机站及大队工作。
5日,机站及大队工作。
6日,上午蚕桑生产检查,下午讨论。
7日,到永福参观,早稻后期管理,晚稻秧田。
8日,机站及大队工作。
9日,机站及大队工作。
10日,机站及大队工作。
11日,出席公社"双抢"动员大会。
12日,上午东风队,下午支部会(在机站)。
13日,大队贯彻"双抢"动员会精神。
14日,上午妇女会议,下午团员、民兵会议。
15日,出席公社召开评选良种会议。
16日,上午机站修渠道,下午贯彻会议精神(在红江队)。❶

1962年,大人民公社体制改建为"三级所有,队为基础"的人民公社体制,从此以后,公社只负责组织生产,农村的金融活动与购销工作由其他相关组织实施。

农村信用合作社是人民公社中唯一的金融机构。虽然信用社的性质属于集体,但信用社从来都是执行上级的各项农村金融政策,业务活动包括生产队大宗销售(如蚕茧与麻的销售)的现金支付、国家预购订金❷的发放、国家向农村发放的各种贷款与救助款、农民家庭出售猪羊等产品的现金支付等。当然,信用社也负责农民家庭的存款业务,当时的现金十分紧张,有些农民珍惜每一笔现金收入,几块现金也会存入信用社。

农村粮管所是国家管理粮食供销的唯一机构,生产队以及农民家庭的所有粮食交易活动都必须通过粮管所进行。粮管所每年负责从农村收购粮食产品和油料产品(如油菜籽)。每一个生产队都必须严格按照国家规定的数量出售粮食,完成"国家任务"。如果生产队愿意卖更多的粮食,叫作卖"爱国粮",国家会给这样的生产队提供更多的农药、化肥,以资鼓励。按照国家计划,有些生产队是"缺粮队",这些生产队可以从粮

---

❶ 周生康,《工作笔记》,1972年。
❷ 预购订金指国家在某产品没有销售以前向生产队发放的预购款。

管所购买核定数量的粮食。例如,联民大队的红旗生产队(即陈家场)每年都可以从盐官粮管所购买 29 500 斤粮食❶。粮管所的另一项重要任务是"品调",帮助生产队与农民家庭"调换"粮食品种。例如,农民用小麦、蚕豆、黄豆、山芋等换大米。像粮管所一样,食品公司也是"国家单位",在盐官地区,食品公司主要根据国家计划收购肉猪和鲜鱼,其中,城乡的鲜肉供应全部由食品公司负责,但鲜鱼只供应给城市居民。

农村供销合作社是与农业经营关系最密切的组织,除了粮食外,生产队以及农民家庭农副业生产中所有的供销业务都由供销合作社承担,农民日常生活用品大多也由供销社销售。联民大队一带的农民每天都习惯于"出市",到了"街上",人们都会"有事无事到供销社里去转一转"。但是,供销社的供与销都不是随意的,而是按照国家计划展开的,许多重要商品十分紧张,不得不凭票购买。

其二,价格控制。

农产品的价格会影响农民的生产经营行为,在人民公社时期,农村主要农产品的价格完全由国家控制,购销价格长期稳定在很低的水平上。下面的表 1-7 转引自《当代浙北乡村的社会文化变迁》一书。

表 1-7 1952—1990 年早稻谷、晚稻谷、小麦三种
主要粮食作物的统购、超购、议购价格表

年份	早稻谷每50公斤(元)			晚稻谷每50公斤(元)			小麦每50公斤(元)	
	统购	超购	议购	统购	超购	议购	统购	超购
1953	7.30			8.70			9.15	
1954	7.30			8.60			9.30	
1955	7.30			8.60			9.10	
1956	7.30			8.60			8.80	
1957	7.30	不详		8.60	不详		8.80	不详
1958	7.30			8.60			8.80	
1959	7.30			8.60			8.80	
1960	7.30			8.60			9.40	
1961	8.70			10.20			11.40	
1962	8.70			10.20			11.40	

---

❶ 这是国家核定的粮食供应数字,以稻谷计算。每年秋冬时节,国家把供应的稻谷数字折算成大米,给陈家场发放浙江粮票。年终决算的时候,陈家场根据决算把粮票发给农民家庭,农民可以拿了粮票到粮管所购买大米。

共生经济（1962—1982）
——人民公社时期的农业经营

续表

年份	早稻谷每50公斤(元)			晚稻谷每50公斤(元)			小麦每50公斤(元)	
	统购	超购	议购	统购	超购	议购	统购	超购
1963	8.70	9.57		10.20	11.22		11.40	12.54
1964	8.70	9.57		10.20	11.22		11.40	12.54
1965	8.70	10.44		10.20	12.24		11.40	13.68
1966	9.70	11.64	13.40	11.40	13.68	15.20	13.00	15.60
1967	9.70	11.64	13.40	11.40	13.68	15.20	13.00	15.60
1968	9.70	11.64	13.40	11.40	13.68	15.20	13.00	15.60
1969	9.70	11.64	13.40	11.40	13.68	15.20	13.00	15.60
1970	9.70	11.64	13.40	11.40	13.68	15.20	13.00	15.60
1971	9.70	11.64	13.40	11.40	13.68	15.20	13.00	15.60
1972	9.70	12.61	13.40	11.40	14.82	15.20	13.00	16.90
1973	9.70	12.61	13.40	11.40	14.82	15.20	13.00	18.20
1974	9.70	12.61	13.40	11.40	14.82	15.20	13.00	18.20
1975	9.70	12.61	13.40	11.40	14.82	15.20	13.00	16.90
1976	9.70	12.61	13.40	11.40	14.82	15.20	13.00	16.90
1977	9.70	12.61	13.40	11.40	14.82	15.20	13.00	16.90
1978	9.70	12.61	13.40	11.40	14.82	15.20	13.00	16.90
1979	11.70	17.55	13.40	13.60	20.40	15.20	13.00	19.50
1980	11.70	17.55	13.40	13.60	20.40	15.20	15.70	19.50
1981	11.70	17.55	13.40	13.60	20.40	15.20	15.70	19.50
1982	11.70	17.55	18.40	13.60	20.40	21.60	15.70	19.50
1983	11.70	17.55	18.40	13.60	20.40	21.60	15.70	19.50
1984	11.70	17.55	17.60	13.60	20.40	20.40	15.70	19.50
1985	11.70	合同定购量的35%按统购价，65%按超购价		15.50	合同定购量的20%按统购价，80%按超购价		19.00	合同定购量的30%按统购价，70%按超购价
1986	11.70			17.55			25.00	
1987	12.60			22.00	15.35		27.00	17.00
1988	12.60			22.00	15.35		27.00	17.00
1989	12.60			22.00	15.35		27.00	17.00
1990	12.60			22.00	15.35		27.00	17.00

原表备注：国家第一次调整粮食价格，各主要粮食品种平均调幅为19%，超购加价10%。第二次调整粮食价格，各主要粮食品种平均调幅为14%。1966年开始，超购加价从10%提高到12%。1972年开始，超购加价从12%提高到30%。第三次调整粮食价格，各主要粮食品种平均调幅22%。从1979年开始，超购加价提高到50%。第四次调整粮食价格，各主要粮食品种平均调幅10%。

资料来源：曹锦清、张乐天、陈中亚：《当代浙北乡村的社会文化变迁》，上海远东出版社，2001年，第450—451页。

第一章 联民大队：浙北的一个行政村

我们从表1-7中看到，直到1978年，每一百斤早稻谷才能卖到9.7元人民币。当时，一辆由上海自行车厂生产的永久牌自行车的价格接近180元人民币，这就是说，农民几乎要用一吨早稻谷才可能换来一辆永久牌自行车。其实，永久牌自行车属于紧缺商品，凭票供应，自行车票的价值难以计算，农民即使有了一吨早稻谷，还换不到一辆永久牌自行车。

其三，行为规范。

计划经济的正常运行需要农民按照国家计划行为，一贯自由散漫的农民可能那么"规矩"吗？为了规范农民的行为，人民公社不得不"三举齐下"：一是不断地批判农村基层干部与农民们的"自由种植""自由买卖"等"走资本主义道路"行为；二是不断地树立先进典型，通过学先进、比先进、创先进来激励农民们的"集体主义"行为；三是持续地向农村基层干部和农民"灌输"毛泽东思想，开展"斗私批修"，鼓励"灵魂深处闹革命"，试图把"自私自利的传统小农"改造成"社会主义新人"。"三举齐下"真的能使传统小农"脱胎换骨"吗？不可能。因此，计划经济从一开始就不得不在博弈中展开，令人遗憾的是，这种博弈最终导致了两败俱伤的结果。数亿农民中存在的智慧、灵感与创造力都被消解在政治意识形态话语中，浙北农村经济一次次被带着理想光环的计划所误导，无数农民的辛劳与汗水换来的只有那些年复一年"吃青菜与豆腐的日子"。

无数自私小农的"自发资本主义行为"日夜制造着矛盾、消解着公社，不但没有破坏公社基本的农业生产秩序，而且在1960年代到1980年代初期，浙北农村还实现了"史无前例"的农业增长。公社农业经营的现实给人们留下了一个大大的问号：自私的农民怎么可能实现集体农业的增长？问题的答案深藏在人民公社的"村队模式"中。

一方面，在人民公社中，特别在"文化大革命"高潮的那几年里，生产队几乎成为农民获取全部生活资源的唯一来源，脱离了生产队，他们就失去了维持生命活动最重要的物资——粮食。不仅如此，脱离了生产队，他们还可能成为"盲流"、可疑分子而被逮捕❶。另一方面，从1967年批判

---

❶ 1970年初，本书作者之一张乐天随着生产队蜂场去江西贵溪放养意大利蜂，在贵溪的蜂场场地安顿好以后，他与蜂场的另一位小伙子陈松山备了干粮去庐山玩。他们坐火车到了九江市。半夜十二点，为了节约，他们就在火车站的长凳上睡下。凌晨，有人来火车站"清场"，抓捕"盲流人员"。张乐天与陈松山带着联民大队的证明，还被盘问了很久，最后"总算没有被抓进去"。

共生经济(1962—1982)
——人民公社时期的农业经营

"小小队"❶以后,生产队区划、家庭构成、土地面积以及与国家的关系❷都基本稳定,这种情况意味着,生产队里的农民每年都耕种那些土地,土地的收益"交足国家的,留下的都是集体与家庭的"。土地的收益保持着稳定,农民的生活也有了基本保障;土地的收益越多,农民家庭得到的也就越多。这就是农民在人民公社中所处的社会生活场景。在这种场景下,农民照样自私,照样"走资本主义道路",照样"智慧"地、"精巧"地损害集体,更有少数"脱嵌"的年轻人敢于冒着政治风险去追求个人的"前途"。但是,这一切遭遇了生产队内部滋生的集体生存意识:假如粮食减产,大家都饿肚子;假如蚕桑歉收,大家都没钱花。生产队就像一条船,大家都是船上的人,翻船了,对谁都没好处。这种基于生存、生命、生活的集体意识构成了特殊时期的"生产队文化",与政治意识形态共同作用,建构了人民公社时期生产队农业经营的秩序,创造了人民公社时期生产队的共生经济。

共生经济是在人民公社制度下农民们适应"环境"的经济形态。那时候,农民们都被"捆绑"在生产队里,束缚在那片有限的土地上。信奉着"男大十六闯"的年轻人,再也不可能闯出公社,只能留在生产队里与其他人"共生";信奉着"女大十六藏"的女青年,再也不可能藏在家中,必须出来参加生产,否则"谁养活你"?生产队就像一个大家庭,这个大家庭的规模适度,使共生意识可能产生,使农业经营在共生与政治双重约束下可能保持其正常的秩序。这个大家庭极其封闭,使共生意识可能在时间的流逝中延展,使人民公社制度在浙北农村有着20年的历史。

共生经济的重要特征包括封闭、稳定、循环、自给自足等,这些特征使我们注意到,共生经济其实是传统的农业经济被框入人民公社制度以后产生的特殊经济形态。人民公社本是国家建设社会主义新农村的道路探索,然而历史偏偏开了一个玩笑,公社一旦把传统农业经济框入体制中,就滋生三个相互矛盾的制度性特点,最终共同把公社制度推下了悬崖。其一,公社中的共生经济比传统的农业经济更封闭,自给自足的程度更

---

❶ 所谓"三年自然灾害"以后,国家放松了对于农村的控制,人民公社开始实行"三级所有,队为基础"的新体制。农村最初组建的生产队规模较小,有的生产队甚至只有几户、十几户农民家庭。在"四清""文化大革命"时期,规模太小的生产队被称为"小小队",受到了批判。此后,人民公社建设了符合"社会主义标准"的生产队,规模约40—50户。生产队的规模从此稳定了。

❷ 这里的"与国家关系"指每年出售、销售的农副产品。

第一章　联民大队：浙北的一个行政村

高,从而"更落后"。更重要的是,共生经济的一个前提是限制人口流动,这意味着年轻人缺乏向上流动的机会。其二,人民公社制度的"垂直有效性"有利于技术的引进,也有利于以制度的力量发展经济。在人民公社运行的 20 年中,化肥、农药、种子以及耕作技术的引进是农业发展的重要因素,而社队企业的发展也改善了集体的经济条件。但是,公社怀着好意引进技术、发展经济,恰恰在不断地破坏着人民公社制度的根基。其三,公社以"生产队为基本核算单位",并在生产队的层面上滋生了共生经济。但是,生产队里的每一个小家庭都追求着自己的利益,每一个人都打着自己的小算盘,共生经济一直在充满张力中运行,也只能维系在最基本的生存经济的水平上。一旦支撑着共生经济的政治意识形态式微,一旦经济的发展给农民,特别是年轻人提供了脱离生产队的可能性,共生经济就陷入了难以解脱的困境中。

共生经济就是在这样的矛盾中运行的,以下几章将以联民大队一带为例,描述共生经济在浙北农村具体展开的图景。或许你没有关注过农业劳动、作物种植的细节,但是 20 年来农民们的生命历程都在这样的细节中展开。

第二章 生产资料

农业生产是农业劳动者利用生产资料而展开的能动性活动,是人类从自然界中获取生活资源的创造性劳动。广义地说,农业生产资料包括土地、农具、肥料、农药、种子等农业劳动中必需的要素,这里将主要考察人民公社时期联民大队一带农民使用农具、肥料与农药的情况,同时介绍人民公社时期的农田水利建设。

在人民公社时期,"化肥越用越多,农药越用越毒",农民们明明知道这样会伤害土地,为什么他们会"自毁家园"?这是一个需要从多角度认真反思的历史难题。

第一节 农 具

我们在广泛的意义上使用"农具"一词,指称联民大队一带的农民从事农业经营活动中所使用的所有器具,甚至包括动力机械。这里将介绍农业工具、蚕业工具、贮藏、运输工具以及其他农具。

农具是农业劳动者肢体的延伸,只有在劳动者的使用过程中才能发挥其特殊的功能。从这个角度去解读农具,农具就成为理解人民公社时期农业经营的文化符号。农具是落后抑或先进、传统抑或现代的标志,我们从农具的更替中体会着农业的变迁。农具的使用过程更不断地编织着人与自然、人与人的关系,我们从中反思着农业经营中的偏好与张力,解读着人民公社内生的困境。

一、农业工具

联民大队一带土地肥沃,地少人多,祖先们早已把土地"做熟"❶,并

---

❶ 联民大队一带的农民把土地分为"生地"与"熟地"。生地指荒地或者刚刚耕种的贫瘠土地,耕种几年以后,生地就变成了适合于庄稼生长的熟地。生地变成熟地的过程叫"做熟"。

发展出一整套在熟地里种庄稼的技术,因此,联民大队一带的农业不只是"精耕农业",甚至可以称为"园艺农业"。联民大队一带的农业工具品种繁多,呈现着农业的精细与农民的智慧。

1. 铁耙

1999 年,胡少祥有一则日记中写道:

> 铁耙,有的地方叫铁搭,是翻垦泥土的工具。过去,农民叫作"一铁耙四根齿的职业"。农民的工作就是翻耕和翻垦土地,每天和这块土地打交道。(从事)翻垦、耙碎、耙沟、起畦、下种、培土、除草、松土、施肥、间苗、定苗、治虫、防病等一系列土地上的劳动和田间劳动。有一种幽默的叫法,叫作"绣地球"。
>
> 水稻在播种前,过去在插秧前都要翻垦。季节非常紧,天气又热,在没有拖拉机耕作之前,也只靠人工用铁耙翻垦。农民们趁早晨风凉,往往在早餐以前,天刚亮就下田翻垦。假使今天要种 1 亩或者 2 亩田,就必须在早上把田全部翻垦完毕,才回家吃早餐。我们这个地方叫吃粥,习惯早上是吃粥的。吃好粥出工,男劳力把翻垦好的田再耙细,叫摊田,把大块泥土耙碎、耙细、耙平。妇女休息 2—3 个小时避开高温时间,也叫歇热。到下午 4—5 点出工去插映,男的挑秧,女的放种田绳,直到完成才休工,不完成不休工,所以有时要劳动到天黑,甚至在月光下还要干。在天将黑的时候,又要拍蚊子,还要坚持插秧。
>
> 自从拖拉机代替了人工耕田以后,农民大大解放了繁重的体力劳动,手扶拖拉机翻垦的田地比人工翻得碎,又好耙又好容易插秧,既节省了时间,又降低了劳动强度,插秧又比手工垦的好插得多。但是,旱地、桑地、菜地还不能有机械代替,还是要靠人工和手工,所以,古老的铁耙还不能丢掉。❶

一直到 1970 年代初期,翻垦田地的劳作全靠铁耙。联民大队 1 000 多亩土地,每年至少翻垦一次,有些田地要翻垦两次❷。铁耙有许多品

---

❶ 胡少祥,《胡少祥日记》,1999 年 9 月 4 日。
❷ 每一次种庄稼以前都需要把田地表层的土翻过来,再耙碎、耙平,这些活儿都用铁耙完成。

共生经济（1962—1982）
——人民公社时期的农业经营

种，垦田铁耙专门用来翻垦水田。水田泥土松软，通常都"带水垦田"，垦田铁耙是铁耙中最大的。垦地铁耙用来翻垦旱地，旱地土硬，铁耙做得较小。与这两种铁耙配合着使用的是摊田铁耙与摊地铁耙，用于把翻垦后的土敲碎、耙平。另外还有两种铁耙用来开水沟，分别叫作宽齿铁耙与提沟铁耙，前者用于开挖田里的三角形田沟，后者用于开长方形田沟。

2. 刮子

刮子是传统旱地除草的农具。用刮子除草俗称"削地"，即把旱地表面像削水果皮一样削去一层。刮子呈扇形，边缘开口锋利，以有助于"削断"坚韧的草根。在生产队里，生产队长有时候把削地劳动按土地面积包给农民。俗话说，"削地草盖草"❶，削地质量较难评估，这给了一些农民偷懒的机会。

3. 铡刀与铁钞

用来在水田里开长方形水沟的农具。铡刀呈扇形，开口锋利。铁钞的宽度与需要开的沟的宽度一致，长方形，前沿快口。开田沟的时候，农民先用插秧绳拉出沟的位置，再用铡刀在田里铡出两条其深度与田沟的深度相一致的线，最后，农民拿起铁钞，用力把两条线当中的泥土一点点抄出来。于是，田沟就慢慢地开出来了。

4. 拔秧凳与插秧绳

人民公社时期，联民大队一带都种双季水稻，季节紧，早稻与晚稻都需要做秧田，才能紧扣季节。谷子在秧田里发芽、生长，等到秧苗长到3—4寸的时候，农民要把秧苗从秧田里拔起，移栽到大田里。拔秧凳是农民们在拔秧时坐的小凳，拔秧凳与其他小凳的区别在于，前者四脚着地，后者两面都是平面的凳板❷。拔起的秧苗都扎成一把把的❸，运到大田里，农民将一棵棵秧苗插到大田的烂泥中。为了使秧苗插得整齐，农民们用插秧绳把大田拦成长方形的格子。例如，如果插秧的横、竖间距是3寸和4寸，每人横向插6棵秧，那么横的距离是20寸左右，竖的距离则是

---

❶ 在削地的时候，有人把削出来的草盖在没有削去的草上，看起来就如全部草都被削除了一样。

❷ 一般的小凳放在烂泥水田里，人坐上去，马上陷入泥里。平板扩大了受力面积，确保农民坐在拔秧凳上，凳子不会陷入烂泥中。

❸ 为了加快拔秧的速度，有时候，生产队采取拔秧承包制，根据拔出秧苗的"扎数"记录工分。农民们开始想办法偷懒，他们会把"一扎秧"做得小一点，这样，拔同样数量的秧，秧苗的"扎数"就多了，工分也多了。于是，农民们说，"拔秧数扎头，秧苗扎得像个大蒜头"。

从田头一直到田尾。每一个农民站在一个格子里插秧,许多农民一起从田头下去插,于是,一场竞赛展开了。插得慢的农民被"关"在田中间,在很多情况下,不仅没有人帮忙,还会遭到取笑。

5. 土箕、篓夹、竹篓

这三种都是用竹篾编成的运东西的农具。土箕,顾名思义,主要用来运土,在开河的工地上,在农田水利建设的田漾里,农民们用土箕来挑泥,常常你追我赶。篓夹只有1个椭圆形的底,配上竹夹子,专门用来挑带叶的桑树条。竹篓为圆桶形,分为大、小两种,大的有1.2米高,小的不到1米。在水稻种植中,这三种农具都可以用来挑秧苗。

6. 种刀

铁制小农具,主要用来种菜秧。联民大队每年都种大片油菜,农民们先培育油菜"秧子",等秧子长到3—4片叶了,就移栽到大田里。在移栽油菜秧的时候,农民用力把种刀插入土里,摇动一下,有一个洞,把油菜秧根放进泥洞里,再用种刀把空隙捂紧。除了油菜以外,联民大队一带的农民还种青菜、大白菜、卷心菜等,许多菜都要用种刀移栽。种刀的另一个重要用途是掘胡萝卜。农民用力把胡萝卜周边的土掘松,拔出胡萝卜,再用种刀把胡萝卜上的泥土刮去。直到人民公社解体,联民大队一带的农民还是用种刀干活,效率十分低下。

7. 粪桶、撩子与扁担

"庄稼一枝花,全靠肥当家。"化肥供应紧张,公社号召农民们养猪,增加肥料供给;农民们也愿意"积小钱成大钱"❶。在1970年代初中期,陈家场年出栏猪数量几乎与人口相当,猪粪成为生产队里的主要肥源❷,挑粪施肥成为农民们难忘的"苦难"。粪桶,顾名思义,就是用来运粪的桶;撩子与粪桶就如筷子与碗,放在一起用。农民用撩子舀起粪,装到粪桶里;粪挑到田地里以后,又用撩子把粪均匀泼洒,"让每一棵庄稼都吃到'营养'"。扁担可以用来挑粪,每担100多斤,农民来回穿梭于粪窖、粪船❸与田地之间,一天下来,耗多少力,流多少汗!更何况第二天或许又

---

❶ 养猪的过程中,农民不断地花"小钱"准备猪食,猪长大出售,平时的"小钱"就变成了"大钱"。当年,一头120斤的猪,可以卖近50元人民币。

❷ 人粪归农民家庭所有,主要浇自留地。

❸ 每家的猪粪都集中到生产队的粪窖里,施肥时,农民们从粪窖里挑粪到田地里;有时候,生产队用船装来"上海大粪""长安大粪",粪船停在岸边,农民们直接从船里挑粪施肥。

共生经济（1962—1982）
——人民公社时期的农业经营

要挑起粪桶，走上田塍。"浇粪"是那时最常规的农活❶。

当然，粪桶不只是用来挑粪，农民们挑水抗旱，更忘不了因挑200多斤重的水河泥折了腰。扁担更不只是用来挑粪桶，一副肩膀，一根扁担，承担起农业家庭所有重物的搬运。陈家场的老人们记得，他们曾挑着100多斤重的蚕豆，沿塘河走10里路，去盐官粮管所换大米；挑着近200斤的番薯苗，走5里羊肠小道到丰士轮船码头，坐轮船去海宁卖。每年深秋时节，陈家场全队出动在塘南收获番薯，太阳落山了，人们挑着番薯或者番薯藤，急急忙忙走在回家的小路上❷。

扁担"没有一天不出门"❸，用得最勤。扁担用久了，磨得又滑又亮，一些农民时而以一根好扁担为荣。改革开放以来，扁担使用情况的改变，从一个侧面反映了联民大队一带农业的变迁。胡少祥在一则日记中记下了这种变化。

> 肩挑的扁担还不能丢，但也被逐步替代。比如在收获季节，除非是离很近，再则是道路不平，只得用扁担谷萝挑谷子，也只得用扁担绳子挑稻柴，凡是较远的路便的，都用人力车或者三轮车装运。人力车几乎每户都有，三轮车现在也很多，比如采桑叶，用自行车运，三轮车运，人力车运。真正用肩挑的比例很小。上街买化肥，用肩挑到家的估计只有1%。
>
> 挑粪担，没有办法代替，也有少数人将柴油桶开个大口，将它放在人力车上运粪，这种做法，说明他家的土地离家较远。干浜、干溇挑河泥积肥，还没有其他方法代替，薄水河泥只得用粪桶装挑，干河泥只得用土箕装挑。但是现在鱼塘每年干，河泥都是满满的，就是无人挑，无人积肥，宁可花钱买化肥。

---

❶ 挑粪不容易。挑满满一担粪，晃悠着走动，要滴粪不溅出来，着实很难；挑100多斤重的粪，走5里路，需要的不只是力气，还要本领。浇粪也偷懒，有的人将粪舀得浅一些，有的用撩子泼了半桶粪，另半桶就随便倒在田地里，如此等等。

❷ 扁担挑东西，是一件"硬碰硬"的事，生产队里的男人们偶尔会比拼谁的力气大。例如，有一次，陈家场到祝家桥边挑河沙，一些人比拼挑河沙过桥。在挑到300多斤重的时候，笔者败下阵来，陈建国只挑到一半，陈双明"本事最大"，把河沙挑到了桥上。在很多情况下，拿9.5分底分的男青年是最积极的比拼参与者，他们如果在比拼中赢了拿10分底分的全劳力，在评工分时就"有话说了"。当然，比拼会"挑断扁担"，更会"伤人"。

❸ 陈家场一位老人在讲述农具使用情况时说了这样一句话，充分反映了扁担在农业劳动以及日常生活中的重要性。

第二章 生产资料

承包到户以后,当然不会出现平整土地,不会挑岗填浜,也不搞兴修水利,也不捻、挑水河泥。所以一般年轻人不会挑担,更不会挑重担。

过去挑担确是一种重工,1亩田要挑300担河泥,作底肥插秧以后,由于缺少肥料,还要将水河泥挑到秧苗中间带水分施,挑着重担走到烂泥田里,又不好踩坏秧苗,是十分艰苦的。过去形容挑重担的艰辛,叫作"两头悬空挂,中央无逃躲"。自己不挑担,看到人家挑着重担,没有重的感觉,叫"看人挑担不吃力",好像他挑着这个担子很轻松的样子。现在这个扁担没有掼掉,但尽量不去惊动它,让它尽量休息,因为它在过去出力太多。❶

8. 镰刀、稻桶、脚踏脱粒机与稻麦脱粒机

镰刀是学名,联民大队一带的农民叫"镢子"。联民大队一带的农民家庭圈养细毛绵羊,农民们每天都要用镢子割草给羊吃。在田间作业中,镢子大量用于农作物的收获。例如,收割水稻、大麦、小麦,收获油菜、黄芽菜、卷心菜等蔬菜,割番薯藤等。镢子用得多,刀口容易钝,磨刀口是农民"三天两头"的活。

1966年以前,联民大队一带还大量用传统的稻桶脱粒,此后,脚踏脱粒机替代了稻桶,提高了脱粒的效率。脚踏脱粒机起初用"脚踏"驱动带刺的滚桶,1970年代初,农民们逐渐设法用小型马达来带动,节省了人的体力。

1968年,《海宁日报》整版刊登报导"草棚里飞出了金凤凰",宣告了海宁农民自行生产的第一台稻麦脱粒机诞生。这一项目的主持人是联民大队的下放工人王海章,他曾是上海救护车厂的八级钳工,1962年回到家乡务农。稻麦脱粒机宣传效应大,实际效果小,虽然省力,却常卡壳。陈家场曾借来用于麦子脱粒,几年以后,没人再用了。1970年代中期,联民大队的农民们用小电动机来带动脱粒机,大大提高了脱粒的效率❷。

9. 风车、木砻、石臼与石磨

脱粒后的谷子晒干以后,要在风车上扇掉灰尘、杂物。风车是大型农

---

❶ 胡少祥,《胡少祥日记》,1999年9月5日。
❷ 电动机的使用节省了体力,提高了效率,却带来了触电的风险,在"双抢"早稻脱粒的时候,联民大队发生过触电死人的事故。

共生经济（1962—1982）
——人民公社时期的农业经营

具,原先只有一些富裕人家才有。农业合作化以后,风车归生产队所有。

谷子剥去砻糠才成米,胡少祥回忆说:"砻谷是长期使用古老的木砻,大约在1960年代中期被取消,'大跃进'人民公社以后,我们的大食堂,还是用木砻砻谷和人工臼米。木砻砻谷也很费力,而且只剥去砻糠,成为糙米,还要进行人工臼米,我们这里叫作打米。'打米大佬冻死儿子',就是说即使在天很冷的冬天打米,也热得流汗,衣服热得穿不上,不觉得天冷,不注意儿子冷得吃不消,直到冻死。臼米叫作搬石头上天,是劳动强度特别大的工作,是年轻力壮的人所干的工作。没有劳动力的人家,只得雇人。"❶

石磨的功能是磨粉。胡少祥在一则日记中介绍了石磨。

> 石磨也是一种最最古老和最最落后的磨粉工具。以前由于全年粮食接不上,大米不够吃,只得吃一些杂粮。我们地区吃小麦很不习惯,只能少量搭配,一般春粮大小麦和蚕豆进行调换大米,但是在社会上大米紧缺的时候,只好多吃小麦。记得在1950年代,当地有好几户人家缺粮,只能以吃小麦粉为主,要过渡到中稻收获。由于没有石磨,每天到人家的石磨上去磨粉,每天利用饭后休息的时间,大约磨两个钟头,只能维持一天。石磨一般3—4个人档磨,小麦2个人可以运转,3个磨了2个多小时,维持1天的用粮麦粉。所以他们每天到人家那里磨粉,这里又叫作牵磨。
>
> 每到过年的时候,为了做点年糕,就得用石磨磨糯米粉。磨糯米粉一定要4个人档磨,每天从早到夜还要搭黄昏,只能磨100斤糯米。如果自己家里有4个人或者4个以上的人,又要自己有石磨,那当然磨年粉就不成问题了。如果家里只有吃饭的人,能牵磨的人只1—2人,或者人也少,磨子也没有,那只好和人伴工,今天帮张三磨,明天帮李四拉磨,不知要拉多少天磨,才能把自己的糯米磨成粉。有时接到黄昏,有时接到半夜,年轻人逢到拉磨最最头痛,俗话说:"团子好吃磨难牵,糕好吃拉磨头苦。"
>
> 大约在1960年代后期,这种石磨已经完成了历史使命,不知被抛到什么地方去了。现在加麦粉或者加糯米粉,只要花7—8元钱100斤,不消1个小时可取,加工的质量远远超过人工石磨,人们又

---

❶ 胡少祥,《胡少祥日记》,1999年9月2日。

减轻了一种繁重的体力劳动。❶

在1960年代的中后期,浙北地区几乎每一个大队的抽水机站上都安装了机器,农民只要把谷子挑到机站,就可以打出米;把麦子放进机器,就可以磨出粉。从此,木砻、石臼、石磨就退出了日常生活的舞台。

10. 谷箩

顾名思义,这是竹制的专门用来挑谷子的圆形箩筐。其实,谷箩也可以挑米、豆类以及其他各种东西。在交通不便的年代,陈家场甚至曾经有人用谷箩挑着两个"走不动路"的小孩沿着袁花塘河步行10多里,到盐官北门去坐轮船。

11. 水车

水车是传统农业经营中使用的排灌工具❷。胡少祥讲述了水车的故事。

> 人工木水车取水,普通叫作踏车,是一项繁重艰苦的工作。车水往往是在大热天,高温干旱的夏秋天。踏车一般都要4个人齐上车才能滚动,无论什么人,即使风凉的天气,一上车就会汗流浃背。所以,一般都用6个人,2人休息,4人上车,踏100转,休50转,叫"六别爬"。或者以8个人,调对班,踏100转,休100转。如果光4个人,只好踏了100转或者150转,休息一段时间。车水还有平水和深水,一般在开始时,河水较满,车平,踏起来较轻,只有河底水的时候,水车好像竖起的时候,确实很重,实在不能滚动。所以,过去农民中大脚、大腿的毛病很多,通常叫"流火"脚,主要是伤筋所至。当然也有血丝虫的大脚。大腿经常要发炎,当时叫流火发,劳动吃力了,就要睡几天。经常如此,现在社会上,没有听到和看到流火或大脚病。❸
>
> 木制水车有一丈六,一丈八,少数二丈车,二丈车很少出现,我没有看到过。水车2个人扛,出车至少有4个人,2人扛水车,1个人掮车头,另外1个人掮1捆叫车昌(音),有水昌和旱昌二种。到一个地

---

❶ 胡少祥,《胡少祥日记》,1999年9月3日。
❷ 参见盐官镇志编写组:《盐官镇志(内部文稿)》,电子版,第二章第二节,"生产习俗"。
❸ 胡少祥,《胡少祥日记》,1999年8月31日。

共生经济（1962—1982）
——人民公社时期的农业经营

方排车，先由1个人下水，竖好2支水昌，中间架上1个横档，上面的人将水车往下送，下面的人接着把车搁在横档上，水车的上端放在田口的水坝上，再把车头横在水车前面和水车成丁字形。两头搁在两个行脚上，能够滚动，把水库里的叫连头，就是一个接一个接起来的叫华木，每个华木都带上幅板，把连头套在车头的中间一个叫水脱的，也就是车轴上，上下左右、前后高低都要符合客观，没有研究性的人排不好车。再在车头的两头边上竖上2支旱昌，中间架上1根木头，也就是扛车的横子，在这个地方将木头叫作蒲行。4个人手靠这个蒲行，脚踏车头上的各个蒲柱，使车轴滚动，将水车灌满水向上流。

车水也叫踏车，不是每个人都会的，不会踏车的人踏得快的时候，脚一下子踏不上这个蒲柱，踏空就会使人悬空，叫作"烫田鸡"，一不小心，整个人会跃到下面。踏车也有出力和偷懒的。这个车蒲柱垂直过以后，你把脚踏上去，非常有力，但脚很酸，刚在垂直时，你已经很快踏上去，它的转动作用不大，但你的脚很轻松。有的人车蒲柱刚转过来，未到垂直时，把脚早踏上去，这成了倒撑蒲柱，会使车停下或者使别人更加吃力。4个人车水要大家出力，就很轻松，有1个或2个偷懒，出力的人吃不消。所以偷懒的人，往往不受欢迎。❶

农业合作化以前的时期，联民大队一带的农民们长期用木制水车取水。木水车属于大型农具，大部分农户自家购买不起，一般要10多户人家合置。只有大户人家和相当有钱的人家能够自家购买水车。在农业合作化过程中，这种大型农具入社归集体所有。1960年代中期，机动抽水机逐渐替代了传统的水车，从此，水车几乎成为传统农业最具象征性的记忆❷。联民大队1958年建设了机站，专门负责为各个生产队抽水。同时，大队还配备了小型电动水泵，一只小型电动机带一根水管，移动十分方便，生产队可以借来为水田抽水。1970年代，联民大队的绝大部分水田实现了自流灌溉，确保了水稻的稳产、高产。

12. 喷雾器与拖拉机

喷雾器是利用空气压缩的原理来喷洒农药的器具，主要有圆筒式和

---

❶ 胡少祥，《胡少祥日记》，1999年9月1日。

❷ 即使在1970、1980年代，每当老人们回忆起以前的农业生产，都会津津乐道于水车的精巧、复杂。水车是精耕农业的象征，水车的退出部分地意味着传统精耕农业的终结。

背包式两种,背包式喷雾器一直延用到现在。

1970年代初期,联民大队购置了手扶拖拉机,轮流为生产队耕田。机耕部分地替代了铁耙垦田。到1970年代末,水田的翻垦作业基本由拖拉机完成,垦田铁耙被束之高阁。拖拉机的使用大大减低了劳动强度,提高了农业劳动的效率与质量,深受农民的欢迎。在联民大队刚刚购买手扶拖拉机的时候,各个生产队都争相要求大队安排耕地,几个机手轮流作业也忙不过来。机手陈一揆是陈家场人,生产队想办法"开后门"叫陈一揆加班夜里耕田。夜里天太黑,怎么办?生产队点上了太阳灯❶。

拖拉机的使用大大提高了垦田的劳动效率,但是,效率的提高不断地被农业集体经营制度内的过密化偏好、工分挂帅等日常行为所消解;农业机械化那时并没有给农民们带来更好的生活。

二、蚕业工具

浙北的蚕业生产有悠久的历史,联民大队一带是以蚕业生产为特色的半经济作物区。蚕业生产包含种桑与养蚕两大部分,种桑与养蚕都有一些专门工具。

1. 桑秧刀与桑剪

桑椹子发芽长出来的小桑树只是"毛桑",枝细,叶小而薄。桑苗需要嫁接,接上品质好的湖桑,才能培育出出叶量大的桑树。桑秧刀犹如大的水果刀,专门用来嫁接桑苗。

每年晚春,到了春蚕大眠的时候,蚕农要剪去桑条,叫"伐条"。伐条用的剪刀叫桑剪。蚕农每年都在桑树的同一个部位伐条,伐条处就会长得如拳头状,称为"桑拳"。

2. 山子、锯子与斧头

桑树或遭虫蛀死去,或出叶率太低了,农民们就用山子把桑树连根挖起,当地人叫作"翻桑树"。农民们把"翻起的"桑树挑回家里,用锯子把桑树锯成一尺左右的小段,用斧头把粗的桑段劈细,最后晒干;"鲜桑树"就成了上等的桑柴。桑柴被整齐地堆放在柴间里,农民们平时舍不得去"动它",只等过了阴历十二月二十三,打年糕时"派用场"。通常,农民们还没有"动手"的时候,蛀虫总是先行"光顾"桑柴,农民们除了摇头,没有什么对付蛀虫的办法。当然,山子、锯子与斧头除了处理桑树,也能处理

---

❶ 联民大队一带的农民把一千瓦的大灯叫作"太阳灯"。

其他的树。

3. 蚕柱与蚕匾

蚕柱是放置蚕匾的架子。3根木柱子,毛竹镶嵌出10个格子,每一格上可以放1只蚕匾。蚕柱呈丁字形,其中竖起部分可以折叠,以便平时存放。蚕匾是由竹篾编制而成的圆形器具,匾沿约10公分,匾直径约135—140公分。养蚕的时候,蚕放在匾里,匾放在蚕柱上。

蚕柱和蚕匾属于"大型农具",在农业合作化的时候入了社,后来就成了生产队里的公共财产。像其他公共财产一样,蚕柱和蚕匾遭遇到双重损害。一方面,生产队的财产是大家的,大家的就不是"我"的,许多人不爱护蚕柱与蚕匾,少数人甚至"重手重脚"地损坏蚕柱和蚕匾。另一方面,大家的也是"我"的,不少人把蚕匾拿回家,就当作自己的财产,生产队几经催促也不还,只得挨家去"搜蚕匾"❶。

于是,生产队的蚕柱和蚕匾不断减少。针对这种情况,生产队在当年木材、竹材都十分紧张的情况下,尽了很大的努力去修理或者新制蚕柱和蚕匾,仍很难扭转减少的趋势,更谈不上增加蚕柱和蚕匾的数量。这样,蚕具的数量与蚕业发展的需求之间产生了矛盾,生产队只得另外想办法。

4. 蚕帘

联民大队一带农民们想出的"土办法",就地取材用麻秆制作蚕帘。秋冬时节,生产队就根据养蚕的需要把制作蚕帘的任务分配到农户。农户利用冬天空闲时间搓草绳,整理麻秆,再按照规格编制蚕帘。养春蚕以前,农户把蚕帘交给生产队,生产队则给农户记录工分。草绳易断,麻秆易折,但是,草绳、麻秆都是就地取材,蚕帘一年用下来,坏了一部分,再布置农民们去做就行了。

蚕帘与蚕柱不配套,农民们就在蚕室里搭起长方形的竹架,把蚕帘放在架子上。竹架用整根的竹子搭成,用时搭起,用完拆除,不存在损坏问题。

5. 蚕网、叶刀与叶砧

蚕网是易耗品,小眼的蚕网从供销社购买,大眼的蚕网用草绳自制。一年五季蚕结束,蚕网也"烂"得差不多了,第二年再换新的。小蚕要吃嫩叶,农民们切碎了喂食。叶刀与叶砧就是专门切叶的。实际的需要促成了工具的不断改良,海宁的叶刀刀口钢质好,吸引了周边城市里的家庭

---

❶ 一个个蚕匾的故事,都鲜活地反映了生产队集体这个大家庭中的小家庭的态度与行为。

主妇们。

6. 毛蕨、山棚木与炭火盆

蚕成熟了,要爬到高燥的地方做茧子,联民大队一带的农民把蚕做茧子称为"上山"。蚕"上"的"山"用稻草做成。冬天,农民们用梳子把稻草梳整齐了,剪成一样长短,扎成一小把一小把的,称为毛蕨。旧时每把毛蕨有50—60根稻草,1970年代初改成每把仅8根左右。毛蕨做好,晒干,备用。

在蚕"上山"以前,农民们先要用山棚木搭好"山棚"。山棚木是比较细的木头,因为专用于搭山棚而得名。山棚是一个高约120公分的平面,通常搭满2—3间屋子。山棚上平铺着蚕帘,农民们在蚕"上山"时把毛蕨"插"到蚕帘上,然后再把蚕均匀地放到"山上"。旧时农民旋转毛蕨,形成两个顶着的锥形,供蚕"上山"。1970年代初,农民把毛蕨折成伞状,倒插在蚕帘上,蚕结茧以后,一眼望去,如一座座白色小山。在春蚕或者晚秋蚕上山时,如温度太低,需要在山棚下生起炭火,于是就用得着炭火盆。这是一种如碗口大小的陶土盆,陶土层较厚,不易碎。1970年代初期,木材十分紧张,山棚木流失,蚕只能到竹架子上去"上山"了。

三、贮藏、运输及其他工具

1. 领条、米桶、缸与坛

这四种东西都是贮藏工具。领条是竹篾打成的宽1米左右、长3米左右的长方形席片,地上放一只匾,用领条一围,就可以存放谷子。米桶是木制圆桶,有大有小,存放米,上面有盖。缸、坛子都可以用作存米器具。

2. 秤

秤是测量谷子、麦子等粮食重量的工具,通常农民家里都有秤。秤有大小之分,小秤只能秤几斤重的东西,大秤可以秤100—200斤。秤的使用很有讲究,秤杆低一低、平一平、翘一翘,同样的读数,实际重量却不一样;秤砣从外向里驳,或者从里向外驳,也影响实际的重量。

3. 罱竿与罱篓

罱竿是罱河泥用的竹竿,一端装上罱篓,就可以下船罱河泥了。罱河泥十分艰苦,更需要用巧劲。个别本事大的农民站在船沿上,一篓篓河泥带着水从河底部罱到船里,罱了整船河泥,脚却不湿,身上也没有一滴河泥。

共生经济（1962—1982）
——人民公社时期的农业经营

4. 蓑衣与笠帽

蓑衣用棕线打成，传统农民穿着防雨。笠帽用竹篾、竹叶编织，是农民下雨时戴的帽子。1960年代后期，农民很少穿蓑衣，代之以轻巧的塑料雨衣；塑料雨衣本身连着帽子，笠帽也就被淘汰了。

5. 塑料薄膜

塑料薄膜用处很多，早稻秧田盖秧板保温；番薯苗窖盖着增加温度；蚕室里桑叶保鲜；小蚕保温；等等。塑料薄膜配给供应，农民们不得不反复使用，直到发脆、发硬之后才扔掉。

6. 船

在人民公社时期，船几乎就是联民大队一带唯一的交通工具。我们在《海宁市志·交通篇》里可以看到，船作为交通工具有不同的系列❶。农民们用的船十分简单，只有最普通的橹摇小船。在联民大队一带，原先生产队所有的小船只有1吨、1.5吨小木船。小木船主要用于运输，如运粮食到盐官、从硖石装运肥料等。冬天，生产队用小木船罱河泥。1970年代中期，海宁造船厂开始生产5吨、7吨的水泥船，于是，联民大队的几个生产队都去海宁船厂购买了水泥船。

---

❶ 海宁以人力操作的船舶主要有划子船、脚划船、丝网船、小航船、快班船、木帆船和驳船。

划子船：是渔民用以兼作客运的工具。可载二三人。以单桨或双桨操作，时速约4公里。1950年境内有32艘，1954年11月，斜桥、路仲尚有2个划船组，1950年代后期自然淘汰。

脚划船：又称乌篷船，清时由绍兴传入。可载三四人。手执小木桨掌握航向，双脚蹬大木桨推进，时速约4公里。清末民初境内脚划船分布各集镇，长安镇虹桥西"划船弄"即因停靠划船而得名。建国初期境内尚有13艘，1956年后逐渐淘汰。

丝网船：据传源于苏州。渔民常年兼作客运，故布置整洁，具有游船性质，收费亦高于其他客船。可乘七八人，建国前在硖石镇花园桥和南关厢沿河一带停泊较多。1954年尚有11艘，1956年农村合作化时归于渔业社。

小航船：源于唐代，其名宋代已有。南宋赵彦卫《云麓漫钞》载："今浙西临流州县，凡载行旅之舟，谓之航船。"小航船以载客为主，兼装货物。一般可乘20人左右。1950年海宁有157艘，其中硖石镇最多，有80余艘。后因轮船客运业发展而减少，1954年仅有50艘。1956年部分小航船纳入运输业，始与快班船统称航快船。

快班船：源于绍兴而俗称绍兴快班船，因走水性能好、多橹摇驶航速较快而得名。快班船以载客为主，兼装货物和传递邮件，载客数一般30人左右，定期定点定线航行。1950年海宁有110艘，1956年与小航船统称航快船，并转以货运为主，但其载客历史直至1976年方告结束。后航快船一度由货轮拖带，1982年后由驳船取代。

木帆船：系杭驳船、码头船、西漳船等一些货运船舶的统称。坚厚牢固，体积宽大，宜装大宗货物。海宁境内一般用于装运粮食、砂石、原煤，载重量约15—25吨。建国初期，海宁有木帆船249艘。1956年硖石、长安、斜桥、盐官四地成立木帆船运输合作社时，尚有224艘，355 045吨位。1960年代中期，木帆船开始被水泥驳船取代，1970年代中期又逐渐以钢质驳船代替。

自古以来,船一直是浙北农民们最重要的运输工具。1970年代末,联民大队的农民们搞运输仍然依靠船。船成为一种符号,标志着农村的生产力水平,农民们的生活都停留在"一橹不摇,一寸不走"的原始状态。

四、农具的购买

在人民公社时期,农具主要由供销社负责供应,木制、竹制农具如粪桶、谷箩等都配给供应,铁制农具大多可以自由购买。下面的表2-1、表2-2反映了1975—1991年海宁县丰士供销社中小农具供应的情况。

表2-1　1975—1983年海宁县丰士供销社中小农具供应统计表

年份名称	单位	1975	1976	1977	1978	1979	1980	1981	1982	1983
喷雾器	架	87	77	108	98	150	122	203	137	968
铁农具	件	9 676	9 108	9 572	8 398	11 756	10 180	7 180	9 472	8 890
土箕	双	1 102	1 975	2 146	2 333	1 170	1 061	271	410	310
竹垫	张	3			33	50	7	8		
谷箩	对	1 141	1 226	926	932	1 352	1 009	698	1 005	936
粪桶	对	201	182	165	236	200	240	153	154	226
稻桶	只									
领条	张	218	151	92	159	353	233	281	484	481
车板	百张	2								
车骨	百张	1								
竹扁担	根	2 392	3 464	5 284	4 141	2 283	1 209	1 619	1 084	813
笠帽	顶	3 745	3 645	3 756	3 356	2 375				
蚕匾	只	573	529	954	767	1 771	3 067		2 957	1 059
竹畚箕	只						3 281	2 749	2 086	
共计		35 559	41 441	39 854	40 852	43 910	33 676	24 099	28 828	26 117

资料来源:曹锦清、张乐天、陈中亚:《当代浙北乡村社会文化变迁》,上海远东出版社,2001年,第467页。

共生经济(1962—1982)
——人民公社时期的农业经营

表 2-2　1984—1991 年海宁县丰士供销社中小农具供应统计表

年份 名称	单位	1984	1985	1986	1987	1988	1989	1990	1991	备注
喷雾器	架	353	269	283	307	475	192	286	386	
铁农具	件	6 300	9 222	6 934	8 255	8 180	6 555	6 342	6 269	
土箕	双	71								
竹垫	张									
谷箩	对	878	457	538	569	273	238	184	113	
粪桶	对	160	68	127	112	230	152	81	14	
稻桶	只									
领条	张	724	410	93	227	67	94	15	4	
车板	百张									
车骨	百张									
竹扁担	根	436	867	641	649	426	312	282	267	
笠帽	顶									
蚕匾	只	887	1 008	1 264	1 139	590	250			
竹畚箕	只	2 257	1 641	1 706	2 062	2 374	1 075	1 025	1 158	
共计		22 868	21 039	15 236	21 151	17 113	13 780	11 683	10 584	

资料来源：曹锦清、张乐天、陈中亚：《当代浙北乡村社会文化变迁》，上海远东出版社，2001年，第 467 页。

我们从上面的表格中可以看到，传统的水车到 1970 年代中期已经不再使用，稻桶比水车消失得更早，农村都改用脚踏打脱粒机。但在整个人民公社时期，农具的进步极其有限，农民们使用的主要农具仍然是传统的，他们主要依靠自己的体力劳动去耕耘和收获。

第二节　农　药

传统农民缺少应对病虫害的办法，面对虫害的肆虐，只能感叹"人做天收"。农药的引进为农民带来了福音，确保了农业的持续增产，但是，农药是农民们难以驾驭的力量。他们根据植保员的安排或者"广播里的布置"使用农药。他们知道农药"越用越毒"，可能危及人的健康，还是年复一年把农药洒到田里。为了当下的高产，他们别无选择。

一、农药的种类

建国以后,海宁地区杀虫剂的使用可以分为三个阶段。

其一,以有机氯制剂为主阶段。1952年,海宁试用"六六六"和"二二三"治螟。1956年,全县推广使用"六六六"和"二二三",杀虫效果显著,深受农民们的欢迎。从1953年到1981年,全海宁县累计使用有机氯农药19 480吨,占杀虫剂农药总量的83.2%。有机氯农药残留量大,对土地的危害严重,1983年起停止在粮食作物上使用。

其二,以有机磷农药为主阶段。1963年海宁开始组织农民用乐果除虱,用敌敌畏杀油菜蚜虫,效果十分显著。这两种农药一下子得到了农民们的青睐,一直到1970年代后期,联民大队一带农民家家户户都备有乐果与敌百虫。1956年,为了有效防治单季晚稻二代三化螟,海宁示范推广苏化203、乙基1605和甲基1605,效果明显,很快在全县推广使用。到1967年,有机磷农药全面取代有机氯农药。但是,乙基1605、苏化203等农药有剧毒,严重危害人畜安全,故海宁努力推广新的替代农药。1971年推广有机磷与有机氯混合制剂甲、乙氯杀螟粉,1972年推广高效低毒有机磷制剂马拉松、杀螟松。1980年开始,海宁再次推广高效剧毒有机磷农药甲胺磷、氧化乐果。1983年,海宁全面使用有机磷农药。1988年有机磷农药销售量占农药总销售量的60%以上,主要品种有苏化203、甲基1605、乙基1605、甲胺磷、氧化乐果、乐果、敌百虫、杀螟松、马拉松、敌敌畏、稻丰散、辛硫磷等。

其三,以有机磷为主、有机氮为辅阶段。海宁从1974年开始推广有机氮农药杀虫脒,因为杀虫脒对人体有害,1970年代后期停止使用,改用速灭威、混灭威和叶蝉散等有机氮农药。1980年代初,海宁还推广药效长、防治稻蓟马效果好的呋喃丹。1983年,开始在早稻中使用5%杀虫双大粒剂。到1980年代后期,全市24万亩早稻几乎都使用杀虫双大粒剂防治一代螟虫。

杀菌剂的变化比杀虫剂更大。早在1938年,海宁农村就开始使用杀菌剂波尔多液防治稻瘟病。1947年,全县又推广谷仁乐生拌种防治麦类散黑穗病。但是,单干的农民不相信农药,民国时期杀菌剂的使用量十分有限。建国以后,杀菌剂被大量使用于防治粮油作物病害,发展大致可划为4个阶段。

其一,以有机汞杀菌剂为主阶段。1950年代初,海宁推广西力生浸

共生经济（1962—1982）
——人民公社时期的农业经营

种防治稻瘟病,后用西力生和赛力散拌石灰粉防治麦类赤霉病和稻瘟病。1967年,海宁开始在辛江乡新丰、光明两个大队进行有机汞制剂富民隆防治小麦赤霉病试验,翌年在全县推广并取代了西力生、赛力散,由于残毒大,从1972年起停止在粮食生产上使用。

其二,以有机磷杀菌剂为主阶段。1970年代初,全县开始用稻瘟净和异稻瘟净防治稻瘟病,一直到1980年代初推广克瘟散后,这两种农药使用量才逐渐减少。

其三,使用有机砷杀菌剂阶段。1960年代后期到1970年代末,海宁主要用稻脚青防治水稻纹枯病,用退菌特防治水稻白叶枯病。由于前者残毒对环境污染大,1980年代初已停止使用。

其四,使用有机硫杀菌剂阶段。海宁于1970年代使用福美双、代森锌、叶青双防治稻瘟病,从1980年代中期起,试用三环唑成功,三环唑很快成为防治稻瘟病的主要农药。

除了上述各类杀菌剂以外,海宁市从1970年代中期开始还采用抗生素类农药"401"和"402"进行种子处理;用多菌灵替代托布津防治麦类病害,防治稻瘟病、白叶枯病、恶苗病、纹枯病等;用井冈霉素防治纹枯病❶。

二、农药的购买与使用

在传统农业中,病虫害常常让农民们束手无策。他们曾采用滴油除虱、采卵捕蛾、挖坑深埋等土办法来对付病虫害,但效率极低。面对作物的损失,他们只能感叹"人做天收"。解放以前,农业部门和合作社曾经营少量的化学农药,如滴滴涕、鱼藤粉、硫黄等,也只是用于小面积试验,个体农民很少应用。当时,农作物病虫害严重,尤其是螟虫,农民常年因水稻白穗而损失惊人❷。

在1950年代,供销社先后引入的化学农药品种少,数量有限,农作物病虫害的防治除了使用少量的化学农药外,主要还是沿用乡民的传统土办法,利用石灰浸种杀菌,蚕室消毒;用苦卤浸棉籽灭菌;用烟梗杀稻虫;用石灰硫黄合剂防治棉花、春花作物病虫害;点灯诱蛾,用糖醋钵头诱杀成虫。解放初期,海宁曾开展过大规模的挖深坑埋稻根的运动,以消灭稻螟虫。

---

❶ 参见内部文稿,海宁市农业局编:《海宁农业志》,2008年,第275—278页。
❷ 参见海宁市供销社志编写组:《海宁市供销社志》,内部版,1991年,第162页。

人民公社时期,国家供应的农药逐年增加,农药的广泛使用成为作物高产的重要因素。

农药由供销社统一经营,供销社根据各个生产队种植计划安排各种不同农药的销售,下面的表2-3、表2-4反映了1975年到1991年海宁县丰士供销社农药供应情况,从中可以看出全县各乡农药供应的大体情况。

表2-3 1975—1983年海宁县丰士乡农药供应统计表

年份		1975	1976	1977	1978	1979	1980	1981	1982	1983
化学农药	担	483	666	639	929	988	842	854	777	619
666	担	173				100		115	84	119
杀螟粉	担	5	381	384	550	474	480	327	328	
DDT	担	49	32	19	40	22	20	43	19	18
889乳剂	担	1								
敌百虫液剂	担	12	14	25	38	31	27	27	23	24
敌百虫粉剂	担	3			23		1			
西力生	担									
赛力散	担									
硫酸铜	担				10					
敌敌畏	斤	370	252		480	1 166	1 062	1 134	1 068	546
1605	斤	1 364	72				476	364	600	840
1059	斤									
毒杀粉	斤									
50%马拉松	斤	1 422	1 181	2 510	4 520	3 520	422	1 767	782	1 968
乐果	斤	1 816	998	1 700	2 812	3 668	3 125	4 605	4 968	5 314
稻瘟净	斤	4 990	7 123	5 807	6 741	8 308	6 418	5 940	3 842	6 058
稻脚青	斤	379	680	345	29	965	199	213		
杀螟松	斤	984	246	308	677	1 298	1 779	2 344	2 316	2 071
杀虫脒	斤	1 272	1 037	1 159	1 217	1 501	995	830	752	
倍硫磷	斤	219	4	6						
亚胺硫磷	斤	255	319	375	22	10				
苏化203	斤		52							
灭瘟素	斤	1 298	1 579	536	1 213					

共生经济(1962—1982)
——人民公社时期的农业经营

续表

年份		1975	1976	1977	1978	1979	1980	1981	1982	1983
托布津	斤				400	475	56	256	111	34
福美双	斤				389	234	109	16	7	
叶枯净	斤				42	35	4	37	135	207
除草剂	斤				528	1 322	1 275	1 508	1 474	
甲胺磷	斤					1 379	3 146	3 518	3 357	3 706
井冈霉素	斤					7 004	5 060	5 922	5 620	8 279
多菌灵	斤					773	1 978	2 040	2 240	5 379
叶蝉散	斤									2 550
呋喃丹	斤									215
速灭威	斤									
克瘟散	斤									
富士一号	斤									
叶青双	斤									
杀虫双	斤									

资料来源:曹锦清、张乐天、陈中亚:《当代浙北乡村社会文化变迁》,上海远东出版社,2001年,第465页。

表2-4 1984—1991年海宁县丰士乡农药供应统计表

年份		1984	1985	1986	1987	1988	1989	1990	1991	备注
化学农药	担	471	476	916	886	684			822	
666	担									
杀螟粉	担									
DDT	担									
889 乳剂										
敌百虫液剂	担	19.31	13.69	13.38	15.96	3.82	9.22		23.20	
敌百虫粉剂	担									
西力生	担									
赛力散	担									
硫酸铜	担			0.48	0.5					
敌敌畏	斤	582	478	0.68	346	1 258	518		146	
1605	斤	1 070	6 947							

续表

年份		1984	1985	1986	1987	1988	1989	1990	1991	备注
1059	斤		202							
毒杀粉	斤									
50%马拉松	斤	860	126	166						
乐果	斤	5 508		5 202	4 704	4 212	1 930		5 224	
稻瘟净	斤	4 554	1 926	1 950	2 354	2 988	3 106		600	
稻脚青	斤									
杀螟松	斤	2 111	554	772	1 188	1 462	1 456		1 368	
杀虫脒	斤									
倍硫磷	斤									
亚胺硫磷	斤									
苏化203	斤									
灭瘟素	斤									
托布津	斤	123	277	296						
福美双	斤									
叶枯净	斤									
除草剂	斤	897	1 511	2 310	2 072	2 170	1 302		4 440	
甲胺磷	斤	4 561	5 959	6 586	6 568	4 340	6 522		7 082	
井冈霉素	斤	8 230	2 584	9 994	11 028	10 448	10 302		14 650	
多菌灵	斤	5 240	2 862	5 674	4 670	3 508	2 276		600	
叶蝉散	斤	4 800	200	10 638	19 938	10 300	12 200		5 000	
呋喃丹	斤	487	2 363	3 000	6 268	1920	5 878		2 622	
速灭威	斤	1 394	1 441	396						
克瘟散	斤	404		18						
富士一号	斤	744	380	112			300			
叶青双	斤	68	44	10	26	24	22		1 140	
杀虫双	斤		4 592	4 010	16 000	21 970	22 034		24 000	

资料来源：曹锦清、张乐天、陈中亚：《当代浙北乡村社会文化变迁》，上海远东出版社，2001年，第466页。

解放以后的40多年中，供销社统一经营的农药种类和数量渐次增加，一些对人畜药害大、残留性高、低效的农药逐步退出供应和使用，一些

共生经济(1962—1982)
——人民公社时期的农业经营

高效低毒、低残留的农药逐渐投入农作物病虫害的防治。1950年到1952年,农药品种只有碳硫黄液、666粉剂、223粉剂三种,到1970年代末已增加到20—30个品种。1970年后,对人畜药害较大的有机汞农药、西力生、赛力散停止使用。1983年,国家宣布停止生产高残留有机氯农药666粉剂和223乳剂。1970年代末、1980年代初,高效低毒、低残留的杀虫剂叶蝉散、杀虫脒、呋喃丹、杀虫双及杀菌剂托布津、叶枯净、多菌灵等先后投入使用。县、乡范围内农药历年使用总量的增减,既与农药可供量的增减有关,更与县、乡范围的农作物病虫害轻重程度有关。我们注意到。除草剂自1978年投入使用后,销量逐年上升,这不仅说明了该农药的有效性,同时也反映了大量劳动力转移到乡镇企业从而每亩作物用工量逐渐减少的情况。在集体化时代,联民大队一带一亩水稻用工量达30个之多,实行联产承包责任制以后,每亩水稻的用工量降到10个左右。化肥代替农家肥,除草剂代替人工除草,是其中两项重要因素。

与化肥一样,国家在农药销售上长期实行低价、稳价和稳中有减的价格政策。农药的生产和经营采取保本或薄利原则,努力降低农用成本,维持低价销售。例如,90%的敌百虫,1959年每吨16 920元,先后7次降价,到1982年为4 780元,下降71.75%。在同一时期,"1605"降幅为74.8%,井冈霉素降幅为46.15%,稻瘟净降幅为17.73%,马拉松降幅为47.5%等。但是,从1982年后,各类农药的价格先后上涨,如甲胺磷1980年每吨价格为6 000元,1987年上升到6 640元;呋喃丹1973年每吨700元,到1985年上涨到2 900元。随着市场放开,除敌百虫、"1605"、乐果、甲胺磷、井冈霉素等6个品种销价仍由省管控外,其余均下放给县管理,实行浮动价格❶。

在人民公社时期,各种农药的引进为农民们带来了福音,使他们看到了"人的力量"。他们不再害怕病虫害,并对农业的丰收充满信心。但是,农民们,特别是那些有着丰富农业生产经验的老年农民们却难以驾驭这种"人的力量"。且不说很多农民看不懂农药的说明书,即使看懂了,他们也没有能力根据气候的变化灵活掌握农药的使用;生产队在农药的使用中遇到了困难。

人民公社建立了农业科学技术站,组织了覆盖每一个生产队的农业

---

❶ 参见海宁市供销社志编写组:《海宁市供销社志》,内部版,1991年,第163—164页。

植物保护员❶队伍。公社通过有线广播向全体农民们发布有关病虫害的消息,通知农民们在什么时间应该使用什么农药,具体讲述农药的使用方法。公社、大队更通过一次次会议布置除虫灭害工作,下面是两次会议记录。

1968 年 8 月 9 日

召开生产队正副队长会议,治虫人员也参加。会议的一个主要议题就是当前生产问题及治虫问题。

除虫问题,时间(11—12 号)。但是施新农药一定要重视……当前除虫要引起重视。今年施用农药是甲基 1605,是相当好效果,死虫效率较高,对蚂蟥、钉螺杀死(率)比较高。不误农时,打一场歼灭战。为了把这场除虫工作胜利进行,首先要用毛泽东思想统帅武装头脑。

……

放好 2 寸水,塞好漏洞,打好落河缺❷。有放水员检查好,反对干板田施用,因死苗达 10%—15%,所以要反对❸。教育好群众,备足吃水 1 星期,最少备足 5 天,同时教育子女不要下水,特别是 5 到 6 岁的小孩,最容易中毒。施田面积凡是 4 号前的稻都要施上,时间(11—12)多除❹。这次是甲基 1605,每亩 2 两,单季稻 3 两,新样。施好工具严格掌握,不要随便河内淘汰。❺

1978 年 10 月 15 日

下午参加公社召开副书记、大队植保(员会议),会议专门讨论防病除虫。晚稻后期管理会议,郭仁元同志指出:

目前开展防治第六代褐稻蚤以来情况是好的。但根据初步调查

---

❶ 植保员也叫除虫员。

❷ 落河缺是水田通向河内的小缺口,用于放掉田里多余的水。打好落河缺就是封住水田落河的缺口,保持水田的水不流失。

❸ 这里讲新农药甲基 1605 十分毒,杀伤力十分强,水田需要放水后才能施用,否则会造成死苗。

❹ 在 11 号、12 号都做好除虫,施好 1605。

❺ 新农药甲基 1605 是从德国进口的剧毒农药,当时第一次使用。由于对于人、畜的危害都很大,所以当时各级都十分重视。这里几段讲的都与新农药相关。参见周生康,《工作笔记》,1968 年。

共生经济(1962—1982)
——人民公社时期的农业经营

发现除虫质量差,效果不好。有的田块已经倒伏发白,有的即将发现,有的逐渐蔓延扩大开来。近调查残留量还有少达 75 万,高的有 150 万,但其中,少量的田也有达 47 500 只。当前晚粳品种平均达 28 600 果,低会达 75%。当前晚粳品种平均卵量 45 万,高有 70 万,低有 20 万。必须引起重视,主要对象要调查如。

达 80 万以上还要继续倒伏,40—80 万也受到严重影响,扁谷率增加,谷质并,出来低,为此,目前必须抓好。措施是:

① 首先要通过"二查二定"对症下药。中粳糯稻、离收割一星期以上者平均每丛 15 只的田。晚迟熟品种:平均每丛 8 只以上的,如已除过的平均还有 6—8 只的田。

② 从目前开始一律停止施"有机氯"农药。生资部,停止供应。"马拉松"各队速购出。

③ 当前开始用药是每亩"马拉松"1 两,稻瘟净 2 两,土农药 5 斤,加水 250 斤喷雨。如缺土农药的队,可用"马拉松"2 两、稻瘟净 2 两,并水 250 斤喷雨,如有机动机的增加到 300 斤,为了提高药效,避开中午时间。

④ 晚粳稻:达不到标准的,到 20 号左右还要调查一次,平均 15 只以上的防治一次。

⑤ 调查如果发现高令的要"双隔攻",下面清油上面施药,3 天后放掉。

※ 春粮种籽处理:据科技介绍:可用药物有三个:"福美霜""多菌灵""托波精"。方法是:先将种籽掏杂质予浸 7—8 个小时(早晨浸,夜间沥),后再用药"福美双"1 000 倍浸 12 小时,"多力灵"500 倍,700% 托波精 1 000 倍,选用一种药。大麦还是用石灰水较好。用 1% 石灰水浸 48 小时。对于地下害虫消灭泥蜗的可用乐果拌种。方法:① 2 两乐果并水 10 斤拌 100 斤种。② 用"敌百虫"1 两加菜瓶 10 斤,加水 7—10 斤,撒得散为宜,在播种后 3 天较好。选晴暖傍晚撒效果好。③ 油菜蚜虫问题:注意调查发现即除,用乐果、稻瘟净各 1 000 倍。据气象部预测:10 月份中旬和下旬,少雨,晚稻不能断水过早,但是也要注意死水不排掉。❶

---

❶ 周生康,《工作笔记》,1978 年。

第三节 肥　　料

肥料可以区分为有机肥料和无机肥料两大类,无机肥料包括各种类型的化肥,有机肥料指农家积累或者沤制的肥料,如河泥、粪肥、绿肥、土杂肥等。在人民公社时期,化肥供应有限,积肥十分重要。在各级生产会议上,人们经常能够听到干部反复强调积肥的重要性,号召积肥,并布置积肥的具体任务❶。有人还用几句话来形容"肥":中饭早吃要吃好,多用土肥最合算;积肥造肥要大搞,突出多搞杂肥料;种田积肥养绿萍,牛栏厕所统统倒;层层领导带头搞,"芒种"以前要抓好❷。

一、河泥

河泥指河、塘底慢慢积起来的淤泥。浙北地区河道纵横,水塘棋布,雨水充沛。每次下雨,雨水总会夹带着具有肥力的地表泥沙冲入河内,泥沙与树叶、粪便混杂,发酵,就成了河肥。

海宁农民历来有积河泥做肥料的习惯。五代时期,海宁属吴越国,钱武肃王曾动用兵力取低处之沃土,湖沼之水藻置于高处,劝民农桑。这种罱泥作肥的方法到宋嘉定初年(1208年)已广泛采用。1950年代,海宁全县每年约积河泥5 000万担,1958年多达9 992万担,1960、1970年代平均约4 000万担,进入1980年代大幅度减少,一般只积少量秧田河泥。积河泥主要在冬季,靠人力用泥夹在农船上罱取,然后再挑到坑内与羊灰❸或柴草拌和,做窖沤制,俗称窖潭泥,用于水田。也有部分河泥未经堆沤直接施用于水稻、春花、络麻、桑树等作物中❹。

---

❶ 1966年4月23日,联民大队会议上布置的四月份工作,其中之一就是:"打算长年积肥,发展养猪养羊,多积自然肥,今年自力更生土肥为主化肥为辅。"1968年8月14日,联民大队召开生产队队务委员以上的会议,支部书记提出:"对肥料问题发掘肥源,开展积肥号召社员投肥,想办法解决肥料关,来夺取晚稻超早稻。开始罱河泥。"1971年3月23日,红江人民公社召开会议,要求:"自力更生,发动群众,解决肥料困难,同时发展畜牧业,解决肥料不足,社员投交家杂肥,支援生产队发展生产。"公社时期不仅在农业生产的角度强调积肥的重要性,还将积肥提高到政治高度,积肥不积极被视为走不同的政治道路(参见相关年份的周生康《工作笔记》)。

❷ 周生康,《工作笔记》,1971年。

❸ 联民大队一带的农家圈养绵羊,用干草料填在羊圈中,草料与羊粪、尿混杂在一起,俗称"羊灰"。

❹ 参见内部文稿,海宁市农业局编:《海宁农业志》,2008年,第225—228页。

共生经济(1962—1982)
——人民公社时期的农业经营

罱河泥、挑河泥是十分繁重的体力劳动。胡少祥还记得,在单干户年代,联民大队有两个人专门给农户罱河泥,以此来赚钱补贴家用。在人民公社时期,每个生产队都组织农民罱河泥,特别在冬春农闲时节,生产队里的男性全劳力轮流上船,挥汗罱河泥❶。河泥从水底捻出,成为肥料,可以肥田。

河泥过去有几种使用方法,最早是罱河泥放在田角里,种田前挑散。后来提倡一方田一泥塘,又叫"千斤塘"。以前的河泥是做底肥的,放了河泥后再翻耕。千斤塘的河泥是在翻耕以后,头次摊平后再挑河泥,再耙平后插秧,这叫作"盖浇饭"。还有一种在待秧苗返青以后,在施肥阶段再放水河泥,叫作"打鸟河泥"。后两种用法都比较艰巨,因为在翻耕而已上水的田里挑河泥和在秧苗田里挑河泥,难度很大,赤着脚挑着重担真是寸步难行。❷

胡少祥还说:"大积河泥在人民公社'大跃进'时最热火朝天,每年冬季都要搞大运动,上级号召块块田地要积上河泥,号召每亩积上八百担,当时还有八字口号:每户猪羊养八头,每亩积肥八百担,户均收入八百元。"❸在这里,"积河泥"不只是罱河泥,还包括抽干河水后挑河泥。老年农民王庭芳至今仍对挑河泥印象深刻,他说:"那几条河像洗锅一样,每年要挖淤泥挖好几次。都是安排好的,今年哪条河明年哪条河,轮流的,最后淤泥没什么了。肥料没有的时候,用沤肥,把草、瓜藤什么的扔到河里,烂了之后把水抽起来当肥料。我们这里淤泥还是算多的,一年大概要挖两条河的淤泥,双羊河也挖的,第一次很深的,第三次已经挖不到河泥了。"❹

二、粪肥

粪肥是一种重要的农家肥,含氮磷钾等各种元素。粪肥包括畜粪肥和人粪肥。在联民大队一带,畜粪肥包括鸡鸭粪、兔粪、猪粪、羊粪,前两

---

❶ 捻河泥十分辛苦,仅有男性全劳力才能承受。
❷ 胡少祥,《胡少祥日记》,1999年12月11日。
❸ 胡少祥,《胡少祥日记》,1999年12月10日。
❹ 访谈王庭芳,联民大队,2009年1月。

种粪肥量少,农民们用于自留地里,猪粪、羊粪归生产队使用,生产队给农民家庭畜牧工分。

猪是"大肚子"❶,吃得多,拉得也多;有人曾经画过一幅图,把猪画成了肥料加工厂!联民大队一带的农民都把猪圈养在家里。他们在房子的旁边搭一间简陋的小屋,猪与羊分别被关在猪棚与羊棚里。在1970年代以前,联民大队一带部分农民挖一个土坑,四面围住,用来养猪。这样的猪圈称为软棚。猪拉得多,农民们每天需要填放草料,以保持猪圈不至于太过潮湿。过了一些日子,猪圈填的草料逐渐增加,农民就要打开猪圈,把猪圈里混杂着猪粪而又被猪踩踏腐熟的草料挑走,并填上新的草料。循环往复,猪不断地把草料"制造"成"猪灰"。1970年代前后,联民大队一带的农民家庭逐渐用地砖❷或者水泥砌猪棚,改传统的软棚为硬棚。硬棚的猪圈内高外低,略微倾斜,在外侧开口,埋一只粪缸,以利于每天清扫猪圈。家庭猪圈里的粪缸通常只能放一担多粪,农民需要经常把猪粪挑到生产队的粪窖里。

在很多农民家庭中,猪圈与羊棚紧挨着。羊棚自古以来都是软棚,羊吃得少,拉得也少,所以,羊棚可以几个月清理一次。在1970年代,施羊灰最令人难忘,一位曾下乡到联民大队的女知青回忆起当年用羊灰施肥的情况:"男劳动力把羊灰挑到田边,女的就把那一堆堆的羊灰用手扒开,然后再到田里把羊粪均匀地撒开来。当时都是用手的……没有机械化的。施羊灰这个活真的很脏很脏的,那时候干完活回家,煮好饭怎么也吃不下。"❸

人吃得比猪好,人粪的肥力也优于猪粪。人粪通常用来浇自留地,但有时也归生产队支配。胡少祥回忆说:"在早段时间,入社后留给每户的一分半自留地,自己种蔬菜食用,仅用自己的粪肥。如果生产队缺肥的时候,向户里购买粪肥。按质计分。在粪坑集中时,干脆采用包屁股,按每人每月付多少粪肥报酬,自己一律不准使用自己的粪肥,相反要向生产队购买。所以集中粪便管理不会因此产生矛盾,有利于合理付给报酬,有利于粪便的集中管理,有利于环境卫生,有利于人民的身体健康。"❹

---

❶ 有时候,陈家场的农民就用"大肚子"来指称猪,因为猪吃得特别多,吃饱以后,看上去肚子很大,走起路来肚子一晃一晃的。
❷ 一种较大的砖,用来做地皮。
❸ 联民大队的农民们把施羊灰戏称为"吃羊肉面"。
❹ 胡少祥,《胡少祥日记》,2001年5月21日。但是,传统的农民们不习惯于粪便的集中管理,所以,每次粪缸集中的努力都以失败告终。

共生经济（1962—1982）
—— 人民公社时期的农业经营

人粪又称大粪。1950年代，海宁县每年约有人粪300万担，1960年代约400万担，1980年代约500万担❶。在1960、1970年代，海宁县每年从上海等地购入上百万担大粪。联民大队农民陈关明在其回忆录中，提到从上海运回粪肥时的场景："那时常用上海大粪做肥料。粪船运到冯家浜口，有几个坝基碍着，小船进不了浜，得全体出动去拔船。大家半身下在水里，用肩和双手托起粪船，在坝基上慢慢滑行，随着船的颠簸，粪水扑面泼来，觉得嘴里一阵咸，但随即爆发一阵哄然大笑。"❷1980年代化肥供应充足，商品大粪已不受欢迎。

三、绿肥

绿肥是"种"的。秋冬时节，农民在田里或者地里种上某种作物。第二年春暖花开，作物郁郁葱葱，农民们把繁茂的作物埋入土里，腐烂成绿肥。绿肥作物在田、地里各不相同。水田以花草❸居多，品种以小叶为主。1960年代曾推广平湖大叶种。1949年，全海宁种植花草5.5万亩，推广双季稻后，花草种植面积增加，1958年7.4万亩，1965年11万亩。1973年起春花和双季稻面积扩大，绿肥日趋减少，年均播种6万—8万亩。1976年后年均4万—7万亩，1981年后仅1万—3万亩，1984年起绿肥种植面积已寥寥无几❹。旱地主要是以蚕豆作绿肥，试种过大荚箭舌豌豆。1970年代，桑园冬种蚕豆作绿肥。但是，春天到了，蚕豆长势喜人，花开花落，幼荚挂枝，农民们常常舍不得把蚕豆埋入土里。于是，又有一场"主义之争"，在有些生产队，蚕豆收了，农民们笑了，生产队长却在政治上受到了批评。

四、土杂肥

在人民公社时期，为了发展生产，扩大种植面积，提高复种指数，需要增加肥料的供给。除了大积河泥之外，生产队还发动农民大搞土杂肥。在很多会议记录里，我们都能看到"狠积肥料，大搞土杂肥""挖掘土杂肥""七遍八遍挖遍土杂肥"等字眼。据一位老农民介绍，积土杂肥一般

---

❶ 参见内部文稿，海宁市农业局编：《海宁农业志》，2008年，第226页。
❷ 参见陈关明回忆录，手抄本《平凡而坎坷的一生》节录《回乡务农十四年》之二"劳动"。
❸ 学名紫云英。
❹ 参见内部文稿，海宁市农业局编：《海宁农业志》，2008年，第226—227页。

有如下三种方法:

> 一个是削路边草,把这些路边草晒干以后,带泥带草煨成焦泥灰。这种肥料很好。另一个是刮脚头泥,因为当时每户人家都是平房,屋内均是泥地,不管新屋和老屋,全部去土半尺,当时确实新屋很少,几十年的脚头泥的确是有肥,大门间、灶间全部挑低一点。而且开夜工,由生产队集中搞,每家每户都搞,把这些有肥的泥土挑到指定地方,今晚统一挑几户,明晚再挑几家,直到大家都挑出泥为止,整个小队全部一挑,可能是会解决一些缺肥问题。其三是把老的、破的灶头拆掉,能有一大堆杂肥,灶头泥很肥。❶

另一位农民在访谈中也提到了吃大食堂时把灶台拆了做肥料的事。

> 做灶台的泥土呢可以当肥料。灶台泥和家里的墙角泥和成浆泥灰。当时主要是肥料紧张,海宁化肥厂还只产氨水,化肥还产不出。再说,种两季稻谷的话,肥料要增加一倍啊,没肥料啊,卖了蚕茧得来的化肥用在水稻里,桑树的叶子很小的……为什么我们队早秋蚕养的多,早秋蚕养了后卖茧,水稻上就可以用化肥了,茧子少的话,化肥就……我们的那块田有20斤化肥的话就很好很好了,订20张(蚕种的单位)早秋蚕,那么有多少斤化肥就可以安排下了,早秋蚕订了之后么,先预发化肥,实在没办法么去硖石弄些废氨水。当时去氨水厂开后门拿的,肥料紧张,所以产量不高啊,一亩田用20斤化肥的话很厉害了。现在肥料不得了了,加上有机肥要100斤左右了。当队长的肥料安排不好啊,氨水化肥拌在泥土里,然后去撒在水稻根部……肥料紧张,当时整个国家来说也是不富有的啊。❷

五、化肥

化肥是工厂生产的化学肥料,肥效远优于农家肥料,受到农民们的欢迎,化肥的增加成为人民公社时期农业增产的重要因素。

---

❶ 胡少祥,《胡少祥日记》,2001年3月31日
❷ 访谈王庭芳,联民大队,2009年1月。

共生经济（1962—1982）
——人民公社时期的农业经营

（一）化肥的种类

1. 氮肥

硫酸铵,俗称肥田粉,是海宁施用最早的氮化肥品种。1933年,海宁县已供应肥田粉3 000余公斤。1938年,县农推所贷放190吨。建国以后,全县每年供应肥田粉约5 000吨。1980年代后期,肥田粉的供应量大幅度减少。1980年为2 366吨,1987年99.5吨,1988年仅7吨。

尿素。尿素含氮量高于硫酸铵一倍,又不易烧苗,是优质的氮肥。由于受到生产能力的限制,1957年,全县仅供应365吨,1960、1970年代年均供应1 000—3 000吨。到1980年代以后,尿素成为主要氮化肥品种之一。

氨水。氨水易烧苗,大多用做底肥。1960年,海宁县开始在水稻、大小麦等作物中使用氨水。1964—1969年,全县年均供应氨水2 500吨。1970年,海宁化肥厂建成投产,氨水供应量增加到9 826吨,当时,氨水已成为主要氮化肥品种之一。1971年,全县供应氨水19 258吨,1976年25 000吨,1978—1983年年均供应45 000吨,其中1979年高达83 644吨,占氮化肥总供应量的58%。此后,氨水供应量下降,1987年氨水供应6 510吨。

碳铵。海宁县1960年代开始施用碳铵,1970年供应5 178吨,1977年10 997吨,1978年海宁化肥厂批量生产碳铵,供应量增加到25 657吨。进入1980年代以后,碳铵替代氨水。1980年,全县供应碳铵33 434吨,1984年高达67 605吨,占氮化肥供应总量的60%。1985—1988年平均供应碳铵56 000吨。

2. 磷肥

磷肥品种主要是过磷酸钙。早在1933年,海宁县已在水稻生产中试用磷肥,1954年,全县大面积推广应用,全年供应磷肥159吨。1960年代开始,先在花草,后在春花、棉花中施用,效果显著,1965—1969年,全县年均供应磷肥356吨。70年代后期起,磷肥施用范用扩大到秧田、早稻等作物。全市供应量1974年为2 126吨,1980年增至6 546吨,1982年后超过万吨。1990年,春粮、油菜施磷肥面积27.4万亩,占种植面积的70%,早稻施磷肥面积11.8万亩,占51.3%。

3. 钾肥

海宁施用化学钾肥较迟,1960、1970年代仅供应少量硫酸钾,1980年代,先在络麻,后在棉花、水稻生产上逐步推广施用氯化钾,中期又扩大到甘蔗、西瓜生产,供应量迅速增加。1980年全县供应钾肥85吨,1982年651吨,1985年1 400吨,1988年达2 312吨。

4. 复合肥

主要是氮、磷、钾三元素复合肥。1973年起在经济作物中施用,数量不多,面积不大。

5. 微量元素肥料

本地施用的微肥品种主要是硼肥。1976年,油菜苔花期进行首次喷施试验,至1983年喷施面积达4 488亩,1988年超过1万亩。喷与不喷相比,平均增产7%。1988年,大麦喷硼肥面积为2 021亩,平均增产4.8%。此外,1970年代还在花草生产上试用过钼酸铵❶。

(二)化肥的供应

解放初期,化肥属省管商品。1950—1951年,供销社为国营公司代销,从1952年开始,化肥一直由供销社经营,包括:氮肥、磷肥、钾肥、复合肥、微量元素肥五大类30多个品种。

传统农民迷信农家肥,认为化肥"拔肥瘦田",不愿意多用化肥。从1950年到1953年,海宁敞开供应化肥。那时,供销社允许经济贫困的农户赊购化肥,并对桑、麻、棉等重点经济作物实行肥贷;同时,对合作社员实行2%的优惠供应价。1954年以后,化肥的供求形势倒转,原属敞开供应的化肥只能实行"重点供应,合理分配"的供应制度。所谓"重点供应",即化肥优先供应给粮、棉、桑、麻作物;所谓"合理分配",是指对非重点农作物给予适当的照顾。同时,外贸部门为了增加生丝出口量,对蚕桑作物安排专项化肥,重点照顾蚕桑生产集中、产高、质优、出口任务大的地区。从1961年开始,化肥的供应政策与农副产品的收购政策相结合,化肥主要用于农副产品收购奖售,由省供销社统一印发"浙江省出售农副产品奖售化肥券",粮站、食品公司、供销社在收购粮、棉、麻、油料、蚕茧、生猪、鲜蛋等农副产品时,发给化肥券,生产队与农户凭券购买化肥。在人民公社时期,化肥与各类农副产品收购量之间的奖售、换购比例,以及化肥奖售换购的农副产品种类,根据可供化肥数量的多少而变化。例如,1961年,供销社每收购50公斤鲜茧奖50公斤化肥券(另奖粮票10公斤,布票10市尺,煤油2公斤)。1966年,每收购100元鲜茧奖化肥券60公斤,同时停奖粮、布、煤油票。1967年,每收购100元鲜茧奖化肥券50公

---

❶ 参见内部文稿,海宁市农业局编:《海宁农业志》,2008年,第228—230页。

共生经济（1962—1982）
——人民公社时期的农业经营

斤,同时增奖布票15市尺。1973年开始,每收购百元鲜茧,奖40公斤化肥券(1969年就停奖布票)。到1987年,每收购100元鲜茧,奖化肥券100公斤❶。

化肥券是购买化肥的凭证,生产队、农户凭券到指定地点去购买化肥。当然,生产队、农户也会设法"开后门"搞少量化肥。表2-5是一个生产队1975年全年购买化肥的记录。

表2-5 荆山大队费元一队1975年化肥购买明细表

购买日期	化肥品种	数量（斤）	价格（元）
1.11	尿素	147	33.05
1.24	尿素	975	219.26
1.25	尿素	80	18.00
2.4	氨水	30 000	48.75
2.23	硫氨	320	43.20
2.24	硫氨	756	102.06
3.8	磷肥、硫氨	336	59.29
4.21	氨水	16 000	26.00
4.23	尿素	49	10.91
5.4	尿素、氯化氨	344	54.96
5.7	氯化氨	586	82.04
5.26	尿素、氯化氨	358	63.72
6.2	氨水	24 000	39.00
6.9	尿素、碳氨	1 360	183.60
6.18	氯化氨	240	33.60
6.19	氨水	8 000	13.00
7.3	尿素	122	27.26
7.13	尿素、复合肥	318	48.92
7.20	氨水	18 000	29.25
7.24	尿素、碳氨	271	36.42
7.25	复合肥	100	16.00
7.27	稀氨水	2 000	3.00

❶ 参见海宁市供销社志编写组:《海宁市供销社志》,内部版,1991年,第151—152页。

续表

购买日期	化肥品种	数量(斤)	价格(元)
8.7	尿素	190	42.75
8.12	稀氨水	6 000	10.20
8.20	复合肥	174	27.84
8.23	碳氨	839	60.37
8.27	碳氨	612	44.06
9.1	尿素	267	60.08
9.14	氨水	34 000	51.00
9.30	氨水	38 000	61.75
合 计	/	184 444	1 549.34

资料来源：荆山大队费元一队会计资料。

1975年，按照上级分配的指标，荆山费元一队共外出购买化肥30次，其中生产队派船只到海宁化肥厂购氨水9次，其余的各种化肥均到附近的钱塘江供销社购买❶。

在整个集体化时期，国家对农村的化肥供应与其他各类农用生产资料一样，实行"低价薄利"的价格政策，这是国家对低价收购农副产品的一种回报。从1950年代到1970年代末，各类化肥的供应价基本趋势是"稳中有降"，这与农副产品的收购价格"稳中有升"一样，被视为"党和政府对农民群众的关怀"。例如硫酸铵，1951年每吨403.20元；1952年每吨390.40元；1956年到1965年，每吨340.00的元；1956年到1982年，每吨330.00元。尿素1955年到1967年，每吨660.00元；1967年到1975年，每吨500元；1971年到1982年，每吨450.00元。碳酸氢铵，1962年每吨324.00元；1965年到1967年，每吨213元；1967年到1982年，每吨144.00元。1982年后，由于国产化肥生产成本增加，进口化肥因外汇比价调整，销售价格逐步提高。例如，国产计划内尿素1988年每吨538.00元，每吨碳酸氢铵235.00元❷。

（三）化肥的使用

联民大队一带的农民们曾经把化肥比喻成味精，化肥对于土壤肥力

---

❶ 张乐天：《告别理想——人民公社制度研究》，上海人民出版社，2005年，第251页。
❷ 海宁市供销社志编写组：《海宁市供销社志》，内部版，1991年，第153页。

共生经济(1962—1982)
——人民公社时期的农业经营

的作用犹如味精对于身体,短期效果明显,长期的影响可能会是负面的。但是,土地是生产队的,农民们在生产队的土地上劳作,更关注短期效果,更关注"自己省点力"。化肥受到农民们青睐,他们偏爱多用化肥,懒得花大力气积农家肥料。人民公社把农民中的这种情况看成是肥料使用中的"修正主义倾向",在大会小会上进行批判,叫作:"秧田不积肥,施肥靠化肥,人变修";"化肥用田:越用田越瘦,越用思想越修,越用人越懒"。化肥使用中的另一种偏向是不负责任地滥用,甚至到1978年还出现这类情况。

> 1978.4.16
> 下午,联民大队植保员会议,总结了向阳队的教训如下:他们的做法上采取化肥每板8两施面肥落谷,进行搭谷,造成焦芽损失。现评达30%—40%,各队吸取教训。据胜利队反映也同样情况。立新队在催芽中,"盲目麻痹",先用"5406",后水分过多,出用2包磷肥拌,后造成烧芽发酵霉烂,损失600多斤。引起注意。❶

与农药相比,化肥的使用比较简单,但是,如何科学使用化肥仍然是一个大问题。人民公社通过一次次会议介绍使用化肥的方法,传授相关的经验。在1978年5月,红江人民公社就在两次会议上专门讲了化肥的使用知识。下面是部分内容的摘录。

> ① 采取"水肥"促办法。用水来调节,多放跑马水,活水增加氧气。弥早发块,肥要勤、少办法。② 分期分批重施起身肥,要适时,在种前4—5天施30—40斤化肥。③ 秧苗与大田对口,采取措施。④ 适时早插争季节。当前季节很突出,同时质量高标准,千斤要求,保证不种六月田。为此劳动要集中,分组定额。
> 质量上:① 肥料足,基础深。② 大田平整。③ 匀枝浅插:4×3,5×2.5,二抄头5万棵,6—8根,原丰早5根,35万苗。浅水插苗,1寸水护苗,薄水发棵。④ 留出来产沟,川字沟或工字沟,头次挖出,二次逐步加紧,0.8至1尺。⑤ 三带五不种,削光田岸草。⑥ 打捞浪头渣。插后7天施追肥,10天补黄,20天发足苗。要紧跟上去。

---

❶ 周生康,《工作笔记》,1978年。

为啥要化肥深施呢？① 肥效高、浪费少、减少水流失。② 送肥到枝,有利于作物吸收和利用。③ 根据化肥特点适宜深施。特点:稳、慢、长。因为化肥快、短、猛,深施后可以延长肥效到30—40天。施时深度标准1—1.5寸,最好2寸。时间:在插后7—8天最适宜。针对当前生产中存在的问题,提出的其中一条意见是:"补施追肥:要看田身、已用肥量、苗身,也可补施磷肥或复合肥料。在施肥过程要求:五天后施上追肥30—40斤,在15天内补好黄墩。苗到50万基本苗就要搁田,一定在6月15号前搁好田。'苗到不等时,时到勿等苗'。"❶

第四节　农田水利

农业八字宪法的第一个字是"土",第三个字是"水",土与水成为农业生产最重要的生产资料。联民大队一带的作物种植以水稻、蚕桑为特色,在没有条件建设农田排灌系统的情况下,农民们特意把土地建成一块块高地低田。高地易排涝,适合于种桑树;低易灌水,有助于种植水稻。在人民公社时期,为了改善农业生产条件,实现农业生产的水利化与机械化,浙北农村开展了大规模的农田水利建设。陈家场生产队在1962—1982年间,每年投在农田水利建设方面的工时约占当年农业生产总工时的7%—10%❷。尤其是在农业学大寨期间,公社更把农田基本建设与农田水利建设当成"一项伟大的社会主义事业"来抓。"大寨式"县的六条标准中的其中一条就是"在农田基本建设、农业机械化和科学种田方面,进展快、收效大,稳产高产农田70%以上,机耕面积60%以上"❸。

一、平整土地与围垦滩涂

1960年代初期,毛主席号召"农业学大寨"。2001年7月25日,联民大队的老会计胡少祥回忆说:"我们领会早期的学大寨精神是平整土地,

---

❶ 周生康,《工作笔记》,1978年。
❷ 曹锦清、张乐天、陈中亚:《当代浙北乡村的社会文化变迁》,上海远东出版社,2001年,第174页。
❸ 参见联民大队文书资料,《关于建设大寨县六条标准的具体要求》。

共生经济（1962—1982）
——人民公社时期的农业经营

扩大种植面积。大寨的七沟八渠一面坡，层层梯田变良田。在极其荒芜的条件下，通过人的因素，改造大自然，创造了奇迹。我们大队原来没有大片的田漾，虽然没有山，也七高八低，潆潭、高墩、火箱田，地形极其复杂，能灌程度很差。在'大跃进'时建了机站，修筑了渠道之后，还有很多水田不能引灌，面对这种情况，需要经过长时期艰苦工作才能逐步改变。于是就开始了一种宏伟的计划。"❶

这项"宏伟的计划"就是大规模、持续不断地平整土地。

联民大队的居住史无从考据，但是，大队范围内大量的无主荒坟却昭示了历史的悠远。坟是祖宗的居所，通常都选择地势高、排水良好的土地。"坟是宗族的脸面"，联民大队一带的农民们采取两种措施来护坟。一是"梛坟"。新坟堆成，坟土容易流失，到当年秋冬时节，水稻收获了，农民们从田里挑出黏性较好的"稻秆泥"❷，整块整块地"砌"到新坟上。联民大队一带的农民们把这一过程叫作"梛坟"。二是种茅草。新坟被"梛"过以后，坟土结实，即使如此，如逢大雨，坟土仍可能流失。于是，农民们在坟上种植茅草。茅草是一种生命力极强的野草，根系发达，可固定坟土。茅草叶如锯齿，羊不吃，就不会有人割羊草松坟土。如此做坟地，时间一长，就形成了坟地连片、杂草丛生的高岗荒地。"削平荒坟岗"成了联民大队一带平整土地的最初口号。胡少祥记录了联民大队最初平坟地的情况。

> 张家坟就是一块坟地，以前是由于坟多、坟大，不种作物，像专用的坟地一样。张家坟到底是哪里的张家，无人知晓，也无人认可，也实为无主坟。合作社之后，生产队决定投入人工，开发这片地土，开始时多次把坟挖掉，再把坟挑平。当时对这块地曾专搞半个月，勉强整平能种旱地作物，种过山芋和络麻。
>
> 安居浜在这块坟地下面呈一个L形，绕这块坟地，东边坟地，西边靠近油车港，南边是水田，安居浜是一条废浜，荒浜。几年之后，生产队决定把张家坟的这块坟地和浜东的桑地，联通小娄2块田一并平整为田，把张家坟的高地和浜东的桑地，全部填入安居浜，全队劳力曾用了一整个冬季，把它平整为高低2层各4块水田，浜东和小娄

---

❶ 胡少祥，《胡少祥日记》，2001年7月25日。
❷ 稻秆泥指混杂着稻根的黏土。

河平整为 4 块水田。南边和出港一大块旱地平整为 8 块水田,使其能灌能排,能种水稻又能种桑和半旱作物。❶

削平高岗,填满小浜,联民大队各个生产队都各自开展了平整土地的工作。但是,生产队各自为政,平出的土地面积较小,与周边的土地高低不一,虽然土地平整了,仍难以做到统一排灌。

1975 年,联民大队决定统一平整土地,建设一片 100 多亩的大田漾。这原是一片高低不平的土地,小路错杂,8 只小浜散布,高岗与低田落差超过 1.5 米。联民大队请公社水机站来帮助测量,确定整个田漾的高程,计算出每一块土地的去土或者填土数量。各个生产队根据各自直接涉及的土地确认挑土的位置与任务。经过一个冬春的艰苦努力,这个 100 多亩的大田漾建设成功。田块大小一个样,田埂都朝一个向。北边一条机耕路,中间一条排水渠,南边又一条机耕路。排水渠南一格,朝南 75 公尺长,排渠北面一格,朝北 75 公尺长。每块田长 75 公尺,宽 13 公尺,面积 1.46 亩,叫作田漾格子化。联民大队的这片田漾定名为"七五田漾"。

两年以后,联民大队又组织平整出一片面积达 50 多亩的"七七田漾"。到 1982 年,人民公社终结的时候,联民大队已旧貌换新颜。联民大队开展了整整 20 年的平整土地工作,如果以每个生产队每年出动 100 个劳动力,每个冬天平整土地 15 天,9 个生产队平均出动 15 年计算,全大队投入平整土地工作多达 202 500 个工。以每个工搬动一个土方计算,联民大队在平整土地的过程中共搬动了 202 500 个土方❷。

平整土地把荒岗、小浜都建设成良田,围垦滩涂则把沿海的荒滩改造成可以种植的土地。1979 年 10 月至 1980 年 4 月,县委、县革委会决定,专门建立围垦海涂指挥部,组织许巷、许村、沈士、长安、钱塘江、辛江、东升、红星、红江 9 个公社联合围垦盐仓滩涂,从老盐仓坝到 3 号大堤 8 号坝东 800 米余杭围区,一面挖河,一面筑拦江大堤,用开河的土培堤。围堤分三期施工。

第一期于 1979 年 10 月开始,筑沿江大堤 3 700 米,堤顶宽 10 米,堤顶高程 12 米,外坡 1∶2,内坡 1∶3,筑土方 45.92 万立方米,由长安、钱塘江、许村、许巷、沈士、辛江 6 个公社负责施工。许巷公社负责修筑与余杭

---

❶ 胡少祥,《胡少祥日记》,2001 年 7 月 25 日。
❷ 同上书,2001 年 7 月 29、30 日。

共生经济（1962—1982）
——人民公社时期的农业经营

滩涂相隔的西隔堤，堤长3 400米，挑培土方3.83万立方米。东升、红江、红星、辛江4个公社筑中隔堤一条，长2 093米，挑培土方14.1万立方米。

第二期于1980年1月开始，筑堤长2 950米，堤顶宽10米，堤顶高程12米，外坡1∶2，内坡1∶3，筑土方36.05万立方米，由许巷、许村、沈士、长安、钱塘江5个公社施工。同时，筑东堤2 478.1米，由辛江、东升、红星、红江、钱塘江5个公社施工，筑土方28.6万立方米。

第三期于1980年4月开始，筑堤长1 991.5米，堤顶宽10米，堤顶高程12米，外坡1∶2，内坡1∶3，筑土方27.9万立方米，由钱塘江、辛江、东升、红江4个公社施工。同时由许巷、许村、沈士、长安4个公社加围第二围区大堤及部分东堤，筑土方32.55万立方米。由红星公社筑夹堤489.1米，筑土方5.27万立方米❶。

联民大队直接参与了围垦滩涂的工作，分三次派全体农民赴盐仓劳动。围垦工作基本结束以后，联民大队共获得土地80多亩。

二、河道整治

联民大队南部就是著名的杭州湾。杭州湾的喇叭口地形塑造了大潮景观。潮水翻滚，如万马奔腾；潮头闪烁，如白练映日。天下奇观海宁潮为许多人带来了美的享受，却也曾给当地人带来过数不清的灾难。祝会地区第一任乡长李悦庄在回忆录《落叶记》中写道："在日寇侵华其间，海塘失修，有好几个缺口，潮水来时，将沙土渗进了河道，因此，下河各河道，几乎全都淤塞。为了灌溉和交通，解放初期，接连发动兴修水利，进行疏浚塘河，改善农田灌溉。祝会乡疏浚河道，有油车港等多条河道，为了群众方便，也组织发动开挖，其实这些工作，只不过是由人民政府领领头，组织发动一下，具体施工，均是人民群众自己干的，因此领导发动，还是很重要的。"❷

联民大队一带的河道整治始于解放初期，在人民公社时期达到高潮。这里介绍联民大队农民们参与的一些河道整治工程。

1. 村内河道的整治

油车港纵贯联民大队西边，是联民与联新大队的分界港，南至培塘河，北通宁表塘河。解放初期，油车港有其名，无其实，已面目全非。油车

---

❶ 参见胡少祥，《胡少祥日记》，2001年8月30日。
❷ 李悦庄回忆录，《落叶记》，1996年。

港南段叫车头河,河边一条石板路,路边一条河。靠近杨树下的地方只有一条小沟,前面一个跳❶,后面一座小桥。再往北又有一个跳叫运动口,跳南有一段折形河,跳北有一条长长的小河。在塘底下时又有一段折形河,再往北有一个小桥叫孙家跳,从跳南向北一直通向袁花塘的是一段很浅的荒河。1950年代,政府组织初次疏通油车港,引水灌溉,并在1950年代末建立了最初的机站。人民公社时期又再次整治,把连通上下河的水坝移到陈家场袁花塘河口❷。

泥桥港位于联民大队东边,其中泥桥以北是与丁桥群海村的分界线,泥桥以南,港东还有联民大队的土地。解放以后,泥桥港曾疏浚过多次。泥桥港和油车港一样,纵向在上下河之间,原先在培塘河边建有北坝,后来在泥桥南面的新桥头拆桥填坝埋涵管。此后,新桥头以南改称褚家漾,分设电灌机站。泥桥港(河)成为联民大队的重要水资源❸。

培塘河是横卧在联民大队南边的一条大河。解放以前,培塘河很少有人知道,整条河道是低洼的杂草滩,仔细观察像一条河,粗粗看去只见草。解放以后,联民大队农民曾经4次参与疏浚培塘河,每一次都抽干河水进行开挖,河面得以加阔、加深。到1970年代,培塘河成为沿岸广大农田引水的主干道,也是修理海塘水运石料的主要通道。培塘河属于上河水系,东通黄湾尖山,西通杭州西湖。每年夏季干旱,长安翻水站从下河把河水翻入上河,解决供水不足问题。到1980年代,国家在盐官西门和谈家埭建起了引水闸门,必要时从钱塘江里引进淡水。

2. 村外邻近河道的整治

解放以后,地方政府倡导协作精神;在人民公社时期,"三级所有"中的公社一级在水利建设协作方面发挥着重要的作用。

在祝会地区,一条东西走向的袁花塘河区分出南、北两个片区,南片有联民大队与联新村,北片有联农村与联丰村❹。袁花塘北面有两条南北走向的河道,一条叫环桥港,另一条叫孔泾港。环桥港是联农村的主要

---

❶ "跳",当地土话,指与路相交的水沟的缺口。因水沟狭窄,人可以"跳过去",人们就叫这样的缺口为"跳"。在少数地方,水沟变宽了,建了小桥,仍保留着"跳"名,如孙家跳。

❷ 海宁的水系分成上河水系与下河水系,两个水系的落差超过1米。联民大队的伴塘河属上河水系,袁花塘河属下河水系。油车港连接着上下河,因此,必须筑起水坝。原先的水坝在油车港中部,1970年代移到北端。

❸ 胡少祥,《胡少祥日记》,2001年5月29日。

❹ 在人民公社时期,祝会地区也称为"四联地区""四联片"。

共生经济（1962—1982）
——人民公社时期的农业经营

河道，南起袁花塘河口的环桥，高家花园拐弯后，从吴家桥东流过丰士人民公社长和村，从长春岸流入东西走向的辛江塘河。孔泾港与环桥港平行，南端是联农村与联丰村的界河，北端是丰士人民公社长和村与东风村的界河，并与辛江塘河连通。这两条河都是祝会地区下河水系的重要组成部分，是联民大队农民摇船去海宁的必经水路，在农田灌溉、排涝泄洪中发挥着重要作用。祝会地区的全体农民参与了环桥港的第一次疏浚工程，当时，联民大队男女劳动力全体出动，在开河工地上整整干了10天。联民大队的农民还先后两次参与了孔泾港的开河工程。

袁花塘河南面有4条南北流向的河，从东到西分别是泥桥港、油车港、六里港和七里港，并列于联民、联新、中新3个村。与袁花塘河北面的河流不同，南面的河道靠近杭州湾，解放以前潮水倒灌，导致堵塞严重，杂草丛生。这4条河都连通着下河水系与上河水系，在疏浚的同时还需要建设水闸或者涵管。联民大队的农民们先后参与了这4条河道的疏浚工程。

3. 村外主河道的整治

大河大港的治理长期困扰着传统的农业社会，人民公社的成立为解决这一传统的难题提供了制度基础。在"三级所有，队为基础"的人民公社体制正式定型以后，浙北地区多次组织跨公社甚至跨县的主干河道整治，有力地推动了农业水利化。

主干河道的整治工程规模宏大，没有机械工具，单凭铁锹挖、双肩挑，每个工程都要动员数以万计的农业劳动力。农民们以生产队为单位，自带铺盖，自备锅碗瓢匙，在工地边民房里安营扎寨。数万农民在指定时间到规定的地点开河，形成你追我赶的局面，绵延数十里的开河工地上红旗招展，革命歌曲嘹亮。许多当年参加开河的农民至今仍记得那种"热气腾腾的景象"。

> 崇长港是我市长安镇、桐乡、崇德的水上主航道，我村曾参加过疏浚工作。崇长港河面宽，河底深，参加疏浚单位很多，工程量也很大。这条大港的疏浚关系到2个县市，当然是一项较大的工程。我们村也派了很多人员，分组划段包干，当时在辛江乡某村借宿及开伙。由于河面宽，从河中间挑到两边岸上很远。一个生产队为单位，基本上每个队只分到3—5公尺河段，土方并不多，但任务比较艰巨，进度很慢，因从河底中间挑一担到河岸，还要挑到里面走过20—30

公尺路。由于踏步高,脚很酸,加上河泥薄,容易流在路上,所以是高难度的。

　　泰山港是一条下河大港,我们村分到的地段比崇长港加倍以上,所以发动了全村大部分劳动力,历时大约 10 天以上,艰苦工作,终于完成了任务。我们村分到的地段大约在我市沈士乡的地方,在那边的农民家里住宿,开伙食,起早摸黑,奋战在河港边。那个时间在塘河滩还搞宣传文艺活动。我们历来到处开河,都是自带饭包和被头,也从来没有得到过任何报酬。上级领导下达任务,要我们到什么地方开河,都是一概服从,从来没有反对意见,他们总是说什么间接利益、直接利益。❶

三、渠道、机站与机耕路

　　在浙北地区,纵横交错的河道为精耕农业提供了水利之便。河道通常比农田低,成为黄梅雨季的泄水通道❷。但是,在农田需要灌水的时候,河里的水却不可能自行流到田地里。农民只能依靠体力车水或者挑水,效率低,出水量有限。农民们大多在农田附近找取水口,如果需要,就筑一条短短的引水沟。

　　1958 年,钱塘江人民公社在三里港建设了电动抽水机站,试图实现新星、中新、联丰、联新、联民以及联农 6 个生产大队的农田水利化。三里港机站到东面的联农大队足足有 5 里路远,想让三里港机站的水流到 6 个大队,必须提高渠道的高程与宽度,这就大大增加了修筑渠道的工作量。公社组织一批年轻力壮的男女劳力脱产修渠道,还组织了公社之间的大协作,请外公社的农民提供帮助。

　　当时缺少水泥、青砖、石灰,只能做土渠道。土渠道不能漏水,一旦漏水,可能会完全坍掉。农民们都明白这个道理,因此,土渠道的修筑十分讲究,质量很好。在开挖和建设灌水土渠道时,农民们先把原来的泥土扒开,从下面夯实。夯实以后,泥土的表面用铁耙抓毛,加一批土,再夯实。如此往复,直到渠道成型。三里港的渠道距离长,需要经过好几条小河,

---

❶　胡少祥,《胡少祥日记》,2001 年 6 月 3 日。
❷　如果雨量过大,河道里的水位高于农田,就形成了涝灾。在生产队里,也会有少量地势太低的烂水田,农民们常常为排不出水而苦恼。

共生经济（1962—1982）
——人民公社时期的农业经营

农民们就在河上架起涵管，或者在桥墩上砌砖渠道。

三里港的蓝图本身带有脱离实际的问题。一方面，6个大队覆盖的土地面积太大，即使主干渠道修好了，也不可能修那么多的支渠来实现自流灌溉。实际上，离三里港较远的联农、联民大队从一开始就没有修配套的支渠道，他们知道三里港的水不可能流那么远。另一方面，泥土渠道无法解决渠道自身吸水的困难，而且渠道内侧会长草，草会阻碍水的流动。

三里港机站最终只惠及了周边4个大队的部分土地，其他大队都必须再建设抽水机站。其中，联民大队于1959年年末建设了油车港机站，配套修了一条南北向的渠道，使陈家场的部分土地可以利用机站灌溉。

渠道的修建需要与田漾建设相配套。最初的时候，由于缺少统一的规划，渠道建好了，几年以后，再重新整平改道，犹如城市中的马路不断地"开膛破肚"。直到1970年代中期，浙北地区的水利建设有了比较全面的规划，田漾与渠道建设同时展开，才建成了比较完整的渠道系统。联民大队配合着"七五""七七"田漾建设，修建了十字形的主干渠道，各个生产队也建设了相应的渠道系统。这时，联民大队的大部分田地都可以自流灌溉了。但是，总有部分高地难以灌溉，大队只能建设一些小机站。例如，陈家场靠近袁花塘河的地势较高，1970年代末，大队专门在陈家场的袁花塘河边安装了电动马达，以便从袁花塘河里抽水。

渠道系统建成了，但是，泥渠道存在的问题却困扰着农民。胡少祥说："泥土渠道有一个大缺点，渠内如果一停水，就长满杂草，经常要在渠内削草，否则很快长满了草，水就不流畅，影响灌溉。经过多年的反复削草，渠内的土越削越少，渠道越来越大，最后渠不像渠。"

1970年代后期，随着水泥供应的增加，农村逐渐发展水泥渠道。"水泥灌排渠道有两种做法，一种是将原来的泥渠道两边刮光，底下抄光，进行灌浇，先将两边光平的内坡粉上水泥后，再浇制渠底。当然，两边如果都是实土质量还是可以，如果原来有凹形缺口就要用新的泥土做模底，质量肯定不如实土。再则，原来的老渠道多数已经不整齐，内腔太大，如果再缩小的话，其中一面完全是新做的坡，松而不平，影响质量，排渠也同样如此。第二种做法是预先浇好预制板。两面内坡都用预制板贴紧内坡，一块接一块用水泥浆补好缝隙，然后现浇渠底。同样，完全靠泥土的结实度提高质量，泥土松而不平，质量肯定差，还不美观。两种做法的共同点是水泥渠内坡和渠底是二次浇制，必然有缝，久而久之，细缝变裂缝，预制的每个节头的缝也要裂开。现场浇制内坡由于水泥薄，也要碎裂。出现裂缝之后,如果下面是实土的话不会漏水。如果下面是松土或者原来是漏水口的话,裂缝越裂越开,水越漏越多,下面完全把泥流掉。水泥板架空,放一次水,泥掉得多。每年在机站试机之前,进行一次水泥修补略好一点,但不能解决根本问题,相反的逐年严重起来。问题并非完全是这种水渠结构不好,主要当时不注意质量。"❶

在人民公社时期,渠道的修建使越来越多的田地实现了旱涝保收,而渠道系统的正常运行有赖于机站。1960年代以后,浙北地区几乎每个生产大队都有一个甚至几个机站,每个机站都为渠道的潺潺流水提供了动力源泉。

那是一个特殊的年代,机站的运行有着鲜明的时代特征。下面几则会议记录有助于我们体验当年的情景。

1968年3月7日
第一次召开机站管理委员会议(时间半天)内容如下:
总结67年度灌溉情况。(1)关于历年来无有这样的灾旱,取得丰收,特别是水稻一项较大。(2)全年耗电量及开支情况。(3)丰收来源,归根结底靠毛泽东思想武装头脑,通过这次史无前例的"文化大革命"奋发起来的革命精神,实际用到生产上去。

在67年度,虽在取得一些成绩但是还不少的缺点。(1)由于机站人员学习毛泽东思想不够,缺乏认识,错误地实行大民主,放任自流,对集体不负责任,造成输水设备损失比以往多,闸门板偷掉搞破共有18块,连紧口多搞掉。(2)民主管理不够。(3)加强教育,宣传不够。(4)对生产队缺乏联系。

今后任务:68年的灌溉初步计划意见,希各管理委员认真进行讨论定案:

输水维修问题。(1)干、支、毛渠立即修理好,要求灌水畅通。(2)整修理好闸门板、分节闸等。(3)机械维修好,配好零件等。(4)排好落田口,做好滴水池。(5)公共财产人人负责,划段负责。(6)机船及塘南大力机问题。

经济问题。(1)目前透支。(2)如何办。

人员问题。讨论决定。

---

❶ 胡少祥,《胡少祥日记》,2003年1月16日。

共生经济（1962—1982）
——人民公社时期的农业经营

当前任务：（1）进行春花抗旱。（2）维修开始工作。

讨论纪要：（1）渠道：立即开始动工，要求大队大力支持。（2）落雨不要抗，不落雨一定要抗。（3）机站与加工厂隔开，再不要混合。（4）分节闸，分队分人负责干渠上管理，支渠放水员管理。（5）机船决定修理，钞票大队取。（6）人员处理问题。❶

1973 年 5 月 2 日

下午在机站召开农业队长及放水员会议，会议发言摘要：

要求各机站健全组织，恢复灌区管理委员会。落实生产队用水员，一定要固定，不能随便调换，落实报酬，用水员要有：为革命、为全县二三年超双纲，认真放好水，要根据科学放水，各阶段水稻生长需要，灌好水。反对懒灌满灌这种坏作风，队与队互相谦让，看实际情况灵活性，互相照顾……❷

1973 年 6 月 4 日

公社放水员会议在三里港召开，根据科学种田，在放水上提出如下意见：

明确目的，放水是为高产服务，有利于促使早稻生长，并不是只求水量，不管产量。实行科学用水，首先明确水稻生长规律，根据不同阶段，因田制宜灌好水，做好塥缺水。用好生产队参谋，熟悉情况，搞好试验，摸索早稻生长规律。执行放水制度，有次序安排，同时及时抢收渠道，减少浪费，节约生产成本。安全节约用电，同样管好今年，基本办法根据上级文件办事，共同执行，不得违反。今年的收费问题：预收水费共计 1 050 元，两个队不收。❸

1973 年 8 月 8 日

下午在机站召开放水员会议，会议记录如下：

发现高低不平如何办？要想尽办法，加高田埂，塞好漏洞，要求：天天检查，及时灌好水，严防晒秧菩头。水源深浅，及时调节，水利促

---

❶ 周生康，《工作笔记》，1968 年。
❷ 同上书，1973 年。
❸ 同上。

使早发,为革命放好水,互相通气,消除矛盾。机站放水,要先申请,由机站进行安排。水决口,受到损失,尽量设法做好,不能放任自流,避免损失。❶

农业生产发展的需求推动着农田基本建设的展开。解放以后,农村急需解决农田的排涝灌水问题,农民们积极参与开河、筑渠劳动,公社、大队建设了机站。联民大队一带的拖拉机一直到1970年代才出现,那时候,"做机耕路"开始成为陈家场劳动工分记录本中的一个项目。

机耕路指宽度在两米左右的道路,拖拉机可以在路上行驶。纵观解放以后联民大队一带道路改造的进程,我们可以区分出三个不同的阶段,先是旧路改造,再是建设机耕路,最后是水泥马路。

在联民大队一带,一条笔直的道路沿着袁花塘河北岸从盐官镇通向袁花镇,河边坐落着会龙桥、诸嘉桥、丁桥等水乡集市,但是,周边的其他道路如一位陈家场的老人所说,都是"弯弯曲曲,曲曲弯"❷,穿行于桑园、屋脚、田头,给"认路"带来极大的困难。1958年,人民公社成立以后,土地的统一调整为渠道与道路的修建提供了制度性前提。主干渠道要求"拉直",以利于水的流动。农民们在修建主干渠道的时候,同时在渠道边修了一条路。这种"渠路组合""拉直"了很多弯路,方便了农民们的出行。同时,路在渠边,起到了保护渠道的作用。路上天天有人行走,即使本来路基较松,"千人踏,万人走",渠道靠路的一边永远不可能漏水。

1970年代,联民大队一带开始进行统一规划的农田水利建设,机耕路是其中的一个重要项目。联民大队南面是杭州湾,十字形的机耕路一直向东、向西、向北延伸,成为海宁道路系统的有机组成部分。

机耕路的修建依然采用"路渠组合"的模式,不过,路修得比以前的更宽一些。修机耕路,先要挖土挑泥。路上铺平一层泥,接着夯实泥土。农民们用两种办法"打夯"。方法之一是用一块四周可以穿绳的圆形石头❸,穿4条或者6条绳子,人拉绳子,上下起落,以石头的重量与落地的加速度夯实泥土。石头本身有100多斤重,把石头拉高,再打下来,需要密切的配合。这种方法效果好,但是滚石难找,实际上较少使用。方法之

---

❶ 周生康,《工作笔记》,1973年。
❷ 当地土话,形容物体弯曲的样子。
❸ 俗称"滚石"。

共生经济（1962—1982）
——人民公社时期的农业经营

二是用一段直径25公分左右、高1公尺上下的树干，装上4根手柄，2人握着手柄，举起打下，如此反复，打击路面。后者是常用的"打夯"方法，但路面夯得不坚固，导致机耕路在一段时间内变成了"阎王路"。联民大队南部的土质偏沙性，越往北，黏土成分越多，一下雨，路就十分难走。路面夯得不紧，人上路，一踏就陷下去，一抬脚，套鞋❶上沾满了泥土。走两步，就要用手把套鞋上的泥土"剥掉"，否则，"脚也抬不动"。偶尔，套鞋被陷在泥里，一拔脚，脚出来了，套鞋留在泥里了。如果有人推着自行车上路，轮子粘上了泥土，轮子上的挡泥板变成了"粘泥板"，轮子与挡泥板粘在一起，动弹不得，不得不肩扛着自行车尽快逃脱"阎王路"。

部分机耕路的路面好几年都处于这样的状态，雨天泥泞不堪，晴天高低不平。1970年代后期，部分大队开始在机耕路的路面上铺"瓜子片"❷，使路面"硬化"。由于费用的原因，路面上的"瓜子"总是撒得太少，机耕路部分路面仍十分泥泞。一两年后，不得不再洒"瓜子片"。1980年代后期，联民大队一带的机耕路已经"有点像样"了，雨天上路，也不用担心弄一身泥。

后来，海宁实现了村村通公路。在新修的公路旁边，可以看到笔直的水泥渠道，渠道里流动着清清的河水。

后来，联民大队实现了"水泥路修到家门口"，修路费用是"集体出大头，农户出小头"。

---

❶ 套鞋，当地土话，指胶鞋。
❷ 一种如南瓜子般大小的石子，俗瓜子片。

第三章 "吃饭靠集体"

"民以食为天",在人民公社时期,粮食生产同时受到国家、集体与农民的高度重视。国家严格要求各个地方完成粮食收购的"国家任务"。生产队集体每年都把粮食生产看成最重要的事情,农民个体也非常重视集体粮食生产,因为联民大队一带谁都知道一个硬道理——"吃饭靠集体"。

与传统农民粮食生产情况相比,我们注意到国家的重要作用。国家增加了农药、化肥供应,引进了新的作物品种与新的管理方法,发动了农田水利建设,建设了农村电力系统,这一切成为粮食产量持续上升的决定性因素。但是,所有现代要素的导入没有改变农民的耕作模式,没有改变劳动中的人的关系,没有劳动生产率提高程度有限——现代性被传统吸纳了。

在人民公社时期,传统在吸纳现代性的过程中也被现代性所改造,工具理性流行,土地被滥用,人与环境的关系被曲解,这一切存在于粮食生产,特别是水稻生产的细微末节中。

第一节 水 稻

历史上,联民大队一直种植单季稻。1957年,政府号召农民们种植双季稻,政府的号召与农民增加粮食收入的意愿相吻合,联民大队开始试种。在经历了大人民公社时期的混乱以后,从1962年到1982年,联民大队年年种植双季稻。

双季稻的种植,水稻新品种的引进,提高了水稻的产量,也增加了农业劳动的投入。更重要的是,浙北地区纬度偏北,一年种植三季作物"季节太紧",在关键时期,农民们不得不起早贪黑、争分夺秒抢季节。7月底

共生经济（1962—1982）
——人民公社时期的农业经营

8月初是一年中最热的时候，恰恰又是最忙的时候，联民大队的农民们每年都要经历一次"双抢"❶的考验。

一、育秧

传统农民种植单季稻，春花收起以后，农民们可以采用"大田直播"的方式种植水稻。但是，一旦一亩田种植三季作物——一季春花，一季早稻，一季晚稻——由于季节太紧，每一季作物便都需要先培育秧苗。

早稻育秧通常开始于清明前后。仓库里的种谷已经存放了大半个年头了，趁着天气晴朗，保管员从仓库里拿出种谷，让种谷"见一两个太阳"。同时，县、公社每年都会给生产队引进一些质量好的种谷，或者引进一些新品种，生产队组织劳动力到上级指定的地方购买，运回育种。

由于温度太低，早稻谷在露天的秧田里不但不能发芽，反而会烂谷，所以早稻谷育秧的第一步是催芽❷。联民大队一带的农民们没有经验，最初使用的是"笨办法"。农民们想到，蚕室可以加温，也就可以把稻谷放在蚕室里，加温使谷子发芽。他们先把早稻谷子浸上两个昼夜，再把浸透了的谷子薄薄地摊在蚕匾里，像养蚕一样，蚕匾放在蚕柱上。一间蚕室里放几个蚕柱，在蚕室里烧炉子，炉子上放水壶。水烧开了，蒸气温润了整个屋子。屋子里既保持着一定的温度，也有很高的湿度，人工营造了有利于早稻谷子发芽的环境❸。大约经过7个昼夜，早稻谷子慢慢泛白，露出一个个芽尖，催芽就成功了。这样的催芽方法费用大，浪费严重，更重要的是"催芽伤人身体"，催芽的人常常"气都透不过来"。

不久，农民们想出"草囤催芽法"。他们把浸透的早稻谷子放进事先编织好的草囤里，利用草囤保暖的特点，隔一段时间，向草囤里洒热水。但草囤催芽时，温度较难保持均衡，每个草囤可以存放的谷子太少，所以，草囤催芽只是少量试验，没法推广。

---

❶ "双抢"指抢收早稻、抢种晚稻。

❷ 催芽需要技术，更要认真仔细，催芽出了问题会严重影响早稻生产，所以，各个生产队都选派有经验、负责任的男性全劳动力去催芽，每年催芽的人员相对比较稳定。与垦田、浇粪等农活相比，催芽轻松得多，催芽工作开始后，大田里干活的农民们看到催芽的农民"轻松的样子"，或者会骂娘，或者放慢了手里的活，他们会说，"催芽的人拿安耽工，我们何必'要死要活干'？也要安耽一些"。

❸ 由于传统农村的房子密封程度非常低，"到处都是漏气的地方"，营造有利于谷子发芽的环境很难。

第三章 "吃饭靠集体"

与草囤催芽同时出现的"地窖催芽法"从一开始就显示出许多优点，后来，早稻都采用地窖催芽。生产队选择朝南向阳的地方挖一个长方形地窖，通常3公尺长，1公尺宽，50公分深❶。地窖的底部向某一方向微微倾斜，并在较低的一侧挖一条小沟，沟的一端挖出一个可以排水的小孔。地窖挖成以后，在地窖底部先放一层桑条枝，以保持架空状态。桑条枝上填一层稻草，以保持地窖温度。然后，用眼子较粗的麻布填在底部与四周，"做得像一只棺材"。这样，地窖准备就绪了。

这边在做地窖，另一边准备浸谷子。双季稻生长期短，分蘖少，为了保证高产，就大大增加每亩种谷的数量，以相应增加每亩田插秧的枝数。当时，早稻每亩种谷30斤❷，50亩早稻就要1 500斤种谷。生产队准备一些大缸来浸种谷。大缸通常放在地窖附近，浸好的种谷容易移到地窖中。种谷在大缸里浸上两天，就移到地窖中。通常趁下午有太阳时搬谷子。地窖里放一层谷子，浇一次约45—50度的热水。放了几层，谷子比地面还低20公分左右，就用麻布盖好，上面再盖一层稻草。地窖的谷子里放有温度计，以随时掌握谷子的温度。催芽员隔一段时间，浇一次热水。每天还要翻一次到两次地窖里的谷子，以保持地窖里空气质量较好。

催芽不仅需要技术，更需要认真仔细。催芽时白天要浇热水，晚上要加温，每天夜里都得起来几次。谷子发芽的情况受到多种因素的影响，如果谷子放到地窖里两天多还没有动静，大家都会着急❸。经过催芽员的精心培育，地窖里的谷子开始爆芽长根，在稻根长到2厘米的时候，可以送到预先做好的秧田落谷。2009年，一位老人告诉了我们当年催芽的情况。

> 育秧么我们反正放了水，那里田里放了水就育秧了。谷么先淘一淘，淘好了浸一浸，浸了3天拿起来催芽。浸谷的时候放一点药

---

❶ 催芽地窖的长与宽并没有严格的规定，只要有利于干活就行了，但地窖必须有一定深度，因为地窖利用深度来保温。

❷ 为了保险，生产队一般会留每亩60斤的种谷。双季稻生长季节短，发棵小，就靠着多种下的秧苗增加产量，种谷需求量很大。后公社时期，联民大队一带种单季稻，杂交品种，每亩只需种谷5斤左右。

❸ 1970年代初，本书作者与陈雪峰一起做早稻催芽，深知催芽责任重大。陈雪峰说："生产队里垦田，多一铁耙少一铁耙，无关紧要。催芽工作，一有'脱把'，关系到100多人的吃饭，谁敢轻心？"

共生经济(1962—1982)
——人民公社时期的农业经营

水,那个时候放"402",老早的时候放"402",我们稍微放一点的。100斤水总归是放15克到20克的"402"。

我们浸了3天,2天半也可以,催芽么拿起来晾晾干,晾得不用很干的。放着催芽,催了么比如你今天晚上放的,明天早上起来看看,暖不暖的,不暖用暖水。开始的时候也用暖水淋一淋,弄好了收进去,放在暖的地方,或者放在缸里,下面垫点稻草。暖度也保住,也暖的。早上看看这个谷太干了,加水,不干,不加水。大约的湿度,不让它干燥。催的时候,快的时候只要一昼夜,就发白了,芽就钻出来了。温度不到出不了,出起来慢的。一定要温度到的,那个时候有温度表的。催芽农药以前用的是"402"。催芽是挖坑的,用麻布袋,那个时候用这种麻布,麻布也是有眼的,这个谷么摊在麻布上,下面用棒撑空,稻草铺好,麻布铺好,挖坑。挖了坑再挖出一个漏洞,放水的,挖在坡上的,一个坑旁边一个,这个水就放得出来,你淋水下去,那个洞里面就放出来。❶

"秧好长好稻,秧好一半谷。"育秧的第二步是做秧田。

在生产队里,做秧田与催芽几乎同时进行,谷子一出芽,就可直接送到秧田里落谷。生产队十分重视选择秧田,一般选避风向阳的秧田,同时还需做到种籽"三对口"❷。"田的地势要低,低的话,放水便当。有时候没有水,那条小河里水踩上去,踩踩也便当。总归进水便当的地方。那么,田低泥烂,出芽率也好一点。不然老高的话,水放不到,出芽率就不好。"能够选做秧田的基本上是白田,有些是花草田❸。

秧田要带水翻垦,用铁耙耙平。如果是花草田,翻垦以后,等花草烂了,才能进一步耙平。水田耙平后,要做出一块块秧板。秧板通常宽1.5米❹,长度随田本身的长度而不同。秧板的四周是浅浅的水沟。秧板的

---

❶ 育秧专题访谈,2010年10月3日。参见《中国田野调查——张乐天联民大队数据库》,口述历史,YYZF-201003——育秧专访。

❷ 三对口,是指早稻成熟期与晚稻品种对口;秧田种谷量与大田对口;落谷品种与季节对口。

❸ 白田指去年冬天留下来的没有种春花的田。花草田指冬天种了红花草(学名紫云英)的田,红花草用作绿肥,需要早几天翻垦,让红花草腐烂。

❹ 两个农民站在秧板两侧的水沟里拔草,正好能把秧苗里的草拔干净。这项劳动决定了秧板的宽度。

质量要求很高,最好看上去像一张张长桌的桌面,平滑而匀称。秧板做出来以后,会浇上一层水河泥,一来增加了秧田的肥力,二来水河泥"很糯",容易做平整。有时候,两位农民站在秧板两侧的水沟里,共同握着一块长1.7米、宽30公分左右的木板,轻轻在秧板上推动。木板推掉了秧板上的浮泥,秧板真的成了泛着青黑色的泥"桌面"。

秧板做好,可以落谷。育秧的第三步是落谷与秧苗的培育。

发了芽的谷子放在一只只簸箕中,农民用手抓起谷子,撒到秧板上。落谷这种农活,看看容易,做好很难。想把发了芽的谷子均匀地撒在秧板上,手上的功夫可要练上几年。谷子落到秧板上以后,用铁钞在秧板上轻轻拍动,让谷子陷入泥里❶,再盖上一层薄薄的草木灰,秧田就做好了。清明时节,天气还比较凉,早稻秧板通常要盖上塑料薄膜。

俗话说,春天孩儿脸,一日变三变。孩儿脸般的天气给秧田管理带来很多困难,农民们需要处理好温度,又要做好肥水管理。秧板上盖着塑料薄膜,中午时分,太阳高照,气温升高,农民们要把塑料薄膜揭开。下午太阳落山,温度下降,农民们重新再把塑料薄膜盖上。秧苗长出,嫩绿嫩绿的一片,特别需要防止夜里的暗霜。施肥看"秧色",有经验的农民一看秧苗叶子的颜色,就知道是否需要施肥,施多少肥。就如人们给孩子吃营养好的食物一样,农民也给秧苗施最好的肥料,当时是日本进口的尿素。秧田水的管理,最重要的是及时搁田,防止秧苗烂根。人民公社时期没有除草剂,农民们只能在秧田里人工拔草。与其他几项秧田管理工作不同,秧田除草"只要分得清草与秧苗,谁都可以去做"❷。

同一块水田,一年种两季水稻,季节紧,每一季水稻都要育秧。早稻育秧与晚稻育秧有不少相似的地方,例如,为了增加大田水稻的枝数,从而提高亩产,早稻与晚稻秧田的落谷数量都较大,秧田的面积相应也较大。表3-1反映了联民大队早稻与晚稻秧田面积的情况。

---

❶ 否则,鸟会吃秧田里的谷子。为了防止鸟吃种谷,生产队有时在秧田里扎几个稻草人。

❷ 其实,有些草长得与秧苗差不多,很难区分出秧苗与草。知识青年刚下放的时候,常常感慨于农民们"知识丰富",他们需要花点时间才可能真正辨别清楚秧苗与草。拔秧田草是一项"细活",如果拔秧田草时粗心大意或者偷懒,几天后就会见分晓:草长得比秧苗更高!陈家场有一块早稻秧田在路边,有人走过秧田,看到部分秧板上杂草多,就会说:"这是谁拔的秧田草,拔草的时候眼睛瞎了?"

共生经济(1962—1982)
——人民公社时期的农业经营

表3-1 1971年度联民大队计划种植面积❶   （单位：亩）

	早稻秧田	早稻	双晚秧田	双晚
东风	12	83	14	97
红星	12	83	14	97
红江	10	67	12	79
立新	10	80	12	92
东方红	8	66	11	77
红旗	7	58	10	68
向阳	12	87	15	102
胜利	9	82	12	94
合计	80	606	100	706

资料来源：周生康，《工作笔记》，1971年3月20日。

与早稻的情况不同，晚稻做秧田的时候，天气已经入夏，气温高，晚稻谷只需浸谷催芽，再撒到秧板上。秧苗在高温下长得很快，一不小心，秧苗就可能长得过长，成为"过头秧"，因此，晚稻秧田需要准确地掌握播种的时间，以便与早稻的收割相匹配（见表3-2、表3-3）。

表3-2 1976年双晚稻品种搭配参考

早稻收割期	搭配类型	代表品种	出秧方式	播种期	播种量	秧令期	移栽期
7月28号前	晚粳早反早中杭	加湖4号，龙虎6号，垦桂，机青晚广六矮4号京引15	大苗中苗中苗	6月17号左右7月8—10号7月5—8号	180斤250斤220斤	40天20天左右20—25天	7月28号前7月底边7月底边

---

❶ 每年初春，联民大队各生产队新一届队务委员会的重要工作是确定全年实际种植计划，其中重中之重是千方百计增加水稻种植面积。生产队长和所有队务委员们都熟知那个弥漫于生产队集体中的共识——"吃饭靠集体"，他们明白"生产队集体当家人"的第一责任是解决"一百多号人的吃饭问题"。为了增加粮食的产出，生产队一方面努力提高粮食亩产，另一方面挖空心思扩大水田面积。1970年代，陈家场几乎每个冬天都进行"地改田"，即把桑树地改建为水田，这项工作得到了陈家场农民们的大力支持，但违反了国家种植计划。生产队长只得隐瞒"地改田"的情况，上报的桑园面积"都照抄上一年的"。直到上级放松了管制，阶级斗争的气氛渐渐淡了，陈家场才上报了真实的桑园面积。根据"老三定"的核定，陈家场以种桑养蚕为主，每年为国家贡献蚕茧，国家则每年为陈家场提供29 500斤供应粮。原则上讲，桑园面积与粮食供应直接相关，是国家核定的种植计划面积，不能轻易变动。在相当长时间内，陈家场每年上报的桑园面积都是93.177亩，严格执行着国家的计划指标。1979年，陈家场上报的桑园面积终于变了，仅有65.521亩，竟然一下子比1978年减少了27.656亩，减幅高达30%。这是陈家场人年复一年违反国家种植计划"地改田"的结果，是革命时代生产队集体生存意识的实践。

续表

早稻收割期	搭配类型	代表品种	出秧方式	播种期	播种量	秧令期	移栽期
7月至8月5号	早反早中杭早晚粳	广六矮四号 京引15 全垦24， 垦金34	中苗 中苗 大苗 大苗	7月8日以后 7月8号左右 7月5号左右 6月25号左右	250斤 220斤 180斤 160斤	20—25天 25天左右 30—35天 30—35天	8月3号前 8月5号前 8月5号左右 8月5号前
立秋前	早晚粳晚粳晚迟粳	全垦24， 垦金34 加湖4号， 龙虎6号， 相青晚垦桂	大苗 大苗 大苗	6月27—28号 6月22号前 6月18号前	140、150斤 100、120斤	35—38天 45—50天 50天左右	8月5号左右 立秋前 立秋前

说明：（1）京引15，从播种至齐穗需70—75天，秧令弹性差，要在8月5号前种好。（2）广六矮四号，杂为早反早，因是早籼，属感温品种，秧令要求严格，在8月3号前种好。（3）垦桂属迟熟晚粳，播种要比其他晚粳品种提早。（4）西瓜田，山芋田要种田的，要采用二段育秧或培育好老健粗壮秧。

资料来源：周生康，《工作笔记》，1976年6月15日。❶

表3-3 1976联民大队年双晚秧田落谷计划统计表　（单位：斤）

	第 一 批			第 二 批			第 三 批		
	落谷日期	品　种	数量	落谷日期	品　种	数量	落谷日期	品　种	数量
东风	6月21日	加湖4号	900	6月25日	加湖4号	1 450	7月3—5日	京引15	600
红星	6月19日	加湖4号	1 080	6月21日	加湖4号	800	7月3—5日	京引15	750
红江	6月21日	加湖4号	1 300	6月26日	加湖4号	1 000	6月21日	京引15	500
立新	6月20日	农灵	820	6月23日		780	6月28日	全垦24	400
东方红	6月18日	加湖4号	1 250	6月22日	加湖4号	935	7月3—5日	京引15	600

---

❶ 读着周生康《工作笔记》里大量的相关文字，我们感慨于人民公社时期农业技术引进的力度、强度、效度，比较单干时期（包括解放以前、解放初期）农业技术引进的情况，人民公社时期技术引进的一些特点引人关注。其一，生产队集体比个体家庭扩大了几十倍，其应对技术引进风险的承受能力远远超出了个体家庭，因而十分容易接受新的技术。其二，生产队内部增加粮食的"共生压力"使农民对于一切可能提高粮食产出的技术充满兴趣。其三，公社对于新技术的宣传大大增加了新技术对于普通农民的吸引力。其四，人民公社有效的行政与农业技术体系十分热衷于技术引进，技术引进的效率很高。其五，由于公社有农业技术系统，生产队集体组织农业经营，生产队里只要少数人关注上级的布置，懂一点儿农业技术就可以了，这就解决了技术引进中农民普遍文化水平太低的困难。其六，上级政府的脱离实际，广大农民的无知，技术引进体系对于大部分农民的排斥，这一切导致了人民公社时期技术引进的一些问题（如盲目引进带来的破坏、新技术对于生态环境的破坏等）。

共生经济(1962—1982)
——人民公社时期的农业经营

续表

	第 一 批			第 二 批			第 三 批		
	落谷日期	品 种	数量	落谷日期	品 种	数量	落谷日期	品 种	数量
红旗		相青晚	360						
	6月19日	垦桂	520	6月21日	加湖4号	927			500
		桂子2号	770						
向阳	6月19日	垦桂	770	6月22日	垦桂	500	7月3—5日	京引15	800
					农灵	1 000		反早	500
胜利	6月20日	加禾4号	1 000	6月24日	农灵	600		京引15	400
								反早	500
合计			8 770			7 992			5 550

资料来源:周生康,《工作笔记》,1976年6月20日。

晚稻育秧的困难主要有两方面的客观条件:一是如果秋天多阵雨,秧苗容易横倒;二是如果秋季气温较高,会影响育秧的生长。1971年7月12日到13日,联民大队曾召开晚稻秧田管理工作会议,下面的记录可以让我们体察当年晚稻秧田管理的情况。

目前来看:有些秧田问题"大不大""小不小"。例如:每亩落谷量160—170斤左右,想种6—7亩,准备每亩大田种谷量23—25斤,这样计算的安排秧田是很危险,为此要求各生产队来一次研究。按照主席教导"认真"二字,要求:① 早稻成熟期与晚稻品种对口。② 秧田种谷量与大田对口。③ 落谷品种与季节对口。是否对得上了,如果对不上的话,马上采取两个措施。

其一,加强秧田培育管理。要求就是:(1)要"年龄足",就是按照品种的特性,掌握秧令期。(2)要"壮"秧,带有一两个分蘖,叶片清秀挺直有劲。(3)要"胃口"好,就是白根、粗根多,会吃会消化。如果根细,黄毛胡子❶种到田里,胃口不好,吃不进肥料,返苗慢。

其二,注意防止发生烂秧。主要原因:① 热煞❷:催芽不留心,超过摄氏40度,造成过热,烧芽。这叫作"锅里得病,田里伤命"。

---

❶ 肥料不足,秧根发黄、偏细,犹如黄毛胡子。

❷ "煞"字是当地土话,意思是"死"。

②落煞：防止大雨。③晒煞：秧板高低不平，高的地方晒得开裂，嫩芽猛太阳，芽头晒煞。④闷煞：播种后灌深水空气缺乏，秧根长不好，抵抗力差，时间一长"闷煞"。⑤吃煞：秧田肥施得过多，肥料腐烂时，造成秧苗烂根，叫作吃煞。⑥饿煞：秧田基肥不足，追肥又不及时，或者施上的人粪流失，播种过密不敢施，造成秧苗"面黄肌瘦，饿煞"。⑦咬煞：秧田毛草、稗草多不拔，结果给草"咬"煞。为此及时检查，认真负责管好。❶

部分生产队秧田面积预先留备不足的可以搞二段育秧。"二段育秧是无产阶级文化大革命中的群众创造，是育秧技术的革新，是一项新生事物。"❷二段育秧，主要是为了避免忙于收割早稻而使晚稻超过秧龄期。对于二段育秧，生产队在会议里也有详细的描述。

1. 播种期不变。"汕优 6 号"在 6 月 5—10 号播种。"汕优 4 号"6 月 10—15 号。第一段亩播量为 250 斤。分秧田与大田比例是 1 比 100，也就是说，每 10 亩大田第一段小苗秧田为 1 分田。1 分田小苗秧田可种迟秧田 1.6 亩左右，这 1.6 亩秧田可种大田 10 亩。平均每亩迟秧田种 15 斤左右种籽。小苗秧田：在"一叶一心"时要施一次化肥，作为小苗到迟秧田的起身肥❸，同时要注意除虫，重点防治稻蓟马。

2. 播后 7—10 天内种好迟秧，迟秧田土质要好一点，同时要施一点基肥和面肥❹，最好再施一些磷钾肥。迟秧田的做法，同一般秧田一样做，秧板 4 尺，秧板不宜过宽，秧沟 7—8 寸。迟秧田河水上秧板护苗，活棵后浅水促分叶。

3. 迟秧田要早施肥，促使早发早分叶。当每株苗有 2.5—3 个分叶时(约迟后半个月左右)，这时就要排掉田水进行控苗，如果这

---

❶ 周生康，《工作笔记》，1971 年。联民大队一带的农民们把各种作物都看成是有生命的东西，他们在谈到作物生长情况的时候，常常会把作物的生长与活生生的人相对比。周生康的记录引导我们去反思传统农民的世界观和传统农业实践中的生存智慧。

❷ 周生康，《工作笔记》，1974 年。

❸ 为了秧苗移栽而施用的肥料称为"起身肥"。

❹ 基肥指施在表面下的肥料，可以挖坑施，挖沟施，也可以施完肥后再垦田或地，把肥料翻入土壤中；面肥指施在土壤表面的肥料。

共生经济（1962—1982）
—— 人民公社时期的农业经营

时不控制，让它继续分叶，提早遮阴会使它分叶死掉，要想多点分叶，反而多死掉，要想便宜，反而吃亏，这是个关键。一直控制到施起身肥放水，不能提早放水，施起身肥是离拔秧前4天为宜，肥力要上身不上叶为好，在秧田期要注意除虫不能忽视。

4. 小苗二段育秧要注意的问题。① 迟秧移栽一定要在10天内，叶令在三叶期，这时移栽下去，分叶在低叶位上长出来。如果秧令延长，叶令增加了，由于秧田播种量是250斤，密度高，会造成秧苗素质差，细而软，这样移栽出去会影响低叶位分叶，不利于高产。② 中期一定要控苗，控苗后，不能过早放水，如果提早放水会使秧苗生长加快，反而比不控长得快。③ 迟秧行距3寸一定要有，这样有利于通风透光，有利于个体发育。❶

在1973—1974年，斜桥公社、许村公社永福大队、双山公社利民大队试种晚稻二段育秧535亩，应用在迟插田里，增产效果显著。海宁县水稻育秧转向"中苗带土、水育大秧、二段育秧"三秧配套。生产队根据实际情况进行一些调整，早、中批采用中苗带土，头、迟批采用水育大苗。如"广六矮四号"采用大苗而高产，"先锋1号"中苗带土能高产。1970年代后期，海宁就晚稻推广了"一扩两降"❷育种技术。在实际操作中，联民生产大队告知各生产队避免历年的"四气"现象：秧田面积小气；播种量阔气；管理客气；收割大气❸。1974年，海宁县委指示晚稻以水育大苗为主。1979年，全县春花田早稻基本实行水育大秧，平均秧田播种量每亩70公斤，大田每亩用种量为13公斤。绿肥田早稻尼龙薄膜育秧，秧田播种量每亩122公斤。晚稻水育大秧面积占80%以上，每亩播种量为60—90公斤，大田用种量12.5公斤❹。

水稻育秧是人民公社时代的故事。在联民大队一带，传统农民们只种植一季春花、一季水稻，作物生长时间宽松，他们可以采取直接播种的方法种植水稻。人民公社成立以后，各个生产队都先后把每年两熟制改成三熟制，即一季春花和两季水稻。这是耕作技术与种植方式的变化，但

---

❶ 周生康，《工作笔记》，1976年。
❷ "一扩两降"即扩大秧田面积，降低秧田播种量和大田用种量。
❸ 这句话的意思是秧田面积太小，秧田落谷量太大，水稻生产管理比较放松，水稻收割马虎，导致浪费。
❹ 参见海宁市农业局编：《海宁农业志》，2008年，第32—33页。

却清晰地反映了人民公社的制度约束以及在制度约束下农民们的观念与行为偏好。在国家计划经济的严格控制下,生产队集体内部存在着强烈的增加粮食产出的冲动,在这种冲动的支配下,农民的选择呈现出两个重要特征。其一,任何一种耕作技术,只要能增加粮食产出,就是好的技术。换句话说,生产队在引进耕作技术的时候,较少关注节约劳动力的问题。我们把这种情况称为"过密型技术偏好"❶。在"过密型技术偏好"的影响下,新技术带来的产出增加都可能被同步增加的劳动力投入所抵消,导致生产队集体经济停滞不前。其二,三熟制生产增加了许多劳动力投入,也增加了作物对于肥料的需求,增加了土地的"负担"。传统农民采取休耕、轮作、种植绿肥等办法让土地"休息",生产队则每年都种植三熟作物,土地中肥料不足,就大量使用化肥。许多农民知道这样会"伤害"土地,但是,他们仍然欢迎三熟制。我们把这种情况称为"对于土地的工具性运用"。生产队集体这种工具理性行为的后果至今没有得到客观的历史评估。

二、秧苗移栽

秧苗渐渐长大,就可以移植到大田里了。移植前先要整理好大田,当时提出的要求叫"不种毛田,不种白水田"❷。

毛田,指没有翻垦的田。插秧前,大田里最重要的准备工作是垦田与摊田。翻垦大田是一项重体力活,常常是四五个男劳力(有时也夹杂着一两个女村民)排成一队,一铁耙一铁耙地带水把田里的土块翻个身。四五把铁耙一起挥动,一排排田里的泥隔水翻了个身,有时会弄得人一身水。当然,偷懒的人会"便船带便货",趁着大家一起用力的机会少出一点力❸。

田里的土全部翻转,田就算垦好了。接着需要摊田。农民们手握摊田铁耙,和着水在田里作业。先尽最大的可能把田土耙碎,然后耙平田面。摊田都在放满水的田里进行,田里的水为农民提供了平面参照,使农

---

❶ 张乐天:《告别理想——人民公社制度研究》,上海人民出版社,2005年,第235—239页。

❷ 毛田指没有翻垦的田,白水田指没有施基肥的田。

❸ 共同垦田,一起举起铁耙,同时翻起一条田土,很难看出谁偷懒了。但是,生产队里的人知根知底,都知道谁干活"卖力",谁爱偷懒,垦田的时候,大家刻意不与"偷懒出名"的人排在一起。在这种情况下,平时经常偷懒的人"受到刺激",在短时间内会干得比别人更卖力。

共生经济（1962—1982）
——人民公社时期的农业经营

民可能把田摊平。当然，摊田要有"本事"，也要认真。田摊得好不好，插秧时立刻见分晓。田没有摊好，秧就难插，有的时候，插下去的秧甚至会浮起来。传统垦田都用铁耙，垦出来的田土块大，想摊平整不容易。1970年代中期以后，联民大队一带有了拖拉机耕田，田土打得细，摊田的活就好干多了。令人疑惑的是：原先一年两季，两次垦田摊田，多少人干得腰酸背痛，手掌心磨出了血泡。拖拉机来了，农民们不再需要垦田，摊田变得十分容易，省了工，更省了力。但是，农民们照样很忙，照样辛苦，"双抢"照样十分紧张，很多生产队要到立秋前一天的晚上才最终完成插秧任务。农业技术引进省的工都被消解在无孔不入的"磨洋工"之中。

田摊好，要给田里施基肥❶。基肥包括大粪、肥田粉、羊灰等，其中，施羊灰让很多农民记忆犹新。生产队里的男劳力把羊灰从农民家的羊棚里挑到田边，三五公尺堆一堆。队长再派人用双手拉开羊灰，均匀地撒到田里面。羊灰很臭，拉开的一条条实际上是浸透了羊粪的稻草，农民们把施羊灰戏称为"吃羊肉面"。

大田准备工作做好，就可以进行秧苗移植。俗话说，"插秧不过立秋关"，过了立秋关，晚稻产量要减半。联民大队一带，晚稻的移植时间通常在7月底到8月8日。早稻的移植时间在5月份，下表3-4可以看到联民大队早稻移植的时间安排。

表3-4　1975年度早稻插秧次序情况

生产队	开始时间	完成时间
胜利队	5月2日	5月20日
红江队	5月3日	5月22日
东风队	5月4日	5月28日
东方红	5月3日	5月30日
红星队	5月2日	5月22日
红旗队	5月3日	5月31日
立新队	5月3日	5月22日
向阳队	5月3日	5月29日

资料来源：周生康，《工作笔记》，1975年5月20日。

---

❶ 如果可能，生产队先在田里挑上河泥，然后再垦田、摊田。但是，由于大田面积大，很难都用上河泥。此外，河泥的肥效有限，即使用了河泥，田里还需要施其他肥料。

早稻移植方式有两种：一是小苗带土移植。秧苗长到一寸至二寸的时候，用特别的铁锹连土铲走，移送到大田里种植。二是拔秧和插秧。这里先看一看小苗带土移植的情况。

1968 年，海宁斜桥公社仲乐等大队从外地学了小苗带土移植技术，1969 年开始在全县推广。1970 年，联民生产大队开始早稻小苗带土移植，当年 4 月份，全大队共计试验完成小苗带土移植 128.5 亩，其中胜利队完成量最多，达 40 亩，占早稻总面积的 50%。根据先进经验，小苗带土移栽需要掌握五个基本技术环节，即"早育、密糯、短令、带土、浅插"。与传统的移植相比，带土移植可以减少稻根的损伤，移植后成活快，因而可以提高水稻的产量。但是，小苗带土移植的操作比较困难，秧苗太小，不容易均匀地种植到大田里。联民大队的实际操作结果显示，小苗带土移植并没有提高单位面积的产量。因此，几年以后，小苗带土移植就停止了。

在人民公社时期，水稻移植包含拔秧、插秧两个关键步骤。

拔秧是"扎堆的活"，十几个人甚至几十个人一起做。每个人拿一只双面平板的小凳子，叫秧凳❶。秧凳放在秧板上，农民们坐在秧凳上用双手和着水拔起秧苗。拔秧算比较轻松的活，但是，活再轻松，以同样的姿势干几个小时，总是对人的身体的考验。拔秧需要手上功夫，包括手势的掌握、手指的力量。手上功夫不够，拔秧就会出现两大问题。或者连根带起的泥土太多，洗根十分困难；或者拔断秧根。前者只不过影响拔秧的速度，后者却"拔死了秧"，拔秧时看不到，插秧时见分晓，会"被人骂的"❷。1960 年代末，贾家场一位刚从上海回乡的知识青年去拔秧，一用劲，就把秧根拔断，她脑子里一直纠结着：把拔断的秧丢在一边还是与好秧一起扎起来？丢在一边，拔断的秧浮在水面上，"当场很难看"；扎起来，插秧时被人骂，也没面子。

拔秧的时候，两个人占一块秧板，从秧板的一头拔起，直到整条秧板拔完。在这里，谁与谁一起拔秧就很重要。两个快手一起拔，他们可能会远远占先，虽然不增加工分❸，但是很有面子。两个前天刚刚吵架的人一

---

❶ 秧凳放在秧板上，秧板泥土松软，四只脚的小凳子会陷进泥里，所以，联民大队一带的秧凳都是双面夹板，夹板面积大，不容易陷进泥里。

❷ 拔秧的时候，断了根的秧有时也与好秧扎在一起，但是，这"扎"秧苗拿到大田里去插，断了根的秧马上会浮起来，十分引人注目。插秧的农民就会追问这"扎"秧是谁拔的，会骂人。

❸ 拔秧通常不搞定额制。

共生经济（1962—1982）
——人民公社时期的农业经营

起拔，左也不舒服，右也不爽快。在两个人拔秧的过程中，一个人只想偷懒，只拔秧板的三分之一，让另一个人多拔，可能会"拔秧拔出一肚子气"。因此，一到秧田里，大家都会急急地自己找好"搭子"。有时候，队长会喊，大家一起下秧田，"挨着个儿排过去"。这样，碰到谁就与谁合拔一块秧板，省得"找人找出气来"。

坐下来拔秧了，秧田里一片叽叽喳喳声，这是老人们至今难以忘怀的人民公社时期集体劳动的热闹场景。人们记得祝家两姐妹的"厉害"与"坏五男"的"嘴坏"，以至于那一天，两姐妹竟然把"坏五男"按到了秧田的泥水里；人们记得那个刚刚下放的上海小姑娘看见一只蚂蟥叮到脚上，惊叫着、喊着，还流出了眼泪；人们记得小脚老人顾彩林在秧田沟里走路歪歪扭扭的，有一次，脚一滑，"一屁股坐到了秧板上"。在叽叽喳喳声中，农民们的双手在秧板上快速移动，两只手指一用力，几棵秧就连根拔起，抓到了手里。等到双手抓满了秧苗，就把两只手里的秧合在一起，到秧田沟里用水把秧根上的泥洗干净，用事先带来的稻草扎起秧苗，一扎秧就完成了，丢在身后，等待着运到大田里。

在生产队里，拔起的秧苗必须当天插完，因此，拔秧的时间与数量是计算好的。最紧张的"双抢"期间，生产队常常凌晨 3 点左右就吹起哨子，叫大家起来拔秧，一则为了抢时间，二则凌晨拔秧气温较凉一些，对秧苗的伤害小。到吃早饭的时候，全队的拔秧任务就完成了。

大田与秧田的距离远近不等，但秧苗都要人工挑到大田里分散堆放。生产队里男劳力充裕，挑秧的活都由男劳力包下，陈家场男劳力少，青年妇女也要挑秧。农民们通常用土箕挑秧。土箕装秧，秧根并在一起，秧的叶子朝外，叶子不会碰伤。技术好的农民可以"装秧装到半人高"。秧挑到大田里以后，沿着大田的边上分散堆放，以便均匀地"丢"到田里。

准备插秧了，一位经验丰富的农民先到田的两头约距离田边 1 公尺处"打秧桩"，❶农民们以两棵秧桩为准，拉直秧田绳。两条秧田绳之间划出了一个人插秧的空间，农民双脚站在居中位置，双脚的左面、右面、中间各插 2 丛秧，横向一共插 6 丛秧，纵向则从田的这一头一直插到田的那一头。秧桩规定了两根秧绳之间的宽度，各个不同时期，因为上级的布置不同，宽度也各不相同。在人民公社时期，总的趋向是插秧密度的增加，例

---

❶ 秧桩指根据规定的插秧密度先插下几棵秧，以便大家以这几棵秧为标志放置秧绳，进行插秧。

如,原先秧丛之间的距离是5寸×6寸,秧绳之间的距离为3尺;后来要求"合理密植",秧丛之间的距离变成3寸×4寸,秧绳之间的距离就缩小到1尺8寸。插秧密度的不断增加是生产队集体"过密化偏好"的形象案例。

秧绳拉好了,一扎扎秧也被分散地"丢"到秧田绳之间,一场自然的插秧竞赛马上就开始了。农民们都从大田的某一头下去,一边插秧,一边向后退去。同时可能有10多个农民一起下田插秧,手脚快的农民手到水起[1],一丛丛秧很快立在田里了。手脚慢的农民被慢慢地抛在"前面"。不久,农民一个个把自己负责的一排秧插完就"上岸"了,把少数几个农民"关"在田里。麻烦的是,手脚快的农民可能把田里的秧扎拿走了,被"关"的农民缺少秧扎,不得不大声喊叫:"快给我送扎秧来,快给我送扎秧来。"

插秧是"大兵团作战",在"双抢"时节,到了下午3点钟以后,太阳渐渐偏西,阳光不再毒辣,队长就安排全生产队的男女老少一起下田插秧。插秧的场面十分热闹,笑话、脏话、讽刺话、下流话满田里飞,不时地闹出一些争吵来,大多是闹着玩。

三、三期管理

插秧结束,农民们需要进行水稻生产的田间管理。我们可以把水稻生产的田间管理分为三个阶段:第一阶段是水稻田间管理的前期,从插秧到分蘖末期;第二阶段是水稻田间管理中期,从分蘖末期到始穗;第三阶段从始穗到收割,为水稻田间管理后期。

水稻早期田间管理的关键在于管好水、肥与草。水稻的田间管最重要的就是水的管理。周生康《工作笔记》中的一段话使我们看到了水的管理的精妙与复杂:"落谷时平沟水,防雨1寸半水;1寸秧时瓜皮水,防晒跑马水;三张叶时铜板水;拔秧时2寸水;防霜时洗秧水。矮脚稻与特号稻灌水要求又有所不同:插秧瓜皮水;还苗时1寸水;发棵时半寸水;耘田时脚背水,后搁田一次;元秆拔节1寸水;做胎2寸水;灌浆期1.5寸水;稻黄时氽到水。"[2]

在插秧以后,在灌水上做到坚持浅灌、勤灌,在活棵前不能断水晒苗,

---

[1] 插秧时,大田里都放着浅浅的水,农民的手指夹着几棵秧,插下去的时候,会溅起小小的水花。

[2] 周生康,《工作笔记》,1971年。

共生经济（1962—1982）
——人民公社时期的农业经营

也要防止漫灌大水沉秧。浅水灌、土温高、肥料分解快，可以促进充分发棵。插秧后灌水有讲究，一般等大田落干后晒半天或一天太阳再灌上水，通过自然落干，可以使土壤充分透气，为中期搁田打好基础。因而农民说："插秧后搁一搁，前期发不足。"即是说插秧后要勤加管理，否则耽误了施肥和灌水，水稻不能充分发棵。为了保证在水稻生长发育时期进行合理灌水，每个生产队都有"高举毛泽东思想的专人管水员"❶。

1970年代，"放水"是农业生产中技术含量最高的农活。一方面，放水员要准确判断放水的时间与放水的量，做到这一点十分不容易。他不仅要熟知每个不同品种的水稻对于水的不同需求，要知道天气变化，还要熟知生产队里每一块水田的土质及其受到土质影响的渗水速度。另一方面，放水员还要熟悉"水路"。联民大队一带是半经济作物区，土地高低不平，水田分布零散。在陈家场，全队的水田放一次水，水路要弯几十道弯，打上百个"缺口"。放水员要"头脑清楚"，知道大队抽水机站抽多少时间的水才能确保队里的每一块水田都"吃足了水"，要知道从大队总渠道来的水从哪里"入口"进入生产队的水田，更要准确地掌握每一个缺口打开与关闭的时间。

陈雪峰是陈家场专职放水员。他出生贫困，幼年时曾经外出"打拳头卖膏药"，练出一身的"本事"。他力气大，干活利索，脑子清楚，熟知生产队里的每一片土地，每一个水缺。他脾气暴躁，在与别的生产队"争水"❷的时候，陈家场从来都不会吃亏。当然，生产队里还有其他几个人也会放水，如曾经当过多年生产队长的陈双明、顾颐德。1970年代后期，祝一鹏也常常走在放水的田埂上。他是招来的女婿，却以自己的努力在陈家场"站住了脚"❸。

"庄稼一枝花，全靠肥当家。"水稻秧苗返青以后，就开始了正常的生长发育。就如长身体时期的孩子需要多吃食物，返青以后的稻苗对肥料的需求量很大。这一阶段要及时施肥，以确保苗壮枝茂，为多穗打好基

---

❶ 周生康，《工作笔记》，1970年。

❷ 在相当长的时间内，联民大队只有两个抽水机站。水田灌水的时间比较集中，各个生产队就会出现"谁先谁后"的争吵。渠道的水一路流过来，有些农民家庭的自留地离水渠较近，他们时而会偷集体的水，浇自留地里的庄稼。

❸ 1970年年初，祝一鹏被祝士金招为女婿。结婚正日，陈家场组织一批会喝酒的小伙子，想给他一个下马威。不料，祝一鹏"海量"，陈家人没能把他"放倒"。在以后的几年里，他一次次"过关"，再也没有人"看不起他"了。1970年代后期，他还当过好几年生产队副队长。

础。肥料品种很多,公社时期施用的肥料主要是化肥与粪肥。

施化肥是轻松活。生产队的出工哨子吹响,负责施化肥的男劳力到生产队的仓库里去领化肥,以每亩 10 斤计算,施 10 亩水田也只要 100 斤化肥。到了田头,男劳力们各自用篮子或者米箩装几斤化肥,每人负责一块田,走到田里,右手抓起一把化肥,一个旋转,就均匀地把化肥施到了水田中。陈××干活马虎,很多年里,他只能评到 9.5 分底分。看到那些拿个 10 分底分的男劳力们施化肥,拿"安耽工❶",他就会说气话:"他们到田里去走一走也可以拿 10 分工,我们干得死去活来,工分还比他们少。"有一次,生产队有人存心安排他去施化肥。几天以后,其他人施化肥的田都是绿油油的一片,唯独他施肥的田绿一片,黄一片。他施肥不均匀,"老天马上给他看颜色"。生产队长拉着他到田头,训斥了一顿,从此以后,他再也不多说什么了。当然,其他人还会"背后说难听话"。有人干轻松的活,总有人心里不舒服。

与施化肥不同,施粪肥是一项十分艰苦的农活。通常,生产队长都安排男劳动力去干,但是,陈家场是一个有名的"太太队",男劳动力较少,生产队长有时也不得不安排妇女劳动力施粪肥。哨子吹响,农民们各从自己家里挑着空粪桶出工。他们到生产队的粪窖里去挑粪,挑到田边,一字排开,用撩子向田里泼粪。田与田之间是田埂,有些田埂的宽度不到半尺,挑着 100 多斤重的粪,就像走独木桥,"走的时候,全身都要用足了功夫"。更麻烦的是,有些田埂太窄,又不平,粪桶都放不稳当,一不小心,粪桶侧翻,搞得一裤子的粪水。这样的活干上整整一天,其辛苦是难以想象的。

当然,在水稻田间管理的各种劳作中,最令人难忘的是耘田。耘田是一种精细的农活,为大田里成活的秧苗松土、除草,要将田土耘平,除净杂草。周生康的《工作笔记》中谈到,一般早稻需要耘六遍田,第一次耘田在活棵后开始,即插秧后 6—7 天,并结合"点兵补苗"补好棵。插秧后 13—14 天耘好第二遍田,称作"二遍紧,精益求精拔掉稗草"。二熟制的早稻尽量在 25 天内,三熟制在 20 天内完成三次耘田,转入搁田期,即水稻管理的第二阶段。耘田与施肥技术相结合,要做到"头次耘田发棵肥,二遍耘田平衡肥,三遍耘田长穗肥"❷。

---

❶ 当地土话,指干轻松的活拿到的工分。
❷ 周生康,《工作笔记》,1970 年 5 月 21 日。在实际作业中,没有生产队会组织耘六遍田,耘四遍田最多了。

共生经济（1962—1982）
——人民公社时期的农业经营

首先,耘田以其特别的姿势而让人不能忘怀。人走入水稻田里,水稻田里有着瓜皮水❶,或者,水稻田刚刚"搁田",没有水,但泥很烂。农民必须双腿跪下,双手向前扒下,做出狗爬的姿势,俗话说,"耘田像狗爬田"。此时,一股特别的味道扑面而来,混杂着化肥中刺鼻的氨气味、粪肥发酵时的腥臭味、泥土的醇香味以及禾苗的清新味,给人异样的感觉。"双抢上岸"❷以后的耘田更是"苦来也怪"❸。天气正值"秋老虎"❹发威,气压低,湿度高,温度也高,"不干活,人也很难过,趴在田里,有时让人喘不过气来,像要昏过去一样。"

其次,联民大队一带的农民们也会记得耘田时脑海里时而闪过的担忧甚至恐惧。这一带曾经是吸血虫流行地区,陈家场有好几个农民得过吸血虫病。大肚子、消瘦、乏力,以及治疗吸血虫病的痛苦经历,这一切都给陈家场农民留下深深的印象。到1970年代初期,生产队每年都要组织农民消灭钉螺,以彻底消灭吸血虫。水是传播吸血虫病的重要环节,耘田的时候,一整天与水接触,心里免不了有点儿"发毛"❺。同时,水田里的蚂蟥也让一些胆子小的农民害怕。蚂蟥有许多品种,这里主要有两种:一种是黄色的带状蚂蟥,长得小,吸起血来却很猛,给人灼热的痛感;一种是灰黑色的短而宽的蚂蟥,这种蚂蟥十分敏感,一触动它,它就缩成圆球状。

然而,田还得耘。耘田的时候,农民们用双手抓动每一寸田土,既除了田里的草,也松了土。双手一点点抓松田土,拔去田里的草,把草埋在土里,双脚慢慢向前移动。农民们从田的一头下去,慢慢爬到田的另一头,就可以"上岸"歇一小会儿。田的长度各不相同,有些田只有几十米,耘一行田就快一些;有些田的长度超过100米,耘一行田让人腿酸肩痛。田的土质各不相同,有些田土质比较硬,双腿一路爬过去,膝盖疼痛,皮肤发红。耘田时有的人会偷懒。有的耘得不到位,马马虎虎"把水搞搞浑,快快爬到头,就算耘好了"。有的干脆跪一会儿就站起来,用脚去抹土。生产队干部看到了,就会高喊:"跪下,跪下!"总有几个农民跪一会儿,就又会站一站,他们有站起来的理由:"干部们开会拿'安耽工',放水员放

---

❶ 一层浅浅的水,犹如西瓜皮一样。
❷ 当地土话,指"双抢"结束。
❸ 当地土话,指非常的苦。
❹ 立秋过后的半个月中,有时天气十分闷热,俗称"秋老虎"。
❺ 当地土话,包含着担心、紧张、恐惧等意思。

水,安耽,工分还多,就叫我们爬田?"

人民公社时期普遍种植双季稻,早稻、晚稻都要进行早期管理。早稻耘田的时候,春蚕正值旺节,农民们常常忙得"抬起脚来做生活"。晚稻耘田时的情况有所不同,那是一年中农活较少的时期。虽然"秋老虎"闷热,但歇下来,找个朝东的门口,地下铺一只蚕匾,懒散地躺下,一丝风吹来,也让人心醉。虽然耘田"苦煞",但耘田"上岸",洗尽身上的臭气,回家还有"甜馄饨吃"。❶

水稻管理的第二阶段需要施肥、除虫、搁田,"活不多,但要人盯着"。陈家场有农民说:"生产队里的庄稼,又不是我家里的,关我什么事?"甚至有人说:"多管闲事多吃屁。"这句话的意思是说,不是你负责的事,不要操心,更不要管,多管没有好处,只可能招来麻烦,惹一身臭气。农民们并不关心生产队里的庄稼,却盯着自留地里的菜长出了几片叶子,晨曦里几朵菊花绽放,晚霞下可以采几枝黄花菜。农民们不盯生产队里的庄稼,只有生产队长来盯,也有生产队里的其他干部帮助盯。生产队集体农业经营中存在的一个很大的问题是农民们的漠然与事不关己的态度,全队几百亩田地里的庄稼只有生产队长与少数人盯着,难免有所疏忽,如果生产队长本人农业技术差,情况就更糟糕了。

生产队长们盯什么?首先,盯住水稻生长的态势,以便及时施用追肥。施追肥是件轻松活,时间要求不严格,主要施用化肥。自从水稻改成双季稻以后,生长周期缩短,作物对于速效肥料的需求大大增加,但供销社供应的化肥难以满足需求。生产队长"动足了脑筋",确保水稻生长所需要的化肥定量。他要及时购买定额供给的化肥,他一次次把配额给其他作物的化肥"挪用"到水稻生产中,还要想办法"开后门"买化肥。例如,联民大队一些生产队曾经多次托关系到海宁化肥厂去购买"次品氨水"。由于生产队长们的努力,化肥确保了水稻的高产,但高产的代价是高昂的,施入水田的化肥量大大超过了施入旱地的量,导致了水田土质的普遍退化。

其次,生产队长们要盯住水稻的病虫害情况。但是,生产队长、生产

---

❶ 每年阴历七月十五是传统的鬼节,那时,"双抢"已经结束,农民们终于迎来了一年中比较空闲的日子,家家户户包馄饨,笑称"吃甜馄饨"。但是,清明节的情况却相反,节后更加忙碌,所以,联民大队一带的农民们把吃清明团子叫做"吃苦团子"。1990年代以来,双季稻都改成单季稻,很多农民家庭不再种植春花,这种"苦"与"甜"的说法随之慢慢消失。

共生经济（1962—1982）
——人民公社时期的农业经营

队植保员们都没有能力准确判断、预测病虫害，他们主要听从上级的布置，或者听"广播喇叭里的声音"，然后安排施农药就行了。1970年代，晚稻生产中的农药使用令农村干部与农民们头痛。第一，晚稻的病虫害似乎越发越频繁，生产队不得不三天两头打农药。第二，越打农药，病虫害的抗药性越强，生产队用的农药就越来越毒。有的农民说，"看了农药瓶上的死人骷髅，心里就发寒"。第三，农民们知道，许多农药有"内吸收"，他们害怕农药最终会残留在谷子里，伤害人的身体。所有这些令人头痛的情况都没有改变生产队的行为，他们不得不"虫口里夺丰收"。所有这些令人头痛的事都是短视的，生产队里的农民们在当时尚缺乏长远的眼光。十多年以后，联新村县人民代表张士生取了这一带的井水去化验，结果令人们大吃一惊：井水已经被农药残留污染，不适合饮用。

再次，生产队长要盯住水的管理。这一阶段的水稻生产以稳生长、争大穗为目的。在培育管理上，以搁田或者称烤田为中心，并适时施用穗肥。搁田能起到"壮秆促根，增长促壮"的作用，是实现好苗好稻的重要手段。所以，搁田要适时，搁田的时间一般在分蘖末期，"稻穗分化之前"。根据联民大队一带农民们的生产经验，抓住分蘖盛期末搁田，对增产最为有利。根据这一要求，一般二熟制早稻早熟品种宜在5月中下旬搁田，迟熟品种在5月底6月初搁田，三熟制早稻早插后20天左右进行搁田较为有利。通过搁田，促使水稻多发新根，根系向下扎，须根向上冒，控制叶片徒长，控制无效分蘖，巩固有效分蘖，减少病源，健壮苗体，增加抵抗力。中期不搁田，或搁不好田，稻脚发软，蒲头❶发黑，稻苗常常会倒伏❷。晚稻搁田的时间通常也在秧苗返青后15天左右，生产队长会根据晚稻品种的不同做出灵活的安排。

搁田要求搁到"田边鸡毛裂，田中不污脚，苗叶笃起，叶色褪淡，白根发旺"。这时候，可以给水稻田再次灌水。灌水后施用穗肥，促进稻苗健壮生长和长穗。施用穗肥时机的把握，以看主穗为准。拣一枝生长最好最健壮的娘稻（主穗）剥一剥，小穗接近一粒米长，这时施肥最适当（在这个时候，绝大部分还没有孕穗）。施肥过早会增加无效分蘖，过迟可能导致稻苗返青，剑叶变大，穗发得过快，反而不利于高产❸。

---

❶ 当地土话，指稻的根部。
❷ 周生康，《工作笔记》，1971年。
❸ 同上。

第三章 "吃饭靠集体"

水稻生产管理的第三阶段从早稻的抽穗到收割,这是水稻的后期管理。第三个阶段处于水稻的开花结实期,主要目标是减少瘪谷,增加粒重,主要工作是管水和防病治虫。联民大队周生康在 1971 年 5 月 3 日讲到了早稻的后期管理:

> 这时候,田土仍保持干干湿湿的状态,以湿为主。以"活水"为主,每隔 3—5 天灌一次浅水,让其自然落干,水气交替,以水吊肥,以水养根。高温天气,适当增加水层,以水降温保根,以防高温逼熟。习惯上称为灌跑马水,田地不烂,也不发白,到割稻时"穿布鞋走不过,穿球鞋能走得"。俗语说:"后期田白一白,产量差一百。"后期田地断水不宜过早,断水过早则会造成水稻缺水,日晒逼熟,谷粒轻,瘪谷多,稻秆上粗下细容易倒伏。一般在收割前 5—7 天断水为宜。治虫要准,水稻虫发病早期和少量时即将其消灭掉,并要严格掌握施用农药规格。❶

在联民大队一带,天气情况对于早稻后期生长有较大的影响。7 月 20 日以后,如果白天的气温高达摄氏 37—38 度,早稻被"高温逼熟",农民们就束手无策。更让农民们无奈的是台风的袭击。早稻是软秆植物,经不起台风的狂吹。一股大风过去,常常发生整片早稻倒伏,严重的时候甚至颗粒无收。1970 年代以后,政府推广矮脚品种早稻,以减小台风的影响❷。

农谚云:"处暑没有空心草。"所有的夏秋作物,在处暑这个季节之前,都要孕穗。每年 8 月 8 日前后立秋,处暑的季节在 8 月 22—23 日。只有半个月时间,要使插种的晚稻生长发育和孕穗,时间非常紧迫,所以在"双抢"结束的同时,人们便马不停蹄地培育晚稻,使其在短短的时间里旺长,跟上季节。有些双季晚稻插秧晚,就会影响产量。如果秋季冷空气来得早,晚稻往往赶不上成熟期,就会出现"翘稻头"❸。

---

❶ 周生康,《工作笔记》,1971 年。
❷ 海宁市志编纂委员会:《海宁市志》,大百科全书出版社,1995 年,第 101—106 页。例如,该书记载,1967 年 7 月 20 日 21 时,许村、钱塘江、斜桥、盐官、辛江、郭店、马桥、双山、袁花 9 个公社遭 8 级大风,吹坍草舍、凉棚 150 多间,民房仓库墙倒瓦飞,早稻落粒,每亩损失 20 多公斤,棉花、络麻严重倒伏。
❸ 胡少祥,《胡少祥日记》,1999 年 7 月 25 日。"翘稻头"就是指谷粒不饱满,没有重量,或者大量的半成熟谷子被霜打,会严重影响产量。

共生经济（1962—1982）
——人民公社时期的农业经营

9月16—26日是晚稻抽穗扬花时间。晚稻一般在9月25日齐穗。无论早下种还是迟下种，早发还是迟发，都应当在9月25日以前抽穗完毕。在孕穗一个月以后，晚稻抽穗扬花和灌浆。在扬花时节，理想的环境是风和日丽，气候温暖；大风会影响扬花，雨水过多也不好。气温对于晚稻影响特别大。冷空气过强，或者3天以上平均温度小于20度，甚至出现16度左右的低温，就会影响扬花，轻者造成大量瘪谷，重者出现"朝天笑"❶，甚或颗粒无收。如果遇到大风或大雨，把稻花吹落，也会大量出现瘪谷、空谷和花稻穗❷。如果季节抓得紧，可以提早齐穗，也能提早扬花、灌浆和成熟，就可相对免遭或少遭受低温、冷空气和冷霜的影响。

1971年8月，在红江人民公社植保员会议上，公社领导谈到晚稻抽穗扬花时节可能遭遇冷空气影响的问题，提出了加强晚稻管理工作的三条措施。

> 1. 必须……树立"种田为革命，人定胜天"（思想），充分发动群众，总结经验教训，保质保量切实抓好当前双抢工作，为晚稻早发早熟打下基础。
> 2. 做到先播不耐寒的籼稻品种，后插晚粳品种，尽量争取迟播早插，以达到早抽穗早成熟，避免后期强冷空气危害。
> 3. 我们必须相应增加种植密度，实行小株密植，8月5日，每亩插秧不少于35万基本苗；5日以后，每亩不少于40万基本苗，靠多穗增产。❸

晚稻后期严重缺水会导致谷粒不饱满，使产量下降，而且严重影响出米率与出饭率。俗话说，"稻黄三架水"，就是说稻看上去已经呈黄色了，但还未真正成熟，这段时间还不能放弃水浆管理，不能以为已经达到丰收条件了而过早地、盲目地乐观。这时候，如果天晴，还需要灌3次水❹。

---

❶ 稻穗灌浆以后，如果谷粒饱满，谷子沉沉沉，稻穗就会"弯下头"。如果受到冷空气的影响，灌浆不足，导致稻穗上都是瘪谷。瘪谷轻，满是瘪谷的稻穗依然挺直着，犹如在嘲笑农民们。
❷ 花稻穗也称隔粒空，稻穗有饱满谷粒，也有半瘪粒和瘪谷。稻田里望去不是一片金黄，而是出现多种颜色，严重影响产量，因而称花稻穗。
❸ 周生康，《工作笔记》，1971年。
❹ 胡少祥，《胡少祥日记》，1999年11月3日。

第三章 "吃饭靠集体"

在早稻与晚稻的晚期管理中,有一件事年复一年地令各个生产队队长们心烦——禁鸡❶。在人民公社时期,家家户户都养鸡,有些人家养10多只甚至20多只。水稻灌浆了,鸡发现了嫩嫩甜甜的美食,纷纷大摇大摆地去吃稻穗上还没有成熟的谷子。太阳落山了,鸡的主人们看着肚子鼓鼓的鸡回家,心里乐,却什么也不说。生产队长急了,紧急召开全生产队社员大会。他在吵吵闹闹中宣布即日起禁鸡,同时也宣布了不执行禁鸡令的惩罚措施。

但是,像往年一样,禁鸡令总是难以执行,生产队里总有人偷偷摸摸地把鸡放出来,任它往稻田里跑。即使生产队长看到鸡在啄稻穗,他又能怎么样?鸡身上没有写字,他不知道鸡后面站着的主人是谁。这时候,人情、亲情束缚着他的选择,面子、关系迫使他谨慎行事。于是,他常常选择把鸡赶走。鸡暂时离开了,问题没有根本上解决。生产队长终于拿出了最后的招数,他找人用农药浸泡麦粒,再把"毒麦"撒到鸡经常走动的路上。这一招果然灵,每一户都"自觉"地把鸡关在笼子里,生产队长没有得罪任何人。鸡禁住了,稻谷成熟了。

水稻成熟了,准备开镰收割,争取做到颗粒归仓。由于气候的原因,早稻与晚稻的收获过程存在很大差异,我们将专门描述早稻的收获,这里先看看晚稻的收获。

秋高气爽,晚稻黄了,进入了收获的季节。晚稻收起以后,下一茬种麦子、油菜等春花作物,时间宽裕,所以晚稻收获用不着"抢火烧白场"❷,可以成熟一片收割一片。在人民公社时期,农民们用镰刀割稻,就如插秧一样,男女劳动力在田头一字排开,每人割6—8行,从田的一头割到另一头。割稻的时候,农民们弯着腰,镰刀贴着地面,一手握稻秆,一手用镰刀使劲把稻草割断。水稻是草本作物,根部有点儿潮湿,割稻用不着使大劲,但是,却考验着农民们的腰。联民大队一带的老农民说:"女孩没有腰,手脚快,插秧、割稻,她们最行。"生产队里的小伙子并不买账,他们体力好,憋着一口气,可以从田的这头一直割到那头,常常超过那些手巧的女孩子。胜出的小伙子站在田头,看着其他人都还弯腰挥汗,露出了得意的微笑❸。

---

❶ 联民大队农民较少养鸭,所以这里统一说是"禁鸡"。
❷ 当地土话,指十分紧迫,就如同救火一样。
❸ 在陈家场,晚稻收割偶尔承包到人,割完一亩田,生产队记录10分工。一些年轻人觉得割稻承包到人太没劲,不如大家一起干活"好玩",生产队长听了年轻人的意见,反正晚稻收割不赶季节,一般较少采用承包方法。

共生经济（1962—1982）
——人民公社时期的农业经营

联民大队的农民有时会把割稻与脱粒分开。他们把割下来的稻子整齐地摊在田里，期盼着晴天，晒干摊在田里的稻子。然后，他们组织劳动力把田里的稻子挑回到生产队的公房里，并在公房里脱粒。脱下来的谷子夹着碎的叶片、稻草秆，农民们用风箱煽去杂物，留下干净的谷子。谷子再经过几个"大太阳"，就可以进仓了。由于稻子割下后要太阳晒，这样的收获方式受到天气的影响。胡少祥回忆了当年晚稻收获的情况。

> 晒稻最好能够一次成功。所谓一次成功，就是说割好稻晒在田里经过5—7天的晴天，晒干了就收回家中。或者将稻谷收回家后，待空闲时脱粒，堆放时间长一些也不要紧，脱粒后稻草随即上堆不要再晒，再将谷子好好晒晒太阳，可长期存放。当然有些谷子当即加工食用的就不必晒了。晒稻两次成功是指将稻子晒了大约2—3天未干时，天气阴雨，只得等天晴后再晒3—4天才可以。晒稻主要靠天气，天气晴朗非常利于晒稻。如果晚稻未晒干而遇上阴雨天气，是非常糟糕的。尤其是如果天晴后，未等将稻晒干又遇雨天，稻谷再也无法晒干，就是晒稻失败了。如果碰到多次阴雨，田间积存大量的水，稻柴吸水严重，就无法晒干，有的稻穗浸在水里或粘在湿土上，易发芽或霉烂。大量的鲜谷不及时晒干，会大大影响稻谷质量，出谷量亦会受到影响。晒稻一次成功的话，完全能够达到丰产丰收。❶

1970年代，陈家场大多采取一边收割一边脱粒的收获方式。农民们在前面割稻，打稻机"跟在屁股后面"。那时，传统的稻桶❷已经淘汰，农民普通采取脚踏式滚桶打稻机。每台机器配7个人，2人打稻，2人传稻，2人扎稻草，1人挑打出来的谷子。如果天晴，谷子就挑到生产队的水泥场地上，那里专门有人负责晒谷子；如果天气不好，谷子先放在生产队的仓库或者蚕室里，等天好后再拿出来晒。湿谷要晒几天，再经过风箱煽尽杂物，谷子才能进仓。

四、"双抢"

联民大队一带传统上一年种两熟作物，一熟春花，一熟水稻，农民们

---

❶ 胡少祥，《胡少祥日记》，1997年11月1日、9日。
❷ 桶口面积一米五见方的大木桶，一侧有一根圆形木柱，打稻的时候，双手用力往木柱上甩稻子，让谷粒落到木桶里。

第三章 "吃饭靠集体"

从来不知道什么"双抢"。1958年人民公社成立以后,为了增加粮食的产出,政府号召农民一年种三熟作物,一熟春花,两熟水稻。三熟制大大缩短了每一熟作物的生长时间,各熟之间必须精心安排,才可能确保丰收。其中,早稻收割、晚稻插秧最为紧张,唯有"抢"才不脱季节,于是有了"双抢"。"双抢"有以下几个特点:

其一,天气热。联民大队一带四季分明,夏至一过就进入了大伏天,每天白天的最高气温都超过摄氏30度,有时甚至超过摄氏35度。"双抢"在小暑后约10天左右开始,大暑时,天气最热,"双抢"也最忙。这时候,"坐在家里,什么事情不做,背上还淌着汗。'双抢'逼着人在太阳底下干活,真是受不了"。

其二,季节紧。作物的生长十分奇妙,晚稻插秧一过"立秋关",产量就可能大幅度下降。联民大队一带几乎人人都知道"插秧不过立秋关"。但是,早稻的成熟往往要到处暑前后。"割青"损失太大,等早稻成熟后收割,"时间逼死人"。

其三,任务重。即使像陈家场这样的半经济作物生产队,全队共40多户人家,也要种植60亩左右的水稻。当年,大部分的农活都靠人的体力,任务之重难以想象。

为了动员群众,各级党委、政府都把"双抢"当作一项重要的"战斗任务",层层开誓师大会。1970年代初期,联民大队在宽敞的大队礼堂里开誓师大会,革命领导小组组织几个年轻人上台发言,他们用铿锵有力的话语表达着"不达目的,誓不罢休"的决心。接着,造反派们把大队里的四类分子押上台,其中,某些四类分子总是不服,越不服,革命的口号声越嘹亮,年轻人的革命热情越高涨。此时,誓师大会达到了高潮,"群众的积极性被充分地调动起来了"❶。

誓师大会更多是仪式性的,为了落实"双抢"任务,大队和生产队还要召开许多工作会议。1971年7月11日,联民大队召开干部会议,针对"双抢"工作提出"思想上早发动,计划上早落实,物资上早准备,劳力上早组织",克服那种认为"'双抢'年年搞,都是老一套"的麻痹大意思想,

---

❶ "双抢"誓师大会是"文化大革命"时期的典型仪式,运用革命的话语、战斗的口号、高昂的激情,把日常事件转化成革命事件,从而规范农民们的行为。"双抢"誓师大会以后,"双抢"战斗打响了,任何犹豫、徘徊、松懈、迟缓都是错误的,只有"鼓足勇气向前冲,早日夺取双抢战斗的完全胜利"。

共生经济(1962—1982)
——人民公社时期的农业经营

认真对待今年的"双抢"工作,力争不过"立秋关"。具体安排:

① 思想上早发动:我们这次会议也就是发动工作,讲明今年的形势,肥料、农药,各方面的情况,气候的特点和季节的要求。② 计划早落实。③ 劳力早组织:把"双抢"小组弄好,集中一切力量,尽量落实党的82号现行政策,"坚持政治挂帅,劳动分组,定额到组,低分活评"原则。克服"大轰隆"劳动打乱架。我们大队的生产队,一般分为3—4个劳动小组,20个劳动力以上的较为适合。在分组同时做到全面照顾,适当搭配好劳动力,反对那种兵对兵、将对将,一律平等。分组后队务委员到组,抓好质量,预防只顾自己小组。要在生产队任务委员统一领导下进行。质量要保证,互相监督,共同提高,开展互相检查,共同前进,来完成今年的"双抢"工作。④ 物资上早准备:工具、脱粒打稻机、拎条、机械维修,总的来说凡是"双抢"时用的物资都要及早准备好。同时(关心)社员生活问题。⑤ 渠道整修:要求在这几天各队应负地段,抄修好,由各队放水员负责修理比较有利。同时大队电工及生产队电工检查好线路,安全用电,全县已出触电死亡3人,严格检查,防"双抢"时出事故,同时教育社员要节约用电,支持"双抢"合理安排。❶

1967年7月8日,联民大队召开干部会议,安排了"双抢"工作(见表3-5)。

表3-5　1967年联民大队各生产队双抢进度情况表　　(单位:亩)

队别	东风		红星		红江		立新		东方红		红旗		向阳		胜利		合计	
工作	收	种	收	种	收	种	收	种	收	种	收	种	收	种	收	种	收	种
7月21日	70	88	74	94	56	71	64	81	50	73	43	55	70	90	70	86	505	638
7月22日	35	17	25	26	25	9	29	18	21	23	/	/	22	5	30	35	187	133
7月23日	35	35	25	31	25	20	25	25	21	23	/	/	24	15	30	37	192	184
7月24日	35	40	25	31	25	25	32	32	25	25	10	4	24	27	30	37	202	228
7月25日	35	40	25	31	25	25	32	41	21	23	20	12	24	30	30	37	212	244

---

❶ 周生康,《工作笔记》,1976年。

续表

队别	东风		红星		红江		立新		东方红		红旗		向阳		胜利		合 计	
工作	收	种	收	种	收	种	收	种	收	种	收	种	收	种	收	种	收	种
7月26日	/	/	/	/	/	/	/	/	/	/	/	/	/	/	/	/	/	/
7月27日	35	40	49	31	29	37	32	41	29	30	20	12	24	30	30	37	258	258
7月28日	35	40	49	62	39	45	32	41	32.5	32.5	20	12	24	30	30	37	261.5	302.5
7月29日	35	40	49	62	46	46	32	41	32.5	35.5	85	12	44	30	36	43	219.5	319.5
7月30日	62	45	49	56	51	62	42	41	46	43	30	57	50	44	53	414	379	
7月31日	62	67	74	56	61	64	52	58	56	45	40	70	60	60	61	487	459	
8月1日	70	78	完	82	完	66	完	62	完	65	完	50	完	80	60	68	495	551
8月2日		88		92		70		74		73				55		88		73	495	613
8月3日		/		2		1		7		/		/		/		2			

资料来源：周生康，《工作笔记》，1967年7月8日。

人民公社实行"三级所有，队为基础"的体制，"双抢"的具体任务都由生产队直接完成。为了更好地调动农民劳动的积极性，真正做到"不脱季节"，联民大队一带的生产队都采取分组作业的办法。有的生产队把全队的劳动力分成两个生产小组，有些分成三个生产小组。生产队把所有"双抢"的农活按定额工分承包到各个生产小组，"双抢"结束，生产队把工分结算给生产小组，生产小组再结算给每一个农民。分组以后，生产队内部形成劳动竞赛，生产效率能提高百分之五十以上。

分组是件难事，队务委员会需要召开几次会议才能最后确定。那时号召"抓革命，促生产"，分组也要"讲政治"，每个生产队只能分2—4个组，而不能分"小小组"。队务委员会在组数确定以后，开始均匀搭配生产队的水田，经过反复讨论，把全队的水田分成若干部分，每组负责完成一部分。接着，队务委员会开始物色组长，划分"人头"，进行劳动力的搭配。最难处理的是生产队里极少数几个"难弄的人"，他们干活不行，还会惹是生非，"成事不足，败事有余"。队务委员会有时不得不为解决一两个人的分组问题反复进行协调。一切都划分妥当，生产队长可能让组长抽签，确定各组负责的水田。分组作业形成了生产队内部的竞争，刺激着农民们的好胜心，这就大大提高了农业劳动的效率。那些艰苦而又紧张的日子，给农民们留下深刻的印象。

共生经济（1962—1982）
——人民公社时期的农业经营

"双抢"的任务是非常紧张而繁重的。上午收割早稻，下午插种晚稻，具体到一个田块要做到早见黄稻、晚见青苗。做到这一点很不容易，因为收割后，要把谷子集中到生产队晒，场上有专门人员筛谷和晒谷。有时将鲜谷分到户，由各户负责翻晒。往往在中午还要分柴草，早稻草以个头分到户，各自拿去晾晒。接着清理田块，再放水耕田。如果两项有一项跟不上，就会影响这个组一天的"双抢"工作。所以"双抢"工作安排难度较大，也难以达到一碗水端平，队与队、组与组以及组员内部往往发生争执。

一个生产队分了几个临时操作组之后，生产进度当然快得多，有竞争性、有对比性，但往往是矛盾多、争执多。竞争劳力、争好做手、争水、争机、争好土地、争（土地）近远等等矛盾百出。竞争当然有利于抢季节，也是争面子、争荣誉、争工分。早完成一天"双抢"，可早一天挣其他农活的工分，多做一天挣10个工分，就多了八毛钱。所以当时生产队竞争相当激烈，往往在"双抢"季节的竞争中，这个班组凌晨两三点起来收割，那个班组插秧插到深夜12点或1点钟。一般中午避高温，但也有组吃饭超过12点，也有的组吃中饭早一点，下午还要做1个小时才休息，12点吃饭的组，下午3点钟就出工。具体以一个生产队为例，基本上日夜不停地在进行交替"双抢"。只有下午2—3点最高温时才会休息一下。插秧时一般是男的挑秧，女的放秧田绳，直到完成才休工，有时要劳动到天黑，甚至在月光下还要干。在天将黑的时候，还坚持插秧。①

"双抢"时节，生产队里有点劳动能力的农民每天天不亮就起身，整天"一门心思"在田里，少有休息时间，睡觉也来不及，往往忽视了家里的老人与小孩。1967年"双抢"的时候，某一天傍晚，联新大队一个老人带着孙子去河里洗东西，竟一起淹死在河里。1970年"双抢"时节，7月底的一天下午，本书作者正挑着一担谷子从田里朝生产队的公房走去，不料，邻居王金祥叫着说："出事了，出事了，你弟弟的一双拖鞋在石栋上，人

---

① 胡少祥，《胡少祥日记》，1999年7月25日。胡少祥的回忆使我们看到，当年"双抢"劳动十分艰苦，劳动效率也很高，即使如此，各个生产队都要做到近立秋时才能完成"双抢"任务，有的生产队为了做到"插秧不过立秋关"，连续几个夜里都"点了太阳灯插秧"。这种情况证明，浙北地区实际上并不一定适合种植双季稻。联产承包责任制以后，双季稻慢慢退出了浙北农业舞台，农民重新恢复到每年种一季水稻。

不见了!"本书作者马上放下担子,飞奔到河边,一头扎进水里。很快,弟弟被"摸了出来",但已无力回天。那片土地,那一年"双抢",留给本书作者深深的遗憾。

第二节 麦

浙北地区的麦子都是冬麦,分为大麦、小麦两大类,秋冬播种,春天收获,与蚕豆、油菜一起,被当地农民统称为"春花"。麦子有着悠久的种植历史,是当地农民重要的粮食来源。与水稻相比,麦子对于土地的适应性较强,既可以在水田里种植,也能在旱地里生长。在人民公社时期,麦子的生产仍比较粗放,投入少,产量低。麦子的种植和管理更多受到传统农业的影响。

一、大小麦的下种与育苗

在浙北地区,农民们习惯于吃大米饭,面食只是日常生活中的点缀。这种日常消费习惯影响了种植的偏好,他们往往轻视大小麦的种植。人民公社成立以后,为了增加粮食的产出,国家十分重视麦子的种植。"大跃进"时期,毛主席发出了"人民公社一定要把小麦种好,把油菜种好"的伟大号召。1974 年,华国峰在全国小麦生产现场会议上指示:"要把小麦当作一季主要粮食作物来抓,特别是南方要克服轻视小麦的思想,真正把冬种当作重要一季来抓,促进夏粮大幅度增产。"1975 年 8 月 17 日,陈永贵副总理接见重点产区秋冬种座谈会代表时指出:"为什么说秋冬种很重要呢? 不仅是北方重要,南方也重要。南方不喜欢吃小麦,北方喜欢吃小麦。这不是喜欢不喜欢的问题,更重要的是落实毛主席'备战、备荒、为人民'的战略方针,是落实毛主席关于把国民经济搞上去的重要指示,是发展国民经济的一项不可缺少的重要工作,抓好了就能增加粮食,还有力量支援城市、支援工业,而且又能增加集体收入。"❶

上级的指示传达到了浙北农村中。例如,1975 年 10 月 1 日,联民大队召开冬种和农田基本建设会议。会议指出,受自然灾害的影响,春粮减产,当前部分干部和群众没有正确总结经验教训,对种麦走三熟制道路产生了动摇。有的人认为,"春粮不是主粮,吃小麦不喜欢,吃大麦不习惯,

---

❶ 周生康,《工作笔记》,1975 年。

共生经济(1962—1982)
——人民公社时期的农业经营

何必在春粮上大做文章?"有的人说,"春粮不稳要减产,讲话不响,提不起手脚,抬不起头,难交账"。有的人说,"春粮、春粮难超三百,春粮做煞人,不如早稻加把劲,三三得九还是二五得十"。还有的人说,"春粮讲讲好煞,收了没啥"。大队批判这些资产阶级思想,提出第二年春粮总产超过1972年的217 405斤,争取220 500斤,单产大小麦平均350斤❶。

另一方面,"三级所有,队为基础"的人民公社体制健全以后,各个生产队的粮食基数长期保持不变。例如,陈家场每年只能得到29 500斤国家供应粮,其余的粮食全靠"自己在田里种出来"。但是,生产队里的小孩在长大,人口在增加,畜牧业在发展,农民们都渴望有更多的粮食。粮食从哪里来?只有靠生产队"挖潜力",于是,队务委员会盯住麦子的生产。

来自外部与内部的两种力量,不断抵消着轻视麦子生产的传统,推动生产队种好麦子。在近半个多世纪的历史中,人民公社时期是浙北地区麦子播种面积最大的时期。

1. 土地准备

麦子播种以前,先需要做好土地准备工作。麦田区分为田麦与地麦,田与地的土地准备工作有所不同。

在联民大队,地麦的前茬通常是番薯与麻。农民们在收获番薯的时候,手握垦地铁耙,一点点地翻垦地,看到有番薯,用手捡起来,拨掉番薯上的泥,丢在一边,然后继续翻垦土地。番薯收获完毕,地也全部翻垦了一遍。麻地的情况不同。农民收获麻的时候,用双手连根拔起麻秆。麻收获结束,为了种麦子,他们还需要用垦地铁耙翻垦麻地。

垦地是土地准备的第一步。垦地以后,如果有条件,农民就会施用肥料。他们或者挑干河泥❷到地里,用刮子把干河泥劈碎;或者挑羊粪到地里,用刮子挑散。如果没有条件,就直接做下一步的工作,为麦地编轮做沟。"轮"是当地话,所谓"一轮地"指一定宽度的一长条土地。麦地每轮的宽度通常不到2公尺,轮过宽,就容易积水,妨碍麦子的生长。编轮工作指把准备种麦的土地按照一定的宽度做成一轮一轮的,两轮之间开一条沟。在联民大队一带,地本来就比较高燥,易排水,不会涝;麦子的生长

---

❶ 周生康,《工作笔记》,1975年。
❷ 干河泥有两种,一种是车干河以后,从河底挖出来的河泥;另一种是罱上来的水河泥,放在水河泥窖里,过一段日子,河水慢慢过滤干了,就成了干河泥。

又不需要灌水,所以,麦地的沟通常只是比轮低一点的 V 形凹槽。

土地准备的第二步是"落地"❶。农民们用落地铁耙敲碎地里的土,前推后拖,使地的表面平整,泥土细碎。"落地"这活,看看容易,做做难。陈雪峰是"落地"的好手,铁耙到,泥土碎,三耙两耙,随着人往后退,前面的一轮土地就变得"刷刷平"❷。陈家场没有第二个人能做得到。"落地"会因土地本身的不同而不同,青子泥、沙土、干地、湿地,都考验着农民们的"落地"本领。陈家场有一片塘南的地,抗日战争以前,这里的房屋鳞次栉比,日本兵烧杀以后,成为茅草遍野的荒地。1960 年代初期,陈家场分到塘南的 10 多亩地,于是,开荒种庄稼,一熟番薯,一熟麦子。当初开荒的时候,农民们已经尽了最大的可能清除地里的砖瓦碎片,但是,即使 10 多年以后,他们在"落地"的时候,仍不得不经常弯下腰来,拣出残存的碎砖瓦。

田麦的土地准备工作与地麦有些不同。田的地势普遍较低,麦子怕水,田麦土地准备的最重要任务是排水沟的畅通。晚秋时节,田麦的前茬晚稻收起,田一片平整。田通常不再翻垦,而是直接编轮做沟。在联民大队一带,农民们习惯于在田里做较窄的轮,每轮的宽度不超过 1 公尺。为了确保田轮整齐划一,农民用标尺在田的两头做上记号,像插秧一样,两头拉直田绳,再用铡刀铡出 V 字形田沟的一边。沟的另一边用阔齿铁耙开出。田麦的另一种沟是方形的。铡刀沿着田绳在沟的两边垂直铡下,然后,用一把专门用来开沟的铁钞把泥土取出,放在轮上,方形的沟就开好了。与 V 字形沟相比,方形的沟排水效果更好些,所以,农民们在田的四周开方形沟,而在田的中间开 V 字形沟。

传统的麦田轮窄沟多,田表面的利用率相对比较低。为了提高田表面的利用率,1970 年代初期,海宁全面推广江苏和上海郊区的"深沟阔轮散播麦"耕作方式,要求每轮田麦的宽度为 8—10 尺,每轮 1 沟,沟深 1 尺以上,沟面宽 6 寸以内。低的田块要加开横沟。1974 年,红江公社要求各个生产队继续开挖深沟,做好直沟、横沟、围沟、隔水沟,沟沟与田外排水渠道配套,排出浅层水。做到沟沟相通,里浅外深,排水畅通。沟的深浅,按田块宽狭,一般要求达到直沟至少有一条深达 1.5—1.8 市尺。轮

---

❶ "落地",当地土话,指农民们用专用的铁耙(落地铁耙)把翻垦好的泥土敲碎,耙细、耙平。

❷ 当地土话,形容很平整的样子。

共生经济（1962—1982）
——人民公社时期的农业经营

长50市尺左右要开一条横沟，同时开好四周围沟。隔渠沟和田外沟要深2.5尺以上，达到能灌能排，旱涝兼顾，立足抗灾夺丰收。

红江人民公社地处杭州湾的北岸，大部分田地沙性较重，黏度不够。这样的土质容易开挖深沟，刚开出的深沟看起来也"挺括"。但是，深沟"有卖相，没吃相"❶，一旦雨大一点，沟壁就可能坍塌。深沟阔轮麦田，到了春天黄梅季节，绝大部分的沟会堵塞，生产队长不得不安排劳动力不断疏通。结果，深沟阔轮虽然增加了每亩麦的枝数，但实际上很难增产。深沟不适合当地实际，上级却作为一项"政治任务"布置，怎么办？一些生产队长注意到，公社干部下来检查生产，通常都看沿路边的田地，既然如此，他们就专门在路边的田里开深沟，其他的地方，就按"老套套做"❷。有一次，公社党委书记钱镜明到中新大队检查麦田，偏偏看离大路较远的田，那个生产队长的做法露了马脚，被公社党委书记在全公社干部大会上狠狠地批评了一顿。

麦田的沟开好了，沟里的泥全部堆到了轮上。这时候，农民们要把轮上的泥敲碎、耙平整，以便为麦子下种做好最后的准备❸。

2. 下种

浙北地区的大小麦品种很多。1950年代，小麦品种有矮粒多、白櫓板、红櫓板、铁秆青、洋麦、火烧穗等，大麦有二铁大麦（红筋、白筋）、立夏黄、六棱大麦、四棱大麦等。1964年，扩大了大麦无芒六棱及小麦丽水三月黄等早熟品种面积。1974年，大麦无芒六棱种植面积减少，全县推广早熟41、六五脱壳、早熟3号；小麦推广六五白壳、扬麦1号。至1978年大麦以早熟3号为主，小麦以扬麦系统和六五白壳当家。

为了提高大小麦的产量，红江公社及其下属的各个生产大队都积极引进优良品种，组织干部外出学习大小麦的种植经验。1970年5月21日，联农大队前往金山县金卫公社"八二"大队参观，学习小麦高产的经验。1971年10月，联农大队召开毛泽东思想学习班，具体介绍麦子的品种和特性。

---

❶ 当地土话，意思是表面看是好的，实际上并不好。
❷ 当地土话，意思是按老办法做事。
❸ 就如稻田的情况一样，如果有条件，农民们也会在麦田里挑上干河泥或者羊灰，作为麦子生长的"底肥"。

浙农12大麦：一般产量有300—400斤，高的有400斤以上，适宜于本县地区三熟制及棉麻地区搭配种植。本品种是二棱皮大麦，幼苗直立，株高110—115厘米，分蘖力较弱，抽穗整齐，穗大粒大。抗病力强，有黑穗病，过早播种，空壳较多，结实率低。在栽培上一般以11月初到11月中播种为宜，适当增加播种量，施足基肥，年内施好追肥。

七五七元麦：一般产量300斤左右，高产400斤以上，可作三熟制前茬搭配品种之一。株高85厘米左右。穗为六棱形，长芒。茎粗壮，穗茎脆，易折断。一般于10月下旬播种，5月20日左右成熟，耐温性差，易感染霉病，易倒伏。栽培要点：① 该品种比较耐肥，适当增施肥料，增产更为明显。② 应做好开沟排水、降低地下水位、及时防治病虫害等工作。③ 及时收割，防止穗茎折断，做到丰产丰收。❶

公社与大队引进大小麦的优良品种，合理分配到各生产小队中，让生产队下种。1972年，联民大队从农业科技所引进了几个大小麦良种，就立刻分配给各小队种植，分配方案如下表3-6所示。

表3-6　1972年联民大队引进麦种分配　　　（单位：斤）

队别＼品种	早熟3号	六五白壳小麦	中熟1号大麦	六五脱壳元麦
红江	32	4	14	9
东风	2	4	/	/
红星	2	4	/	/
立新	4	4	/	/
红旗	2	4	/	/
东方红	2	4	/	/
向阳	2	4	/	/
胜利	2	4	/	/
合计	48	32	14	9

资料来源：周生康，《工作笔记》，1972年10月4日。

---

❶ 周生康，《工作笔记》，1971年。在人民公社时期，水稻、麦子新品种的引进是生产队粮食增产的关键要素，而这个工作的实施体现着当年"上级—下级""国家—社会"互动模式的"上下联动"。生产队对于引进新的作物品种有极大的兴趣，他们甚至自己组织进行水稻品种试验。公社农科站直接帮助生产队引进新的品种，向生产队介绍新品种的特性，对生产进行种植新品种作物的技术辅导；同时，由于生产队缺乏有效防止品种退化的育种技术，公社农科站还不断从外面调拨种谷、种麦。

共生经济（1962—1982）
——人民公社时期的农业经营

大麦的生长周期与小麦不同。大麦成熟早，小麦成熟晚，与此相应，大麦的播种时间较早，小麦的播种时间可以晚一点。在秋收冬种的时候，气候较冷，收获与下种的时间都可以拖得长一些，劳动任务不像"双抢"时期那样繁重。大小麦也有下种的适当时期，如果误了时间，不像晚稻的"立秋关"那样严重，却也可能影响大小麦的生长，降低产出。当然，大小麦的播种时间还与气候相关。"如果气候协调，先下后下差别很小，甚至会一起出苗。假使前期气候湿润、出苗快，后期干燥、难于出苗，那就相差悬殊，适期播种出苗齐、生长快，后期播种出苗差、生长慢，造成低产。大麦下种的适期在11月上中旬，小麦下种适期在11月中下旬。"❶

联民大队和各个生产队都十分重视大小麦的播种时间安排。例如，1972年10月13日，联民大队东风生产队召开了社员大会，生产队长向大家详细讲解了大小麦不同品种的下种时间安排：大麦早熟3号是早熟品种，在11月8—10日下种，即早番薯收起下种最适宜。大麦中熟1号是迟熟品种，在10月下旬11月初下种，即络麻收起下种为适宜。小麦扬麦1号是高产品种，全程育期208天，下种期同于大麦中熟1号。六五白壳小麦在10月中、下旬下种为宜。六五脱壳米麦在10月中、下旬下种。早熟41在11月上旬下种❷。

1974年10月，联民大队根据"冬种会议"的精神提出：胜利小麦、扬麦1号和六四白壳于11月上旬或中旬播种为宜，在播种前进行选种；晚播的麦催芽，播后盖河泥或地松土，有利于早苗、齐苗，为提高产量打好基础。下面的表格3-7反映了联民大队检查各个生产队大小麦播种的情况。

表3-7 1973年11月各生产队大小麦种植进度 （单位：市亩）

	大麦已种	小麦已种
东风	28	10
红星	/	20
红江	25	15
东方红	/	/
立新	10	25

---

❶ 胡少祥，《胡少祥日记》，1998年11月5日。
❷ 周生康，《工作笔记》，1972年。

续表

	大麦已种	小麦已种
红旗	2.5	16
向阳	30	20
胜利	/	35
合计	95.5	135

资料来源：周生康，《工作笔记》，1973年11月8日。

为了确保大小麦高产,需要高标准进行大小麦的下种。

首先,为了提高麦种出芽率,防止病虫害,除了冷浸热晒外,麦种还采用石灰水浸种,石灰、水、大小麦种以1∶100∶60的比例配置,浸泡三昼夜；再用普通稻瘟净拌种,其与水、麦种的比例为2.5∶10∶100,拌后闷一小时下种❶。每年大小麦下种以前,联民大队总会召开会议,要求"不浸种催芽不下种","催芽催到露白才下种"。但是,农民有传统的种植大小麦的经验,他们经常不催芽就下种,大小麦苗"照样出芽整齐,发棵良好"。

其次,联民大队要求施足底肥,做到"块块麦地有底肥,不施底肥不下种"。在大小麦下种的时候,底肥的施法有两种。如果大小麦是条播,农民们用刮子刮出准备下种的条,先在条里均匀地施上饼肥❷,再浅播大小麦种子,用细土覆盖。如果大小麦是散播,农民们在地或者田的轮上均匀地撒下大小麦种子,再在地或者田的轮上浇一层粪水,以肥水覆盖麦种。

其三,为了确保麦子高产,散播麦子的下种量应当在每亩30斤左右,条播麦子的播种量应当达到每亩17斤左右,以发育出足够的有效穗。当时,地麦散播较多,田麦以条播为主。在很多田里,田麦与蚕豆间作,麦豆间作方式有两行麦一行豆和两行豆一行麦两种,农民们俗称"豆夹麦",又名"夫妻麦"。

3. 麦苗培育

麦子下种已是秋冬时节,天气渐渐寒冷,气候干燥。麦种出苗慢,麦苗的培育没有时间的紧迫性,甚至有农民说："只要麦能够及时出齐苗,一般来讲第二年麦就能够获得丰收。"公社和大队的干部们批评农民们漠视麦苗培育的态度,并开会督促生产队做好麦苗培育。麦苗的早期培育主

---

❶ 周生康,《工作笔记》,1974年。
❷ 指油菜籽、黄豆榨油后剩下的东西,叫菜饼、豆饼,统称饼肥。

共生经济（1962—1982）
——人民公社时期的农业经营

要有三项工作。

工作之一是及时补苗。大小麦下种的时候，个别农民播种不匀，散播的麦田里会出现"癞痢头"现象，在一片绿油油的麦苗中间有一块块光秃秃的土地。有时候，农民播下了麦种，但麦种本身存在问题，没有发芽；或者，麦种下到田地里以后，鸟儿把麦种吃了。这两种情况也造成缺苗。缺苗需要及时补上，才能确保每亩麦地有足够的穗数。农民们从过密的地方匀出一些麦苗，补到缺的地方，再浇上粪水，移栽的麦苗就能成活了。

工作之二是施肥。一方面，与水稻田的情况不同，麦地本身的肥力差别很大。有些麦地是多年种植作物的"熟地"，土壤结构好，土质比较肥沃。有些麦地是刚刚削平的高岗地，在平整土地的过程中，恰恰把表层的沃土削掉了，留下了"生土"，如果当年种麦，一定会缺肥。有些麦地是早先的屋基地，碎瓦片夹在土壤中，肥料容易流失。另一方面，在下种的时候，虽然上级反复强调"施足底肥"，但是，生产队里重视不够，有些麦地或者麦田存在底肥不足的情况。"肥料够不够，麦苗一出，马上见分晓。"初冬时节，走到生产队的麦地里去看一看，有些麦地的麦苗长得绿油油、壮乎乎的，有些麦地的麦苗却又黄又瘦，明显是营养不足。生产队会安排给麦苗"加营养"，由于是冬天，通常都施用"上力慢"的粪肥。"营养补足"以后，黄黄的麦苗会慢慢转绿。

麦苗培育的第三项工作是"敲苗"。水稻喜欢水，麦子怕水不怕旱，就如俗话所说，"燥断麦根，牵断磨心"❶。大小麦苗的培育要掌握好"四控四促"——控上促下，控早促晚，控旺促弱，控出茎促分蘖——达到平衡稳长❷。在培育过程中，"敲苗"是麦苗培育中最富有特色的做法。在陈家场，农民们有时使用开沟用的铁钞拍打麦苗，甚至把麦苗敲断，迫使麦根生长。1977年，联民大队传达了浙江省农业局有关"敲麦"的技术要求："敲麦"的办法用木榔头或滚筒等工具敲、压麦苗，挫伤或夭折已拔节的主茎，控制地上部分生长，促使地下根系生长，争取越冬期有较多的健壮分蘖，来弥补主茎的损失。敲麦做到"四不敲"：泥过硬不敲，泥过烂不敲，霜冻未化不敲，露水未干不敲。1978年，红江人民公社把"敲麦压麦"

---

❶ 当地土话，意思是说，天气干旱，几乎旱断了麦根，结果麦子反而大丰收，农民用磨子把麦磨成面粉，麦太多了，连磨子的轴心都要断了。

❷ 当然，这些措施也是分类进行的：一类苗要以控为主，二类苗控中有促，三类苗以促为主。

作为冬季麦苗培育的中心任务,作为高速度发展农业、高标准农业学大寨的实际运动。"敲麦压麦"的要点是"压根保暖,防寒过冬"。早麦旺麦要重敲重压,二、三类苗要先施肥后敲麦,苗叶不到三叶一心的可以轻拍轻压。当然,"敲麦"要注意"敲"的时间,霜冻未融化,千万不要下田"敲"。

二、麦子的管理与收获

麦苗不怕冷。严冬的凌晨,气温降到了摄氏零下四五度,星罗棋布的小河塘都封冻了,像一面面镶嵌在大地上的明镜;田地与路都硬邦邦的,人走着,直硌脚……

冬天的麦苗在等待,等待地气的"转变",等待春天的阳光。

很快,天气变暖。麦子拔节生长,田间管理不能"脱把"❶。麦子的田间管理关键在于处理好四个字:草、肥、虫、水。

春天,大地苏醒了,麦子很快发育,百草也生根发芽,与麦子争夺土壤中宝贵的养料。在这场竞争中,麦田除草是田间管理的一项重要工作。通常,在散播的麦田或者麦地中,麦子的密度高,占据了生长的空间,野草难以生长,除草的任务较轻。在条播的麦田与麦地中,条与条之间的空间给了野草生长的机会,需要安排除草工作。麦地干燥,土质疏松,农民们拿着刮子在两行麦子之间削去刚刚萌生的小草,并把削去的小草带着泥土一起培在麦子的根边,以促进麦子根的生长。田土潮湿,土质较烂,刮子难用,农民们只能用双手拔草。陈家场的农民喜欢到麦田里去拔草。田草纤细娇嫩,正是养羊的好饲料。到麦田里拔草,既赚了工分,又有了"羊食"❷,谁不乐意为之? 但是,一些农民到了麦田里,只顾着拔更多的"羊食",不管那些刚刚冒出土的细小的草。到了麦子收获的时候,麦地里的麦子总是比较"干净",麦田里的麦子却夹着不少的草——那是农民们除草不讲质量留下的。

施肥是麦子田间管理的重要环节。在麦子下种的时候,农民们施用大粪、河泥、菜饼等农家肥作为麦田与麦地的底肥,农家肥有机质含量高,肥效慢,恰恰可以给麦子"养冬"。春天天气转暖后,麦子生长速度加快,农民们需要给麦子施化肥,促进麦子分蘖,增加麦穗数。陈家场的农民主要给麦子施碳酸铵和氨水,却舍不得给麦子施尿素。他们说:"尿素好,留

---

❶ 当地土话,意思是,该做什么的时候要及时做,不能错过时机。
❷ 陈家场的农民用"羊食"指称草。

共生经济(1962—1982)
——人民公社时期的农业经营

给水稻用。"

麦田管理中,防治病虫害是一项极其重要的工作。1969年,红江人民公社小麦生产受到第五期刮青虫的影响,产量降低,受到了上级的批评。1970年,红江人民公社领导把防治麦田病虫害当成一项政治任务来抓。1970年4月28日,公社召开小麦治虫会议,公社干部郭仁元同志分析了麦子病虫害的形势,发现全社的小麦都出现赤霉病、瘦病,病虫害可能比1969年更严重。他指出,赤霉病就是烂麦头,矮秆红小麦特别容易发生,发病的原因主要是由于地下水位高、水分多。防治赤霉病的办法有几种,例如,可以用富民隆500倍,拼肥皂(每桶半两),每一亩打150—200斤。防治宜早不宜迟,早防比较好,特别是小麦要及时防治。在防小麦赤霉病时,要先检查一下是不是有蚜虫,如有蚜虫,先用乐果加1 000倍水,在晴天的下午用压力喷雾器在麦田和麦地里喷,彻底消灭蚜虫❶。

半个月以后,红江人民公社召开各个大队干部会议,公社机站王华同志汇报了小麦蚜虫的情况,提出蚜虫危害严重,要各个大队及时采取措施。会后,联民大队干部走访了联新大队,了解到联新大队准备次日普遍除虫一次。联民大队的干部们回队以后,立即分头通知各个生产队于次日全面组织除虫。联民大队大多数生产队小麦发病严重,只有红星生产队的情况较好一些。联民大队党支部与革命领导小组根据小麦虫害的情况提出:"(1)除虫人员要高举毛泽东思想,要过细做工作;(2)全大队各生产队都要认真检查一下小麦虫害情况,坚决消灭虫害;(3)农药用量问题根据公社统一布置❷;(4)除虫需专人负责。"❸

由于大小麦病虫害的情况比较复杂,公社农业科技站便专门负责监视病虫害的情况。那时,公社主要通过两级或者三级❹干部会议发布大小麦病虫害的情况,具体布置消灭病虫害的办法。公社干部会议所具有的政治风格与意识形态气氛使消灭病虫害成为一项政治任务,成为一场必须打赢的"仗"。1971年4月,红江人民公社召开了几次会议,布置消灭大小麦病虫害的工作,这里摘录两则,以体会当年的政治气氛。

---

❶ 参见周生康,《工作笔记》,1970年。
❷ 用药的标准是乐果拼1 000—1 500倍的水。
❸ 周生康,《工作笔记》,1970年。
❹ 两级干部会议指公社、大队两级主要干部参加的会议。三级干部会议规模较大,生产队的干部也参加会议。

粘虫警报：据嘉善、嘉兴、余杭、镇海、鄞县、永康、瑞安、平阳等地观测，继续盛发期，发蛾量大，是近几年来所没有的。嘉兴地区病虫观测，3月17日到24日平均每株幼蛾32只，去年同时平均9只；平阳县水头区3月17日调查，幼虫已开始危害春花，株被害率达30%以上。当前晴雨交替，气温逐渐回升，有利于粘虫发生。今年可能又是粘虫大发生的一年，严重威胁春粮等作物的丰收，所以要加强观察防治，稳、准、狠地消灭幼虫，夺取春花丰收。❶

首先要用毛泽东思想武装。

春花病虫害的防治工作意见：当前来看，有些麻痹轻敌思想，特别是赤霉病。要向病虫害夺粮，要打主动仗，早、少、小时消灭掉。如果迟下去，对蚕业上有些问题，所以就早开始。春花的病虫害大多数与水大有关系，所以尽量降低地下水位，继续开沟排水，如遇河、渠特别注意。在操作时适量保护好。

一、粘虫。今年用了糖醋引杀，但是还杀不尽。所以当前来看已经发现孵化成虫。目前发现不平衡，仔细检查，发现平均每个平方尺1条就要防治。2—3天搞一次，一般在25—26号可以进行一次防治。

防治办法：① 用人工来搞，发动群众运动。② 药的话用"666粉"2斤，1.5斤"666粉"，半斤"223"。1斤"223"加水5—6担进行泼浇。敌百虫1 000—1 200倍进行喷雾。如果有蚜虫，拼点乐果施。要求各生产队进行检查，防止浪费现象……

注意几个问题：① 大麦立即要施，再迟下去不能用。② 这药是有机汞，要中毒，不能用手拌。③ 要根据科学施药，不能随便加重药量，防止药害，同时防止两种倾向。

锈病：土法叫"金病"，叶上有黄粉。根据情况进行防治。如有发现立即防除。

办法：植保86—87页，用"敌秀纳"8两加水200斤，进行喷雾。这药是内吸，一星期有效。❷

---

❶ 周生康，《工作笔记》，1971年4月11日。
❷ 周生康，《工作笔记》，1971年4月23日。为了更有效地消灭病虫害，公社在召开会议的同时，也动用了其他各种手段，其中包括公社广播。公社广播收听人数非常多，在消灭病虫害的过程中起到十分重要的作用。

共生经济（1962—1982）
——人民公社时期的农业经营

麦子怕湿，联民大队一带的农民们特别怕"百花生日"那天下雨。胡少祥写下了这样一段文字：

> 农历二月十二日，农村自古称之为"百花生日"。百花生日祈盼天晴，如果下了雨，就要连续下12个连夜雨，继二月初八讯以后，又一次降雨过程。当然，二月初八讯并不是每年在这个时候下雨和降温，百花生日也并不是绝对下12天雨，但是多数的年份如此。百花生日下了雨，就叫作百花水。百花水对农作物不利，大小麦正在抽穗扬花，一经风吹雨打，就会影响结果率。百花生日在理想中应该是天气晴朗，阳光普照，气候温和，也就是麦抽穗扬花的理想季候。❶

在联民大队一带，麦地本身地势高，即使雨水多，地里的水也能排出，较少出现积水成涝。但是，田的地势低，很多地里的水要通过田里的水沟排入河里。一旦田里的水沟沟壁坍塌，水道阻塞，麦田就会积水，造成内涝。联民大队一带部分田土呈沙性，传统农民在田里种麦，采用窄轮V形沟，就是为了保证春季麦田排水的便利。即使如此，如果连续大雨，雨水冲下地里的浮泥也会阻塞田沟，导致麦田地下水位过高。1970年代，人民公社盲目推行麦田的"深沟阔轮"制度，每年春天，麦田里的深沟一定会坍掉，给生产队长们平添了许多烦恼。

联民大队土地高低不平，这给麦田排水增加了许多困难。当时，麦田的排水工作存在许多问题。首先，做好排水，就需要熟知"水路"，清楚哪块田里的水从哪个方向流，知道水流在哪里拐弯、哪里"入河"。生产队里的"水路"复杂，熟知的人很少，排水的任务却比较重，因此，生产队长不得不安排"生手"去排水——"赶鸭子上架，将就着，没有其他办法。"其次，疏通沟渠的劳动本身也很有讲究，疏通的时候，既要保持沟底较平，又要使整条沟朝某个方向略微倾斜，以利于水的流出。假如沟底不平，有一个个凹坑，沟内就会积水。再次，排水作业常常在下雨天，雨水淅淅，春寒料峭。下麦田的男劳力们虽然穿着蓑衣或塑料雨衣，但也常常弄得"浑身湿透"，"冷得人发抖"。他们总是急匆匆地去排水，只想早点干完。于是，"说起来麦田里的水排出了，隔不了几个小时，水沟又不通了。第二天只得再安排人去疏通"。

---

❶ 胡少祥，《胡少祥日记》，1999年3月29日。

在管理中,雨水还影响着大小麦的收获。大麦、小麦的麦粒"生得比稻谷牢",脱粒比较困难。在割下麦子以后,农民们通常都把麦子挑回生产队的公房里,再抽时间"甩麦"❶。大麦、小麦脱粒以后,需要晒几天才能进仓。农民们总是希望麦收的时候有个好天气,否则的话,潮湿的麦子在家里放几天,会导致麦粒发红,严重影响麦子的质量。

麦子开镰以前,生产队长都会组织几个有经验的农民到麦地或麦田里选种。麦种的需求量较大,陈家场大都采取"片选"的办法留种。他们确定几片长势好的麦地或麦田作为"种子田",分开收割,分开脱粒,统一晒干以后,作为第二年的麦种。为了改善麦子的品种,县、公社每年都为生产队提供部分优良麦种,或者组织生产队之间进行麦种交换。麦子脱粒、晒干以后,生产队只分配部分麦子给农户,而把大部分麦子运到粮管所进行"品调",换回大米,分给农户。在人民公社时期,春花粮食是满足农民粮食需求的重要组成部分。

第三节　杂　　粮

除了水稻、麦子这两种主要粮食作物,当地把其他的粮食叫作杂粮。海宁的杂粮作物主要有番薯(山芋)、马铃薯、玉米、小米、黄豆、绿豆、赤豆。杂粮以旱地种植为主,在诸多杂粮中,蚕豆、番薯的种植最为重要。

一、蚕豆

蚕豆又称罗汉豆,品种有本地小青豆、牛踏扁、大白豆、香珠豆等。蚕豆是春花作物,像麦子一样,秋冬时节播种,春天收获。开春以后,蚕豆开出花蕊呈黑色的漂亮花朵,陈家场一带的农民会唱山歌一样地说:"蚕豆花开黑良心。"作为豆类的一种,蚕豆的根部有根瘤菌,会把泥土中的某些成分转化成肥料。蚕豆不需要施肥,也用不着认真管理,只要种下去,就会有收获。解放以前,联民大队一带的农民普遍缺少农业生产资料,他们没有本钱种大麦和小麦,就多种一些蚕豆。但是,蚕豆是低产作物,不适

---

❶ 传统农民把麦子脱粒的过程形象地叫作"甩麦"。他们用双手抓住一把麦子,用尽力气往一块石板或者其他硬物上甩下去,让麦粒脱落下来。1969年,联民大队的下放工人王海章带着几个下放工人在四联加工厂的草棚里敲敲打打,竟然造出了电力推动的稻麦脱粒机,《海宁日报》为此发了长篇报导——《草棚里飞出金凤凰》。从此以后,联民大队一带的麦子脱粒主要靠稻麦脱粒机,农民的劳动强度大大降低了。

共生经济(1962—1982)
——人民公社时期的农业经营

合大面积种植,农民多种蚕豆,仍解决不了他们的粮食需求。农业合作化过程中,政府号召农民种植优质高产的作物,联民大队一带的农民们便不再种植整片的蚕豆,他们只在田边、地边或者渠道边种蚕豆,也在麦田里间作蚕豆,形成一种"豆夹麦"的种植方式。

1958年10月,联民大队一带的农民敲锣打鼓地走进了人民公社的大门。谁也不会想到,三年以后,鱼米之乡的农民们会遭受普遍的饥饿;谁也没有预料到,恰恰是过去最轻视的粮食作物蚕豆帮助他们走出了饥荒。

1961年秋冬之际,在全国性粮食危机的巨大压力下,中央允许农民开发利用"边角土地",开展自我救灾。此时,农民们早已把全部生产资料交给了人民公社,拿什么来"自救"?他们想到了生产最廉价、种植最方便的蚕豆。于是,他们千方百计想办法获得蚕豆种子,并在一切可能下种的地方种下蚕豆。蚕豆下种用"种刀"[1]。那时候,生产队集体一收工,农民们都急匆匆地回家去拿种刀,再在腰间拴一只小竹篓,里面放上蚕豆种子,就出去"挖边"了。他们在屋子边、墙脚下挖坑种蚕豆,他们也来到河边、路边、田边、沟边、坟边以及地头、渠道旁,来到一切可能挖出一个个土坑的地方,尽最大的可能种上蚕豆。老天不负有心人,1962年春天联民大队农民家庭的蚕豆获得了丰收,几乎在不经意之间,联民大队的农民们走出了饥荒。虽然这几乎与人民公社制度本身没有什么直接关系,但公社的干部们仍然反复强调着公社制度的优越性。

1962年秋冬之际,尝到了甜头的农民们毫无顾忌地"挖边",农民之间的相互攀比更使"挖边"行为超越了公社制度的底线。后来,"挖边"行为被看成是农村中的"资本主义倾向",并在"四清"和"文化大革命"中受到了"彻底的批判"。此后,蚕豆一直作为辅助的粮食作物。下面的表3-8反映了联民大队1970年代蚕豆的种植情况。

表3-8 1978年联民大队各生产队蚕豆种植面积与产出情况表

队 别	蚕 豆		
	面积(亩)	单产(斤)	总产量(斤)
东风	10	97	972
红星	15	94	1 408

---

[1] 种刀,一种海宁地区普遍使用的铁制农具,专门用来在泥里掘出一个小洞,种豆子,种菜秧。

续表

队　　别	蚕　　豆		
	面积(亩)	单产(斤)	总产量(斤)
红江	10	194	1 941
立新	10	289	2 888
东方红	10	204.5	2 045
红旗	5	260.8	1 304
向阳	10	488	4 882
胜利	10	214	2 144
合计	80	220	17 584

资料来源：联民大队会计资料，1978年。

作为粮食作物，蚕豆是小宗产品，每年的产出十分有限。我们从上表中可以看到，1978年，红旗生产队生产了1 304斤蚕豆，当年，全生产队的总分配粮食144 412斤，蚕豆只占其中的1.8%；全生产队共189人，每人才分到蚕豆13.6斤。

当然，我们不能从纯粹粮食的角度去看蚕豆对于联民大队一带农民日常生活与农业生产的意义。在日常生活中，蚕豆是饭桌上的菜馔，许多农民在自留地里种蚕豆，主要不是增加粮食收入，而是丰富日常的"小菜"❶。在蚕豆还嫩的时候，他们就开始摘蚕豆，用蚕豆"烧出"各种"小菜"，如葱油焖青蚕豆、豆板榨菜粉丝汤、豆腐炖豆板、冬菜炒豆板等。清明时节，孩子们喜欢"烧野饭"，实质上就是在野外烧青蚕豆吃。他们找两张瓦片，洗干净，随意到地里去摘青蚕豆❷，剥去壳，放在瓦片上。他们在地上挖个坑，将瓦片放在上面，下面点火烧，青蚕豆还没有煮熟，他们就会抢着吃，享受着这有滋有味的过程。蚕豆成熟的时候，蚕豆的秆、叶、豆荚都慢慢变黑。农民们收获了蚕豆，晒干，贮藏起来，随时可以拿来吃。陈家场的农民们喜欢吃"发芽豆"。他们把干蚕豆放在水里浸上几天❸，等蚕豆发芽以后，用来做"小菜"。发了芽的蚕豆带着一点儿甜味，他们

---

❶ 当地土话，指下饭的菜，既可指生的菜，如说"到街上去买小菜"；也可指熟的菜，如说"中午有两只下饭的小菜"。
❷ 清明时节"烧野饭"是习俗，孩子们可以随便到地里去摘蚕豆，没有人会说他们偷。
❸ 浸的时间因季节的不同而不同。夏天气温高，蚕豆容易发芽，浸的时间比较短；反之，冬天浸的时间要长很多。

共生经济(1962—1982)
——人民公社时期的农业经营

偏爱这种淡淡的甜。在普遍贫困的年代,蚕豆还是农民们饭后茶余的"零食",他们做成五香豆、油炒豆、盐渍豆等,抓一把,放在口袋里,慢慢品尝。联民大队老会计贾维清每天上街以后,总会坐在杂货小店的柜台旁❶,两块豆腐干,几颗盐渍豆,一开白酒,陪伴他度过了心中那快乐的时光。

在人民公社时期,各级政府十分重视保持和改善土地的肥力。从1970年代初起,政府每年号召生产队多种绿肥。除了黄花草、红花草外,蚕豆也是品质优良的绿肥。联民大队每个生产队都有大片桑园。根据绿肥种植的计划安排,冬天,生产队在部分桑树地里种下蚕豆,第二年春天蚕豆便长得枝繁叶茂。随着黑花的谢去,挂满枝头的豆荚随风摇曳,发出丰收的信号。这时候,农民们早已把"绿肥"两字丢在脑后,只是渴望着收获蚕豆。公社、大队要求"把绿肥埋下去",生产队与上级玩起了"猫捉老鼠"的游戏。1972年3月26日,联民大队党支部书记王张堂便发出了"这项工作比较困难,如何抓法"的疑问。

二、番薯

番薯俗称山芋,是人民公社时期联民大队重要的粮食作物。与水稻、麦子等粮食作物相比,番薯的适应性很强,随便什么样的地,哪怕是屋基地、新开的荒地,种下番薯,都能收获;番薯的管理简单,扦插以后,只要管住施肥、除草、翻藤就行了,不需要经常关注它;番薯病虫害少,基本上不需要打农药,是一种健康的食品,且单产量很高。下面的表3-9反映了联民大队1970年代主要粮食作物的生产情况。

表3-9 联民大队1970年代主要粮食作物单产情况表 （单位：斤）

	1970年	1973年	1978年
小麦	179.5	115.8	360.8
大麦	213	70	313.8
早稻	580	703	654.6
晚稻	508	586	757.5
山芋(番薯)	555	658	847.4

资料来源：联民大队会计档案。

---

❶ 祝家桥南有一家盐官供销合作社的"下伸店",经营各种日常生活必需品,贾会计喜欢坐在这家小店的柜台旁喝酒。

番薯容易种植,产量又高,那么,番薯是否成了联民大队的主要粮食作物呢?回答是否定的。原因在于,番薯不能直接当作主粮吃,而且到粮站进行品调还受到一定的限制。所以,在粮食最紧张的时候,农民们可能多种番薯,一旦粮食危机缓解,番薯的种植面积就会减少。1962 年,"三年自然灾害"刚刚过去,粮食依然是联民大队农民们的"心头之痛",他们破天荒地种植了 547 亩番薯,种植面积竟然超过了最重要的粮食作物——晚稻! 1963 年,联民大队的番薯种植面积一下子就减少了 110 亩,仅种植了 437 亩。下面的表 3-10 展示了 1970 年联民大队粮食作物种植面积的规划。

表 3-10 联民大队 1970 年作物面积规划表

队　别	小麦	大麦	蚕豆	油菜	红花草	早稻秧田	早稻面积	双晚秧田	双晚	山芋	络麻	药材
东风	78	16	13	54	13	20	75	23	98	49	49	9
红星	70	15	12	48	11	20	75	24	99	41	42	9
红江	58	11	10	39	10	17	60	19	79	33	35	6
立新	57	11	8	38	9	18	73	22	95	25	39	8
东方红	52	10	8	35	10	16	60	20	79	26	33	7
红旗	37	7	4	27	4	13	50	14	64	17	15	6
向阳	80	17	15	55	13	22	80	25	105	49	49	9
胜利	68	13	10	44	10	19	73	24	97	39	38	6
合计	500	100	80	340	80	145	546	170	716	279	300	60
单产指标	160	160	160	100			600		580	650	550	120

资料来源:周生康,《工作笔记》,1970 年 3 月 13 日。

1970 年,联民大队种植番薯 279 亩,这些土地都适合于种番薯,而无法种水稻。在整个 1970 年代,联民大队组织农民们开展农田水利建设,特别是建设了"七五"田漾、"七七"田漾,到 1980 年代初期,近百亩灌不上水的旱地改造成了水田,全大队的番薯种植面积减少到 200 亩左右。

翻开周生康的《工作笔记》,阅读 1960、1970 年代大量的会议记录,很少有讨论番薯种植的文字。这说明番薯在干部们的眼里并不是重要的粮食作物,农民们自己就可以做好番薯的种植。

每年秋冬番薯收获的时候,生产队都会从番薯中挑选出种番薯,做成冬窖,来年用来培育番薯苗。许多农户分到番薯,挑回家中,也会从中挑

共生经济（1962—1982）
——人民公社时期的农业经营

选出大小合适的番薯,自己家里做冬窖,来年培育番薯苗。

水稻、麦子从育种到收获,一直由生产队集体经营。但是,番薯的育苗工作同时由农民家庭和生产队集体来做,自由市场上的薯苗交易也十分活跃;有些生产队嫌麻烦,不愿意自己培育薯苗,宁可去自由市场上购买。

薯苗的培育区分为头苗和二苗。头苗是春窖里培育出来的薯苗,头苗种到地里,成活爬藤以后,剪下来的苗就是二苗。春窖育头苗,陈家场只有少数几个人能够育得好。人民公社时期,生产队里的农民们天天在一起劳动,那些育苗技术好的农民会把自己的一套做法告诉其他人,但是,其他人在育苗中总会出现这样那样的问题。或许,其中的智慧"只可意会,难以言传"。

但是,培育薯苗可以赚钱,部分农民仍努力做好番薯春窖。

约清明前一个星期左右,生产队与部分农民家庭开始准备做春窖。春窖一般选在朝南向阳的地上,农民在地上挖一个约3寸深的平底坑做窖,窖宽1公尺左右,窖的长度根据种番薯的多少决定。窖挖完后,需要在窖底部平铺一层羊灰作为底肥,羊灰上撒好沙土,抚平。农民把种番薯放进春窖里,从窖的一头开始,呈35度角,一个个番薯叠过去,直到整个春窖全部叠满种番薯。农民再拿来细细的沙土,一点点撒在春窖里的种番薯上,犹如给种番薯罩上一层薄薄的纱。农民用洒水壶洒水,沙土沿着番薯的缝隙落下,露出番薯。再撒沙土,再洒水,直到沙土覆盖了番薯。最后,用塑料薄膜覆盖春窖。

以后几天,农民在中午时掀开塑料薄膜,晚上盖上。如果太阳较烈,春窖上的沙土被晒干了,就需要给春窖洒水。番薯在春窖中慢慢复苏,到清明那天,春窖里的番薯已经顶出泛青的新芽。春窖的管理看上去似乎十分简单,只需要掀开或者盖上塑料薄膜,必要时浇浇水,但掌握好春窖的温度、湿度并不容易。薯苗慢慢长大,长到2寸半以上,就可以"剪头苗"了。农民们用剪刀从根部把头苗剪下,放在一边。晚饭以后,全家帮着数"头苗",每50根或者100根捆扎成一把❶,整齐地叠在一张塑料薄膜上,再喷上几口水❷。第二天早上,他们拿篓子装上"头苗",到附近的

---

❶ 市场上的薯苗交易以把为单位,区分为50根薯苗一把或100根薯苗一把。实际上,市场上很难找到一把薯苗的根数是整50或100的,每一把总会少几根,交易双方"你知我知"。

❷ 很多农民用自己的嘴来喷水。先喝上大大的一口水,含在嘴里,然后用力从嘴里喷出水雾,让水雾均匀地洒在番薯苗上。

集市上去卖。"头苗"上市越早,价格越高❶。头苗的价格也受到供求关系与市场环境的影响。有些农民"胃口大",他们跑到较远的集市去卖,有的还从丰士坐船到海宁,海宁市场上几乎每天都有外地来收购薯苗的人,这里薯苗的价格通常比乡下的集市高。

同样做春窖,出苗率与薯苗的质量却存在较大的差异。有些春窖天天出苗,苗儿还"特别漂亮";很多春窖出苗少,苗长得"难看"。个中原因,一言难尽。但是,不管头苗长得怎样,所有的头苗都是"育苗的苗",换句话说,农民们扦插头苗,主要目标是生产二苗。做春窖的农民卖掉部分头苗,留下部分自己扦插;生产队或者农民买进头苗,扦插后培育二苗。种头苗十分容易,只要用种刀在地上掘一个小洞,把头苗插入洞里,再用种刀把洞埋没。不一会儿,一块地里种上了一排排头苗,农民们挑来一担担清水粪❷,给刚刚扦插了的头苗浇上粪水。粪水渗入地下,使薯苗与土壤紧密结合,给了薯苗生长的养料。薯苗十分容易成活,不久,二三寸的薯苗长成了二三尺的番薯藤。所谓二苗,就是把番薯藤剪成3寸左右的"苗",每50根一把,供生产队或者农民家庭大面积扦插,种植番薯。同样,二苗也在市场上交易。由于二苗的需求量比较大,联民大队各个生产队都会到大一点的市场上去买进或者卖出。

薯苗大田扦插以前,生产队需要安排劳动力做土地整理工作。第一项工作是垦地。农民们用垦地铁耙把一轮一轮的地❸全部翻垦一遍,一边翻垦,一边把翻起的泥敲碎。第二项工作是"落地",即把地耙平整。农民们用落地铁耙进一步敲碎泥土,向后退着,耙平地面。这项工作需要有好的"手把子"❹,在陈家场,只有少数几个"好手""落出的地来才刷刷平"。第三项工作是重新起轮。通常,原来土地上的轮不适合种番薯的要求,农民们要重新编轮。番薯的轮比较窄,每一轮才种两排番薯。

土地整理就绪,就可以扦插番薯苗了,俗称"种番薯"。种番薯算是轻松的活,农民们拿着种刀,每隔几寸种上一棵薯苗,拍紧泥土,一排排地种下去。种好薯苗,要浇清粪水。有时候,薯苗种得晚,浇粪时间紧张。

---

❶ 农民们买头苗回去扦插,生产二苗。头苗越早,生产出来的二苗越多,农民就可能从出售二苗中赚钱。所以,上市早的头苗价格高。

❷ 指粪与水的混和体,其中水的含量占70%以上。

❸ 与水田的情况不同,不管种什么作物,地都被分成一轮一轮的,每一轮的宽度通常在两米左右,轮与轮之间有一道浅浅的V形排水沟。

❹ 当地土话,指一双有力量而又灵巧的手,干什么活都十分顺当。

共生经济（1962—1982）
——人民公社时期的农业经营

但是，即使天黑了，农民们顶着星星月亮也会坚持给每一棵薯苗浇上粪水。他们知道，薯苗"吃了粪水"，明天叶子都会翘起来；否则，明天头就会低下去。

薯苗成活了，不久便爬得满地都是番薯藤。番薯的田间管理主要做三件事：除草、施肥、翻藤。粪水浇到薯苗地里，激活了薯苗，也刺激了野草。野草与薯苗同时生长，与薯苗争夺肥料。除草成为番薯早期管理的重要工作，特别在那些"草根旺、草籽多"的地里，不除草，薯苗会被草缠死。联民大队的塘南原先有很多房屋，日本兵烧杀以后，变成一片废墟，直到1960年代，各个生产队才到这里开荒种番薯。这里土地贫瘠，草倒长得很快。每年种番薯以后，生产队会不断组织农民到这里的番薯地除草。他们自带着小凳子，每人负责一轮，一点点地把草拔干净。施肥工作常常与除草配套进行，草除干净了，"番薯才能吃到施下去的肥料"。肥料施得"轻"还是"重"❶，需要根据番薯藤的颜色。番薯藤的颜色墨绿，说明肥料充足，不再需要施肥料；番薯藤的颜色淡，甚至有黄叶，说明严重缺肥，要多施肥料。

草拔干净了，肥料施足了，番薯藤快速生长。不久，番薯藤就爬满了整片地，层叠的番薯叶挡住了阳光，使地下的草再难以"抬头"。番薯藤长得旺，意味着番薯的丰收吗？经验丰富的农民会说"不"。他们要收获番薯，如果番薯藤疯长，营养都被薯藤吸收了，番薯还长得大吗？这时候，农民想办法抑制番薯藤的生长，这项工作叫作"翻藤"。番薯藤生长的时候，如果贴着地面，每一个小节上都会长出小根，伸入地里，吸收肥料。农民们在翻藤时，把每根番薯藤都拉出地面，小根"悬空八只脚"，再也吸收不到肥料了。同时，"翻了身"的番薯藤叶子都压在一起，或者让"小根朝天叶朝地"，使叶子不能有效进行光合作用。这样，番薯藤的生长受到了影响，番薯却趁势慢慢长大。

接下来的时间只是等待，农民们关注着番薯地里的变化。上工的时候，农民们走过番薯地，"眼睛尖"❷的人会说："看，那一轮番薯地里有几条裂缝，那里一定有大番薯。"时而有农民拨开番薯藤，去看看日夜变化着❸的那番薯地……

---

❶ 当地土话，"轻"与"重"不仅指肥料的多与少，还指施用肥料的不同浓度。
❷ 当地土话，意思是眼睛特别敏锐。
❸ 大量番薯在地下生长，会引起地面的细微变化，经验丰富的农民"看得懂"。

第三章 "吃饭靠集体"

收获的季节终于来临了。11月中下旬,联民大队一带的农民们开始收获番薯,俗称"翻山芋"。正如番薯的种植"不紧不慢"一样,早一天迟一天翻山芋都不影响农时,因此,"翻山芋"总是先为晚稻收割让路。农民们也不急,他们希望集体劳动空闲一点才动手翻山芋,因为番薯搬回家,还有很多活要接着做。

翻山芋的劳动是简单的。农民们先沿着蕃薯的根部割去藤,把番薯藤拖到地边,堆在一起。然后,他们拿垦地铁耙一点点翻开土地,用手拣出露出地面的番薯,拨去番薯上的泥巴,丢在一边,等待着收工前的分配。

然而,翻山芋的劳动总令人难忘。

其一,翻山芋几乎是训练每一个农民"眼神"的过程。每一次铁耙落地以前,你必须认真观察土地的状态,准确判断番薯的位置。假如判断有误,一铁耙下去,泥还没有翻起来,先把番薯劈碎了。某个农民如果经常劈碎番薯,会受到责备:"翻出那么多碎山芋,分给谁?眼睛瞎了,连那么大的山芋都看不见?"所以,尽管翻山芋的时候,地里一片叽叽喳喳声,每一次下铁耙以前,农民们的眼睛可都要盯着眼跟前的那一小块地。

其二,少数农民,特别是一些中年妇女,手里拿着铁耙为集体翻山芋,心里却想着趁机"拣山芋"。那些收获番薯的日子里,四联学校❶的部分学生下午三四点钟放学后,总是飞快地跑回家,把书包往门里一丢,就往番薯地里奔去。他们的妈妈们在翻山芋,他们就到妈妈翻过了山芋的地里去"拣山芋"!看到这种情况,当年在四联中学代课的本书作者总是特别感慨,他对学校里的其他老师说:"学生跑进山芋地里,学校的所有集体主义教育都泡汤了。"小孩在地里"拣山芋",一些没有小孩的大人眼红,个别人在晚饭以后"摸到地里",趁着月光找留着的山芋……那个月光下的身影是对集体制度的抗争,还是对集体主义价值观的讽刺?!

其三,翻山芋劳动到"最后一手烟"❷,整个劳动工地可能骚动起来,生产队长派了几个人开始分配番薯藤、番薯,番薯、番薯藤都堆在那里,怎么分?是从东分到西还是相反?确定了分配的秩序以后,许多人的眼睛仍盯着负责分配的那几个人,看他们是否作弊了。分配的农民拿着一杆大秤秤重量,大秤的用法有很多讲究,秤砣从里拨到外还是从外拨到里?

---

❶ 四联学校的前身是祝会完全小学,1960年代改名为四联小学,后来,四联小学"戴帽子"办起了初中,就改称四联学校。1970年代中期,四联学校竟然办起了高中。

❷ 当地土话,指下午休息以后开工到歇工那一阶段的劳动时间。

共生经济（1962—1982）
——人民公社时期的农业经营

秤砣平一平还是掀一掀？实际的重量会相差很多。大秤总会引发许多口舌战。1970年代中期以后，大秤改用磅秤，磅秤准，大家再也不关注秤的准不准。

吵闹是一回事，分配工作仍照常进行，因为农民们都知道，翻起的番薯不能在地里过夜。分配按着顺序进行，每分好一户，负责分配的农民就在那一户的一堆番薯藤、番薯上放一张写着该户户主姓名的字条。通常，负责分配的农民会歇得比其他农民晚一些，他们必须把地里的全部番薯、番薯藤分完。

歇工的哨子吹响了，农民们需要把分到家里的番薯、番薯藤挑回家。对于陈家场的农民们来说，假如到塘南去翻山芋❶，歇工以后，他们不得不进行另一次艰苦之旅。歇工的时候，太阳已经落山，夜幕已经来临，但是，陈家场的农民们还必须把几千斤番薯、番薯藤挑回家！这时候，家里的一切力量都被动员起来，男人挑重担，女人也照样挑。小孩背着一大捆番薯藤，背后看过去，只见番薯藤，不见人身影；连小脚老太也背着番薯上了路，走起来一摇一摆的，在月光下慢慢挪动……

在收获番薯的时候，生产队并不一定每次都把番薯全部分到农民家庭中。生产队可能还有国家任务，要统一把鲜番薯用船运到粮管所里卖给国家，并以7斤鲜番薯1斤米的比例换粮食。生产队可能留下"种番薯"，待明年春天做春窖❷。番薯受冻会变质，需要放在冬窖里越冬。陈家场选择小地名"网船上"的朝南高燥地做冬窖，由陈雪峰具体负责。陈雪峰带着几个年轻人在"网船上"挖出几个大的土坑，内壁放上干燥的稻草，窖内放满番薯后，用干稻草覆盖，再用泥封住。这看上去没有什么奥妙，但是，其他人做冬窖，总可能出"洋相"❸。那一年，在生产队里做完冬窖后，本书作者回家在室内也依样画葫芦做了冬窖，心想，生产队的冬窖在露天，自己的冬窖在室内，做法与生产队的一样，总不会出问题了吧。令人想不到的是，第二年春天挖开冬窖，取出番薯做春窖的时候，冬窖里有四分之一的番薯已经坏了。回想这件往事，本书作者至今仍感慨于传统农民的智慧。

农民们把生产队分配的番薯、番薯藤挑回家，平添了许多工作的忙碌

---

❶ 从塘南的山芋地走到家中，足足有4里多路程。
❷ 假如生产队不准备做春窖，就不需要留种番薯。
❸ 当地土话，意思是出现问题，让人难堪。

与辛苦。番薯藤是猪的饲料,但新鲜番薯藤容易变质,要尽快处理。很多农民家里准备着几口大缸,他们把番薯藤切成小段,倒入大缸中,倒一层,用脚踏紧,再往缸里加水。以此反复,直到把大缸装满。最后,他们搬来几块大石头,压在番薯藤的上面,让水把番薯藤淹没。缸里的番薯藤可以慢慢给猪吃。番薯也需要加工,除了留下少量鲜番薯自己吃以外,他们把大部分的鲜番薯都用刨子刨成片,然后晒成番薯干,挑到盐官镇粮管所里换大米。这些活大多在晚上做,难怪联民大队一带的农民们并不喜欢种番薯。

三、其他粮食作物

杭嘉湖平原气候温和,土地肥沃,一颗种子落地,准能长出好庄稼。联民大队一带的农民们种植的作物特别杂,粮食作物的品种也比较多,其中,黄豆的种植与农民的日常生活关系十分密切。

黄豆属豆类作物,根瘤菌会自行制造肥料,只要下种,就能收获。黄豆种植容易,生产成本低,深受农民喜欢。解放以前,部分农民大面积种植黄豆,广种薄收,产量不高,经济效益差。解放以后,政府批评"懒汉种黄豆",改变了传统农民整片土地种植黄豆的习惯,此后,黄豆主要种植在坡地、屋基地以及零星杂地上。1957年,海宁全年种植黄豆8万多亩,占粮食播种面积11%以上。1960年代初,全县黄豆种植面积下降到4万—6万亩。1975年,全县种植黄豆的面积锐减到1万多亩。下表3-11反映1962—1982年联民大队蚕豆与黄豆的种植情况。

表3-11 联民大队蚕豆、黄豆生产情况表(1962—1982年度)

(单位:亩、斤)

年 度	蚕 豆		黄 豆	
	面积(亩)	总产量(斤)	面积(亩)	总产量(斤)
1962	731.710	128 912	119	13 428
1963	407	8 939.5	135	28 899.35
1964	141	23 976	48	19 910
1965	174	34 450	62	25 601
1966	/	/	/	/
1967	71	14 414	49	20 671
1968	116	35 566	64	42 092

共生经济(1962—1982)
—— 人民公社时期的农业经营

续表

年　度	蚕　豆		黄　豆	
	面积(亩)	总产量(斤)	面积(亩)	总产量(斤)
1969	134	15 506	57	36 783
1970	62	16 319	51	14 360
1971	84	29 368	39	17 250
1972	/	/	/	/
1973	81	14 805	37	8 570
1974	87	24 714	37	7 941
1975	80	17 850	37	9 101
1976	115	25 576	37	20 127
1977	84	8 379	60	21 124
1978	80	17 584	61	34 562
1979	/	/	/	/
1980	93	36 732	45	10 275
1981	62	13 623	53	8 561
1982	53	9 600	16	8 600

资料来源：联民大队会计档案。

注：1. 在1960年代初期的几份会计表格中，蚕豆一栏的标题是"蚕豌豆"，实际上，生产队集体没有种植过豌豆。
2. 在1962年种植的蚕豆、黄豆面积都包含非耕地，其中，731.710亩蚕豆中有非耕地面积283亩，119亩黄豆中有非耕地40亩。
3. 在大队会计表中，还记录了自营的黄豆种植面积与产量，1962年种植面积45.650亩，总产量4 641斤；1963年种植面积20亩，总产量2 695斤；1964年种植面积36亩，总产量4 840斤。
4. 由于蚕豆、黄豆较少整片种植，大多种在各类零星土地上，甚至种在路边、渠道边等，所以，这里的蚕豆、黄豆种植面积只能是一个大略的估计数字。

我们从表3-11中可以看到，黄豆在帮助联民大队的农民们走出灾难的过程中发挥着举足轻重的作用。1962年，全大队种植黄豆119亩，总产量超过了蚕豆；1963年，全大队的黄豆总产量是蚕豆总产量的3倍多。除了集体种植的黄豆以外，在1960年代初期，联民大队农民家庭也种植了大量黄豆，收获十分可观。

在联民大队一带，农民们永远都记得"黄豆、蚕豆的故事"，因为黄豆、蚕豆铺就了一条走出灾难之路。我们也一直关注"黄豆、蚕豆的故事"，因为我们从这个故事中看到，"国家优先"的社会秩序没有也不可能消灭潜藏于农民大众中无可限量的原始能量,一旦给予机会,农民大众就可能创造历史的奇迹。走出灾难是历史的奇迹,改革开放初期浙北乡村工业的大发展也是历史的奇迹。

1949年前后,海宁市的大豆品种主要有白园豆、小白豆、大毛豆、阔板青、黑壳黄豆、霉青豆等。1957年,县农科系统从兰溪县引进大黄豆、大青豆两个夏播品种。1973年从江苏省泰兴县引进春播品种泰兴黑豆,从萧山县引进春播品种"萧山五月播"。1983年,又从上虞县引进春播品种短脚早。从季节上看,海宁地区的黄豆分为春播夏熟、夏播秋熟两大类,前者生长时间短,最早的黄豆6月份就可以收获,俗称"六月黄",但"吃口"❶差;后者生长期长,"吃口"好。

1950年代,联民大队一带的农民们依然较多选择种豆类作物。他们缺少肥料❷,唯有豆类作物的生产不需要肥料;而且,黄豆收获以后去榨油,还可以得到一种高质量的肥料豆饼。他们的部分土地是旱地、坡地、屋基地或者零星杂地,这些土地不适合种其他作物。那时,他们秋冬种蚕豆,蚕豆收起以后,正好可以种黄豆。农业合作化以后,政府不断地组织农民平整土地,改地筑田,开展农田水利建设。旱地可以灌水了,其他的各种杂地慢慢得到了改造,农民们的种植不再受到土地本身的约束。在这种情况下,黄豆的种植面积减少了。我们从表3-11可以看到,在帮助农民们走出了饥荒以后,联民大队的黄豆种植处于基本稳定的状态。

像蚕豆一样,黄豆可以在任何土地上生长。在种植黄豆以前,农民们根本不整理土地,他们在地里挖着小坑,把两三颗黄豆放在坑里,用土覆盖,黄豆就种好了。黄豆依靠叶子通过光合作物制造养料,如果整片种植,黄豆的叶子会相互遮盖,妨碍光合作用,从而减少黄豆的产量。1970年代,联民大队一带的农民极少成片种黄豆,他们把黄豆种在地边、田边、渠道边、路边、河边,种在各种杂七杂八的地方。番薯地边种一排黄豆,唯独黄豆长得高,当然有利于黄豆的生长。路边种一排黄豆,农民们说会有"路边风"帮助黄豆的生长,产量会高。

春天来临了,农民们便着手种早熟黄豆。集体安排农民种黄豆,但黄豆种下以后,谁也不再去看,似乎没有种黄豆这件事。农民家庭种黄豆,

---

❶ 当地土话,意思是吃起来感觉不好(如六月黄的黄豆偏硬)、味道差。
❷ 当时农民家庭普遍贫穷,他们没钱购买肥料,依靠家里的人粪、猪羊粪满足不了农业生产的需要。

共生经济(1962—1982)
——人民公社时期的农业经营

不同的农民有着不同的态度。勤劳的农民隔天就会去看看是否发芽了,长出了几片叶子,并顺手拔掉周边的杂草。两个多月以后,他们欣赏着黄豆那星星点点的小花,想象着豆荚里的黄豆长得多大了。在土地肥力较好的地方,晚熟的黄豆会疯长,他们会"打掉"一些黄豆的叶子,以使其结出较多的果实。懒惰的农民种黄豆,种下以后,"死也不去管"。

黄豆的收获区分出集体与家庭的差别。生产队种植黄豆以后,一直到叶子发黄,豆荚里的黄豆完全成熟了,才派人去"收黄豆"。他们小心地把黄豆连根拔起❶,轻轻地把整棵黄豆放在一边。有些地方地"紧"❷,根扎得深,力气小一点就难以拔起来;而且,黄豆枝干粗糙,有结节,拔黄豆会伤手。

拔起的黄豆统一被挑到生产队的公房里,待天气晴朗,生产队派农民把黄豆搬到水泥场地上,重重地敲打黄豆枝,让黄豆落下来。由于黄豆成熟的时间不一致,有些豆荚里的黄豆还"有点生",敲不下来,农民只能用手去剥。这是黄豆脱粒的过程。脱粒结束,他们用粗眼筛子筛去豆壳与杂物,再用风箱吹掉细小的灰尘,就收获了黄灿灿的果实。黄豆的收获过程,夏天如此,秋冬时节也如此。黄豆收获以后,"贮藏在公家那里不放心",生产队会及时把黄豆作为粮食分配给农民家庭,并在年终的时候统一结算。1970年,红旗生产队的顾颐德户全年共分到黄豆143斤,为全队最多。当年,他家共8人,兄弟3人,妹妹1人,父母2人,再加上顾颐德的妻子与1个儿子,全年应分粮食合计4 970斤,黄豆占应分粮食的2.9%。本书作者与继母顾彩林2人组成家庭,当年应分粮食1 300斤,分到黄豆34斤,占应分粮食的2.6%。由此可见,在陈家场,黄豆在农民粮食消费中的比例很低。

家庭收获黄豆是一个持续的过程。他们往往在黄豆还没有长得饱满的时候就去摘,把摘下的黄豆荚拿回家以后,连豆荚一起洗一下,烧熟了当菜吃。在更多的时候,他们剥出豆荚里面的黄豆,与其他食材一起炒成各种不同的菜,如冬菜炖毛豆、毛豆粉丝汤等。地里的黄豆还在生长,他们日复一日地采来吃,黄豆成了饭桌上的佳品。在黄豆枝叶枯黄以后,家庭也如生产队一样收获黄豆。

黄豆拿回家以后,农民们只拿部分去换米,留下足够多的黄豆改善饭

---

❶ 黄豆收获的时候,整棵黄豆已经枯黄,如果重手重脚,黄豆就可能从豆荚里落出来。

❷ 与"松"相对应,形容土地板结或者被压实。

第三章 "吃饭靠集体"

桌上的小菜。有许多农民,几乎每天上街的时候都去抓一把黄豆放在菜篮里,拿到街上的豆腐店里去换豆腐、豆腐干、百叶。最后,他们不会忘记拿豆腐渣,这是给猪吃的好东西。

在我国北方,玉米是一种十分重要的粮食作物。在浙北地区,农民更多把玉米看成是"点缀"的杂粮。家家都种些玉米,但是,玉米常常是烧饭时蒸一下,饭前吃一两个,如此而已。1978年夏天,由于旱灾,玉米成了海宁"夺取粮食丰收"的重要替代作物。7月21日,县委书记马汉民亲自作报告,要求大家扩种玉米。随着县委精神的层层传达,每一个大队都落实着种植玉米的计划。下面的文字摘自周生康《工作笔记》,时间是1978年7月21—23日。

> 1978年7月21日
> 参加县召开杂交玉米现场会议(在湖塘公社召开)。
> 上午参观,下午集中听报告。
> 马书记讲话:这次会议名义是杂交玉米现场会,实际上是"双抢"的第二次誓师大会,早稻细收细打动员大会,是晚稻和早地作物丰收,夺取全面粮食增产。这次会议目的:"双抢"动员大会的目的。今年春粮84万斤已达到,早稻长势比较好,丰收在望。但是有困难,下半年任务更重,而且我们嘉兴地区是商品粮基地之一,省支援我们,在抗旱物资上支援,进一步抗旱夺丰收,对国家作出更大贡献。
> 一、早稻问题,如何夺取丰收。主要是:1. 病虫夺丰收,及时检查,采取有力措施。2. 细收细打。这个问题我们今年必须解决。有两个办法:① 稻架子。② 麻袋布。每亩减少浪费30—40斤。
> 二、晚稻:保面积、保季节、保质量,种足种好晚稻,亩产增100斤。1. 秧田达到无病、无虫、无杂草,为晚稻高产打好基础。当前来看秧田里虫多、白叶枯病、杂草多。2. 肥料:17—18斤碳氨,35—40斤氨水。缺乏肥料,搞稻柴回田❶。3. 旱地作物。种好种足秋杂粮,套种玉米为主。每亩种1 080多枝,每穗3两,可产300多斤;整块种3 500—3 600枝,可产1 000斤以上。

县召开现场会精神及公社讨论意见在23号上午大队召开正队

---

❶ 把稻柴埋在灌满水的田里,让其慢慢腐烂,变成肥料,叫作"稻柴回田"。

共生经济(1962—1982)
——人民公社时期的农业经营

长会议贯彻。

落实玉米数	稻柴返田	山芋面积	计划玉米数
东风 30 斤	3 亩	34	44
红星 30 斤	3 亩	32	42
红江 25 斤	8 亩	28	36
立新 30 斤	3 亩	13	20
东方红 25 斤	2 亩	16	21
红旗 20 斤	3 亩	12	16
向阳 40 斤	4.5 亩	34	44
胜利 30 斤	9 亩	21	27
合计 230 斤	35.5 亩	190	250

杂交玉米栽培技术要点：

一、育好壮苗(采用塘河方格营养体)

1. 好处是：① 省种籽，比直播省一半。② 带肥带土，秧苗粗壮。③ 不落膘，成活率高。④ 产量高。一般比直播增 15%—20%。

2. 育苗具体方法是：① 先浸种催芽。玉米浸种 2 小时，拿起放在箩筐里，面上盖湿布或湿稻草，一般 24 小时后就露白齐芽，这时即可播种。② 播种育苗，苗床要求阔 3 市尺半，长度可按地方来定。床内土肥要求：一般 1 斤玉米下种 6 个平方公尺，需要毛灰 1 箩，水河泥 10 担，焦泥灰半担及钙镁磷肥 10 斤。

二、密植规格

整块种植一般行距 2 市尺，株距 8 寸，每穴 1 株(1 亩地预约可种 3 300—3 500 枝)。行向要求东西间，行中留下几棵储备苗，防死苗补缺。山芋地套种行距 3—4 尺，株距 8 寸，一般每亩可套种 2 000 枝左右。七边❶套种株距 8 寸。移植时为后期人工授粉方便，应将包奶叶朝一个方向种植。

……

六、人工授粉促结实

在雄花放花时，每天在上午 8—12 时，用纸张铺开，手敲雄花，纱布去杂后，将所积的花粉放入竹管内，管口包用新纱布 3 层，旧纱布

---

❶ "七边"泛指田边、地边、路边、河边、塘边、屋边等。

2层。在每个玉米尖的苏❶底上一拍即可。如苏花过长,可用剪刀剪起大半,留下2公分。此法是提高授粉率,增加玉米结实,防止秃玉米的有效增产措施。❷

1978年夏天,联民大队种了多少玉米?周生康在7月31日的笔记中写到,当时,东风生产队已下种玉米32斤,红星生产队30斤,红江生产队25斤,立新生产队30斤,东方红生产队和红旗生产队没有下种,向阳生产队25斤,胜利生产队22斤。后来,这些下种的玉米产出多少?没有记录。

除了黄豆、玉米以外,联民大队一带还种植很多其他粮食作物。翻开联民大队的会计本可以看到,1962年,归入"其他"类的粮食作物种植面积有54.430亩,总产粮食33 543斤;1963年,种植面积达59亩,总产粮食39 483斤。同样在这两年里,联民大队还种了芋艿当粮食。1962年种芋艿53.43亩,产出粮食折谷31 404斤;1963年联民大队芋艿种植面积是52亩,产出粮食折谷38 142斤。我们由此注意到,除了豆类作物以外,其他杂粮对于战胜饥荒也有着特别重要的价值。饥荒过后,联民大队的农民们仍然种植杂粮,他们用杂粮来"调换口味",也有人用来卖钱。春天到了,家家户户种南瓜。一些农民在屋檐下搭几根竹竿,让南瓜藤一直爬到屋顶上。夏天,屋顶上一片绿色的南瓜叶,依稀可见几个黄黄的大南瓜,构成一道南方水乡的风景画。陈家场的顾颐德自己家里种绿豆,还向附近的农民们买绿豆。他们用绿豆做成绿豆芽,到会龙桥市场上去卖。政策风声紧的时候,他们少做一点,或者不做❸;政策风声松了,顾颐德又每天凌晨挑着绿豆芽上路,在会龙桥摆开摊子。

---

❶ 玉米果实的前部长着如头发丝般的金黄色的或者白色的须,联民大队一带的农民们称之为"苏苏头",简称"苏"。
❷ 周生康,《工作笔记》,1978年。
❸ 家里做绿豆芽到市场上去卖,这是"弃农经商,走资本主义道路"。顾颐道还因此被"叫到大队里,批评了一顿"。

第四章 蚕桑与经济作物

联民大队一带素来以生产蚕桑与经济作物而闻名。这里出产的蚕丝洁白透亮,远销西方发达国家。经济作物则主要有络麻、油菜等。然而,生产队集体和农民的行为却与这里的"名声"存在很大的反差。生产队通常都把粮食生产当作"头等大事",还不断地"挪用"蚕桑与经济作物的资源,以确保粮食增产。在生产队集体内部,农民们破坏蚕桑生产的行为总让生产队长头痛。

蚕桑和经济作物的生产都被纳入国家计划经济的体系中,生产队集体和农民们的"自由主义"行为引发了国家、集体、农民之间的矛盾;这种矛盾渗透在蚕桑与经济作物的具体生产过程中。

第一节 蚕 桑

严格说来,蚕桑生产中的桑树种植、培育属于林业,蚕的饲养属于畜牧业。但种桑是为了养蚕,讨论养蚕离不开桑树的培育,二者一起构成了蚕桑生产的基本内容。在联民大队一带的农民们看来,蚕桑生产与经济作物的培育实现着同样的目标——卖钱。所以,我们把蚕桑生产与经济作物的种植放在一起讨论。

一、桑树的种植和培育

桑树的种植从桑秧开始。

海宁是全国著名的桑秧生产基地之一,海宁出产的湖桑秧在浙江各县普遍栽种,还远销江苏、安徽、山东、湖北、湖南等省。海宁的桑秧产地以周王庙为中心,主要集中于长安、周王庙、郭店、辛江、沈士、许巷等地。1949 年全县桑秧播种面积 165 503 亩,1960 年下降到 107 842 亩,1979 年增加到 116 073 亩,此后,全市桑园面积基本上保持在这个水平❶。

桑秧培育的第一步是采摘桑椹、取桑籽。桑椹是成年桑树上结的果实,生于叶腋处。桑椹刚刚生出来的时候呈青色,细小。随着桑叶的长大,桑椹也慢慢生长。到 5 月中旬,桑椹长大了,略小于橄榄,似一串微型的葡萄。接着,在阳光雨露的滋润下,桑椹慢慢由青色变成淡红色,最后转成紫色。桑椹成熟了,联民大队一带的农民叫"乌嘟"❷。通常,生产队不关注桑树上的"乌嘟",许多"乌嘟"熟透后落到地下,给灰色的土地染上无规则的"乌"色。少数农民想卖桑椹籽,就到集体的桑园里去采摘熟透了的桑椹;这不会影响桑树的生长,生产队长任凭个人去采。有几年,陈家场准备培育桑秧,队长安排女劳力去采"乌嘟"。这是一件轻松的活,她们一边采着,一边看到长得可爱的就放到嘴里。她们采下一小篓一小篓的桑椹,拿到生产队的公房里,堆在墙的一角,让桑椹慢慢腐烂。几天以后,她们拿"眼子"❸很细的筛子到河边去洗桑椹,洗掉桑椹腐烂的果肉,筛子上最后剩下灰白色的桑籽。桑籽不需要晒,放在室内阴干就可以下种。

桑秧培育的第二步是下种和桑秧培育。桑秧适合于种在带有沙性的土地❹中,海宁地区有大量土地可以培育桑秧。下种以前,农民们会整理好土地。桑籽细如芝麻,土地的泥要打得特别细碎,地面要做得很平。否则,桑籽落到泥缝里,芽"窜"不出来。桑籽下种,要做到匀、稀,这需要有点儿"手里的功夫"。种子落地,浇上清水粪,在下种的一条条地上盖上薄薄的稻草,就收工了。

桑秧地下种以后,生产队安排责任心强的人负责管理。管理人需要常去看看,地太干了,就浇点水;过几天,浇点清水粪;杂草发芽了,要及时除草;桑秧长得太密,要撒撒稀。桑秧长到 1—2 寸时,管理员的任务就完成了。

首次出苗的桑秧叫广秧,当地人叫毛桑,也叫乌桑。无论是什么桑树

---

❶ 参见内部文稿,海宁市农业局编:《海宁农业志》,2008 年,第 105—107 页。
❷ 在联民大队一带,农民以"乌"字形容黑色的状态,所谓"乌黑"。农民们叫桑椹为"乌嘟",是以桑椹的颜色取名,给人以诱人的想象。"乌嘟"甜又鲜,农家的孩子喜欢钻到桑园里采"乌嘟"吃,搞得一嘴紫色、一张花脸。
❸ 当地土话,指筛子上的网格。
❹ 沙性的土地有"返潮"的特点,即使白天出了一天的太阳,晚上泥里的水分也会均匀渗透,让土地变得比较潮湿,这适合于桑籽的发芽。

共生经济（1962—1982）
——人民公社时期的农业经营

的果子（一般都是嫁接桑上的果子）出苗之后，都是毛桑。毛桑叶子小而薄，叶子的背面长着短短的白毛。毛桑只有经过嫁接，才能成为品种优良的桑树；否则，毛桑长大，成为野桑。联民大队一带的河边常常可以看到野桑树，枝高大而桑叶瘦小。

桑秧培育的第三步是嫁接和再培育。桑秧经过认真培育，长得比较粗壮❶。第二年开春，生产队组织劳动力把广秧拔起，准备进行嫁接❷。嫁接前，选用优良品种的成年桑树枝，切成一段一段的做接穗。嫁接时，有技术的农民用桑秧刀削开接穗与广秧，使两个切口能准确"合缝"。然后把接穗切口与桑秧切口合在一起，用手指压紧，再用草绳扎牢，嫁接完成了。但是，嫁接的质量还需要种到地里以后才清楚。

嫁接好的桑秧移栽到事先翻垦、平整好的地里，十几天以后，桑秧成活的比率就清楚了。一般来说，成活率要求达到50%以上，否则，桑秧、土地都会极大浪费。桑秧成活以后，要及时施肥、除草，勤于培育，促使其长高长粗，争取一年内长到1米高，第二年的春天才能到市场上销售。如果嫁接桑秧不到1米，就需要再培育一年才能出售。对于生产队来说，培育嫁接桑秧并不是纯粹的投入，桑秧的叶可以饲养晚秋蚕，一亩桑秧地的桑叶，可以饲养两张晚秋蚕。这样的嫁接桑秧方法被当地人称为"火别鸡"嫁接法❸。"火别鸡"嫁接法是一种快速培育桑秧的方法，对桑树寿命有所影响。生产队把桑秧作为经济收入的来源，面积多，为了经济效益，就采用"火别鸡"嫁接法❹。

---

❶ 如果培育不好，桑秧太细了，第二年就不能嫁接，再补上一年的培育，就浪费了一年的时间和占用的土地。

❷ 当然，生产队也可以直接卖掉广秧，让别人去嫁接。陈家场会接桑秧的人太少，有时更愿意卖掉广秧，让别人去嫁接，再到市场上去买接好的桑秧来种。

❸ "火别"是当地土话，意思是加温促进生长。"火别鸡"就是一种快速孵小鸡的方法。本来，孵小鸡要在老母鸡身下捂大约20天，才能孵出小鸡。小鸡依靠母鸡的体温，慢慢孵化而成。一只母鸡一次只能孵出10多只小鸡，实在太费时了。孵出小鸡之后，它还要引小鸡吃食，晚上继续睡在一起，要等小鸡长出硬毛才可以，这样一只母鸡育出10多只小鸡，至少要少生2个月的鸡蛋，成本较大。"火别鸡"一般都是孵坊采用的，把大量的蛋放在一起，用火或电加温，每天加到一定的温度，大约只需10多天就能出小鸡，比母鸡孵时间要短，而且数量大。"火别鸡"有一大缺点，小鸡比较难养，要在室内饲养一段时间，保持适当温度，否则容易死亡。

❹ 陈家场生产队极少用"火别鸡"嫁接法培育桑秧，队里只有几个人会嫁接桑秧，成活率还比较低，种桑秧出售不划算。那么，生产队为什么不派人去学习嫁接技术；生产队长陈建民会说："卖桑秧是西边农民们的活，我们这里祖上就常常买桑秧来种。"我们从桑秧的故事中看到种植传统对于当下种植选择的重大影响。

生产队培育桑秧自己种植，一般采用广接法。广接法与"火别鸡"法之间的差别在于嫁接的时间。第二年春天，采用广接法的桑秧拔起以后，先不进行嫁接。农民们把广秧（或称毛桑）移到地里，再培育一年。此时，广秧长得粗壮，根系发达，农民们就直接在地里嫁接。广接法的成活率普遍比"火别鸡"法高，成活以后，桑秧的生长情况也更好。再过一年，桑秧可以移栽到桑园里；如果出售，价格比"火别鸡"桑秧高。桑秧的嫁接除了这两种方法以外，还有一些其他的方法。下面摘录胡少祥2002年3月18日的一则日记。

培育桑苗，还有一种叫"根接"，可以在大桑树根部删剪几根粗细适当的桑树根进行嫁接后种植，和"火别鸡"同样种植和培育，同样能够培育出嫁接桑苗。还有，购买来较大的桑苗，在种植前要进行根部修剪，那时可将粗一点的桑树进行嫁接后插种，来年又成了嫁接苗。

有一种叫作"抱娘接"。当看到桑树品种不好，叶质差或者产量低，或者抗病弱，要想进行改造，但是已经是成年桑，唯恐当季减少桑叶太多，影响春蚕饲养。为了不影响饲养春蚕的采叶量，可以采用"抱娘接"方法改造桑树的品种。方法是每枝桑树或每个分干上，开个皮口，把好品种的接穗插入皮内，经过包扎，成活发芽以后，桑叶早点采下供蚕儿吃掉。再将接穗上端部位的树干锯断，使新的桑芽大长和旺长。这棵桑树来年可能不低于今年的叶产量，就是在中期要减少较多的叶产量。在改造老桑树品种的时候，因为原来的桑叶确实品种太差，桑叶小、薄、毛，质量很差，如果生产队桑叶较多，不在乎一块地的桑叶，原来每年这块地的桑叶基本不用，白白浪费，那就不需要采用"抱娘接"，可以采用"杀头接"，也叫"天打接"，把树干上端全部锯掉，每个干上接上新穗，成活以后，来年就是一片新品种的桑树了。❶

---

❶ 胡少祥，《胡少祥日记》，2002年3月18日。在单干的时候，部分农民精打细算，为了节约购买桑秧的钱，他们会采取这里所说的种种嫁接方法改造桑园。在生产队里，不要说普通的农民，生产队长也不会像单干农民那样"上心"而节约每一个铜板。这里介绍的种种嫁接方法都太麻烦，陈家场没有做过。在陈家场，桑树老了，质量差了，生产队长就安排人把桑树"翻掉"，种上从市场上买来的新桑。农民们欢迎这样的处理方法，因为他们可以从生产队分到桑树柴，这是一种高质量的、可以用来"打年糕"的好柴。

共生经济（1962—1982）
——人民公社时期的农业经营

桑秧质量好,培育桑树有保障。与水稻、春花生产不同,桑树的种植和培育遇到的第一个问题是:要不要种桑树,要不要培育桑?

在海宁地区,农民一直存在着种桑还是种粮的选择,来自村落外部的因素较多地影响着农民们的农业经营决策。1920年代,国际丝价高扬,海宁迎来了蚕桑生产的黄金时期,全县的桑树种植也达到了历史最高水平。当时,全县耕地共68万亩,桑园面积达到35万亩,占耕地面积的51.4%。此后,世界经济危机、国内持续的战乱严重影响了蚕桑生产,1949年,海宁全县桑园面积只有165 503亩,而且桑园地块小、零星分散、高低不平,桑树品种杂、缺株多、枝条短、树势弱,病虫危害重,不少桑园已荒芜衰败,全县平均亩产桑叶仅100—112公斤。

解放初期,农民们面临着吃饱饭的压力。蚕茧的产量低,价格不好,农村继续毁桑种粮,桑园面积仍在减少。大人民公社时期,竟然有领导提出"蚕吃百样叶,无叶保丰收"的口号,大搞蚕的替代饲料。桑园再一次受到粮田的侵蚀。1959年全县桑园面积减到113 600亩,1963年桑园面积降到最低值94 741亩。

1962年,国家召开全国蚕茧会议,推动蚕桑生产,扩大桑园面积。国家出台交售蚕茧奖励粮食、化肥、棉布等政策,专业桑园实行粮桑挂钩,全县年补助粮食800万斤。1964年,省、海宁县又拨专用钢材、木材、水泥、砖瓦等物资,扶持蚕桑生产。到1960年代末,海宁全县专业桑园面积恢复到112 682亩。1970年代,种粮与种桑的矛盾仍然突出,生产队内部存在着多种粮食的冲动,国家三管齐下,以确保蚕桑生产的稳定增长。其一,国家强调种桑养蚕是政治任务,提出"蚕丝是国家的主要物资,我们应当响应伟大领袖的教导,中国应当对于人类有较大的贡献"。其二,国家给予出售蚕茧的生产队更多化肥、农药以及其他物资的优惠。其三,国家树立种桑养蚕的先进单位,号召生产队向这些先进单位学习。那时,海宁县蚕桑生产的先进单位是钱塘江人民公社云龙大队,联民大队的所有干部都曾到云龙大队参观学习。国家的这些措施部分地遏制了农民桑园改田的行为,1979年全县桑园面积为110 673亩❶。此后两年,国家继续要求扩大桑园面积,增加蚕业生产。下面是周生康当年的记录。

---

❶ 当然,种粮与种桑的选择还受到土地条件的限制,有些土地根本不能种春花、水稻等粮食作物,只适合于种桑树。

1980年9月海宁县农业会议,提出搞好冬季培桑、围垦海涂为重点的农业基本建设,首条即是搞好蚕桑生产建设,大力发展蚕桑。提出发展2万亩,新种1 800万枝,挖种七边潜力桑,"先种后翻"原则。尽量多种,种桑成块成方,能灌能排,亩种8 000到10 000枝。做好桑秧调剂工作,价格适当调整。抓好冬季培桑,确保明年春叶增产。以施肥为重点,坚决退出间作,种上绿肥。如专桑地播油菜时,套上绿肥,种上花草,开展加土300担运动,干溇干浜,挑稻板泥❶。联民大队被分配种桑23 000枝的任务,下发各生产队:东风3 000枝,红星2 000枝,立新1 500枝,红旗3 000枝,向阳5 500枝,胜利8 000枝。❷

此外,国家在号召种桑养蚕的同时,加强了对专桑面积的普查。下面是周生康当年的记录(见表4-1)。

表4-1 联民大队1979年4月专桑面积普查表　　（单位:亩）

生产队别	原定有面积	复测量面积	余缺面积	备 注
东风	69.950	64.293	5.657	79.4.21抄录
红星	87.472	79.566	7.906	
红江	56.556	55.589	0.967	
立新	78.330	72.655	5.675	
东方红	56.685	43.916	12.769	
红旗	93.177	65.921	27.256	
向阳	88.410	81.028	7.382	
胜利	75.893	67.888	8.005	
合计	606.473	530.856	75.617	

资料来源:周生康,《工作笔记》,1979年;联民大队会计资料。

表4-1显示,到1979年,联民大队的桑园面积比国家计划面积减少了12.5%。真是"不普查不知道,一普查吓一跳"。我们在这里可以看到人民公社时期"上下博弈"的一种态势:下面悄然无声地改变着国家的规定,维护着生产队集体的利益。我们还注意到,在"国家-集体-个人"三者关系中,在"国家优先"的社会秩序中,生产队集体有着一定的自由支

---

❶ 周生康,《工作笔记》,1980年。
❷ 同上书,1981年。

共生经济（1962—1982）
——人民公社时期的农业经营

配空间，生产队会充分利用这个空间争取更多的利益，满足生产队内部家庭与个体的需求。其实，在处理"粮桑矛盾"中，陈家场的自由主义不仅表现在年复一年地把桑园改造成粮田，还表现在不断地"挪用"国家配给桑园的化肥，施用于水稻田中，增加粮食产量。

桑树种植和培育遇到的第二个问题：如何种？

有的农民想，桑树是树，树长得高大，树叶肯定比较多。以前，少数农民就把桑树培育成高大的树。直到1970年代初，陈家场还有几片桑园，桑树长得高大，人要爬到树上才能采叶，有人干脆搬一把梯子，爬到梯子上采叶。且不说高大的桑树不一定能多出叶，其带来的麻烦也让大家头疼。

大桑树种得过稀，是否可能最大限度增加桑树的密度？1970年代初期，上级有领导异想天开，想让桑树当年种，当年就出产大量桑叶。他们尝试把木本作物当草本作物来种，推广种植无杆密植桑。1971年，在上级领导推动下，陈家场种了几块无杆密植桑。生产队买来大量桑秧，选好土地，每隔2—3寸就种一棵桑树。春天种下桑秧，初夏时桑叶已经"挤得满满的"，走进"无杆密植桑园"去采叶，让人感觉十分气闷。"无杆密植桑"出现的最大问题是桑园内的通风。桑苗之间距离太小，桑叶都挤在一起，桑枝下部的桑叶吸收不到雨露、阳光，会慢慢变黄。无杆密植桑的另一个问题是桑枝离地面太近，一场大雨以后，桑枝下部的叶片上会沾上泥水，无法喂养蚕宝宝。陈家场的无杆密植桑第二年就出现了较多的问题，三年后，无杆密植桑的桑叶产出明显比其他桑园差。陈家场像其他生产队一样，放弃了无杆密植桑的种植。无杆密植桑的引进是一个典型的案例，反映了上级政府的好大喜功，迎合了生产队集体的急于求成心态。

无杆密植桑引进得快，消失得也快，当年没有做过任何总结，但留下的教训却发人深省。无杆密植桑的故事包含着农民行为的全部密码，从处理人与土地（自然）关系中的工具理性、技术引进的过密化偏好、对上级指示的盲从一直到少数人支配权，等等。

在人民公社时期，桑树的种植株距慢慢趋于标准化。通常每2—3尺种一棵桑树，两排桑树编成一轮地，各轮地之间开一道浅浅的V形水沟，以利于排水。"桑拳"❶的高度约80公分到1米。每棵桑树上有3—4个

---

❶ 农民在一定高度（如离地面1米高）剪去桑条，让截口处长出新枝；新枝长成桑条，再在截口处剪去，等待新枝再生长出来。如此反复，截口处形如人的拳头，俗称"桑拳"。"桑拳"是桑树培育的一个重要内容。

"桑树拳头",每个"拳头"上长出几根桑条。初夏时节,桑条上桑叶碧绿,在骄阳的照耀下,射出淡淡的亮光。站在塘南老沪杭公路上,远望上塘河北岸的九里桑园❶,犹如一片波浪起伏的绿色海洋。

桑树是多年生木本植物,如何培育才能年年保持桑叶的高产?与其他的树木不同,农民们种植桑树的目的是采叶,一年两次,采光桑树上的桑叶。桑树采叶,年年如此,周而复始。因此,培育桑树的关键在于让桑树在自然的循环中不断保持活力,每一年的培育工作几乎也是周而复始的。

冬季是桑树的休眠期,不长叶也不养蚕。这个时期,恰恰是桑树培育最重要的时期。"冬季培育好,来年桑树长得旺。"冬季培育主要包括四项内容。

其一,剪桑条。晚秋蚕时期,农民们采去桑条上的桑叶,留桑条在树上。冬季保养的时候,需要把桑条剪掉,如果冬季不剪枝,上面的嫩梢会被冻死,影响到枝条的下部,来年发芽差,还会影响整枝桑树的产叶量。剪桑条应在晚秋蚕结束以后至次年春分以前进行,通常选择冬季摄氏零度以上的晴天。

其二,修枝、整拳与消灭病虫害。冬季,桑树的叶子已经采完,农民们仔细观察,可以清楚地看到桑树上有没有病虫害,有没有死枝、虫枝、病枝以及病拳、死拳。冬季进行修枝、整拳,就是为了除掉那些有问题的桑枝与"拳头",以防止来年病虫害蔓延到整枝桑树。在桑树干中,蛀心虫藏在树干里面不能当场除掉,农民们就用毒签插入蛀洞让它慢慢毒死。冬天,农民们还将石灰和硫黄调制成浆状,涂在桑树的主干上,既可除掉树干上的蚧壳虫、膏药病等,还可防止春天的部分病虫害,有利于桑树的正常生长。在这个过程中,如果发现有死亡的桑树,就用山子把死桑树翻掉,到来年补种桑秧。如果桑树病虫害严重,死亡的枝数多,生产队就会考虑把整块桑园里的桑树全部翻掉,来年种上新桑树。

其三,除草与松土。初冬,生产队会安排农民到桑树地里削草,防止野草过冬,吸收桑园里的养料。冬天正值农闲,农民们都懒洋洋的,削草的进度让生产队长烦恼。有时候,生产队长就采取按轮承包的办法分配

---

❶ 老沪杭公路是抵挡钱塘江海潮的第二道防线,修筑得比较高。老沪杭公路的七里庙离联民大队界约一公里,1957年,毛泽东主席曾到这里观看钱塘江潮。站在这里朝北望去,桑园连绵,延续数里,号称"九里桑园"。

共生经济（1962—1982）
——人民公社时期的农业经营

农民们削草，效率提高了好几倍。但是，"削草，草盖草"❶，削草的质量无法保证，生产队长还是烦恼。削草以后，队里还要安排人垦"冬地"❷。一年了，桑树地里农民们进进出出，采叶、伐条，把地都踏得"紧"了，不利于桑树根的生长，需要把整块桑树地翻垦一遍。实际上，垦地不仅疏松了土地，还垦断了一些桑树根，两者都有利于春天以后桑树的生长。

其四，施肥。冬季施足长效的有机肥，来年的桑叶一定长得好。冬天的时候，陈家场所有人家的羊棚几乎都被"撒空"，羊灰被挑到桑园里做肥料。农民们在每轮桑树中间挖开一道沟，把羊灰倒在沟里，再用土掩埋，让羊灰在地里慢慢腐烂。或者，如果买到大粪，生产队也可能安排人用大粪浇桑树。但是，桑园面积大，羊灰、猪粪不够用，生产队就组织挑河泥。人民公社时期，每年冬天都抽干小河塘里的水，挖出河泥，挑到桑园里。河泥虽然肥力差，但对改善桑园的土质却十分有利❸。

1970年代，为了发展蚕桑生产，上级不断号召冬天在桑园里种植绿肥，浙北有些地区便种植黄花草，联民大队一带则主要种植蚕豆。第二年春天，蚕豆开花、结豆荚了，上级号召把蚕豆埋入桑树地，很多生产队都阳奉阴违，宁可桑树长得差一点，也要收获蚕豆。

桑园里的蚕豆，是绿肥还是粮食？对这个问题的不同回答及其行为反映了公社时期"国家优先"的社会秩序中存在的张力，反映了许多农民只从个人利益出发，而不顾国家的号召。其实，桑园里的故事不只是绿肥的种植。在人民公社时期，上级不断要求做好培育桑树的工作，但是培育桑树可能获得的经济利益并不十分明显，因此培育桑树可能与直接的眼前利益相互冲突。秋冬时节，桑树地是一片白地，没有种任何庄稼，生产队可能趁机"抓经济"。生产队会安排在桑树地里种蔬菜，因为蔬菜生产周期短，来钱快。盐官、斜桥地区的榨菜十分有名，大多数的榨菜都种植在桑园里。在联民大队，各个生产队每年会把桑园地分给农民家庭，让他们自己在桑园里种菜。春天来了，农民们在集体的桑园里收获了蔬菜，个人的钱包鼓了，集体的桑地"瘦"了❹。

春天来了，天气转暖。桑树的"拳头"上开始发出新芽，长成新枝。

---

❶ 农民在地里削草的时候，把一处的草削起来，盖住了另一处的草。这是当年陈家场农民说的话，形容削草不讲求质量。

❷ 如果草没有削除就垦地，地里的野草不仅活着，垦地以后还可能长得更旺。

❸ 解放以前，直到1950年代，农民还在桑园里施用饼肥，到人民公社时期，极少再施用。

❹ 当地土话，所谓"瘦"，指土地的肥力被吸收了、流失了，土地变得贫瘠了。

这里候,需要"散枝",即去掉"拳头"上过多的新枝,只留3—4根,让其长成桑条。同时施上追肥,促进新枝与桑叶的生长。

春天,养春蚕,采春叶。小蚕吃桑量少,一到四龄的时候,只采摘桑条上合适的叶子,采摘的方式是从嫩叶逐步到老叶。四龄以后,蚕宝宝吃叶量大增。这时候,可以直接在桑树上伐条,在"拳头"处剪下桑条,把带叶的桑条挑回蚕室,采下桑叶喂蚕。也可以直接在桑园里把桑条上的桑叶采完,让桑条留在桑树上。但是,伐条工作需要抓紧进行,做到采一块桑叶伐一块桑条。如果不抓紧,采了几块地,更抽不出时间伐。蚕宝宝用叶一天一天增加,采叶任务也一天一天增加,一不抓紧,伐条完全搁下,就要等桑叶全部采光、蚕儿成熟上蔟以后再去伐条。这就要耽误8—10天的时间,枝条上可能会重新长出夏叶来。枝条长夏叶浪费了树内的养分,会影响秋叶的产量。夏叶以及新枝应该从桑树"拳头"上长出,再经过间枝,"拳头"上留下有用的秋条,秋叶才能茂盛。当然,桑园里需要再施一次追肥。传统农民会施粪肥、饼肥,人民公社时期,生产队主要施用化肥。

秋天,养秋蚕,采秋叶。桑园的培育进入了一个新的循环。在人民公社时期,农民年复一年地培育桑树,改进着培育技术,更替着老桑树,增加着桑园的投入,使桑叶的产量慢慢有所提高。1969年,海宁全县每亩桑园产蚕茧44.5公斤;1979年,每亩桑园产蚕茧增加到69.7公斤,增幅超过50%。❶

二、养蚕

海宁县有着悠久的养蚕历史,但农民们从来只养春蚕。秋天的桑叶被称为"二桑叶",采下以后,或者直接给羊吃,或者晒干保存好,作为冬天的羊饲料。解放以后,为了充分利用桑叶,上级提出增加每亩桑树的产茧量,开始推广一年多次养蚕。1950年代,海宁县政府号召农民养夏蚕,组织农民试养秋蚕。秋天桑叶茂盛,产量高,具有养蚕的巨大潜力。1963年,全县大力调整养蚕布局,增加秋蚕比重。当时开始把秋蚕区分为早秋蚕、中秋蚕和晚秋蚕,延长养秋蚕的时间,让蚕吃完桑树上的每一张叶。

---

❶ 参见内部文稿,海宁市农业局编:《海宁农业志》,2008年,第105—110页。实行家庭联产承包责任制以后,海宁地区长安、辛江、钱塘江、周镇、盐官、丁桥、郭店7个乡镇的每亩桑园产茧量达到了156.8公斤。

共生经济（1962—1982）
——人民公社时期的农业经营

1965年，全县"三秋蚕"❶饲养数超过春蚕。1979年，海宁全县春蚕饲养蚕种80 590张，"三秋"饲养蚕种143 145张；全年总产春茧3 578吨，"三秋"茧3 896吨❷。全县"三秋"茧产量首次超过春茧，改变了以往产茧单靠春蚕的格局。从那一年开始，海宁夏秋蚕占全年的比重始终在浙江省县（市）级中名列前茅。

随着养蚕方式的改变，海宁地区的蚕种也迅速更新。1950年代，海宁农村的春蚕品种主要是"瀛汗、华8"和"瀛汗、华9"，另有少量"瀛文、华10"和"镇11、镇12"。1960年代，全县推广"苏16、苏17"。1967年，海宁县引进并推广安徽蚕桑研究所培育的饲养方便、高产稳产、丝质优良的"东肥、华合"，受到蚕农和丝绸生产部门的欢迎。这个品种到1970年代中期已成为海宁农村的当家品种。1977年，海宁又推广出丝量更高的"春3、春4"和"杭7、杭8"两对新品种，但是，"春3、春4"性状不稳定，难养，出丝量虽高，质量却较差，这一品种到1980年就没人饲养了❸。

夏秋蚕最初的当家品种主要是广东的"306、华10"和"兰5、华10"，这两对品种抗高温、产量稳定；此外还有少量"华10、瀛文"和"苏12、141"。1970年代，海宁县引进广东省石牌蚕种场育成的一代杂交种"东13、苏12"和少量"东34、603"，前一个品种好饲养，产量高，质量好，在农村得到大面积推广。1980年代，"东34、苏12"又被抗逆性强、产量稳、丝质优的"浙农一号、苏12"所取代，成为夏秋蚕的主要品种❹。

海宁地区传统上由农民自己制造蚕种。20世纪上半叶，随着农村蚕桑业的发展，海宁先后建成利民、振华、仰山、梅园等蚕种场，其中以梅园蚕种场规模最大。1955年，在农业、手工业和工商业的社会主义改造高潮中，梅园蚕种场改制为公私合营蚕种场，1964年更名为国营浙江海宁蚕种场。1958年，大人民公社成立，在"大跃进"的浪潮中，全县很快在钱塘江、盐官、长安、马桥、湖塘等地办了蚕种场。1962年，长安蚕种场停办。1972年，湖塘蚕种场以及湖塘、谈桥、康家桥3个分场先后并入海宁蚕种场。这时候，全县已有盐官、海宁、钱塘江3个国营蚕种场。其中，前两个为专业场，有专业桑园822亩；钱塘江蚕种场为原蚕区，有桑园

---

❶ "三秋蚕"指早秋蚕、中秋蚕与晚秋蚕。
❷ 参见内部文稿，海宁市农业局编：《海宁农业志》，2008年，第104页。
❸ 同上书，第114—115页。
❹ 同上。

1 212 亩。

盐官蚕种场是人民公社的产物。1958年年底,钱塘江人民公社党委第一书记、县农工部部长张友昌看到中新大队有一大片土地半荒半熟,就决定在这个地方办个蚕桑场。公社党委书记的命令一下,各级领导雷厉风行,迅速抽调大量农村劳动力参加蚕种场的建设。他们整地种桑,建设蚕室,培育桑树。几年以后,这里近600亩桑园已经长成,开始养蚕制种,为附近地区的农民们提供蚕种。值得一提的是,大人民公社时期办的企业后来几乎都关门了,只有蚕种场一直存在到改革开放以后,因为蚕种场满足了当地农民们养蚕的需求。

蚕种场的建立改变了传统农民家庭养育蚕种的习惯,实现了蚕种养殖的专业化,大大提高了蚕种培育的质量。一位曾经在盐官蚕种场做临时工的上海回乡知识青年贾锦芬描述了蚕种的制作过程。

问:最开始的蚕种是上面发下来的吗?

贾锦芬:是的。生产队里茧子卖掉就分红了;蚕种场里的茧子采下来后要放在蚕室里面经过一定的温度和湿度,变成蚕蛹。然后再进行选茧,不好的茧子就卖掉,好的茧子选出来之后就要析茧❶,先进行雌雄鉴别,然后雌雄分开放在匾子里,上面盖上网布,我是管温度、湿度的。

问:是有仪器的吗?

贾锦芬:是的,蚕室里很通风的,有几个火缸,有温度计,要看好温度和湿度,温度不够,火缸就要加碳;湿度不够,蚕的壳是蜕不出来的,就要用麻袋挂在那里,然后2个人抬热水进蚕室,把热水浇在麻袋上,热气就蒸出来了,湿度就有了。经过一定的温度和湿度,蚕蛹就变成蛾子了,就要开始交配了。要把雌雄蛾子分清楚,然后放在匾里交配。

问:这个分雌雄的工作是谁来做?

贾锦芬:临时工来做,要眼睛很尖的,不能出错,不然就是"近亲结婚"了,出来的种就不好。临时工检查完了时候,还有场里的技术工人要进行复检。每天拣蛹拣了几遍,出了多少差错,这个都是会记下来的,评工资的时候会打折扣的,所以说这个是很严格的。蛾子

---

❶ 析茧,意思是分析茧子,区分出雌和雄。

共生经济（1962—1982）
——人民公社时期的农业经营

交配 1 个小时后，要进行拆对❶，蛾子这时马上就会尿尿的，还有雌蛾子大肚子的，不把它翻过来，它是会马上胀死的。我们这些临时工待他们拆对完毕后，一看他们把蛾子运进来了，我们就马上拿干净的棉花把蛾子擦干净，把雌蛾子翻过来，均匀地排在抹布上，大概 6 个小时后产下籽，这个蛾子就没用了，要活埋。这个蚕种要送到杭州去消毒，保护，等下次养蚕的时候再拿出来。❷

受精后的雌蛾子产下大量的蚕种，蚕籽大小如油菜种，呈白色。育种人员要尽快把这些蚕种搜集起来，送到冷藏室保存，使蚕种处于休眠状态。

在发种前约 10 天左右，技术人员需要激活休眠中的蚕种，这个过程称为"催青"，俗称"暖种"。他们把蚕种全部放在经过严格消毒、温度和湿度适宜的"催青室"内，促使蚕种内的胚胎慢慢发育。蚕种经过催青，收蚁，孵化率高。催青完成，蚕种就下发到各个生产队，由生产队组织养蚕。

养蚕是一项技术性很强的农活，生产大队专门配备了主管蚕业技术的副大队长❸和专门负责蚕业的植保员。人民公社、生产大队每年都提早召开蚕业生产会议，要求各个生产队养好蚕。1970 年代，生产队每年养 4—5 熟蚕❹。我们以春蚕为例，描述生产队养蚕的情况，再简要介绍其他几熟蚕。

春蚕的领种与收蚁约在每年的 5 月 1 日前后，此前，大队早已布置了工作，生产队也已经为养蚕做好了准备。1963 年 3 月 17 日，联民大队提早一个多月召开了蚕业会议，参加会议的有生产队正队长以上所有干部。下面是当天会议的简单记录。

蚕桑生产问题；对自留地问题；对专桑面积问题；对具体解决问题；蚕用具问题；共育室租用；蚕具分户保管报酬问题。

养蚕人员工分问题，采了 2 种办法：（1）农业搞定额，蚕业也搞

---

❶ 拆对，意思是把进行交配的雌、雄蛾子分开。
❷ 参见访谈贾锦芬，上海，2008 年 9 月 26 日。参见《中国田野调查——张乐天联民大队数据库》口述历史，CJF-20080926-贾锦芬。
❸ 1970 年代称为"革命领导小组副组长"。
❹ 联民大队一带的农民们把养一次蚕称为"养一熟蚕"。

定额,但一定做到合理些。(2)养蚕记工数,略增高 20%,做到双方没有意见。

对蚕桑培育问题,修桑、培土、抄土沟、种桑秧等。

人员落实,队务委员分工,饲养员选好 2—3 人,定 1 人,他可以进行分工,分龄进室。

蚕室蚕具一系列做好准备:① 蚕匾有几只,有多少要修,几只好的蚕网,检查不够发动搓绳❶。② 蚕碳问题马上做好准备,每张蚕种 35 斤碳。③ 砻糠、炭,各队想办法,1—3 龄没有砻糠、炭是不行的。④ 毛帚柴检查一下是否够,还是缺。❷

1971 年 4 月 28 日和 29 日,联民大队党支部、革命领导小组组织了两天蚕业学习班,生产队副队长上干部参加了学习。下面是这次学习班的摘要。

71 年对蚕桑要求:蚕丝是国家的主要物资,我们应当响应伟大领袖的教导,"中国应当对于人类有较大的贡献"的号召。高举红旗狠抓纲,大寨昔阳为榜样,树立信心来培育,实现亩产桑叶 1 000 斤。

1. 深入开展农业学大寨,狠抓根本。就是用毛泽东思想教育人,用"老三篇"作灵魂。蚕室当作政治课堂,进行路线教育。方法问题:回忆对比,争"四好"社员、"五好"饲养员。

2. 以路线斗争为纲。路线斗争是决定一切,执行什么路线是走什么方向问题。深入开展大批判,肃清余毒,坚决执行毛主席革命路线。

3. 成立蚕桑技术小组。

蚕业学习班第 2 天记录。

王祖金同志:谈谈取得经验。总的靠毛泽东思想。70 年存在问题:① 在蚕室里出现一些"私"字。② 看小蚕好,看大蚕艰苦,轮流思想。③ 培桑上不重视,所以叶薄。④ 上蔟不好,发现损失很大,鸡吃掉也有。养草,草没脚❸。

---

❶ 蚕网用细草绳编织,生产队蚕网不够了,就要组织人搓草绳,再织蚕网。
❷ 周生康,《工作笔记》,1963 年。
❸ 这句话的意思是说,桑园里养了很多草,草长得高,人走进去,会把脚背也没掉。

共生经济(1962—1982)
——人民公社时期的农业经营

经验：① 2 年草棚消毒比较。② 小眠就进行消毒、温湿度掌握，壮蚕期放稀。③ 秋蚕期放得比较密。

要求大队开一个生产队会议。

……下午继续听王宝芬同志报告：

关于小眠到大眠的一些过程，同时注意中毒。

结合补充，向同志们提出几个意见：

1. 高举红旗狠抓纲，大寨南堡为榜样，树雄心，立壮志，奋战 1 个月，实现亩产蚕茧 80 斤，为争取 100 斤而努力。为毛主席争光，为社会主义建设争光。响应伟大领袖毛主席指出中国应当对于人类有较大的贡献(的号召)。

2. 根据这一指导方针，提出几点要求：

① 要求：在蚕室办成毛泽东思想，突出政治，用政策统帅蚕期全过程，自始至终，突出政治，用"老三篇"时时对照。② 要求做好一切准备工作。③ 要求技术上要过硬，开展路线斗争。④ 要求搞好团结。

具体工作：

① 地火龙❶问题：马上动起来，专人管，注意火烛。② 各个蚕室建立学习制度，做到天天读，推选学习组织。政治，批判，"公"字，随时红色宝书进室。学习。③ 搞好团结。内外团结，互相团结，大搞团结，开展大家讲用，自我批评。④ 狠批蚕桑战线上的流毒，轮流养蚕。⑤ 培育好桑苗，建立桑苗田，要求自给，72 年桑苗全部自给。注意节约桑叶。⑥ 收蚁要收尽，猛攻单产关之一。

生产队办成科技实验室，也要进行研究。

科技实验小组：九人组成。❷

1971 年的会议让我们体会着当年的气氛，反思着"以阶级斗争为纲，纲举目张"的指示作用。但是，革命的话语再响亮，养蚕前的具体工作还需要一件件落实。

在物资准备方面，生产队与农民家庭之间的纠葛是当年的特色，充分反映了"国家-集体-个人"三者关系的复杂性，反映了"国家优先"的社会

---

❶ 蚕室地下用瓦片砌成的通道，用于给蚕室加温。
❷ 周生康，《工作笔记》，1971 年。

秩序中包含着个体活动的空间以及个体活动中的道德困境。养蚕需要大量物资,部分物资可以直接到供销社购买,但大部分物资的配置与农民家庭相关。生产队要向农民借用房子做蚕室,有些房子的门窗刚刚上了桐油,养蚕消毒会伤害门窗,户主不愿意借怎么办?部分蚕具由农民家庭制作,如蚕网、蚕蔟等,养蚕前,前往农民家里收这些蚕具时总会遇到质量问题,但是,"质量差一点,蚕网断了线,也很难扣工分"。在陈家场,更麻烦的是每年养蚕前的收蚕匾。晚秋蚕"上山"以后,陈家场所有的蚕匾都到河里清洗干净,存放在公房里,由保管员负责管理。没过几天,就开始有人向保管员借蚕匾。都是"自家人",这一要求很难拒绝。到年底,总有一半多的蚕匾被借到了农民家中。来年4月初,生产队要求大家归还蚕匾,但自觉来归还的人不多。到4月底,生产队长没有办法了,只得派人到每家每户去讨还蚕匾。俗话说,借钱容易讨钱难,生产队向农民"讨"蚕匾更难。每一年都有农户占着蚕匾不还,弄坏蚕匾,生产队里的蚕匾年年在减少,新添置蚕匾代价较高,生产队没有办法,只得慢慢用蚕帘代替蚕匾。蚕帘由农民用麻秆制作,价格低,逐渐替代了大部分蚕匾。

  养蚕前的人员安排是需要落实的另一件大事。春蚕从收蚁到"上山"分五眠,蚕越大,吃叶越多,需要的饲养人员也越多。饲养员落实好,就可以分批进蚕室。问题在于,养蚕的时候,每人拉着蚕网的两只角,两人合作才能把蚕网拉起来;每人托着匾的一侧,两人一起才能顺利拉匾、喂叶。一句话,养蚕的大多数活需要两人一起做。人各有所好,人的脾气各不相同,人干活的"手脚"也有快与慢,谁与谁搭档?由于生产队每年都养蚕,大部分人都容易合作,但总有一些人成为麻烦。队务委员会安排好了,第二天就会有人来吵闹,想换蚕室,换饲养员。生产队在吵闹中开始了春蚕的饲养。

  在收蚁前两天,最初的饲养员就进到蚕室,他们首先需要给蚕室严格消毒,再提前一天给蚕室加温。在生产队的公房里,他们通常烧"地火龙"加温;在民房里,他们生起碳火盆。1976 年 5 月 2 日,红江人民公社蚕业技术员江培华专门讲了收蚁前的准备与收蚁的注意事项,他说,5 月 4 日发放蚕种,"养蚕前准备工作:消毒防病工作,不经过消毒,决不能带出蚕室,消毒达到标准。'地火龙'试烧。养蚕方面:① '地火龙'提早一天试烧。② 收蚁网要求压得挺❶,温度达 78 度。③ 收蚁在蚁出后 2—

---

❶ "压得挺"意思是用重物压,使其保持平整。

共生经济（1962—1982）
——人民公社时期的农业经营

3 小时为宜，温度降低在 75 度。叶要求嫩的为好"❶。

收蚁以后该怎么做？1975 年 5 月 3 日下午 2 时 10 分，蚕业技术员江培华在红江公社的广播说："一、措施问题：① 温度掌握在 80 度，不要超过 80 度。② 干湿相差半度至 1 度为好。③ 严格采摘桑叶，反对偏轮❷。④ 加强饲桑叶，严格饲桑叶，防止汽水叶❸。⑤ 给桑叶要匀。⑥ 蚕座干燥。⑦ 加强（预防）蚕病发生，踏石灰进蚕室❹。二、开展节约用叶：① 从采叶上注意节约，有计划采叶。② 合理蓄桑，提高桑叶质量，防止干扁❺。③ 合理给桑叶，5 小时一次为好。④ 笔笔记录，过秤记账❻，掌握第一手资料。三、严格注意防止中毒：① 防干纸检查，农业用过的要检查。② 室内外通气，特别大小麦除虫防病❼。③ 外面来的用具，饲养人员严格检查。"❽在春蚕头眠、二眠的饲养中，由于气温较低，蚕室的加温十分重要，联民大队原会计胡少祥详细介绍了蚕室加温的种种方法。联民大队各个生产队先后都使用过这些加温的方法。

其一，煤球和煤饼加温，一定要在煤球上撒些新鲜石灰，煤饼可在石灰水内放一放即拿起来晾干，这样，加温时能够避免人、蚕煤气中毒；或者在煤炉上装烟囱排气管，直通室外。

其二，木炭加温。木炭加温要时刻看管蚕室，一是要防止火烛；二是要防止人的一氧化碳中毒。

其三，"地火龙"加温。生产队的蚕种多，养满整整 2—3 间房子，一般采用这种方法加温。"地火龙"加温成本低、效果好。"地火龙"一般建在专用蚕室的地面下，农民们用砖头在蚕室的平地以下砌两条地下通道，两边用砖头砌整齐，上面盖砖头与地面相平。烧柴的灶建在室外，透过墙基与地火龙相接。农民们在灶里烧火，浓浓的烟进入"地火龙"，再在对面外的烟囱里排出。浓烟温度较高，通过"地火龙"时，慢慢加热了整个蚕室。整个蚕室的温度是可控的，室内温度不够时，把火烧得旺一些；温

---

❶ 参见周生康，《工作笔记》，1976 年。
❷ 偏轮指有些桑树的轮里桑叶采得多，有些轮里采得少。
❸ 汽水叶带带着水的桑叶。
❹ 石灰可以对鞋底进行消毒。
❺ 当地土话，意思是桑叶干燥、发软。
❻ 每一次喂桑叶，都称一下，记账。
❼ 防止大小麦除虫时有农药的气味飘到蚕室里。
❽ 参见周生康，《工作笔记》，1975 年。

度太高时,火烧得缓一点,或者暂时把灶门盖上,让火熄灭一会儿。烧"地火龙"灶要有专人值班,否则,柴烧过后要熄火,或者,灶内有火星会存在安全隐患。

其四,木屑炉子加温。

木屑炉子的生火比较复杂。农民们在向炉子内装木屑前,先需要放置呈90度直角的两根圆形木棍。纵向的木棍高度超出炉顶,横向的木棍通向炉子的烧火口。木棍位置放好,农民们向炉子内装木屑,一边装,一边用力压紧。木屑装满,压得十分结实,把两根木棍抽出,留下两个相互垂直的圆形空洞。垂直的空洞一直连着用铅皮制作的长烟道,最后有烟囱通向蚕室外面;横向的空洞是木屑炉的点火口。农民们在炉口的空洞里引火,点燃空洞周边的木屑。此时,如果在火门口点火燃烧时,能够在烟囱出口冒烟,就证明炉子已经生着;如果燃烧时的烟在火门口倒冒出来,就说明没有生着,只能重新点火。

木屑炉子加温方法成本比较低、效果好、安全,很少发生人、蚕中毒,也很少发生火灾。这种加温方法热量到位,蚕室内不需要用薄膜搭蚕棚,减少了易燃品的安全隐患。但是,木屑炉子加温,农民需要半夜起来查看一次,看看调节温度的风门,看看是否有火灰堵塞了风门,导致熄火。木屑炉加温不能随时加燃料,一次装满木屑,要待全部烧完后再重新生炉,不像煤球、煤饼和"地火龙"柴灶都可随时加料。木屑炉加料少则1昼夜加1次,多则2—3昼夜加1次。

收蚁以后,养蚕人员除了加温以保持蚕室适当的温度,更加繁忙的是日复一日地重复着采叶、喂叶、除蚕沙。这些活不重,一般由妇女承担,但昼夜往复,十分辛苦。蚕小的时候,蚕室里所有的活全部都由几个饲养员承担。她们负责去桑园里采叶;蚕越小,越需要采较嫩的叶。她们特别关注天气的变化,看到天阴了,快快出去抢时间采叶。如果下雨了,采来的叶要一张张擦干,"又增加了很多活"❶。她们背着一篓篓嫩嫩的桑叶回到蚕室,把桑一张张叠起来,放在事先准备好的塑料薄膜上,以保持桑叶的新鲜。接着,她们拿出叶刀和切叶砧头❷,把桑叶切碎,准备喂食。蚕小,桑叶要切得细;蚕慢慢长大,桑叶才可以切得粗一些。她们把切碎的桑叶装在篓子里,从蚕柱里抽出蚕匾,轻轻地把桑叶撒在蚕上面,不断地

---

❶ 蚕宝宝不能吃带水的桑叶,吃了会生病。
❷ 一种用稻草扎成的砧头,专门用来切桑叶。

共生经济（1962—1982）
——人民公社时期的农业经营

用手拨动桑叶，使桑叶分布均匀。喂好桑叶后，重新把蚕匾放回蚕柱里。喂叶以"昼时"计，即以白天加上夜晚24小时计。蚕小的时候，每昼时喂叶5次；到四眠以后，每昼时喂叶可以减少到4次。

除蚕沙是养蚕中的另一项重要工作。蚕吃桑叶时，只吃叶片，剩下叶茎。吃完桑叶，拉出来的屎如黑色的沙子。农民们把清除叶茎与蚕屎的过程称为除蚕沙。蚕小的时候，除蚕沙来不得一点点粗心大意。除蚕沙时，饲养员抽出蚕匾，先捡出蚕吃剩下的叶茎。叶茎上总会附着一些小蚕，饲养员轻轻把小蚕从叶茎上取下，放在蚕网上。小蚕只有蚂蚁般大，饲养员要仔细看着，不能把小蚕与叶茎一起扔掉❶。叶茎拣干净了，她们提出蚕网，把蚕网放到另一个空匾里。此时，蚕绝大多数在蚕网上，与蚕网一起被移到干净的匾中。但是，总有些蚕宝宝漏在蚕网下，混在蚕沙里。饲养员用鹅毛拨动蚕沙，寻找着黑乎乎的小蚕，拣回去，放到新的蚕匾里。最后，她们把蚕沙堆放在一起，等待着生产队派人来分蚕沙。蚕沙既是上好的肥料，更是羊的饲料，生产队会及时分配蚕沙到农民家中。

蚕吃了两三天桑叶，要睡觉了，一睡就是一昼夜。睡一次，就算过了一眠。最初的时候，每过一眠，蚕儿长大几倍，需要不断地分开饲养，以保证蚕宝宝都能顺利吃到桑叶。四眠一过，蚕宝宝已经"疏散到"许多农民家中，吃叶量大大增加。饲养员来不及自己采桑叶喂蚕，生产队长就派其他农民帮助各个蚕室的饲养员采桑叶。四眠睡过，蚕进入了最后的五眠阶段，即大眠。此时，蚕已经长到人的小指般大，走进蚕宝，一片蚕吃桑叶的沙沙声。联民大队一带有"全年最忙三个三"的说法，就是"大眠三昼时，络麻三寸长，早稻三熟制"。大眠后的第四天开始是蚕一生中的旺食时期，大量的桑叶将在几天内吃完。这时已经伐条采叶，甚至就拿整条带叶的桑条喂蚕，但人们还是忙不过来。如果遇到下雨，如何把雨中挑进蚕室的桑叶弄干，是对饲养员们的一大挑战❷。此时，络麻长到3寸长时，正需要散枝、拔草、施肥、松土，这些活一样也不能少。恰恰这时，又正逢春花收获，早稻插秧。陈家场的农民们说，这时候，"抬起脚来做也来不及"。

蚕的饲养过程中，特别到了三眠以后，蚕病最令农民们头疼，严重的

---

❶ 如果天气阴黑，他们会把蚕匾搬到屋檐下去除蚕沙。

❷ 蚕吃了湿叶会生病，所以，遇到下雨天，采来的桑叶全是水，饲养员必须把桑叶弄干才能喂蚕。大眠以后，蚕吃叶量很大，弄干桑叶成了饲养员们最烦恼的事情。

蚕病会造成蚕茧大减产。春蚕的情况如此,夏蚕、秋蚕的情况也如此。实际上,蚕病的情况比较复杂,蚕业技术人员有时束手无策。1950年代,微粒子病、空头病、僵病等蚕病危害十分严重。1960年代初,海宁农村根据中国农科院蚕研所制订的综合防治技术规程开展蚕病预防,基本控制了蚕病的蔓延,并基本达到消灭微粒子病的标准。1970年以后,几种新的蚕病,如中肠型脓病、血液型脓病、细菌性败血病、僵病等曾在海宁地区农村流行,严重威胁着蚕业生产。在农业科技部门的指导下,农民们用石灰及消毒药液进行严格消毒,防止这些病的发生。同时,农民们还使用各种抗生素开展治疗,脓病、败血病等得到了控制。但是,僵病继续发生。1982年秋蚕期,海宁市大面积发生僵病,来势凶猛,发病广泛,蚕业损失十分巨大。

1972年9月,海宁县有5个公社发生蚕病,来势凶,发病快,传染性广,病情严重,危害极大。湖塘人民公社联丰生产大队15个生产队中有13个队发病,最严重的一个生产队养70张蚕种,最后只剩下10张左右蚕种,蚕病死达70%。全大队的蚕宝宝都在大眠三昼时至四昼时发病,500多张蚕种有200多张受害。这种病传染性很强。细菌在桑叶上发出毒素后,蚕吃了就发病。蚕肚里有"两只核",吃了毒叶就停止活动,18小时左右死去。病发时,蚕头尾弯曲,吐黄水,尾部排出物呈黄色。接着,蚕的头部出现黑点,渐渐全身变黑,蚕宝宝烂死。这种病对毛虫、花毛虫、野蚕都有危害。

1972年9月15日夜,红江人民公社召开蚕病紧急广播大会,讲解治疗这种病的方法:"一、当前是有利时期,毛虫刚刚孵化,效果很好。采叶时先摇一摇,发现有虫粪,擦掉再给蚕吃。二、进行叶面消毒。用1两漂白粉和10斤水,喷射桑叶上,一面喷一面弄匀。等桑叶上没有漂白粉气味,就可以给蚕吃。当天配的漂白粉水,当天用光。三、处理死蚕病蚕:(1)如发现有病蚕,立即隔离,不要丢开来,也不要给鸡鸭吃。(2)蚕沙体子❶进行消毒,当堆肥处理,不能给羊吃,也不要堆放在场地上。四、喷水添食,要看情况,尽量防止过湿,要注意。"❷

1972年9月16日,红江人民公社干部与蚕业技术人员来到四联地区,在祝会信用合作社召开四联片大队干部与蚕业技术员会议,贯彻公社

---

❶ 当地土话,意思是蚕屎。
❷ 参见周生康,《工作笔记》,1972年。

共生经济（1962—1982）
——人民公社时期的农业经营

蚕病紧急会议。会后，公社、大队的蚕业技术人员来到联民大队各个生产队进行蚕病情况的检查，发现有空头、僵病、白肚❶三种蚕病，其中红旗生产队情况比较严重，东风生产队发现有僵病，立新、红江、向阳生产队情况较好❷。根据蚕病检查的情况，各个生产队都采取了相应的措施，但是，有经验的农民都知道，在大眠的时候，一旦发现有空头、僵病和白肚，实际上都很难治好。农民们通常马上把这些病蚕拣出来埋掉，以免传染给更多的蚕❸。

在春蚕、秋蚕到大眠以后，另一件重要的事情会让生产队长们担心，那就是缺桑叶。生产队各季蚕种的数量都是根据全队桑叶的出叶量预订的，估计难免出错，桑叶的出叶量会受到天气情况的影响。每年春蚕到大眠的最后几天，各个大队都要确认是否缺桑叶，如果缺桑叶，马上采取紧急措施外出买桑叶。有时候，联民大队有的生产队缺桑叶，大队便与盐官蚕种场联系，到那里去买。盐官蚕种场以制种为主，桑叶总有多余。1973年5月25日下午，联民大队召开生产队长、蚕业队长会议，下面是会议的简要记录。

> 为了调剂桑叶问题上发言摘要。
>
> 关于目前桑叶。根据我大队情况，普遍发生缺叶现象。在昨天下午到今天上午，东风队踏块检查，估产175担，尚缺17.5担，但今日剪下（桑叶）未算在内。预计每张11担，35张385担。以一半计算，缺叶192.5担。
>
> 据这个生产队算出来是平产，但是，我看能多20担。有根据：①浪费现象较重。②估计不足。③毛桑、新桑刚头还在❹。④有蚕病。❺

---

❶ 当地土话，指三种不同的蚕病。
❷ 参见周生康，《工作笔记》，1972年。
❸ 在蚕业生产中，特别在秋蚕饲养中，可以又一次看到人民公社时期"上下联动"产生的积极效应。秋蚕病多，一般农民根本没有能力及时发现蚕病，即使发现了蚕病，他们也没有能力治疗。人民公社建立起一套从上到下的蚕桑技术系统，及时发出防病、治病的消息，还通过供销社为各个生产队蚕室提供足够的药品。蚕室里的饲养员根据上面的指示精心消毒，认真治疗蚕病。上下结合，确保了秋蚕的稳产高产。根据《海宁市志》提供的资料，1949年海宁市秋蚕张产仅4.5斤，1977年秋蚕张产达到了28.3斤，提高了5倍多！（参见海宁市志编纂委员会：《海宁市志》，汉语大词典出版社，1995年，第276页。）
❹ 这句话的意思是，有些桑树上还留下一些桑条和桑叶。
❺ 周生康，《工作笔记》，1973年。

当时，联民大队东风生产队缺桑叶，另一个生产队多桑叶，二者相抵，还缺少100多担桑叶，大队里后来请盐官蚕种场帮助解决了。蚕宝宝每隔五六小时就要吃桑叶，如不及时喂桑叶，就可能生病。所以，一旦缺叶，就十分紧张，生产队的小伙子们甚至跑着到盐官蚕种场里去采桑叶。有一年秋天，盐官地区普遍缺叶，公社、县里的领导们都出面想办法搞桑叶。红江人民公社领导与诸暨有关部门联系，了解到那里有多余的桑叶，马上指导当地农民采叶。这位领导晚饭也来不及吃，亲自带队开着拖拉机连夜赶到诸暨，装好桑叶后立刻返回。第二天，桑叶运到，解了燃眉之急。

1970年代，联民大队一带每年养四到五熟蚕，下表反映了联民大队各熟蚕的饲养张数（见表4-2）。

表4-2　联民大队20世纪70—80年代初蚕饲养张数表　（单位：张）

年　度	合　计	春蚕张数	夏蚕张数	秋蚕张数		
				早秋蚕	中秋蚕	晚秋蚕
1970	617	246	79		292	
1971	690	291	79		318	
1972	782	314	73		395	
1973	812	322	62		418	
1974	819	206	70		443	
1975	789	334	55		400	
1976	727	308	55		364	
1977	704	275	56		373	
1978	712	283	53		386	
1979	722	283	53	162	224	20
1980	838	272	42	198	306	20
1981	926	319	70	215	322	/
1982	971	340	57	234	340	/

资料来源：联民大队会计资料。

注：观察这些数字我们注意到，1974年，联民大队的春蚕饲养张数特别少。我们查了周生康《工作笔记》中当年的记录。1974年1月2日，联民大队召开生产队队务委员以上干部会议，会期三天。大队党支部书记王张堂在第一天的动员会上说："今冬明春……有几个生产队做到了白天做路、夜间填河。如：红星生产队大战'道士河'战斗；东方红生产队5亩多岗，大战陈家大河有5 000多方土；立新队机站北面'小香坟'进行低田加高，搬走高岗；向阳队挑掉河泥再填河。其他生产队做到规划准备，今冬明春全面开始。今冬明春继续深入'十大'学习，元旦社论，开展批林整风，深入农业学大寨，保质保量完成机耕路。进一步大搞农田基本建设，订出长远规划，分期实施、当年见效原则。今冬明春60%投入，县委提出4个月搞农田建设。响应这个号召：改造地改田100亩，改造专桑100亩。为74年粮食大丰收。"联民大队当年农田水利建设的规模过大，妨碍了春季桑叶的产量，导致了春蚕饲养张数的减少。此外，在联民大队的会计资料中，从1970年到1978年，只记录了秋蚕的数字，没有区分早秋蚕、中秋蚕与晚秋蚕。

共生经济（1962—1982）
——人民公社时期的农业经营

我们从表4-2中可以看到，每年春蚕饲养的数量都比较大。夏蚕是小熟。春蚕伐条以后，桑树"拳头"上长出许多嫩枝。嫩枝的数量太多，需要"撇"掉一部分，每个"拳头"上留下3—4根枝条，秋天才能长出好的桑叶。夏蚕就是利用这些"撇"掉的嫩枝来饲养的，所以，夏蚕养的张数很少。

饲养春蚕的时候，气温偏低，蚕室需要加温。夏蚕的情况恰恰相反，夏季气温过高，要给蚕室降温。在当时的条件下，降温比加温更加困难。生产队在蚕室前搭一个草棚，沿着蚕室屋檐向下倾斜，在蚕室的门窗上遮上草帘，以减少太阳辐射对于蚕室的影响。他们挑井水来，泼到草棚顶上，放在蚕室里边，或者泼一点到地上。他们还会用报纸糊一把1尺宽、2尺高的纸扇，高高地悬挂在梁，纸扇下拖一根绳子，用人力摇动大扇子降温，如此等等。但是，降温的效果有限，夏蚕的产量一直不高。

早秋蚕的情况与夏蚕相似。饲养早秋蚕的时候，正当"秋老虎"天气，饲养早秋蚕的一项重要工作就是降温，但碰到持续高温的天气，早秋蚕还是会受到影响，难以获得较高的产茧量。

饲养早秋蚕是充分利用下脚桑叶和下垂枝条的叶，见缝插针地利用劳动力不太紧张的时间，增加经济收入。早秋蚕的饲养数量一般是中秋蚕的40%—60%。在饲养早秋蚕的时候，饲养员从枝条的下面采桑叶，一点点采摘上去。早秋蚕的用叶，最多只能采摘桑树枝条下半部分的40%。一方面，饲养早秋蚕时如果采桑叶过多，早秋蚕吃了本该中秋蚕吃的桑叶，会影响桑树枝条的生长，导致枝条瘦长而软弱，甚至会影响明年的春叶生长。另一方面，如果不饲养早秋蚕，桑树枝条下半部分的桑叶会慢慢变黄，叶质偏老，逐步脱落，桑树枝条也会长得较慢，因此桑叶也不会增加。在联民大队一带，农民们有"早秋生活要捏牢"的说法，意思是说，养早秋蚕时农活杂多，必须合理安排时间，样样农活才能做得好。

在海宁地区，中秋蚕在9月1日左右发种，通常是全年单季饲养张数最多的一熟蚕，但中秋蚕的张产茧量总低于春蚕。与春蚕相比较，中秋蚕的饲养有几个特点。其一，饲养中秋蚕的时候，天气比较热，蚕室通常都不需要加温。其二，饲养春蚕时，饲养员常常为湿叶而烦恼，饲养中秋蚕时，天气干旱，生产队有时需要进行桑园抗旱，以便使桑叶水分充足。其三，秋季各种作物的病虫害频发，农药打得多，生产队需要时时注意，防止桑叶被农药污染。中秋蚕容易爆发蚕病，饲养中秋蚕的一个关键环节就是防治蚕病。其四，中秋蚕遭遇缺叶，找叶更难，生产队的损失会更大❶。

中秋蚕大眠以后,生产队开始评估桑叶的情况。桑叶不够,马上组织联系购买;桑叶正好,中秋蚕"上山",全年养蚕结束;桑叶有余,订购几张晚秋蚕,吃完最后一张桑。无论是春蚕、夏蚕还是秋蚕,大眠以后,蚕吃到"熟"❷了,就要"上山"。

蚕要"上山",蚕农需要给蚕搭"山棚"❸。生产队安排男劳力负责搭"山棚"。他们拿来短棍、毛竹、山棚木,从厅的一边开始,搭起约1米高的木架子,架起山棚木、毛竹,把帘子铺在上面。在帘子铺展开三分之一的时候,开始在帘子上插毛簇❹。传统农民用"湖州簇",人民公社时期普遍采取伞开簇。此时,"山棚"准备好了,只等着送蚕来"上山"。

在男劳动力搭"山棚"的时候,生产队的其他男女老少都在紧张地"拣熟蚕"。蚕"熟"得很快,一旦"熟了",就吐丝结茧。这时候,如果蚕没有被放到毛簇上,蚕就在匾里胡乱吐丝,蚕丝搭到哪里算哪里,结出的蚕茧会成不规则的形状。蚕匾里还有蚕屎,偏潮,结出的蚕茧呈黄色,质量很差。因此,"上山"是火烧眉毛的事情,必须及时拣出成熟的蚕,及时把蚕送上"山棚"。在春蚕、中秋蚕"上山"高峰期,生产队里倾巢出动。尽快把成熟的蚕拣出来,放在一只只容器里;放得差不多了,派人送给在"山棚"那边等着的男劳动力。男劳动力拿到蚕,用双手抓起蚕,均匀地放到毛簇上。蚕一旦到了毛簇上,会自己爬到合适的地方,吐丝结茧。

男劳动力往"山棚"上放了部分蚕,身子向后退,铺开更多帘,在帘上插毛簇。……如此反复,直到几间屋子全部搭成了"山棚","山棚"上全部放了成熟的蚕。他们又到另一家的房子里去搭"山棚"……直到所有的蚕全部上山。在春蚕、秋蚕"上山"的时候,天气偏凉,生产队专门安排人在"山棚"下加热,昼夜管理"山棚"。管理"山棚"要认真、仔细,特别注意四个字:"火烛小心!"蚕在"山上"做茧,人在"山下"等待;农民们不时

---

❶ 与春蚕饲养情况相比,秋蚕的采叶工作令一些农民头疼。春天,桑园里干干净净的;秋天,桑树上爬动着刺毛虫。各人对于刺毛虫的适应程度差别很大,有的农民采一次桑叶,浑身会痒好几天,如皮肤碰到刺毛虫,会红肿、疼痛。

❷ 这里的"熟"指蚕本身成熟了。饲养员把蚕拿在手里,对着亮光观察,如果蚕的身体有些透明,表示"熟"了,需要马上"上山"。

❸ 从1970年代初期起,联民大队一带的农民渐渐改变了搭山棚的习惯,他们或者在养蚕的竹架子上插毛簇,或者直接在地上铺厚厚的一层稻草、菜壳,铺帘,插毛簇,让蚕"上山"。

❹ 帘铺展开过长,双手够不着,没法插毛簇,也没法把"熟了"的蚕放上去。

共生经济（1962—1982）
——人民公社时期的农业经营

去看一看，欣喜地看着茧子"一天一个样"。

很快，毛蔟上结满了洁白的蚕茧，茧子熟了。在人民公社时期，采茧子是令人心情愉悦的劳动。农民们坐在一起，采着茧子，说着笑着，享受着丰收的喜悦，也赚着"安耽"的工分。

三、售茧与收茧

蚕茧是国家重要物资，从1950年代实行统购统销政策以后，一直由农村供销社统一收购。供销社控制着蚕茧收购市场，规定蚕茧收购价格，划定蚕茧收购的区域。联民大队当年被划归诸桥供销社的茧站收购，各个生产队生产的蚕茧，都必须也只能出售给诸桥供销社茧站。

农村供销社的茧站是典型的"季节性单位"。茧站平时没有什么事情，站长也在供销社的其他部门工作。收购蚕茧的时候，特别是收购春茧与中秋茧的时候，茧站聘请临时工来帮忙。站长把名额分配到各个大队，讲明需要的人数与工种，由各个大队落实到人。在分配名额的时候，茧站会向大队提出建议，请大队推荐有经验的熟手。例如，茧站每年都要求联民大队派胡少祥到茧站帮忙，胡少祥一直负责茧站的统计、计算、复核、付款等工作，做事认真细致，受到一致好评。大队在推荐人员的时候，会考虑经济困难的农户，也受到"关系"的影响。那时，诸桥茧站文职人员有3个：统计汇总记账1个人，计算兼付款1人，复核兼付款1人。鲜茧壳结价时，诸桥茧站只开1支秤，只有1个人司秤；1只评茧台，只有2个助评，1个主评由丝厂同意担任。茧站内其他收茧人员最多10人。茧子收购进来以后，马上需要组织人员把茧子烘干。烘茧的大型煤灶也只有10多个人。茧站还开食堂，临时聘请1名炊事员。

与"上山"的情况一样，由于茧子的价格与茧子的成熟时间密切相关，茧子过"嫩"或者过"老"，价格都会受到影响，因此，售茧也成为一件十万火急的事情。生产队里采下茧子，马上组织劳动力挑着茧子去茧站。陈家场男劳动力比较少，生产队长不得不同时派妇女劳动力参加售茧。她们像男人一样，挑着100多斤的茧子，沿着袁花塘河，汗流浃背地朝着诸桥茧站走去。

诸桥茧站负责收购联民、联新、联农和联丰"四联片"的4个大队与诸桥片的5个大队的茧子。下面是联民大队蚕茧产量的统计表，周边生产大队的种植结构与联民大队差不多，我们可以从联民大队1971年的数字中大致推算当年诸桥茧站的蚕茧收购量（见表4-3）。

表 4-3　联民大队 1971、1975、1980 年度蚕茧生产量统计表 ❶

（单位：张、斤）

（生产队）名　称	1971年			1975年			1980年		
	饲养张数	张　产	总　产	饲养张数	张　产	总　产	饲养张数	张　产	总　产
甲	1	2	3	1	2	3	1	2	3
合　计	690	61.2	42 154.7	789	67.8	49 537.8	926	69.4	64 220.3
东风	80	50.8	3 963.3	81	60.21	4 877.3	94	69.1	6 491.4
红星	86	74	4 902.7	103	68.62	6 791.5	126	66.1	8 328.8
红江	64	72.21	4 621.3	70	63.36	4 435.8	110	67.7	7 445
立新	97	65.4	6 342.2	111	64.15	7 009.9	138	69.1	9 536.2
东方红	63	64.8	4 084.7	84	63.84	5 362.5	87	63.4	5 518.4
红旗	107	35.74	5 964.2	120	62.14	7 456.8	131	73.7	9 652.8
向阳	113	62.1	7 014.6	133	65.42	8 677.8	150	72	10 793.1
胜利	80	65.8	5 261.7	87	56.6	4 926.2	90	71.7	6 454.6

资料来源：1971 年、1975 年、1981 年联民大队决算方案。

　　由于蚕茧成熟的时间太接近，当各个生产队都急着把蚕茧出售的时候，诸桥茧站前会排起长长的队伍，大家都焦急地等待着卖茧子。每年春茧与中秋茧收购的时候，诸桥茧站都会经历几个通宵的忙碌。

　　卖茧子，十万火急，各个生产队都如此。谁先谁后？是否遵守规则排队？谁先破坏了规矩？诸如此类的问题都会引发争论，而干活劳累的农民们火气又特别大。在人民公社时期，供销社茧站门前成了各个生产队之间争吵甚至打架最集中的地方，综观这些生产队之间的"战争"，可以清晰地看到生产队集体的"共生意识"在面临外部压力的情况所发挥的巨大作用。一旦两个生产队发生争论，每一个生产队里所有在场的人都竭尽全力地帮助自己所在的集体。那一次，陈家场先派一个男劳动力挑着一担鲜茧"飞跑"到诸桥茧站去排队，两个多小时后，这个人排队的位置插入了 20 多担茧子。后面生产队的农民开始"说话"了。话不投机，争吵开始。后面生产队的农民们仗着都是强壮的男劳动力，说话气势汹汹。想不到陈家场的女人们说起话来叽叽喳喳，声音一个比一个响，她们

---

❶　我们从表 4-3 中可以看到，尽管红旗生产队不断地"地改田"，减少桑园的面积，但是，由于每亩桑地的产叶量增加，生产队养蚕的张数不减反增，蚕茧的总产量也呈增长趋势。蚕茧的实际产出情况掩盖了红旗生产队私自"地改田"、改变国家种植计划的行为。

共生经济（1962—1982）
——人民公社时期的农业经营

一边骂着，一边还向前冲去，逼得后面生产队的男人们只得朝后退。后来，附近的民兵出来劝架，两个大队的干部也到场，总算平息了争吵。结果，陈家场仍先卖掉了茧子。联民大队的胡少祥每年都在茧站做会计，讲起那个时候生产队之间的争吵，他说，吵架每年都有，每次收茧子的时候，公社都组织民兵维持秩序，大队干部一般也会到场。

诸桥茧站属于丁桥人民公社供销社，而联民、联新、联农和联丰大队都属于红江人民公社。"四联片"的农民卖茧不方便，有许多怨言，也建议在四联地区的祝会供销社建设专门的茧站。盐官供销社当然支持这个建议，不久，在海宁丝绸公司和市特产公司的支持下，1973年开始筹建祝会茧站。1974年春，盐官供销社祝会茧站建成，正式开始收购春茧。当年，由于房屋和堆场还很紧张，红江公社动员联丰大队（现在的联平村）把春茧卖到盐官茧站。后来，祝会茧站又扩建了房屋，其收购范围最终划定为四个大队以及中新大队的一个生产队，新星大队的两个生产队，合计36个生产队。

祝会茧站开始收购的时候，每次只用2—3名文职人员。在收春茧时，茧站高受虚会计自己顶一个计算人员，临时雇一个总务管理食堂和后勤工作。另外只雇胡少祥和高会计搭档，高会计当计算，胡少祥当计算、复核兼付款。祝会茧站每天都记各生产队的售茧日记账。当时，售茧大多是非现金结账，茧站必须每天都把存款转入信用社。除了春茧收购以外，中秋、夏茧、早秋和晚秋各季收购，只有胡少祥和高会计两人包揽，高会计兼后勤工作，胡少祥为食堂兼卖饭菜票。对外结算全由两人承担，交错复核，后来逐步增加到3个人。

蚕茧收购中最重要的工作是质量核定，茧站根据蚕茧质量的核定情况决定每担蚕茧的价格。蚕茧价格的核定原先采用鲜壳量计价法。按照这种方法，茧站核价人员从一担蚕茧中随机拿出一定重量的蚕茧，削壳去掉蚕蛹后，称新鲜茧壳的重量。核价人员再凭"手感"与直觉评估蚕茧的含水量，最干燥的蚕茧升一级，潮湿的蚕茧降一级。由此决定蚕茧的价格。这种计价方法比较粗，存在着漏洞。一些农民在卖茧的时候，故意弄潮蚕茧，增加蚕茧的重量，以获取更多利益。

茧站核价人员核价的时候，只允许生产队派一个人参与。有一次，顾颐德代表陈家场监督核价人员核价，顾颐德对核价不满意，争论起来，吵得"脖子上的青筋都冒了出来"。顾颐德的争吵声引起了茧站门口等着的陈家场农民们的关注，陈一揆、顾新堂等几个人带着所有陈家场人涌入茧站,七嘴八舌地吵了起来。整个茧站不得不停止收购半个多小时。后来,茧站只能重新为陈家场的茧子核价,核出来的价格比原先的高一些。每当回忆这件事,陈一揆总说是"齐心协力的胜利"。

1974年以后,评茧从鲜壳量计价改为干壳量计价,鲜茧的牌价作了根本性的改变,但中心基价大同小异,不影响价格政策。海宁市在盐官茧站试点,对外实行鲜壳量计价,在内部进行烘干,再作对比试算。祝会茧站的工作人员按照大量的数据推断出干壳量计价的理论依据。在计算大量资料的基础上,定出干壳量计价的具体定价和表式。1975年,海宁全县各茧站正式对外实行干壳量计价的方法,这种计价方法一直沿用到现在。鲜壳量计价的缺点在于,没有标准的数据规定蚕茧的干燥与潮湿,只有凭手感决定,存在着太多的随意性。干壳量计价解决了这种不合理现象,避免了蚕农故意掺潮的做法。

但是,干壳量计价仍然有不足之处,蚕茧的价格、等级差异太大,同样的茧子,可能会相差4—5个等级。蚕茧价格提高以后,每担不同等级的蚕茧价格甚至相差100—200元以上。当然,其中的原因是多方面的:一、茧子不均匀;二、抽着的样茧没有代表性;三、剥样茧时,剥什么样的茧有出入;四、称鲜壳时秤冒高,称干壳时太平;等等。还有下茧率、好蛹率都没有上升,反而个降。还有人反映,燥茧卖低价,潮茧卖高价;高山茧卖低价、地山茧的价格往往高于高山茧❶。这是什么原因?其一,地山茧子相对较黄,有了色一般来说就有了重量;其二,潮的茧壳往往没有真正烘干。

在核定蚕茧价格的时候,主评抽出的样茧全部摊在评茧台上,分成3堆,选派生产队售茧代表1人进站,督促评茧。样茧分成3堆以后,由售茧代表挑选其中的1堆,以1市斤作为样茧。在1市斤样茧中挑剔下脚茧,包括烂茧、黄斑、柴印茧、穿头虫等不能上车❷的茧子,称过重量,根据下脚茧扣款。再把1市斤茧子包括不能上车的茧子全部数过,比如是300粒,削割茧的1市两,一定要十分之一的比例,即30粒(四舍五入)。在称1市两削剖样茧时,如果这30粒少于或多于1市两,必须把茧子大小进行调换。超过重量,把大的调出,调入小的茧子;不到重量时,就把小的调出,调入大的茧子。这样的做法,认真但费时间。后来,改称半市斤作样

---

❶ 高山茧指在高的"山棚""上山"产的蚕茧;地山茧指在地上"上山"产的蚕茧。
❷ 上车指上丝车抽丝。

共生经济(1962—1982)
—— 人民公社时期的农业经营

茧,加倍计算。再后来,干脆不称样茧1斤,光称削剖样茧的1市两,不挑剔下茧,完全由主评在过磅前目测决定茧的扣款。

茧站对收购凭证的审查十分严格,每到收购尾声时,茧站的文职人员先进行自查,把全部的收茧凭证通算一遍,发现差错立即纠正;该追回的钱,组织人员追回,该补给蚕农的钱,直接送到蚕农家里;把差错及时填表上报。在此基础上,还要进行站与站之间的互查。

在茧站内部,领导十分重视加强凭证的管理,收购期间每天的凭证领用、交还、作废等都有严格的手续。茧站收茧凭证的内部汇总和逐笔记录是一项细致而又认真的工作,多数文职人员难以胜任,主要是凭证多、时间紧,当天的收茧凭证,当天要汇出分类的总数,称为五大类汇总,分上茧、次茧、双宫、黄斑印(紫印、穿头)、烂茧。茧站每天都要核清楚各类茧子的数量和金额,代扣代交农业税和实付金额;茧站每天实付的金额要与付款员付出的现金相符合,发现不符就要查找原因,弄清来龙去脉。茧站还要计算出每类茧子的担茧价格扯价❶,特别是每担上茧的扯价。在蚕茧收购时期,茧站每天都要汇总蚕茧收购的进度和茧价的执行情况,每天晚上收购结束以后向市公司电讯汇报。人民公社时期的汇报制度十分严格,无论在什么时候,当天都要汇报,市公司有专人通宵值班,及时掌握全市的收购情况。

茧站每天向市里汇报的还有茧质的情况。茧站要逐笔记录每笔茧子,也就是每张凭证的茧质内容,具体是每50克样茧的粒数,鲜壳的壳重、干壳的壳重、含水率的升、平、降、色泽匀净度的升或平,下茧的比例和扣款金额,好蛹率的升、平、降、毛茧子的上茧数量,结算的单价。这些内容全部进行记录。继而全部汇出总数,以算出每笔茧子的平均数(总积数÷笔数),再以加权平均计算出当天的总结数。

茧站里每一笔蚕茧相关数据和茧款都记入相应生产队的账页,蚕茧收购结束时,茧站把每一个生产队全期总数汇成一个大队的总数。承包到户以后,市里把售茧任务下达到各乡镇,再具体下达到各村和各户,实行超售奖励和不完成任务赔款,各户发售茧卡,写明该户售茧任务,售后茧站给予填卡。茧站根据镇里的要求,直接为每户汇总,再归纳到各组和各村,确定准确的数字。

---

❶ 当地土话,意思是平均价。

第二节 络 麻

在联民大队一带,络麻是仅次于蚕桑的重要经济作物。络麻春天下种,秋天收获。络麻收起以后,还要放到河水里浸泡,络麻皮质的腐烂导致全海宁的大部分河道河水发臭,鱼虾死亡。但是,为了生产队集体的经济收入,当年没有人提出来环境问题。

一、麻种与种麻

麻是锦葵科木槿属一年生草本韧皮纤维作物,有苎麻、黄麻、青麻、大麻、亚麻、红麻等不同品种。作为经济作物,海宁地区主要种植黄麻、红麻。黄麻、红麻纤维呈银白色,有光泽,吸湿散水快,适于织麻袋、麻布、麻地毯和绳索。带皮麻秆是很好的造纸原料,剥皮后的麻骨用于烧制活性炭,制造纤维板。麻叶可以作为羊饲料。

海宁是浙江省黄麻、红麻的生产基地,种麻历史悠久,种植面积大,麻纤维产量高。1949年,全县种植黄麻、红麻45 120亩。1951年,县人民政府召开首届棉麻农代表大会,提出"络麻种植10万亩、产麻40万担"的目标。1952年,全县种植麻119 272亩。1953年的种植面积是13万亩。

1960年代初,全县调整种麻布局,麻的种植集中到朝阳、丁桥、盐官、郭店、钱塘江、长安、许巷、许村、辛江、沈士等11个乡镇,面积10万亩。1970年代,在稳定种植面积的同时,人民公社努力提高麻地的肥力,麻的亩产量达317公斤,比1960年代提高27.8%。1978年突破400公斤。

海宁农村习惯种植黄麻❶。1976年以后,红麻成为主要种植的品种。

海宁地区种植的黄麻有园果种和长果种。1950年代初,园果种有本地宝塔种、石井园果、费洋黄麻、宁台818—3等品种。1953年,海宁引进新丰青皮、吉口、白莲子等新品种,逐步代替当地农家品种。1950年代,海宁农村麻田灌溉条件较差,很多麻地灌不上水。园果种络麻抗旱能力较差,地里长得绿油油的络麻,如果长期缺水,会萎缩谢叶。农民们不得不逐渐减少圆果种络麻的种植面积,1959年全县圆果种麻地仅占全部麻地的17.17%。1963年海宁从广东引进园果种粤园五号,1976年该品种的种植面积达43.98%。在推广粤园五号的同时,海宁农村还在1972年

---

❶ 黄麻全枝呈绿色,联民大队一带的农民习惯称其为绿麻或者络麻。

共生经济（1962—1982）
——人民公社时期的农业经营

和1979年从福建引进梅蜂四号和"179"园果种,从萧山引进"78—445"。

1953年以前,海宁地区较少种植黄麻。1953年海宁部分地区遭遇旱灾,长果种比较耐旱,旱后收成好。长果种有本地品种宁荚816、长安青皮、褚石深红皮、红龙等,引进品种有翠绿、浙麻四号、广丰长呆、龙溪等。1959年以后几年中,以翠绿❶为主的长果种种植面积占络麻面积的80%;1980年代初期的三年中,种植比例高达97%以上。

红麻又叫印度麻,与园果种、长果种黄麻相比,红麻抗旱力强,吸肥力也强,根系发达,秆粗而高大,产量比较高。但是,红麻是热带品种,在当地无法育种,海宁地区每年都必须从广东、海南等地购买红麻种子。刚开始引进的时候,红麻只种在旱地或者贫瘠的荒地。1950年,红麻的种植面积仅占全县络麻种植总面积的7.39%,1951年占30.06%,1952年扩大到56.8%。但是,这一年种植的红麻"马德拉斯"爆发炭疽病,导致大幅度减产。1954年,全县红麻种植比例只剩1.66%。1963年,海宁再从广东引进红麻品种青皮三号,由于栽培措施跟不上,发展不快。1970年代,全县逐步改进栽培技术,加速引种。1976年,全县的红麻种植已占络麻面积的44%,新引进的青皮三号成为当家品种❷。表4-4反映了当时联民大队种植的络麻品种。

表4-4 1971年2月联民大队各生产队麻种以及种山芋需求量

（单位：斤）

	元果种	红麻种	种山芋
东风	15	40	100
红星	20	40	50
红江	15	40	50
立新	/	40	100
东方红	20	40	120
红旗	/	/	40
向阳	20	40	30
胜利	15	80	110

资料来源：周生康,《工作笔记》,1971年2月27日。

---

❶ 长果种络麻翠绿的形象就如其名字所提示的那样,即使在长成以后,也整个植枝都呈翠绿色。联民大队一带的农民因此而误称其为绿麻。

❷ 有关黄麻、红麻的情况参见内部文稿,海宁市农业局编：《海宁农业志》,2008年,第61—74页。

麻春天播种,秋天收获。由于麻的生长期较长,麻的种植存在着与春花之间接茬口的难题。通常,麻需要在春花收获以前播种,否则,麻的纤维来不及生长。在联民大队一带,各个生产队都根据麻的生长季节安排种植计划。其一,1970年代,联民大队一带通常都在冬天大搞农田水利建设,新整平的土地还没有种上作物,正好可以种植络麻。当然,这些土地生土多,肥力差,给络麻的种植带来一定的困难。其二,在秋天的时候生产队安排部分土地种植蔬菜。第二年春天,蔬菜收获的时间早,可以在蔬菜收起以后种植络麻。其三,为了确保足够的春花面积,又能不误络麻种植的农时,农民们用条播的方式种植春花,以便在春花没有收获的时候,可以在条与条之间播下络麻种子。

像其他作物的情况一样,络麻下种以前,生产队需要整理土地。如果麻与春花接茬,春花已经结实,只能在春花的条与条之间用刮子削去杂草,削松土地,再撒下络麻的种子。如果络麻种在其他土地上,农民先要垦地,再"落地",把土地耙平整,编好"轮"。络麻的播种有满轮播与条播。如果条播,农民们用刮子耙出条,以备播麻种。这些工作做完以后,农民们就可以下络麻种子了。条播络麻一般行距在4—6寸,每亩播种量台湾园果种和荚豆种1市斤左右,红麻3—4斤。

本地络麻一般在立夏前后播种,1960年代以及1970年代前期,受前作满轮春花影响,不得不推迟部分络麻的播种期。1970年代后期起,由于种植晚熟的粤园五号和青皮三号,播种时间提前到4月下旬开始,4月底至5月初旺播。收剥络麻的时间也从过去的"剥好络麻过国庆",推迟到"国庆过后才剥麻"。从表4-5可以看到部分络麻下种的时间安排。

表4-5 1971年4月24日联民大队各生产队络麻下种进度情况

生产队名称	络麻已下种
东风	15亩
红星	6.5亩
红江	22亩
立新	21亩
东方红	15亩
红旗	10亩
向阳	10亩
胜利	35亩
合计	134.5亩

资料来源:周生康,《工作笔记》,1971年4月24日。

共生经济(1962—1982)
——人民公社时期的农业经营

1971年,联民大队共计划种植络麻298亩,到4月24日,全大队种植的络麻占全部应种络麻的45.13%。

在春花地里下种的络麻很难施肥。在其他地里种麻,下种前尽可能施基肥。有的施用河泥、羊灰、草木灰,在垦麻地时把这些肥料翻入土里,耙均匀,以备下种。有的在冬天时种下绿肥,如黄花草、红花草,先把绿肥翻入土里,让其腐烂,再耙平土地。络麻下种以后,农民们会施上粪肥,俗称"冒籽"❶。

络麻播种以后,农民期待着好天气的配合。小雨天气最有利于络麻出苗,麻籽在初夏小雨的滋润下,出苗快,出苗齐。过分的晴燥干旱天气会影响麻籽发芽,农民们可以浇水催芽。大雨对麻地的影响很大,大雨冲刷泥土以后,泥土表面会形成硬结面,麻籽的芽难以长出来。麻苗出得不齐,只能补播或者补种。即使补播顺利,后来播的麻种出苗时间较晚,麻苗就长得比较弱小。俗话说,一步脱节,步步脱节。弱小的麻苗以后会受到其他麻的挤压,最后收获的时候"也看得出来"❷。如果补播不顺利,情况就更糟糕了。补种的苗是从较密的地方"撒"出来的,虽然这些苗与其他的苗同时播种,但是,重新拔出来再种一次,对于麻苗生长总会有一定的影响,也可能出现生长过程中被挤压的情况。因此,补播、补种的麻苗田可能出现麻苗大小不一,高低长短不一,稀密不均,这些情况都会影响麻的产量。最后,如果麻籽出苗不齐,杂草反而会生长旺盛,农民们不得不花更多的劳动力去除草,如果要想夺取络麻高产,一定要以加倍的努力做好田间管理,需要投入更多的肥料。

1973年4月26日,红江人民公社召开干部会议,公社党委副书记专门谈了络麻的下种问题,下面是当年的会议记录。

> 陈福才同志讲今日会议主要是解决络麻下种问题。络麻下种,当前是适时下种季节。补种,主要问题有三个:① 地土板❸;② 地身烂;③ 老草多。在这种情况下:当前出现两种倾向:① 克服困难,坚持高标准,提高补种质量,适时播种,保证一次全苗;② 等待天晴,等待思想,低标准。

---

❶ 当地土话,意思是盖住种子。
❷ 麻苗受到挤压,难以吸收到足够的肥料,到收获的时候,这些麻仍植株矮小,麻皮较薄。
❸ 土地板指土地地面硬化。

毛下种❶。现根据闸口老农经验介绍,目前三天内下种最适宜,过三天是适时偏迟……要求落籽种,在四天内一定要播下去,千方百计(播)下去。

红麻播种适时在5月15日左右,闸口迟在6月1号,产100多斤。元果种适时在5月10号前播下去。

要抢时间如何办?发现老草,发动群众拔;田身烂,能削的削,不能削松,耙细后因地制宜采取两种方法:① 扒行开槽;② 撒时分行不开行。

※ 适时增加播种量,每亩3斤。

※ 准备好灰肥。闸口经验,没有灰肥不下种,落实政策。

※ 选种和药物拌种,用3‰稻脚青进行拌种。闸口大队当选当拌当播。

※ 出起❷后施开口肥,掌握"二枝叶"。清水粪放尿素。要求用宿粪❸,不能用鲜粪。

※ 还要搞一下理沟排水,降低水位。

① 超产继续要执行超产奖励政策;② 肥料问题,按原来规定,每亩20斤,每百斤15斤计算;③ 今年任务要增加。

解决红麻种籽不足办法:① 扣紧播种;② 移种。❹

同年5月6日,红江人民公社向全社干部介绍了外地络麻播种和苗期管理的经验。

学习先进单位萧山县络麻高产先进经验介绍。

该县长沙公社四联大队亩产920斤,其中4队一块粤园五号亩产1 013斤,他们的具体经验有如下几点:

一、推广良种:选种增产,十分显著。

二、适时早播:一播全苗,"留好三分收"。根据几年来实践必须做到6点:① 精选种籽。② 适时早播,力争多种早麻。③ 施足基

---

❶ 毛下种指没有为下种做好应有的准备,如土地没有除草就匆匆下种。
❷ 当地土话,意思是种子发芽生长。
❸ 当地土话,意思是放过几天的粪。
❹ 周生康,《工作笔记》,1973年。

共生经济(1962—1982)
——人民公社时期的农业经营

肥,毛灰盖子。要200担河泥,或20—30担猪羊肥作基肥,2担毛灰盖子,以提高出苗率,达到全苗,匀苗。盖不盖毛灰不相同。④ 精耕细作,提高质量。⑤ 开沟排水,降低地下水位。络麻幼苗最怕积水,积水后土地闭塞,容易发病,甚至严重死苗。因此,播后立即清好沟,做到疏通直沟,开通横沟,沟沟相通。

三、加强苗期管理。① 施好催芽肥(黄芽肥)。② 及时除虫防病,苗期有地老虎、金龟子、蝼蛄、蜗牛等危害,要采用方法及时防治。在出苗达50%和吐露真叶时,各喷一次波尔多液,以防治苗期病虫害发生。③ 勤施苗肥。④ 勤删苗定苗。⑤ 麦收以后,要迅速进行"扣边",就是充分利用空间阳光,达到提高土地利用率,增加有效麻株数。⑥ 适时偏早,施好重肥。要求在6月中旬全部结束。肥料掌握应该是:基肥足,苗肥速,长秆肥重,后期肥巧。⑦ 适时收获,提高精洗率。❶

二、络麻的管理与收获

在联民大队一带,络麻是1950年代初期引进的。当时是单干户时期,政府帮助农民从外地引进络麻种子,派技术人员帮助农民种植络麻。在农业合作化时期,供销社派了一个种麻技术人员下到联民大队一带,帮助合作社管理络麻。胡少祥回忆了当年的情况。

> 供销社设有络麻辅导员,辅导员是供销社编制,但不在供销社工作,长期跑大队、生产队的。大队开会没有一次不到。在联民与联新大队合并为祝会生产队时,络麻辅导员叫马富松,是一个口吃的,说话有时也说不出来,碰到听好领导讲话之后,一定要开展讨论,就在讨论的时候,经常又会碰到有口吃的祝会队会计朱祖坤和五队队长陈康领,几句话一说,便哄堂大笑。络麻辅导实际上从络麻下种到收剥只有半年时间,精洗当时是个关键,马富松跑得很忙,随时向农户指导帮助,一到阳历年底便没有事情,便参与大队其他工作和其他活动,要到来年5—6月开始自己的正行工作。❷

---

❶ 周生康,《工作笔记》,1973年。
❷ 胡少祥,《胡少祥日记》,2001年8月29日。

第四章　蚕桑与经济作物

在络麻的田间管理中,最重要的事情是掘麻草与撒麻。络麻在"白地"或者"白田"❶里播种以后,麻籽出芽了,草籽同样也出了芽,有些草还长得比麻更好。麻苗稍稍长高以后,需要安排掘麻草。农民们拿了凳子、种刀到麻地里,用种刀掘起草根,以彻底根除野草。同时,如果麻苗长得过密,他们掘掉一些长得细弱的麻苗,使麻苗分布均匀。这一掘草撒麻的过程,也是给麻苗松土的过程。在完成了掘麻草的任务以后,他们要给麻苗浇肥,促进留下的麻快快生长。掘麻草一般要掘 3 次,同时施足 3 次追肥。

如果络麻种在春花田里,农民们必须等春花收起以后才能进行络麻的田里管理。这时候,麻草可能长得比麻还高,掘麻草的任务十分艰巨,又很费工夫。1 亩田有时要花 10 个工才能掘干净麻草。掘麻草的时候,生产队里正忙于春蚕饲养、早稻秧苗培育,农民们忙得"抬起脚来做都来不及"。为了提高劳动效率,生产队采取了分组或者定额到人的办法,以确保做好络麻的管理工作。

当然,掘麻草是非常枯燥的工作,农民们也会苦中作乐,原东方红生产队社员陈关明在他的回忆文章中写到,有次掘麻草时,"惠娟她们 9 个妇女诱使我唱歌。我唱了又唱,几乎能唱的都唱了,她们犹听不够。直至我再也没什么好唱了,她们道破原委。原来她们几个人正要打瞌睡,影响劳作,借我歌声,驱走疲劳。我虽有上当之感,毕竟大家同乐"❷。就如其他农作物的管理一样,络麻的管理也要做好施肥和除虫。施肥的工作在拔草、松土以后进行,否则,野草与络麻夺肥料,浪费了肥料,影响了络麻的生长。人民公社时期,国家鼓励生产队"多种络麻,支援国家建设",根据出售络麻的情况分配给生产队化肥。生产队积极种植络麻,一方面为了增加经济收入,另一方面也盯着国家配给的化肥。为了提高络麻的产量,有些生产队会在"双抢""上岸后"❸组织农民趁着农闲罱河泥,浇水河泥到条播的络麻地里。

1974 年,为了从供销社购买更多的化肥,联民大队的农民们加强了络麻的田间管理,提高了络麻的产出(见表 4-6)。1975 年,他们从供销社里购买到了超产奖励络麻化肥,数量甚至超出了按生产计划配给的化

---

❶ 当地土话,指没有任何作物的田和地。
❷ 陈关明手抄本,《平凡而坎坷的一生》,"农业劳动的苦乐观"。
❸ "双抢""上岸",当地土话,指"双抢"结束。

共生经济(1962—1982)
——人民公社时期的农业经营

肥(见表4-7)。

表4-6 联民大队1974年度出售络麻应分化肥数　　(单位:担)

	超产络麻化肥	总产络麻化肥	合计数(担)
东风	7.929	3.382	11.511
红星	3.443	2.831	6.274
红江	5.003	2.511	7.514
立新	5.578	2.86	8.438
东方红	14.399	3.121	17.52
红旗	2.312	1.14	3.462
向阳	10.39	3.758	14.148
胜利	8.352	3.058	11.41
合计	47.406	22.82	80.277

资料来源:周生康,《工作笔记》,1975年6月7日。

表4-7 1975年6月红江公社统计生产队络麻肥料需求情况表

队别	络麻实种面积	分品种			需要五四〇六菌肥数(斤)
		长果	元果	红麻	
东风	49	9	8	32	4
红星	42	12	15	15	5
红江	35	10	6	19	4
立新	40	1.5	15	24	4
东方红	37	2	15	20	4
红旗	16	1.5	2	12.5	2
向阳	49	7	14	28	4
胜利	40	6	14	20	4
合计	308	49	89	170.5	31

资料来源:周生康,《工作笔记》,1975年6月8日。

我们并不知道这些化肥有多少被真正用到了络麻田地里,但我们知道,联民大队各个生产队都把大量国家配给蚕桑、络麻的化肥用到了水稻的生产中。以陈家场为例。陈家场是一个缺粮队,每年国家给陈家场供应粮29 500斤。陈家场种水稻、春花,都供陈家场农民自己消费,没有"为国家做贡献"。因此,国家在粮食生产中给陈家场的化肥较少,根本无法满足粮食生产的需要。在陈家场农民们的眼里,"吃饭靠集体",生产队最重要的任务是保证大家有饭吃。为了实现"有饭吃"的目标,生产队每年都把大量来自蚕桑、络麻的化肥施用到水稻、春花田地里。用当年陈家场生产队长陈建民的话来说,"先让水稻吃饱"。

在络麻生产中,公社农科站关注着络麻的病虫害情况,及时发布消息,提出防治病虫害的方案。联民大队干部周生康的《工作笔记》上留下了这样的记录:"络麻上发现有病,'褐斑病'。用'代生新'1 000倍,'地蚕'用10斤桑饼,敌百虫1两,加水适量。金龟子、青虫、元牯人工捕捉。"❶"络麻,也要注意除虫,'钻心虫'、'金龟子'。可用:杀螟粉(加水)100倍,'二二三'(加水)200—300倍,六六粉(加水)200倍,每亩施150斤水。"❷我们注意到,络麻除虫,除了施用农药以外,还用人工捕捉。金龟子是一种瓢虫,看见人接近,会迅速飞走。青虫躲在络麻绿色的叶片中,不容易被发现。小孩子"眼睛尖,手脚快",到络麻田地里捉虫,他们比大人还在行。四联学校的校长朱祖坚有时会组织几个班级的学生分别到几个生产队里,帮助捕捉络麻地里的虫,"支援农业生产"。

入秋以后,络麻生长旺盛,麻根不仅吸收大量肥料,也吸收大量水分。偏偏在这个季节可能出现干旱天气,"秋高气爽",就是不下雨。部分络麻种在田里,渠道放水,流入田里,旱情马上得到缓解。但是,部分络麻种在地里,农民们不得不一担担从河里挑水,浇到麻地里。如果旱情严重,泼点儿水,很快就蒸发了,怎么办? 联民大队一带的农民设法在地里V形沟的两头筑起拦水坝,不断地把河里挑来的水倒入麻地的沟里。开始的时候,倒入地里的水会被干旱的土地吸干。后来,土地吸水的速度越来越慢。最后,河水终于灌满了地沟。这块麻地里的旱情缓解了,农民们的衣服却被汗湿透了。

络麻出苗以后,农民们及时拔草、撒枝、施肥、除虫、抗旱,功夫不负有心人,络麻迅速生长。到8月下旬,络麻早已长得比成人还高,秋风吹过,麻秆摇曳,似乎在传递着丰收的信息。俗话说,十个指头都有长短,络麻的生长当然会出现高低不一的情况。大量的麻长得高,抢先吸收着雨露与阳光。少量的麻被挤压在下面,长得瘦小。而且,越是被挤压,越难吸收养料,越难以长高长粗,有些麻连麻枝的头都没有了,有些麻因干旱而枯死。这些被挤压的小麻枝被称为垄麻。如果任由垄麻生长,其他的好

---

❶ 周生康,《工作笔记》,1975年。
❷ 同上。

共生经济（1962—1982）
——人民公社时期的农业经营

麻会受到影响。因此，络麻管理需要做一项工作，称为剥垄麻。这是一项一举两得的工作。一方面，垄麻的皮剥下来以后，晒干，可以卖到麻站，生产队有了收入。另一方面，垄麻拔掉，麻田地透了光，松了土，如再追肥，使好的麻长得更快，使其皮质厚、纤维多、产量高、质量好。通常，垄麻剥下晒干，每亩大约产1担生麻。

就技术层面来说，络麻的管理工作似乎差不多了，但是，还有一件事情不得不说。9月份，垄麻剥好了，络麻长得整齐、高大。如同其他的草本植物一样，主秆向上生长，最下面的叶子会变黄，部分麻叶会慢慢脱落。落下的麻叶吸引了农民们的目光，特别是那些每天都要出来割羊草的孩子们的目光。麻叶是羊的好饲料，小孩子们纷纷钻到麻田地里去拣麻叶。问题在于，拣着拣着，情况就发生了变化。有些小孩开始采麻叶，起初采黄麻叶，后来连青麻叶也采。一些孩子采了麻叶，其他的孩子"想想吃亏"，也争相去采。采麻叶会影响络麻的生长，生产队不得不出面阻止，禁止进入麻田地"拣"麻叶。但是，禁令常常无效。由于"拣"麻叶导致的损失不明显，所以，禁令年年发出，执行时却常常"眼开眼闭"。

生产队在"眼开眼闭"中迎来了络麻收获的季节。自然界是神奇的，只要西北风一吹，络麻的皮马上与秆贴紧了。此后，麻皮不再容易剥下，一剥就会有一层麻皮粘在麻秆上。所以，生产队都"抢"在发西北风以前剥麻。

联民大队1950年代初期引进络麻。当时，农民们没有掌握剥麻技术，"种种容易，剥剥难"，2个人剥1天络麻，只剥到20多斤生麻皮。以每担生麻皮13—15元计算，2人剥1天络麻只能卖2—3元钱。当时陈家场的农民说，生产络麻是"剥光、卖光、用光，只剩一身黄衣裳"❶。当然，农民是聪明的，在技术人员的帮助下，联民大队一带的农民很快就学会了剥麻、洗麻。

要剥麻，先得收获络麻。农民们舍不得浪费麻根上的麻皮，收获络麻时，都用双手拔麻秆。麻田比较湿润，麻容易拔起来；但是，如果植株高大，拔的时候也需要费很大的力气。麻地干旱，如果麻枝长得高大，拔起来就十分困难，有的时候，不得不两人一起用力才能拔出来。麻皮粗糙，拔麻的时候，年轻人、妇女大多会戴上纱手套，男性老年农民一手都是老

---

❶ 剥络麻的时候，麻叶、麻皮、麻枝上都会渗出汁，麻汁碰到衣服，会把衣服染黄，洗不干净。

茧,拔麻从来不戴手套。

络麻拔起来后,放在地上,堆在一起。下一个步骤是夹麻。夹麻要两个人搭档,一个人拿着两根夹麻棒❶,从地上拿起两三枝麻,放到两根夹麻棒中间。夹麻棒前头露出麻根,握棒人用双手紧握夹麻棒,以夹住麻秆。另一人双手抓住麻根,用力把麻秆从两根夹麻棒里抽出来。此时,手握夹麻棒的人用力向后退去。一人向前拉,一人向后退,把夹住的麻夹得皮与麻秆相脱离❷。几根麻夹好,就堆放在另一边地上。慢慢地,所有的麻都夹好,就可以开始剥麻了。

相对于夹麻而言,剥麻比较轻松❸。剥麻的时候,每一个人从自己家里搬来一只长凳,凳的一边放着刚刚夹出来的麻,自己坐在凳子上,拿起一枝麻秆,从根上部约一尺左右的地方拉开一道口子,先从口子处迅速地剥到麻尖头,再回过来剥向麻的根部。由于麻根生得错杂,又没有夹过,农民需要把麻根抵住凳子的一头,双手用力,才能剥掉麻根。麻要一枝一枝剥,是一件十分费时的活。不过,"大呼隆"剥麻,几十个人坐在一块麻地里,嘻嘻哈哈,也令人难忘。东方红生产队农民陈关明回忆说:"当剥麻的时候,常常一大堆人,一人一条长凳,大家围一大圈,边干活边谈笑。尽管有些话语粗俗、格调低下,有的甚至下流,然意为取乐冲走疲劳,不打瞌睡。笑过之后,谁也不当回事。"❹

"大呼隆"剥麻效率太低,生产队采取的措施之一是分组剥麻。分组可能仅仅是做剥麻一项工作,剥多少麻,记多少工分。也可能从拔麻开始就直接分组,一直到卖出精麻才最后记录工分。最后,生产队以出售精麻的数量记工分,出售 1 担精麻,一等品记录 100 分工,二等品记录 90 分工。

生产队采取的措施之二是分户剥麻。络麻收获的时候,生产队组织劳动力白天拔麻、夹麻,到下午三四点钟的时候,就把夹好的络麻分到农

---

❶ 粗细如自行车的车架,长约一尺的竹棒。

❷ 夹麻十分辛苦,如果麻秆粗,夹麻的人很难夹得住;如果夹得紧,抽麻的人又很难抽出来。两个人都用足了"手里的功夫,半天下来,手端起只碗都会抖"。1950 年代后期,有人发明了黄麻机,想用机器来夹麻。机器力量大,把麻秆都夹碎了,但是,麻皮反而剥不下来。两年多以后,再也没有人用机器夹麻了。

❸ 剥麻对人的体力消耗不大,但是,对人的手却伤害很大。麻皮上有小刺、小节,特别是印度麻,"手摸上去都痛",因此,剥一天麻,每个人的手都弄得"七损八伤的"。

❹ 陈关明手抄本,《平凡而坎坷的一生》,"农业劳动的苦乐观"。

共生经济（1962—1982）
——人民公社时期的农业经营

民家里。农民们吃过晚饭后，在屋檐下点起电灯，开始剥生产队里分来的麻。秋天正是虫子最多的时节，只见电灯下，蚊子、小虫、飞蛾穿梭冲撞。黑暗中，几个小孩正追着一闪一闪的萤火虫。大人们正忙着拨弄手里的麻，一边剥着麻，一边天南地北地讲着村里村外的那些事。

俗话说，剥麻剥出一身花。络麻的皮、叶都会渗出汁，特别在剥下麻皮的时候，麻汁会弄到衣服上。麻汁本身没有什么颜色，但是，一旦弄到衣服上，就变成了深褐色。随便农民们原来的衣服是怎么样的，几天麻皮剥下来，胸前、袖子、裤子的前面都成了脏兮兮的深褐色。所以，剥麻的时候，连最爱漂亮的大姑娘，也都穿着又土又旧的老衣服。当然，剥麻虽然脏，农民们也乐意去做。"剥麻的时候，天天都有东西拿回家。麻叶给羊吃，麻秆是最好的柴，用来烧饭，饭好吃。"

1950 年代初期，联民大队一带刚刚引进络麻的时候，他们剥下麻皮以后，部分麻皮直接卖给供销社，由供销社的黄麻清洗厂统一脱胶、精洗；部分麻皮放在太阳下晒几天，等晒干以后再出售，称为卖"生麻"或者"草麻"。1956 年，政府改收精洗麻，推广鲜皮沤洗。从此以后，生产队同时出售生麻和精麻，但精麻的比例远高于生麻。下面是 1973 年度联民大队的售麻任务。

> 1973 年 8 月 15 日：73 年度络麻任务　　　　　单位：市担
> 东风 267.70　其中生麻 40.83　东方红 180.30　其中生麻 27.50
> 红星 229.46　其中生麻 35.00　红旗 81.95　　其中生麻 12.50
> 红江 191.22　其中生麻 29.17　向阳 267.70　其中生麻 40.83
> 立新 213.07　其中生麻 32.50　胜利 207.60　其中生麻 31.67
> （附明，立新队生麻划给东方红 10 担任务）　合计 1 639　其中生麻 250 ❶

1973 年 8 月 30 日，73 年生麻任务如下（今年要求元果和长果种）：
红麻一律精洗，要以大局为重，树立国家观念，严肃国家计划，必须按照分配任务执行。我大队任务 250 担，分配如下：
东风队生麻任务 40.83；红星队生麻任务 35.00；红江队生麻任务 29.17；立新队生麻任务 32.50；东方红队生麻任务 27.50；红旗队

---

❶ 周生康，《工作笔记》，1973 年。

生麻任务 12.50；向阳队生麻任务 40.83；胜利队生麻任务 31.67。❶

1973 年 9 月 7 日，联民大队召开支部委员及革领组人员会议记要 ① 冬种规划。② 搞农田基本建设。③ 丝绵加(工)问题。④ 今年收购生麻不能超。13 号开始收生麻，16 号收熟麻。

麻站进人员：冯奎涛、张丙松、徐云仙、张建英。❷

我们从上面的引文中注意到几个信息：其一，生麻的出售数量低于精麻；其二，只有黄麻可以制成生麻出售，红麻必须洗出精麻；其三，洗精麻是政治任务。

根据国家的要求，农民们在剥麻的时候，就把剥下的麻皮堆成两堆，粗的、好的麻皮放在一起，细的、差的放在旁边。前者被洗成精麻，后者做生麻。生麻的制作十分简单，农民们把鲜麻皮放在太阳下晒，过一天，"翻个身"，晒干了，就成了生麻。最后，他们挑着生麻到麻站❸出售。但是，晒生麻是一件"靠天吃饭"的活。如果太阳不好，"心急也没有用"，只能等待；晒出来的生麻质量较差，农民们也没什么办法。

洗精麻却是一件麻烦的活。首先需要找到可以浸麻的水域。麻浸到水里以后，会慢慢发酵成熟。麻皮的胶质腐烂、脱落，溶入水里，导致河水变黑、发臭，河内的鱼虾大量死亡。因此，生产队里养鱼的河塘一般都不浸麻，如果有些麻皮实在没有地方可浸，可能在小河塘里浸几扎麻皮，但都要以确保鱼的成活为前提。那么，人民公社中的大量络麻皮浸在哪里呢？主要浸到公共河道里，联民大队周边的袁花塘河、上塘河以及油车港等外河都是浸麻的地方，那些河的河面仅 5 米左右，水深不超过 2 米，正适合浸麻皮❹。

浸麻皮的工作需要与剥麻相衔接。剥下来的麻皮要尽快浸入河水中，如果隔了夜，新鲜麻皮会风干，影响精洗麻的质量。生产队长安排剥麻皮的时候，同时安排几个男劳动力到河边去搭浸麻的支架。他们在河里打下木桩或者竹桩，两根桩之间架一根横梁，其位置约在水下 10 公分

---

❶ 周生康，《工作笔记》，1973 年。
❷ 同上。
❸ 与茧站的情况不同，麻站是供销社专门为络麻收购而临时建立的机构，收麻任务一完成，麻站就关门。在四联地区，供销社借用农民的房子来收购络麻。
❹ 如果河道太宽，水太深，浸麻、洗麻都可能有危险，这些河道不适合精洗麻皮。

共生经济(1962—1982)
——人民公社时期的农业经营

左右。下午吃过点心以后,农民们就把剥出来的麻皮绑成一扎一扎的,挑到河边,让河里的人把新鲜的麻皮全部浸入水中。浸到河里的麻皮要全部沉入水里,不能浮出水面。否则,浮出水面的麻皮可能被太阳晒几个钟头甚至一天,皮质上的水分被晒干,这就直接影响了精麻的质量❶。1970年代,袁花塘河等公共河道都被一段段分配给农民家庭养水草,到秋天浸麻的时候,水草长得茂盛,覆盖了河面,只留下一道船的通道。水草给浸麻工作带来了困难,但水草也有好处,麻皮一浸入水里,就被压到水草下面,也就不可能出现部分麻皮露出水面的问题了。

麻皮浸入水中,其皮质腐烂的速度受到温度的极大影响。温度高的时候,一个星期就差不多了;温度低的时候,半个月过去了,水里的麻皮还没有"熟"❷。农民们非常焦急,浸的时间越长,天气越冷,下水洗麻可要"苦死了"。

洗麻是"苦生活"。陈家场的农民说:"什么事也不干,在发臭的河水里浸一天,也够苦了。"特别是有些麻皮浸得比较晚,"发了西北风才能洗"。这时候,农民们不得不上身穿着一件破棉袄,双脚下到水里去洗麻。时间一长,人在用力干活,嘴唇却冻得发紫。

洗麻需要把麻皮上的所有斑斑点点都洗干净,只留下白色的麻筋。麻秆上总有些小的节子、斑点,会牢牢地粘着在麻筋上。因此,"熟了的"麻在河水里初步洗几下以后,农民们就拿起一扎麻,用力往事先准备好的石板上甩,以便"震松"粘着的斑点。一扎麻需要甩多少次取决于农民洗麻的经验,也取决于劳动态度。甩完麻以后,农民们还要"敲麻根",用一把木榔头在麻根上敲几下,麻根翻个身,再敲,直到麻根上的黑斑可能洗干净。最后,他们再把这扎麻放到水里去洗,直到洗净黑斑点为止。一扎麻洗好以后,用双手挤干水分,便晾到事先搭好的竹架子上晒麻。

洗麻劳动直接影响精麻的质量,在人民公社时期,公社、大队几乎每

---

❶ 农民们发现被晒的麻皮,只得再把这些麻皮压入水中。这几段麻皮的皮质腐烂速度会与其他部分不一样,出现麻皮一段生一段熟的情况。等到麻皮"浸熟",农民们拿出来洗麻的时候,这几段被晒过的麻皮很难洗干净,最后会留下一小块一小块的黑斑。

❷ 麻皮浸入水中,水质很快变黑、变臭,河里的鱼"吃不消"了,浮出水面,"探出头来吸气"。这为当地的农民,特别是男人们提供了机会。那些日子里,许多男人天蒙蒙亮就起床,拿起戳鱼枪来到浸了麻皮的河边,静静地等待着鱼儿露头。鱼一露头,鱼枪就飞过去,戳住了鱼。这些鱼已经受到污染,但是,在农民们看来,只要抓住的时候是活鱼,就还能吃。当然,也有些农民自己不吃"麻水鱼",把抓来的鱼喂猫。

年都要开会,强调"洗好麻,支援国家建设"。下面的文字摘自周生康的《工作笔记》。

1975年9月,海宁县委提出"无肥能增产",联民大队举行的队长和蚕桑干部会议上,从三个方面来实现,其要点均在精剥方面:① 精剥细剥,剥好岔头麻,勿要浪费,也可带秆浸麻。批判那种浪费一点无所谓的大少爷作风,岔头麻一定要剥。闸口大队已完成任务。公社提出9月5号前后几天完成。② 适时精剥要求。菜籽种9月上中旬开始,再剥元果,后剥红麻10月头,在10月20日全部结束剥麻任务。③ 提高精洗质量。因为1974年四联麻站汇报中,联民大队络麻质量较差,一、二等只占35.7%,其中一等仅4.6%,二等31.1%。而质量高的新星大队一、二等品84.7%,众安大队一、二等品70.6%,新星朝阳队一等品62%。1966年联民大队络麻质量也曾经非常高,一等品43.8%,二等品25.8%。因而联民大队等被供销社批评:思想上不够重视,路线不端正,懦夫懒汉思想。在精洗时,"三掼一毛头"❶,卖个白票头❷。要求提高质量标准,所有络麻都需细洗出售,要求质量好、产量高、等级高,同时反对三番头、三敲头、一笃头❸。同时提出贫下中农洗好络麻的经验措施"九要九反对":① 要粗细分开放,反对一锅熟。② 要河渠先清理,反对草麻混入。如果生产队河面紧张,可采用田里浸麻。③ 要随剥随浸,反对剥一天浸一天。要每天浸两次,放在树边阴的地方,保持质量。④ 要放平浸,反对叠着浸、乱浸。⑤ 要洗麻时多漂少掼,反对乱敲乱掼。⑥ 要掌握浸麻发酵适时。⑦ 要在晒麻时稀、匀、薄,反对晒麻厚薄不匀、日晒夜露、乱地掼。⑧ 要在出售前先检查后出售,反对出售毛麻、潮麻。⑨ 要节约片麻归仓,反对大手大脚浪费。❹

1980年红江公社开会时,麻站仍强调络麻精洗质量问题,"是能

---

❶ 当地土话,"掼"的意思是用双手甩,"一毛头"的意思是一次做完。
❷ 洗麻十分马虎,结果只卖了十分差的价格。这里,"白票"是收麻的等级标志,代表最低一级。
❸ "三番头、三敲头、一笃头"描述了有些农民极不负责任的洗精麻过程,意思是甩三次,用木榔头敲三次,旁边一丢就了事。
❹ 周生康,《工作笔记》,1975年。

共生经济（1962—1982）
——人民公社时期的农业经营

够洗好的，主要是责任问题。'认真'就是质量好，马马虎虎质量差"❶。为了鼓励社员精洗络麻，1981年东风队队务会议上提出，络麻工分比去年提高一个等级，各组按二等品评分，"鼓励社员洗好麻，提高质量"。❷

与其他作物相比，络麻的收获投工多，质量较难保证。除此以外，络麻的收获还存在两大问题：其一，剥麻的时候，麻纤维容易粘附在麻秆上，导致麻减产；其二，浸麻导致整个海宁的河道严重污染❸。终于，1960年代末，一项新的洗麻技术开始推广，这就是"带秆精洗"。

带秆精洗完全改变了传统的络麻收获过程，也能大大减少对河道的污染。生产队找几块一两亩大小的地，在四周筑上约1米左右的堤坝，灌满水，犹如一个游泳池。农民们从麻田地里拔起络麻后，不需要剥麻，直接把拔起的麻扎成捆，整齐地叠在"游泳池"里。池里的麻叠满以后，再用一些泥土压住麻秆，不让其浮起来。如果气温适当，带秆的络麻浸上7—10天，就可以精洗了。带秆精洗减少了河道污染，提高了麻纤维的产出率，政府曾经大力推广，称之为络麻生产的重大改革。

1969年，海宁重要产麻区长安人民公社大力推广带秆精洗。1971年，长安人民公社带秆精洗的络麻占全公社的83%。1972年8月20日，海宁召开了络麻带秆精洗会议。第二天，县领导带领与会干部到杭州参观浙江麻纺厂。麻纺厂负责同志介绍说，黄麻用途很大，主要用作麻袋、麻布和麻线制作。麻袋用于粮食运输，麻袋生产关系到国民经济发展和支援世界革命，关系到粮食出口菲律宾、巴基斯坦，支援第三世界人民。麻布主要用于工业品包装，支援亚非拉。麻线可以支援国防建设。但是，麻的生产跟不上工农业生产的需要，为了发展麻的生产，需要推广带秆精洗。8月22日，红江人民公社邀请长安人民公社领导介绍推广麻带秆精

---

❶ 周生康，《工作笔记》，1980年。

❷ 同上书，1981年。

❸ 每到剥麻、洗麻时，植麻乡镇的河港大量浸洗络麻，不但严重污染了麻区外荡水域，而且还污染东部河港。麻水污染从每年9月中旬开始，持续时间达2个月。麻水所到之处，水质变黑发臭，除少数几种鱼类外，大多数鱼发生浮头甚至死亡。从洗麻污水中捉起的花白鲢（年初放养的仔口鱼种），尾重大多在0.5公斤以下，经济价值很低。1960年代以后，本县外荡与海盐交界的部分水面尚未受麻水污染，但1970年代时，尤其到了1977年，受本县麻水污染的水域，竟扩展到海盐县的通元公社，并相继污染了该县的六里、东风、石泉三个公社的水域。据1981年调查，全县外荡受麻水污染面积达27 635亩，占外荡总水面的80.5%。

洗情况,决心"建立好一支队伍,各级有专人负责,深入现场指导。队队有辅导,干部亲自动手抓这工作"。"全公社络麻任务15 790亩,搞带秆精洗11 000亩。"

  1972年8月22日夜,县代表顾子启做动员报告,指出海宁县10万亩络麻,占全国十分之一,占全省四分之一。要加强后期管理,抓好以带秆精洗为重点的络麻生产。络麻带秆精洗是第三次改革,是提高络麻纤维质量。提出搞好工作的三条经验:党委重视,一、二把手亲自抓,业务人员具体抓。各级重视建立一支辅导员队伍,公社有一名专职全面辅导员,建立责任制、学习制、汇报制,"三勤"。发动群众,做过细的思想政治工作,用毛泽东思想武装群众,发动群众,进行爱国主义教育,支援国际教育,支援社会主义建设,总的是路线教育。坚持实践,以点带面,推广全面。公社、大队麻站都抓好点,进行推广。提出要以路线教育为纲,充分发动群众,继续大力推广络麻带秆精洗,为支援中国革命、世界革命作出更大贡献。络麻带秆精洗经济上有5大好处:① 能提高产量,每亩提高20斤,但技术上一定要过硬,否则走向反面。② 质量好,品质好。比剥皮精洗增加3.61公斤拉力,由于以上"两好",价也高,每亩可增加15元左右。③ 劳力省,工效高。据长安实践,工效提高30%,可利用弱劳力。④ 促进农业生产,有利于冬种。⑤ 有利于节约精洗材料,改善土壤,改善渔业生产,改善人民生活。要求23日各麻区公社订出精洗计划。❶

表4-8　1972年海宁县各人民公社络麻带秆精洗计划　　（单位:亩）

公　　社	实 种 面 积	计 划 精 洗
许巷公社	18 900	9 370
许村公社	9 616	5 970
浒江公社	10 004	6 160
钱塘江公社	9 800	4 254
丁桥公社	5 500	3 184
朝阳公社	4 842	2 460

---

❶ 周生康,《工作笔记》,1972年。

共生经济（1962—1982）
——人民公社时期的农业经营

续表

公　社	实种面积	计划精洗
沈士公社	9 148	3 780
长安公社	15 784	12 288
东升公社	8 000	4 000
红江公社	4 200	2 011
红星公社	4 427	1 790
联民大队	300	150

资料来源：周生康，《工作笔记》，1972年8月23日。

　　1972年9月9日，红江人民公社在众安大队召开络麻带秆精洗现场会，众安大队红阳生产队介绍了带秆精洗的情况。俞子平同志代表公社发言时说，带秆精洗作为成功的经验，要"以路线教育为纲，反复宣传教育社员，适合形势需要，为革命做好带秆精洗"。会上还介绍了带秆精洗的注意事项：（1）菩头❶上泥要敲光。（2）三分开。老嫩、长短、粗细。（3）防止漏水。（4）压泥要适当。（5）预防挤蚕讯，放弃浸麻。（6）整理要细心，落雨时要注意：勤检查，防发霉变质。红江人民公社及时公布各生产队带秆精洗计划情况，在联民大队，各个生产带秆精洗的情况如下：东风生产队35亩，红星队10亩，红江队16亩，立新队20亩，东方红队8亩，红旗队3亩，向阳队26亩，胜利队24亩，合计142亩❷。

　　带秆精洗有优点，也存在难题。带秆精洗首先要修筑一个人工池塘，为了防止池塘漏水，池塘的位置最好是四面高地，或者三面高地。但是，这样的地方很难找到。许多生产队不得不在一块地的三面甚至四面修筑围堤，这样的做法风险很大，一旦有一处漏水，浸在池里的麻就要出问题。

　　更重要的是，带秆精洗的麻难以洗干净。带秆的麻浸熟后，农民们开始洗麻。他们通常从麻的根部剥开，手握麻秆，一点点把麻秆从水里抽出来。此时，麻秆与麻皮之间已经脱开，麻秆抽出的时候，不会留下麻纤维在麻秆上。但是，麻秆在接近顶端处会有一些分叉，分叉处的麻秆本身又细又嫩，当麻秆从根部抽出来的时候，分叉处的麻秆会断成小小的碎片，

---

❶ 当地土话，指麻的根部。
❷ 周生康，《工作笔记》，1972年。

残留在麻皮上。特别是印度种红麻,末梢分叉多,麻皮末梢处留下的碎片更多。麻秆的碎片粘着在麻纤维上,很难洗得干净❶。这两个难题很难解决,所以到1970年代后期,带秆精洗的络麻越来越少。

洗麻如洗衣,洗干净,挤干水,还要晾在竹竿上晒干。那些络麻种植面积大的生产队,队长不得不向农民借竹竿,搭足够多的竹架子,晒洗出来的精麻。如果天气晴朗,几个太阳日一晒,精麻就干透了。在秋日的阳光下,远远望去,白花花一片精麻,时而还有闪烁的白光,别有一番景象。如果遇到阴雨天气,农民们真是苦了。且不说要把晒着的精麻搬进搬出,费很多功夫,精麻的质量还会受到影响。好在秋季晴天多,天公很少给人添烦恼。

精麻晒干,就挑到麻站去出售。麻站是供销社的一个临时机构,专门收购生产队里的生麻和精麻。麻站聘请了验麻的专业人员,他们熟练地从一担担精麻里抽出几扎样品,看品相,测长度,"金口一开",就决定了精麻的等级和价格。农民们唯一要做的只是听从吩咐,把精麻挑到这里,放到那里。麻站南面的袁花塘河岸边停靠着木船,等待着,随时准备把收来的精麻运到盐官、海宁。

第三节 油菜、蔬菜与瓜类

联民大队一带气候温和,四季分明,土地肥沃。只要"落"下一颗种子到地里,准能发芽、长叶、开花、结果。得天独厚的自然环境养育了勤劳的农民,勤劳的农民们培育了种类繁多的作物,在"经济作物"的门类下,我们将介绍油菜、蔬菜及瓜类作物的种植与管理。

一、油菜籽的种植与管理

油菜籽是海宁地区种植的一种油料作物,被农民们归入"春花"中,秋冬时节种植,春夏之交收获。据海宁县志记载,全县1932年种植油菜1

---

❶ 络麻带秆精洗从一开始就是脱离实际的。其一,麻拔起以后,体积庞大,生产队难以临时建造浸麻的水池。其二,带秆精洗的麻浸熟以后,拔出麻秆,留下了枝头的许多碎麻秆,极难洗干净。因此,在联民大队,带秆精洗从一开始就是"做做样子"的,每一个生产队都做一个带秆精洗的洗麻池,上级来检查的时候,可以带着去一看。后来,上级不再强调,生产队也就恢复了传统的剥麻洗麻方式。带秆精洗案例反映了"上下博弈"中生产队集体的行动策略:上面逼得紧,下面就"做个场面";上面放松了,下面就恢复旧制。

共生经济（1962—1982）
——人民公社时期的农业经营

万亩,生产油菜籽480吨,平均亩产48公斤;1949年种植油菜88 746亩,生产油菜籽3 372吨,平均亩产38公斤❶。那时,农民们生产出油菜籽以后,直接拿到油车上去榨油。菜油用于日常消费,菜饼则是上等的农家肥料。

沿袭着传统的种植结构,在人民公社时期,油菜仍然是海宁的主要油料作物,全县每年的种植面积约13万—14万亩。海宁则是浙江主要的油菜籽产地之一。如表4－9所示,在联民大队,油菜在全大队春花作物中占有相当的比例。

表4－9　1970年联民大队春花作物面积规划　　　　（单位:亩）

队　别	小　麦	大　麦	蚕　豆	油　菜	早稻秧田
东风	78	16	13	54	20
红星	70	15	12	48	20
红江	58	11	10	39	17
立新	57	11	8	38	18
东方红	52	10	8	35	16
红旗	37	7	4	27	13
向阳	80	17	15	55	22
胜利	68	13	10	44	19
合计	500	100	80	340	145

资料来源:周生康,《工作笔记》,1969年10月21日。

就如络麻的情况一样,油菜也是国家的重要物资。国家希望生产队尽可能增加油菜籽的产量,支援国家建设。1970年,红江人民公社贯彻县粮食会议精神,提出大力增产油菜。海宁县油菜籽原来年产742万斤、净产649万斤,现调整到800万斤。红江人民公社原产油菜籽26.5万斤,目标为51万斤❷。公社提出的增产目标几乎要翻一番! 1971年5月,在盐官茧站会议上,红江人民公社领导们提出要力争多收购油菜籽,支援国家建设。在增产的情况,生产队可以适当多留一点油菜籽。但要力争多购,支援国家建设❸。他们还提出,贯彻老任务,年年挖潜力。"今

---

❶ 参见海宁市志编纂委员会:《海宁市志》,汉语大词典出版社,1995年,第268页。
❷ 周生康,《工作笔记》,1970年。
❸ 同上书,1971年。

年一定两年合起来,新任务增加15%,还超,再增加15%。"❶

如何才能增加油菜籽的产出?

办法之一是改良品种。解放以前,海宁主要种植白菜型油菜品种,有黄油菜、青油菜、花油菜和土油菜等。1950年代中期,海宁引进并推广甘蓝型油菜品种,主要品种有胜利油菜、东胜14、川油2号、浙油7号、"480"、宁油7号、甘油4号、92—13系等。到1960年代中期,甘蓝型油菜的栽种面积占海宁年栽培面积的85%左右❷。

1971年,红江人民公社召开干部大会,强调重视油菜种植,开展油菜选种,提出选择"九二"、"一二七"、"三高"、菜油2号、"四一二"、东升5号、东升14号等油菜品种,由大队科学实验小组进行品种优化工作❸。但是,直到1970年代中后期,红江人民公社各生产队仍然种植不少传统的土油菜(见表4-10)❹。

表4-10 1976年12月红江人民公社联民大队冬种油菜实种面积

(单位:亩)

生产队别	实种面积	油菜分品种面积		
		九二	东胜14	土油菜
东风	−9;42		27	15
红星	46		34	12
红江	37	20		17
立新	38		24	14
东方红	−3;32		22	10
红旗	30		17	13
向阳	51	21		30
胜利	42		27	15
合计	−12;318	41	151	126

注:实种面积中的负数是没有完成的计划面积数。
资料来源:周生康,《工作笔记》,1976年12月23日。

---

❶ 周生康,《工作笔记》,1971年。
❷ 海宁市农业区划办公室、海宁种子公司编印:《海宁市油菜品种资源(征收意见稿)》,1987年11月,油印本,前言。
❸ 周生康,《工作笔记》,1971年。
❹ 土油菜品质差、产量低,但土油菜成熟期早,为了不同作物品种的协调搭配,适应三熟制种植计划,联民大队各生产队一直种植一定面积的土油菜。

共生经济（1962—1982）
——人民公社时期的农业经营

办法之二是增加油菜的种植面积。1970年代中期，联民大队开展了大规模的农田水利建设，增加了旱涝保收水田面积，为春花种植创造了较好的条件。为了响应上级政府号召，联民大队要求各个生产队增加油菜的种植面积，并下达了相应的种植计划。但是，生产队却往往不按计划种植。表4-11反映了1975年联民大队各个生产队的实际情况。

表4-11　1975年联民大队各生产队油菜实种面积　　（单位：亩）

队　　别	计　划　面　积	实　种　面　积	差　　额
东风	51	43	8
红星	46	44	2
红江	37	37	0
立新	38	38	0
东方红	35	28	7
红旗	30	28	2
向阳	51	46	5
胜利	42	28.5	11.5

资料来源：周生康，《工作笔记》，1975年12月30日。

1976年的情况依然如此。联民大队在冬种和农田基本建设会议上指出，大队油菜种植问题最大，全大队计划种植油菜330亩，实际只种植了288亩，减少42亩。其中，东风生产队减少9亩，红星生产队4亩，东方红生产队5亩，红旗生产队5亩，向阳生产队5亩，胜利生产队竟然少种了14亩。胜利生产队的油菜计划种植面积42亩，实际只种了28.5亩[1]。

办法之三是提高产量。1971年，联民大队带领着大队、生产队的干部们到辛江人民公社永福生产大队"取经"。1971年，永福大队第8生产队油菜籽产量最高，亩产高达240.6斤。在全大队18个生产队中，有3、8、15三个生产队平均亩产超过220斤。全大队平均亩产200.6斤，最差

---

[1] 周生康，《工作笔记》，1976年。油菜种植面积的案例充分反映了"上下博弈"的情况，时间是1976年。我们从这个案例中看到，生产队安排种植计划的主要依据是生产队集体的实际需要。生产队种植油菜的主要目的是满足农民家庭吃油的需要，如果农民们吃油的需要满足了，他们就不会因为"上级号召"多种油菜。我们在讨论"上下博弈"的时候，既要注意事件的性质，更应关注事件发生的年代，由于"外部冲击"及其政治嵌入随着时间的不同而不同，生产队集体的应对呈现出较大的差异。

的生产队也达到亩产166.2斤❶。受到永福大队的鼓舞,联民大队决心向永福大队学习,努力提高油菜籽产量。联民大队党支部和革命领导小组向各个生产队下达了1972年的具体增产指标:东风生产队2 327斤、红星生产队2 232斤、红江生产队1 377斤、立新生产队1 662斤、东方红生产队1 425斤、红旗生产队1 140斤、向阳队生产2 090斤、胜利生产队1 425斤。大队要求,1972年,联民大队除了完成46 000斤国家油菜籽统销指标以外,争取增收油菜13 678斤❷。最后的结果如何呢?表4-12反映了1972年联民大队各生产队的油菜籽产量。

表4-12 1972年联民大队各生产队油菜籽产量 (单位:亩、斤)

名 称	油 菜 籽		
	面 积	单 产	总 产
合 计	317	150.7	47 773
东风	53	142.4	7 445
红星	44	135.3	5 953
红江	36	168.3	6 066
立新	37	158	5 849.5
东方红	32	154.4	4 942.5
红旗	27	135	3 648
向阳	51	152.4	7 270.5
胜利	40	149.9	5 998

资料来源:1972年联民大队决算方案。

1972年,联民大队所有增加油菜籽产出的努力都付诸东流了。这一年,联民大队完成了国家的油菜籽收购任务,但没有实现联民大队党支部和革命领导小组提出的增产目标。原因何在?就在于生产队集体对于油菜籽生产的想法。一方面,在人民公社时期,联民大队一带的农民们喜欢说"吃饭靠集体,用钱靠自己",油菜与吃饭之间没有直接的关系,生产队在安排农业生产的时候,总是把油菜的种植排在较次要的位置上,因此,油菜的种植增产措施难以落到实处。另一方面,农民们也深知油菜种植的重要性。油菜籽的产量直接影响到农民家庭菜油的供应量,在猪肉稀

---

❶ 周生康,《工作笔记》,1971年。
❷ 同上。

共生经济（1962—1982）
——人民公社时期的农业经营

缺的年代，菜油几乎成为"肚里油水"的最重要来源。因此，农民们会尽力种好油菜。两种想法交织在一起，导致生产队油菜籽的生产一直保持在"差不多"的水平上，不会大减产，更难大增产。

生产队从下种开始就重视油菜的生产。与其他的春花作物一样，油菜秋冬时节下种，春夏之交收获。油菜的下种区分为直播和育秧两种。直播指直接播油菜种子到大田里。土油菜适合于直播，直播的时间通常在10月20—30日之间。根据秋季作物的收获时间，络麻可以与直播的土油菜接上茬口。络麻收起以后，农民们需要进行土地整理，包括垦地、编轮、"落地"❶。由于油菜种子十分细小，土地整理的质量要求比较高。垦地以后，需要把大的土块敲碎耙细，否则，地里留有较大的空隙，油菜种子可能滑落到空隙之间，难以出苗。

土地整理完毕，农民们准备向田地里撒土油菜的种子。油菜的下种分为条播和散播两种，条播的土地需要整理出两条浅浅的"条"，以备下种。撒油菜种子可要"好手把子"。油菜籽又小又滑，稍不留心，就会从"手指缝里落下来"，撒得地里"稀一块、密一块"，严重影响播种质量，还浪费了油菜种子。撒完种子以后，农民们挑来浓粪"冒籽"，增加了土地的肥力，也熏走了鸟和昆虫。

直播的油菜出苗以后，生产队要及时安排散苗、除草与施肥。这项工作与麻苗的早期管理方式一样，农民们拿着小凳、种刀到地里，拔掉多余的菜苗，连根拔起小草。然后，再浇清水粪肥❷。但是，油菜苗的管理难度却大大低于麻苗管理，原因在于，麻苗管理在春季，各类杂草长得特别快；油菜苗管理在秋季，杂草少、长得慢。

在联民大队一带，大部分油菜都要育秧、移栽。油菜一般在秋分至寒露育秧为宜，胜利油菜秧令期45—55天，播种量不超过1斤。秧田和大田比例是1:6。土菜秧不迟于10月15日，秧令期30—35天，直播菜可推迟7—10天❸。1978年，联民大队布置了各个生产队的具体播种育秧时间，胜利、油菜东胜14号在9月底开始，10月3号前结束；中熟品种"480"在10月3号开始，5号前结束；土油菜10月10号开始，15号前

---

❶ 当地土话，指耙平土地。
❷ 这时候，菜苗幼小，不能浇浓粪。
❸ 周生康，《工作笔记》，1974年。

结束❶。

要想油菜丰收,培育壮苗是基础。生产队首先选择肥力好、排水通畅、日照充分的地作为油菜育秧田。就如水稻秧田的情况一样,油菜秧地的土地整理要求也十分高,不仅要做到深翻、细耙、平整、土粒均匀,还要施足底肥。例如,1978年9月23日,联民大队在开干部大会时,要求各个生产队为每亩油菜秧苗地施下100斤氨水作底肥,以确保壮秧。1974年10月9日,联民大队干部会上提出了油菜下种、育秧的"技术措施"。

> 具体的技术指导:重攻"五苗",即破土要早、出苗要全、苗势要齐、生产要匀、苗情要壮,把好全苗。壮秧关。壮秧指标:六片叶、六寸长、节间短、根丝长、根系旺、蒲头粗矮、无病虫。技术措施:要着重抓好"盖灰出齐苗,删苗长匀秧,施肥促壮秧"等。掌握技术四条:① 因地制宜确定播种期:油菜秋分至寒露为宜。直播油菜可迟点,比秧苗晚7—10天播种。② 培育壮秧:要求每亩播种1斤,不能超过1斤,秧田和大田面积比例是一开六或一开五为宜。③ 要认真把好秧田整地质量关。④ 要认真总结经验,加强全苗管理,把好全苗关,肥水促控争全苗。掌握前期早、中期轻、后期重原则,就是说要基肥足,及早施苗肥,定苗后施追肥,中期看苗补上接力肥,后期重施起身肥。❷

油菜秧出苗后要及时管理。在人民公社时期,农民们制定了形象的油菜育秧质量标准。在油菜秧3张叶时,菜秧的密度以"蛋滚得进出"为标准;在定苗时期,油菜秧苗应当达到"6张叶、6寸长、矮荠头、根系旺"的水平,秧苗的密度是"拳头推得进出"。

如何才能培育出好的油菜秧苗?1977年11月4日,红江人民公社召开植保员会议,专门布置了油菜育秧工作:"1. 旺盛轧苗(早播早培育的苗)。这部分苗提早移植。2. 中播的苗,存在缺水停止发育问题。现在加

---

❶ 周生康,《工作笔记》,1978年。
❷ 周生康,《工作笔记》,1974年。读着周生康《工作笔记》中大量有关农业生产的会议记录可以看到,在人民公社时期,浙北地区的农村基层干部们一直在专注于农业经营管理,即使在革命高潮时期也是如此。一方面,他们责任心强,努力工作,并智慧地创造出适合于当时当地情况的管理经验。另一方面,各级领导,其中主要是人民公社一级领导,善于运用"从群众中来,到群众中去"的工作方法,他们时刻关注着群众中创造的经验,及时把好的经验推广开来,使广大农民受益。

共生经济（1962—1982）
——人民公社时期的农业经营

强培育、散苗、施肥、抗旱。3. 迟播的更加重视培育。4. 提倡移栽前一星期施起身肥。关于秧苗除虫，用药具体方法为：1. 用乐果1斤，稻瘟净1斤，加水1 000斤，效果比较好。2. 甲氯粉、乙氯粉150倍，六六六粉200倍，喷得均匀。3. 敌百虫1斤，加浓氨1斤，加750斤水；敌百虫1斤，正品氨2斤，加750斤水（每亩水量喷足120—150斤）。4. 地下害虫：用菜饼混合敌百虫撒地上（10菜饼，10斤水，1两敌百虫）。"❶

油菜秧苗的管理应当根据土地、气候条件的不同而采取不同的措施。例如，1974年秋天比较干旱，在公社布置的培育工作中，没有谈到排水的问题。其实，在油菜秧苗的管理中，防涝是一件十分重要的事。俗话说"烂田地里油菜，到死勿发"。油菜秧田里水分过多，会导致油菜秧部分根须腐烂，菜秧看上去好好的，但移栽后，油菜的生长受到极大的影响，进而影响到油菜籽的产量。

每年11月下旬到12月上旬，晚稻收割以后，农民们用锄刀、宽齿铁耙开出一条条V形水沟，把平整的水稻田编出一条条窄轮。他们再用铁耙敲碎从沟里翻上的泥土，耙平。土地整理完毕，就可以种油菜秧了。他们从秧地里小心地拔出油菜秧，挑到大田里。然后，用种刀掘出一个泥洞，把菜秧的根放入洞内，再用手指压紧泥土，一棵菜秧就种好了。每一轮地都种两排油菜秧。当天下午吃过点心，油菜秧已经种得差不多了。他们挑来清水粪，给每一棵菜秧都浇上粪水。这样一来，"秧根紧贴泥土，容易成活"。油菜秧活了，西北风起了。农民们在油菜田地里除一次草，松松土，浇上一次越冬肥，就可以安然度过整个冬天了。

春天来了，万物复苏，油菜迅速生长，野草也滋生繁衍。春天要抓紧除草，还要施上追肥，使油菜植株粗壮。"清明时节雨纷纷"，正值油菜放花期，如果田里的水位过高，导致油菜烂根，就可能严重妨碍油菜结籽。这时候，田油菜的排水工作特别重要。

每年4月中旬以后，油菜花盛开。远远望去，一片片油菜花海，犹如平铺在大地上的一块块金黄色绸缎，在春日的骄阳下闪烁，在暖洋洋的微风中飘逸。走近菜地，那清新的花香令人陶醉，那穿梭于花间的蜜蜂让人着迷，那耳边的嗡嗡声把人带入似真似幻的境界❷。当然，美景天天在眼

---

❶ 周生康，《工作笔记》，1977年。
❷ 联民大队一带的农民们认为，诱人的油菜花太美了，会刺激人的神经，引发对于异性的过度遐想，导致神经不正常，所以，油菜花盛开时期，神经病会发作，俗称"花毒"。

前,欣赏只在一瞬间。农民们忙着要给田油菜疏通水沟,排出积水,以争取油菜的好收成。油菜花落,油菜荚结籽。油菜籽在菜荚里慢慢成熟,菜荚的颜色慢慢由绿转黄。在这个过程中,农民们除了注意排水,防止烂根外,还期待着"老天爷帮忙,千万不要刮大风"。否则,油菜倒伏,可能造成极大的损失。

油菜的成熟期存在品种差异,土油菜早,胜利油菜晚。胜利油菜是解放以后引进的新品种,产量高于土油菜,但是,直到1970年代末,生产队里仍然种植土油菜,为什么?原因就在于胜利油菜成熟太晚,全部种胜利油菜,早稻插秧会脱季节。表4-13反映了联民大队一带油菜收获的情况,其中,已收油菜大多是土油菜(见表4-13)。

表4-13 1971年联民大队各生产队油菜收获进度　　（单位:亩）

队　　别	油菜任务	油菜已收	未　收　数
东风	50	20	30
红星	44	12	32
红江	36	25	11
立新	37	13	24
东方红	34	20	14
红旗	26	13	13
向阳	51	47	4
胜利	40	30	10
合计	318	180	138

资料来源:周生康,《工作笔记》,1971年6月2日。

在所有作物收获中,油菜籽的收获过程最容易造成损失。油菜籽的收获需要"恰到时机"。此时,油菜籽的绝大部分菜荚已经变黄,但菜荚还紧包着,轻轻碰触不会导致菜荚打开、菜籽落地。天气晴朗,用力搓菜荚,油菜籽就会顺利落下来。农民们在收油菜籽的时候,事先带来蚕匾或者比蚕匾大数倍的塑料薄膜,在合适的地方铺开。他们用"轻功夫"拔起油菜❶,搬到铺好的匾里或者塑料薄膜上。堆到1尺半高,他们用双脚跪压油菜秆,双手用力搓油菜荚,迫使油菜荚打开,油菜籽便落在匾里或者塑料纸上。等搓到大部分油菜籽落下,人站起来,双手用棍棒敲油菜秆,

---

❶ "重手重脚"拔油菜,会导致油菜荚打开,油菜籽落在田地里。

共生经济(1962—1982)
——人民公社时期的农业经营

使"架"在油菜秆上的菜籽全部落到下面。最后,他们拿起油菜秆,轻轻抖动,把油菜柴放在一边。联民大队一带的农民们把油菜收获的过程称为"搓菜籽"。油菜收获受天气的影响很大,如果连续阴雨,菜荚湿,菜籽粘在菜荚上,难以搓下来,就可能造成极大损失,"人做天收"。

搓下的菜籽与菜壳混杂,要经过一个"筛"的过程,去掉菜壳与杂质,油菜籽的收获才最后完成。在收获的过程中,生产队还通过片选、株选,留出油菜种子,准备秋天播种。在人民公社时期,联民大队一带的农民把留种以后剩下的所有油菜籽都卖给国家,从国家那里换来菜油票。

二、蔬菜与瓜类的种植与管理

在人民公社时期,国家为联民大队一带的"经济作物"概念划定了框框,不断地要求各个生产队在国家划定的"圈圈里做道场",严格按照计划面积种植。生产队总是谋划着突破国家划定的"经济作物"概念,多生产些粮食,多抓点经济收入,让日子过得好一些。蔬菜与瓜类的种植就是生产队突破国家计划框框的行为。尽管这种行为不时地受到批评,但批评并不妨碍生产队偷偷地"我行我素"。表4-14反映了联民大队红旗生产队即陈家场1970年到1977年油菜、络麻、蔬菜与瓜类作物的经济收入情况。

表4-14 联民大队红旗生产队1970—1977年度部分经济作物收入情况表

(单位:元)

	油 菜	络 麻	蔬 菜	瓜 类
1970	853.45	1 144.92	1 090.21	573.93
1971	1 129.12	1 409.25	1 183.25	997.10
1972	1 008.67	1 403.75	1 263.66	801.93
1973	1 008.67	1 403.73	30.00	0
1974	1 106.88	1 097.38	348.99	1 163.00
1975	622.46	2 197.57	918.56	123.24
1976	796.40	2 678.06	1 340.00	0
1977	1 019.89	2 133.66	1 466.10	448.65

资料来源:联民大队会计档案资料。

比较油菜、络麻、蔬菜与瓜类为生产队创造的经济收入可以看到,在通常情况下,蔬菜与瓜类创造的经济收入比较可观,一般会超过油菜籽的收入。其中,红旗生产队1973年的蔬菜收入仅30元,没有瓜类收入。1973年蔬菜收入大幅度减少与1972年的政治形势有关。那一年,联民大队一带开展批林整风运动,秋冬时节,"在批林整风运动的推动下",政府要求农民"以实际行动"发展蚕业生产,支援国家建设。红江人民公社制订了种植3 400亩蚕豆绿肥的计划,平均每个生产队的蚕豆绿肥面积超过30亩,这就挤压了蔬菜生产的空间。1976年,陈家场的蔬菜收入就大大超过了油菜收入,那一年,陈家场没有种瓜类作物,这应当是陈家场队务委员会自己的选择;这一年联民大队东风生产队的西瓜收入达到2 146.46元❶。

联民大队一带的农民们大多把蔬菜种在桑树地里,冬天种植,春天收获,"抢了一个季节",增加了农民们的经济收入,却伤害了集体的桑树。这是联民大队一带的生产队集体"突破国家计划"的行为,但是,表4-14的数字仅仅部分地反映了一些情况。更严重的是,联民大队一带的生产队有时会把部分桑园分给农民家庭,让他们在桑园里种植蔬菜,收获全部归家庭所有。由于蔬菜需要吸收大量肥料,桑园里种蔬菜会影响桑树的生长,所以,公社反对生产队在桑园里种蔬菜。在阶级斗争之弦绷紧的时候,这种行为被界定为"资本主义倾向"。蔬菜、瓜类作物的种植是"上下博弈"的一个案例。蔬菜、瓜类种植是"抢季节、抓收入",受到生产队里农民的普遍欢迎,生产队长总是"听从大家的意见",见缝插针地安排蔬菜种植。在这场博弈中,生产队集体表现得极为主动、机智,上级更多的是无奈。

在联民大队一带,蔬菜的品种有很多,最有名的是海宁榨菜。20世纪60—70年代,丰士榨菜厂、斜桥榨菜厂广泛收购附近农民们做的榨菜,入窖腌制,加工成小包装的咸榨菜,销往附近的城市。榨菜厂的大量收购推动了附近生产队的蔬菜种植。

榨菜的种植与油菜相近。榨菜如油菜那样需要育壮秧,但是,榨菜移栽的地点却与油菜截然不同。油菜种在田地里,榨菜移栽到桑园里。秋蚕"上山",桑园里的桑条都已经剪掉,只留下一排排稀疏排列的桑树"拳头"。桑园成了"白地",生产队就"偷机"种上一熟蔬菜,"抓点经济收入"。桑园的地是编成轮的,每轮种两排桑树。榨菜种在两排桑树的中间。在移栽以前,农民们需要翻垦准备种榨菜秧的地,再敲碎泥土,耙平

---

❶ 参见联民大队会计资料。陈家场农民缺少种瓜的经验,即使种了瓜,产量也比较低。

共生经济（1962—1982）
——人民公社时期的农业经营

地面。如果有条件，把羊灰等翻入泥里，作为榨菜的基肥。榨菜植株低矮，移栽的密度大大高于油菜。移栽以后，当天要浇上清水粪，以利于榨菜秧顺利成活。

榨菜秧成活以后，要除草、松土，施一次重肥。有时，生产队会"挑空羊棚"，把羊灰挑到榨菜地里，用手均匀地把羊灰铺在两行榨菜之间。陈家场人说："羊灰暖的，有利于榨菜越冬。"

春天来了，榨菜"春发"。农民们需要及时除草，施足肥料。榨菜种在地里，通常不会积水，即使如此，如果雨水过多，仍要想法及时排干地沟里的水，防止榨菜烂根。这时候还要注意除虫、防病，打乐果、托波精。清明前后，榨菜根部长出拳头大的菜瘤，收获的季节到了。陈家场的农民们拿着镰刀到地里收割榨菜。他们把榨菜的根、叶子都削除，只留下榨菜的瘤。此时，袁花塘河里已经准备好了船只，男劳动力把一担担榨菜挑入船里。船装满，起橹出发。船橹一扳一推，船头划开平静的水面，水波轻轻拍打着两岸的小草。船慢慢地向前驶去，通常都是去丰士榨菜厂售卖。到了丰士，船靠在石栋上。厂里的职工刚刚过完秤，等着削榨菜筋❶的临时工就蜂拥而上，抢着把榨菜拿到自己身边❷。农民们全然不管他们，只顾着收了钱，"上街走一圈，东张张，西望望，不买什么也高兴"。然后，他们摇着空船回生产队。

在联民大队一带，生产队种的瓜类作物包括西瓜、黄金瓜、雪团瓜、生瓜，生瓜专门用于腌制酱菜，其他的各类瓜都当作水果吃。这里简单介绍西瓜的种植与管理。清明前后，是西瓜下种的时候。生产队或自备西瓜籽，或去市场上购买西瓜籽。生产队找一块小小的朝南向阳的地，将细碎的泥土伴着草木灰铺平整。农民们播下西瓜籽，浇上清水，盖上塑料薄膜。几天以后，见西瓜籽萌芽，他们便搭起塑料薄膜小棚，给西瓜幼苗施化肥。过了15—20天，西瓜秧就可以种到田里了。有的生产队自己不育西瓜秧，直接到街上去买。丰士庙是远近有名的秧苗交易市场，西瓜秧、南瓜秧、番茄秧、冬瓜秧、茄子秧，应有尽有。上街卖秧苗的大多是附近的农民。卖秧苗的农民们制作了一只只圆形稻草盘，里面放草木灰，秧苗就培育在盘子里。农民买秧苗的时候，连稻草盘子一起买，这样，秧苗不用拔起来，"不伤秧苗的根"。

---

❶ 榨菜腌制以前，要削掉老的皮和筋，以确保腌制的榨菜鲜嫩好吃。
❷ 他们搞定额计酬，削得越多，收入越高。

在联民大队一带,西瓜大多种在田里,但是,种西瓜时节,麦子还没有收起,怎么办? 生产队早在种麦子的时候,已经安排好了下一茬的时间。麦田要接着种西瓜,麦田就采用窄轮条播的种植方式。每一轮上靠着沟边两排麦子,轮的中间留出空地。4月下旬,农民们把西瓜秧种到麦轮上,隔一轮种一排西瓜秧,以确保西瓜有足够的地方爬藤。种西瓜秧苗是件轻松的农活,但是,人要钻到麦田里,麦芒、麦叶擦着皮肤,会浑身不舒服。

　　麦子收起,西瓜秧早已成活。农民要给西瓜除草、松土,施上重肥,并在所有的田沟上铺麦柴,让西瓜藤可以爬过水沟。西瓜怕水,瓜田排水是一项重要工作。在必要的时候,要给西瓜打农药托波精,防止瘟病的发生。黄金瓜、生瓜等小瓜要摘头,以便分出较多的头,"头多,瓜也多"。西瓜不需要摘头,主藤上可以长好瓜。南瓜要"阉花"❶,西瓜不需要。西瓜爬藤以后,瓜藤里有杂草,通常都不去拔,拔草带起西瓜藤,反而不利于西瓜的生长。有时走近一块西瓜田,看到草长得挺高,草下通常会有个大西瓜。

　　西瓜的管理,最麻烦的是防止偷瓜。每个生产队都会在西瓜田头搭建一个小草棚,里面日夜住着管西瓜的农民。当然,"月光下,偷西瓜的事总会发生,再管也没有用"。西瓜慢慢成熟。有经验的老农用手指轻轻弹一下西瓜,就知道瓜有几成熟。7月初,生产队里每天都收起几担西瓜,有时分给农民,有时挑到街上去卖。

　　7月下旬,西瓜摘完了。生产队"抢出一季经济收入",组织翻垦西瓜田,准备种植晚稻。于是,农民们忙碌起来,因为"插秧不过立秋关"。于是,大田里的作物又进入了新一轮的循环。

---

❶ 当地土话,指人工授精。

第五章　林牧副渔与家庭经营

在人民公社时期，林牧副渔生产较少受到国家计划经济的控制，生产队集体则关注林牧副渔的生产，以增加集体经济收入。但是，生产队集体的林牧副渔业一直处于国家计划经济与个体农民的双重挤压之下，发展空间十分有限。

家庭经营俗称家庭"副业"，是当年农民们用心思去做的"自家的活"。联民大队一带的农民说"用钱靠自己"，这意味着人民公社为农民家庭留下了一定的自由经营空间。空间十分狭小，边界十分坚硬，犹如小小的螺蛳壳。然而，智慧的农民们在"螺蛳壳里做道场"，还做得有声有色。

第一节　生产队的林牧副渔业

严格地说，培育桑树是林业，饲养蚕宝宝属畜牧业，但是，在联民大队一带的会计资料中，"蚕业生产"一直单列，林牧副渔业中不包含养蚕与种桑。

一、林业

解放前后，联民大队一带不缺树，也有林。但是，树不成材，林也难成"业"❶。这一带曾经有许多毛栗树，树上长满了毛栗子，吸引着孩子们去采摘，去玩耍。毛栗树纤维粗，树干硬，"派不了正经用场，只能当柴烧"。农民们把树翻起，锯成1尺多长的树段，劈开，晒干，堆在柴间里，"平时舍

---

❶ 这是在严格意义上使用"林业"一词，即把植树造林作为产业来经营。在本节里，我们大多在比较宽泛的意义上使用"林业"概念，仅仅指植树造林本身。

不得烧,留着用来打年糕"。这一带有各种"杂木",包括香樟树、椴树、榆钱、桷树等,农家偶有一棵长得高大的香樟树或者榆树,会骄傲地告诉别人那漫长的树龄。这一带有"花果树"与竹林,很多人家门前有枣树,部分房屋的屋后有小竹林。竹林是土竹,农民家靠竹林吃竹笋,用竹笋的褐色包皮裹粽子。这是联民大队一带解放前后的场景,绿树掩映的树落,贫困却维持着自然生态。

农业合作化奏响了绿树的"哀乐"。1955 年,联民大队一带农业合作化进入了高潮,农民们都知道,土地将要入社,树木也会入社。部分农民开始打起了自己的"小算盘"。顾彩林家有一小片毛栗树林子,本来她舍不得"翻掉"❶毛栗树,只是每年修些枝条当柴火,但想到树木将归社,她干脆请人"翻掉"了部分毛栗树,全部都当柴火堆起来。1976 年,她的继子结婚的时候,有人还在她家柴屋里"翻出"了毛栗树柴,都说"真好烧"。无人知道当年到底"翻掉"了多少树,只知道这是解放后树木第一次遭殃。

树木的第二次遭殃源自合作社砍树"派用场"。在农业合作化过程中,农民私人的部分树木折价成为合作社的集体财产。其中,乌桕树以桕子的产出作为折价依据,那些不产桕子的野桕树无偿归集体所有。合作社新成立,就像一个大家庭刚刚组成,需要搞些建设,需要发展生产,但缺少资本。社里的那些树木可能帮助克服一些困难。原先,树木是家庭的财产,他们不会轻易去砍伐。部分树木祖上传下来,砍掉"对不起祖宗";部分树木正碗口粗,"长得最快的时候,舍不得去砍"。但现在树木是"大家的",农民们不知道"谁是大家",却知道"大家不是我"。所以,当合作社需要的时候,他们毫不犹豫地去"翻树"。合作社修机站、做渡桥、做蚕柱,缺少木材,就"去翻树"。在挑河泥的时候,路上泥泞难走,有人发现社里有"冲"❷好的树板,顺手拿几块就垫在脚下,"白白糟蹋了上好的树板"。

树木最严重的一次遭殃发生在 1958 年。胡少祥简要地记录了那时的情况:"1958 年 10 月,人民公社刚建立,不知为什么,社里组织了一些人专砍树木。估计主要原因是为了清除土地上的遮阴;其次是为了斩断私有尾巴,因为原来的树木是农户私人入社折价进来作为经济投入的,如

---

❶ 当地土话,指用"山子"把树连根从土里翻起来。
❷ 当地土话,指把树干加工成木板的过程。

共生经济(1962—1982)
——人民公社时期的农业经营

今三年过去,树木长大了,唯恐以后私人纠葛,清理了结;再次是出售增加了经济收入……在这个'大跃进'中,我村几乎所有老树大树全部砍光,一般入社时有记载、有价的树,不管大小都砍个精光。现在的树木是以后生长出来和栽种的树木。'大跃进年代'基本上没有遮阴的大树,都是阳光普照的大面积耕地。"❶胡少祥的回忆忽视了当年的一个重要事件,即"大炼钢铁"。那时候,"十五年赶上英国"的雄伟目标,"一千零七十万吨钢"的历史任务,唤起了全国人民的革命激情。无数不知钢铁为何物的人们纷纷投入"大炼钢铁"的洪流中。炼钢铁没有燃料,怎么办?人们自然把目光转向了身边的树木,全国无数的树林因此毁于一旦。

大人民公社过渡到"三级所有,队为基础"的人民公社体制以后,植树造林开始受到公社、大队以及农民们的注意,原因是复杂的。1966年5月2日,联民大队召开大队机站管理委员会会议,会议上讨论了林业生产的两件大事:一是种好、管好芦竹;二是管理好公路树木。这是联民大队一带林业生产中的两件"地方性工作"。

首先看芦竹生产。联民大队南临杭州湾,著名的钱塘江大潮一天两次,波涛汹涌,拍打着堤岸。历朝历代,沿岸地方政府一直致力于"防大潮,保平安",并做了很多有效的工作。1960年代,联民大队一带已经形成三道防潮线。第一道防潮线是沿江的"帮岸",部分地段由长石条砌成,部分地段由水泥浇灌。第二道防线是高出江岸2公尺左右、绵延几十里的土堤。第三道防线是沿江而筑的老沪杭公路。长期以来,沿岸的农民们一直为确保土堤坚固而做各种努力,塞猫洞❷、填土加固、种植固土的草或树等。1960年代,政府为这一带的农民们找到了芦竹。芦竹的竹鞭❸可以极其有效地固土,每年砍下的竹子可以用来造纸,是生产队里的林业收入。人民公社具有很强的动员能力,在短短几年里,几十里江堤都种上了芦竹。芦竹生命力很强,年年砍掉,年年都可以长到2米多高。夏秋之交,芦竹茂盛,蜿蜒的江堤犹如绿色的长龙,江风吹来,轻轻摆动,呈现出无限的生机。联民大队一带的农民们讲到当年种芦竹,都会说"这是

---

❶ 胡少祥,《胡少祥日记》,2001年4月18日。

❷ 这里的所谓"猫洞"不一定是猫挖出来的洞。联民大队一带的农民们习惯于把所有海塘土堤上的洞称为"猫洞"。

❸ 联民大队一带的农民们把芦竹的根称为竹鞭。芦竹是多年生草本植物,茎干直立挺拔,叶片宽大鲜绿,形似芦苇。芦竹不同于一般意义上的竹子,因其名字中有竹字,农民就把其根称为竹鞭。

件大好事。本来,每年大潮到来的时候❶,生产队要派很多男劳力去塞猫洞,守海塘。种了芦竹以后,猫洞少了很多,守海塘就容易了。而且,芦竹还可以卖给供销社,队里能增加收入"。

其次看公路树木。老沪杭公路地处东部沿海地区,在大潮来临的时候,可起到防潮的作用;一旦发生战争,是确保物资运输的战略通道。因此,公路绿化的问题不只是一个林业问题,更是政治问题。公路是国家道路,公路两旁的树木分别由所在的生产大队、生产队负责管理。公路上的树木不允许随便砍伐。如果树木死亡,大队首先需要向上级汇报,只有经过县有关部门❷批准,事先种下3棵树,才能砍伐1棵死树。生产队每年要给公路绿化整枝,"整下树枝10%归国家,90%归生产队。本料树❸30%归国家,70%归生产队"。生产队每年要把树木"白化"❹,给树木防虫除虫,县补贴每一公里30元的除虫费。在1970年代,海宁地区强调"建立组织,负责管理"公路绿化。大队组织护林小组,每一个生产队都有护林员经常上路,检查、保卫公路绿化。那时候,联民大队的护林小组由胡少祥负责。即使如此,政府还不放心公路绿化,提出"偷掉要罚,检举者实行奖励"。今天,如果有机会到老沪杭公路去走一走,我们就会相信,当年的那些措施是有效的。两边的大树枝叶相接,把公路装饰成一条绿色的长廊,让人流连忘返。

1960年代中后期,植树造林受到生产队与农民的重视,有其经济与社会生活内在的动因。联民大队一带曾经繁荣过,1930年代初期以后逐渐衰退。日本兵的烧杀抢掠,兵痞土匪的横行,逃难者的涌入,在解放的时候,这一带的很多人家都只能住在草棚里。解放以后,虽然生活安定了,但接踵而来的变化使农民们无暇顾及建房的事情。在经历了1960年代初期的经济恢复以后,吃饱了肚子的农民们想念着改善居住条件。生产队为了发展蚕业生产,也想着造蚕室。

这时候,农民们突然发现,木料空前紧缺。怎么办?国家没有供应,只有自力更生。由于生产队、农民种树都有直接的目标,树种的选择、引进都以"速成"为标准。在联民大队一带,树木的生长有着很大的随机

---

❶ 传统的大潮是阴历8月18日、6月29日等,但是,在春夏秋三季,如果遇到特殊的气候情况,如台风,都可能出现大潮。
❷ 20世纪70年代的时候,由县生产指挥部批准,才能砍伐公路旁的死树。
❸ 本料树指可以做造房或做家具的材料的树干部分。
❹ 树木培育中的一种方法,树干的1米以下部分用石灰涂白,以防病虫害。

共生经济(1962—1982)
——人民公社时期的农业经营

性,树木品种也呈现出多样性。现在,农民们希望种植"长得快"的树,更希望种植可以"派用场"的树。农民们最初引进了楝树与白榆树。楝树也称苦楝树,以叶苦涩而得名。楝树长得快,木质均匀,既可做家具,也可在造房子的时候做门窗,是农民们特别偏爱的树种。白榆树是榆树的一种,但生长的速度却比一般的榆树快一倍。榆树木质坚硬,是做家具的好材料,农民们因为榆树的原因而引进了白榆树。但是,白榆树极容易生蛀虫,蛀虫严重的时候,甚至会把树蛀空,造成折断。秋天的时候,刺毛虫又吃光了树叶,树下全是刺毛虫的粪便。农民们很快就淘汰了白榆树。泡桐树因焦裕禄而得名。泡桐树适应性强,生长速度堪称"冠军"。无论哪里,只要种下去,准能快速生长。泡桐树树质较松,只能锯板做家具,种这种树的农民并不多。1970年代初,来自北方的水杉树开始受到青睐。水杉树树形挺拔,生长快,抗压,是做房梁的好材料。于是,联民大队一带的农民在屋边、河边、路边大量种植水杉树。今天,在海宁市的乡间公路上,笔挺的水杉树依然是一道特殊的风景线。

1970年,海宁县第四次党代会提出"10年木材基本自给、20年毛竹基本自给"的目标,号召农民开展山地人工造林,建设平原农田林网。1971年,海宁县政府、红江人民公社大力推动林业发展。1971年3月20日,海宁召开全县干部会议,提出"做好绿化造林,10年内达到绿化成林"。10天以后,红江人民公社召开干部会议,公社党委书记李开井在讲话中强调,要"严厉打击"破坏绿化造林的坏人。4月1日,联民大队召开干部座谈会,专门商量解决"新塘路偷窃树林问题"。11月18日,红江人民公社召开财务会议,宣布正式建立公社"绿化领导小组"。会议要求"大队也要组织3—5人,一般是蚕桑线负责。生产队也要组织3人,自力更生解决木料问题。这个一定要搞起来。要求每人种15枝树,生产队准备树木种籽20—40斤,留好苗地。5年左右,自力更生,县不再供给(木材)。3—5年达到每人种60—80枝。自力更生有奔头,绿化造林有苗头,树木高过几人头,再歇几年梁条和柱头,不向国家要木头。为革命种树"[1]。11月26日,红江人民公社在联新大队召开绿化造林现场会议,参观了联新大队的绿化工作,听取了联新大队介绍,并进行了汇报、讨论。这次会议记录使我们有机会比较清楚地知道当年联民大队一带林业发展的情况:

---

[1] 参见周生康,《工作笔记》,1971年。

联新红胜生产队张生华同志介绍:我们生产队从 1968 年开始种树。我们生产队 38 户人家,由于本生产队受日本鬼子迫害,在居住上很困难,所以响应毛主席号召"绿化祖国"。我们生产队在 1968 年由张德芳去买 40 多斤种子,当年下种到下一年出售,产值 400 多元。现在我们队已种上 3 000 多枝(树苗),今年又采了几十斤种子。响应县党代会决议,10 年(木材)自给。现社员有一户 180 多(棵树),共计 3 000 棵,平均每人 30 多棵,要求达到日里不见村庄,夜里不见灯光。

联新大队党支部书记张钱宝同志介绍:本生产队在农业学大寨、活学活用毛泽东思想新高潮中,响应落实毛主席指示,在 1967 年开始种,为了多方面的需要而种植。首先统一干部思想,发动群众,明确了方向。在这基础上到硖石订 15 000 枝(树苗)。我们第一次失败,后来种植树较好。当时出现很多活思想:① 弄掉。② 拔掉。③ 削掉。④ 远水救不了近火。⑤ 怕分并队。⑥ 有的骂人"做死"。⑦ 公私矛盾。⑧ 阶级敌人拔树掼掉❶。

后来通过斗争取得胜利。自己队里树苗自己解决,发给社员。全大队 5 万左右,我自己有 80 多枝。种了树木,能巩固集体经济,积累资金。有的说:种了绿化减少粮食,但是我们生产队是增加产量,逐年增加。今后打算:采种育苗,加土培土。

过程:现适宜采种,浸一星期,洗净,晒干藏好。春分、惊蛰时下种,每亩 50 斤,清明出苗,松土散苗,施上肥料,到 6 月里定苗、施肥,定 7 000—8 000 枝。

公社党委副书记陈福才同志补充传达说:

1. 搞好"绿化"的意义。思想要统一,把重要意义传达到干部和社员。要不要搞绿化,认真讨论发动,达到每人 15 枝任务。

2. 狠抓思想,打破依赖国家惯性,都要自力更生,从各方面都要"自力更生"。集体、个人种植,但是很多活思想要解决,在大辩论的基础上,订出计划,落实种植。

3. 组织领导问题。公社生产指挥组直接管,生产大队要组织。生产队要有专人管理,是否农业队长兼或对绿化树苗比较热心的人来管。

---

❶ 掼掉,当地土话,意思是丢弃。

共生经济（1962—1982）
——人民公社时期的农业经营

　　回去首先发动，落实树苗，保护好现有树木，采好种子。明年要求自给，要重视培育。❶

　　1971年11月30日，联民大队召开党支部委员及革领组人员会议，大队党支部书记王张堂要求大家齐心协力，贯彻落实县、公社的指示，向联新大队学习，做好绿化造林工作，冬天采种，重点安排。与会人员经过热烈讨论，达成了一致意见。12月1日，联民大队召开了生产队正副队长会议，立即发动造林活动，落实好各生产队计划，保护好树苗，建立好绿化组织，加强党支部的领导。在这次会议上，联民大队各个生产队都落实了树苗计划，如表5-1表所示。

表5-1　1971年联民大队各生产队树苗需求　　（单位：枝）

队　别	楝　树	水　杉
东风生产队	900	200
东方红生产队	900	200
红星生产队	900	200
向阳生产队	900	200
红江生产队	900	200
红旗生产队	900	200
立新生产队	400	100
胜利生产队	900	200
合　计	7 100	1 600

资料来源：周生康《工作笔记》，1971年12月1日。

　　由于县、公社的大力推动，生产队、农民又有内在的需求，发展林业、植树造林形成了风尚。1972年2月，钱塘江人民公社云龙大队提出要打好"绿化造林仗"，5年后实现竹木自给，争取把现在的供销社供应部变为收购部。云龙大队还提出大种青皮竹，做到思想落实，任务落实，面积落实，管理人员落实❷。同年10月20日，县政府召开沿沪杭公路各生产队队长专门会议，讨论公路两旁树木的管理问题，提出树木分队，点枝数

---

❶ 参见周生康，《工作笔记》，1971年。苦楝树的种子容易采集，树苗容易培育，本篇日记中所写到的育苗，指的都是培育苦楝树的树苗。其他树的树苗通常都外出购买。

❷ 参见周生康，《工作笔记》，1972年。

交生产队管理,订立合同,严格执行,并在树上写上各生产队的名字,以示分管❶。10月30日,联民大队干部周生康的《工作笔记》上记录了省委书记谭震林关于林业生产的一段话:"解放以来,农业生产正反两个方面经验告诉我们最根本经验是:哪一年农业生产丰收了,那一年形势就好,工业生产上去了,一切工作就主动。哪一年农业欠收,受灾减产,那一年的工业生产和国家财政收入都受到影响。杭州的西湖虽然受世界友人赞扬,还要改造,要把风景树改种经济林。种1枝桂花树,既有收入经济,又好看。种1枝毛竹价值1—2元,而且是国家好材料。现在杭州的小竹篮子等土产少了。我们对发展经济、保障供给怎么理解呢?浙江的毛竹是张王牌,过去拿出调钢铁等,现在不行了。毛竹要三五年成林,没有一个规划是不行的。浙江大部分是山区,拿不出竹木是讲不过去的。"❷

1973年,红江人民公社在落实造林植树规划中,提出"种好树苗600万枝,稀加密"❸。同年,联民大队各生产队种植树木的数量明显增多,如楝树树苗各队数为:"东风生产队2 000,红星生产队2 000,红江生产队2 000,立新生产队1 000,东方红生产队1 000,红旗生产队1 000,向阳生产队无,胜利生产队1 000。"❹同时公社也要求各生产队加强树木管理,如对楝树剪梢,加强对社员的绿化教育❺。

我们从上述文字中似乎可以感受到1970年代初期林业大发展的气氛,果真如此吗?是,也不是。原因在于,上述有关绿化的数字中没有区分出农民家庭种树与集体种树。那个时期,农民家庭种树规模大,成活率也高,我们将在本章的后半部分叙述。但是,集体种树的成效并不令人满意。

1970年代初期,联民大队各个生产队像浙北其他地方一样,开展了大规模的绿化种树活动。那时,生产队最喜欢的是苦楝树。会龙桥、丰士庙等乡村集市上,楝树苗交易十分火爆。为了满足绿化的要求,有些生产队还摇船外出购买树苗。陈家场三面靠河,河边正是绿化种树的好地方。那时,陈家场购买了大量楝树苗,沿着河岸,每隔1米种1棵楝树。楝树容易活,也长得快。但是,羊爱吃楝树叶,这恰恰成为楝树生长的"致命

---

❶ 参见周生康,《工作笔记》,1972年。
❷ 同上书,"谭书记10月8日在省治山会议上的讲话"。
❸ 同上书,1973年。
❹ 同上。
❺ 同上。

共生经济（1962—1982）
——人民公社时期的农业经营

伤"。楝树刚刚成活，楝树叶还长得嫩嫩的，就被"满世界跑的"找羊草的大人、小孩子们盯住了。楝树叶经常被人摘掉，楝树怎么可能正常生长？结果，生产队种了数以千计的楝树，成活率还不到百分之十。几年以后，陈家场又种过一轮楝树。但是，这一批楝树大多也难逃厄运。现在，如果有机会到联民大队一带走一走，我们很少能见到苦楝树。当年集体种植了多少万棵苦楝树，可惜后来大多数被"羊吃掉了"。

与蚕匾的情况一样，苦楝树的故事是"集体-个人"博弈中集体失败的又一个案例，仔细观察这个案例中农民们的行为，我们感慨于生产队中存在的道德困境：在集体主义高尚道德的背面，是无公德的个人主义。

水杉的命运却不同。水杉不分叉，农民没有机会攀折树枝；水杉叶无用，农民没有兴趣摘水杉叶。这成就了水杉树。今天，渠道边、大路旁、河两岸，那些挺拔的水杉树就是当年绿化的成果。公社时期的辛苦，装点了今天的美丽乡村。

除了培育树木，采柏子也是重要的林业生产。柏子是一种油料作物，由国家统一收购。柏树无规则地生长在地里，是落叶乔木。树冠大，阔叶，柏子长于树梢头。春天，柏树绿叶满枝头；初秋，柏树叶慢慢变成红色，漂亮宜人。初冬，柏树落叶，只剩下枝头上一串串白色的柏子。采柏子很麻烦。农民们在一根长长的竹竿上绑一把特殊的剪刀，剪刀把手处系着一根绳子，他们举起竹竿，通过剪刀把柏子夹下来。

联民大队一带的农民们不喜欢柏树。柏子价值低，农民们从一大棵柏树上辛辛苦苦地采摘下柏子，结果卖不了几个钱。柏树常常长在"熟地"里，树冠大，树叶多，结果严重妨碍了地里其他庄稼的生长。在红旗生产队的会计账目上，1969年写着最后一笔柏子收入，计40.07元，此后，陈家场就再也没有柏子收入了。柏树作为林业生产的组成部分，最终被农民们放弃了。

二、畜牧业

联民大队一带的集体经营畜牧业主要有集体养猪与集体养蜂，我们先看集体养猪的情况。这一带的农民有圈养猪羊的传统，1950年代初期，养猪的农民家庭不多，一位老人回忆说："当时人都吃不饱，哪有东西给'大肚子'吃？人都住在草棚里，哪有地方搭猪棚？"

高级农业生产合作社的成立为集体畜牧业的发展创造了条件，在联民大队，最早的集体畜牧竟然是养牛。2001年4月17日，胡少祥写了一篇题为"我们社里养过牛"的日记,其中写道:"大约在1956—1957年,联民高级农业生产合作社成立之后,社里为了发展农业生产,解放繁重的体力劳动,就向浙南地方采购耕牛。当时的陈世福刚退伍回来,不能干什么事情,他信心很高,自己到外地买牛,买了两头耕牛,因为当时推广双轮双铧犁。高级社在冯家坟搭了牛棚,派人饲养和管理买来的牛。由于我不会驯牛,而且又买了一头犟牛,不愿耕作。养了牛,不会耕田,那就白费心思。花了钱,搭了棚,派人管理,目的是要耕田,使自古以来靠人力的繁重劳动得到缓解,结果未能见效。大约饲养两年,生了1头小牛,结果还是卖掉。说明驯牛是不容易的,饲养也是不简单的。"❶

1958年10月1日,钱塘江人民公社在敲锣打鼓中成立。两天以后,公社领导就在全社原高级社社长、会计会议上布置了畜牧生产集体化的任务,规定"社员家里所养的肉猪、小猪归公,母猪作价归公,其成本费分两年付清,头年30%,第二年70%"❷。这是一次猪羊"化私为公"的过程,在这个过程中,我们不清楚有多少农民曾经宰杀了家里的猪羊,但根据老人们的回忆,这种情况并不普遍。会议以后,联民大队当时有多少猪归入了集体牧场?或许,我们可以从5个月以后的一则统计中做出一些推测。1959年3月,联民大队共饲养母猪10头,肉猪251头❸。

对于集体畜牧业来说,1959年是动荡的一年。1959年6月,钱塘江人民公社提出清算"共产风",经核查,全社"猪羊入社账共14 379笔,共58 250元,由队采取归还猪羊找付现金解决"。但是,清算还没有展开,公社又指示荆山生产队筹建"三八"牧场,公社只给生产队5 000元钱,叫荆山生产队包建起200间草舍的牧场。当时,张觉天同志向公社党委书记张友昌汇报,建造牧场需要三四万元。张友昌同志说:"你们连人工也算钱,那不行。"还说:"要么5 000元钱拿去,不要,500头猪拿出来。"❹祝会生产队只得建场。公社提出了"五个不算":"(1)杜竹❺不算钱,自己砍伐;(2)稻草不算钱,派任务;(3)树木不算钱,自己砍伐;(4)人工不算;(5)砖头拆旧墙。"县农工部周怀庆同志提出不同意见,张友昌同志

---

❶ 胡少祥,《胡少祥日记》,2001年4月17日。
❷ 贾维清,《工作笔记》,1958年。
❸ 参见周生康,《工作笔记》,1959年。
❹ 公社党委书记的这句话的意思是,如果你们建设牧场,就给你们5 000元钱;如果你们不愿意建设牧场,公社要从你们那里调出500头猪。
❺ 杜竹,当地土话,专指当地出产的土竹,区别于毛竹。

共生经济（1962—1982）
——人民公社时期的农业经营

批评周怀庆道："你对社有经济啥态度？你看社有经济要不要发展？"❶

1959年12月，钱塘江人民公社建设大型牧场的事被上级批评，更麻烦的是，由于粮食紧张，集体牧场猪的头数没有增加，反而出现了死亡的情况。据12月3日的文件，全社25天中就有229头猪死亡，其中联新大队牧场死亡27头，联农大队二小队死亡母猪1头，经兽医检查，是"失食饥饿而死"。猪的死亡导致存栏数大大减少❷。1960年4月，联民大队与联新大队合并成立祝会生产队，此时，祝会生产队猪的存栏数竟只有66头，其中母猪15头。在这种情况下，钱塘江人民公社的领导依然好大喜功，竟然提出1960年全社养猪羊14万头、1961年20万头、1962年25万头的"发展计划"。1960年年初，公社领导还点名批评了落后队群益生产队，该队"猪羊全队580头，只有110头是生产队和小队所有，其余全部为私有。畜牧场生产队1个，4个小队有牧场，羊全部私有。12队社员朱阿北全家4口，2个劳力，家里养猪3头，羊5头，兔子37只"❸。我们从这些数字中可以想象当年部分生产队集体畜牧业的情况。

1962年，海宁县委根据中央颁布的"十二条"和"六十条"，纠正了错误，畜牧生产贯彻执行"公养私养并举，以私养为主"的两条腿走路方针，重新调动起农民种粮和养畜的积极性。全县畜牧生产得到了发展。到1963年年末，全县生猪存栏和饲养量分别达到147 470头和247 647头，按人均和亩均计算，分别达到0.61头和0.42头❹。

1960年代初期，倒退的惯性导致了集体牧场的解体。"四清"与"文化大革命"不断强化着浙北农村的政治气氛，1960年代中期，畜牧生产中的"姓社姓资"的问题被提了出来，办集体牧场成为社会主义的象征。1968年，红江人民公社召开会议，其中提到："通过大寨精神，相互解决。在畜牧上尽量发展集体为主，大办畜牧场为农业生产服务。"❺联民生产大队多次组织干部参观石井大队、云龙大队牧场，召开畜牧现场会，号召

---

❶ 参见联民大队文书资料，《中共海宁县委监委关于钱塘江人民公社经济政策上存在的几个问题的调查报告》，1959年12月12日。

❷ 海宁档案馆，编号：58—1—30，《钱塘江人民公社委员会一九五九年度发文》，"关于对当前畜牧生产的几点意见"，1959年2月3日。注意，当时生产队指的是后来的生产大队，生产小队或者小队就是后来的生产队。

❸ 参见联民大队文书资料。

❹ 参见内部文稿，海宁市农业局编：《海宁农业志》，2008年，第124页。

❺ 参见周生康，《工作笔记》，1968年。

各个生产队都要办集体牧场。1971年9月,红江人民公社召开会议,要求生产队"抓好畜牧生产,实现每人每亩1头猪"❶。这时候,发展畜牧业成了政治任务,下面两则记录反映了当年的文化气氛。

  庆云公社联群大队介绍:通过学习后,谈谈体会,有两件事:1. 清理阶级队伍;2. 畜牧场。
  先讲畜牧场问题。在公社召开农业学大寨(会议)后,要办百头畜牧场。在这过程中斗争非常尖锐,群众反映很大。后通过学毛主席哲学,认清"矛盾是普遍存在","共产党的哲学是斗争的哲学"。通过思考后,回生产队举办学习班,学习了毛主席的哲学观"一分为二",发动群众,办好了畜牧场。主要解决了办牧场与装电灯关系❷。
  上午听典型介绍。
  ※ 由众安大队陈宝田同志介绍发展畜牧情况。
  ※ 由联丰六里队周介斌同志介绍在阶级斗争中办牧场经验:我们在1968年起办场的,经过不少的思想斗争。
  同时下午由联新大队友谊生产队朱金海同志介绍:以前未办牧场。这次通过参观,听了上午先进单位的介绍比较惭愧,认为拖了全公社、全大队的后腿。勿办牧场,害处很多,肥少为社员造成很多困难。由于不办场,在1974年度社员被捉进90多只猪,损失很大。回去后决心搭起架子,从小到大,逐步把场办好。
  陈松林同志传达县委畜牧会议精神:
  这次海宁县召开了500—600多人的畜牧生产会议,王若山书记出席会议,刘部长主持了这次会议。会上有15个先进单位介绍,刘部长作了畜牧生产的报告,并提出了任务,特别是集体大办畜牧场。
  1. 海宁县畜牧生产形势大好,全县达到每户4.8头。1974年8月底存栏数24万头。牧场有1466个,占66%,集体养猪17%。
  2. 在阶级斗争中牧场发展全过程。
  3. 推广发酵饲料,既省柴又省工,很方便,猪病少。这次会议很丰富,教育很深,很受感动。形势大好,我公社也很好,但是还是拖了全县的后腿,我公社占7%。

---

❶ 参见周生康,《工作笔记》,1971年。
❷ 周生康,《工作笔记》,1971年1月11日,"县学习毛泽东思想会议记录"。

共生经济（1962—1982）
——人民公社时期的农业经营

※ 从地、县公社两次会议后全公社情况：形势很好，各大队都有打算。联农向阳队原5头母猪，现又发展3头；联丰六里队1974年自给60%，40%支援兄弟队；联新大队友谊队表决心，回去办牧场，消灭全大队空白户；众安大队订到1980年规划，集体50%。

※ 积极发展集体养猪，鼓励社员养猪。

当前是形势的需要，群众的需要，必须书记动手，全党动员，发展集体养猪来满足人民的需要。不是要不要办的问题，而是一定办好、积极办好，是革命之需要，各方面的需要，是执行毛主席革命路线。所以办不办牧场，是执行不执行毛主席革命路线问题，办好牧场是保卫毛主席革命路线，全体党员干部坚决响应。

办好牧场，提出以下意见：

1. 狠批刘少奇、林彪复辟资本主义的罪行，狠批资本主义思想，当前活思想很多。

(1) 集体养猪亏本，还是私养。(2) 办牧场无花头❶，粮食吃掉。(3) 要出现"三光"。(4) 办牧场社员吃苦头。

2. 要宣传集体办场的好处，党、团员带头宣传，党、团员要进牧场。

3. 抓紧做好办牧场的准备工作和巩固工作。（要求到会的队长再不三心二意，问问社员）回去做怎么办？作好一切准备。草屋、人员、物资、饲料等。首先要做到"自力更生"，不要依赖上面……

4. 选拔好饲养员，公社打算1月份进行训练（15号前选拔好）。

5. 抓好饲料生产，建立饲料基地。

6. 推广科学养猪。当前是熟改生❷，要"积极""认真"。

7. 品种改良。现有牧场改新。

8. 处理好饲养员的报酬。根据不同情况来对待，注意"男女同工同酬"，在农忙时按同等看待。❸

畜牧生产为什么会受到上级政府的重视？至少有两大原因是重要

---

❶ 当地土话，意思是没有实际利益。

❷ 在联民大队一带，传统农民们养猪都是给猪吃烧熟的食物，现在要求改喂熟食为喂生食，以节约养猪的成本。

❸ 周生康，《工作笔记》，1974年12月21日，"红江公社干部会议记录"。

的。其一,当年肉类市场供应短缺,只有发动农民多养猪,城市居民才有肉吃。其二,粮食生产是当年的"重中之重",受到国家与农民的高度重视。但是,化肥产能有限,肥料紧张成为提高粮食产量的制约因素。猪本身是"微型肥料厂",多养猪,多产肥,正是为了促进粮食生产。

在农民方面,只要有能力,他们会养猪。联民大队一带的农民们说:"用钱靠自己",养猪几乎是增加家庭现金收入的最好办法。农民们都知道,如果算细账,养猪不仅不赚钱,还可能亏本。但是,养猪可以化无用为有用,积小钱聚大钱。老菜叶、馊米饭,没有猪就丢掉了,现在可以给猪吃;吃完饭,洗好锅,洗碗水里有油,给猪吃。小山芋,山芋藤,出售卖不了几个钱,不卖并不觉得少了钱,给猪吃。猪长肥了,卖给食品公司,一次性有几十元收入,那可是一笔大钱!

那么,农民们对于办集体牧场持什么态度呢?总体来说,他们支持办集体牧场。农民家庭养的猪通常称为肉猪。他们从市场上购买小猪❶,小猪养到20多斤的时候,请兽医阉割后继续饲养,直到达到肉猪出售标准。会龙桥、诸家桥没有小猪交易场所,联民大队一带的农民们至少要跑到丰士庙的"丰士小猪行"里去"捉小猪"。丰士小猪行规模窄小,可供挑选的小猪少,大多数农民会走10多里路去斜桥小猪行,甚至坐轮船到海宁去。"捉小猪"麻烦,还得花现金。小猪的行情每天都不一样,通常"捉"1只小猪总要花去近20元钱,对于很多农民来说,"捉小猪"是一笔很大的家庭开支。集体养猪场通常都会养母猪,农民们到集体养猪场里去"捉小猪",不仅方便,还不需要花现金。特别是对于那些"倒挂户"❷,不花钱"捉小猪",何乐而不为?表5-2反映了联民大队集体畜牧场的养猪情况。

表5-2 联民大队集体畜牧场历年养猪情况表 (单位:头)

	猪	东风	红星	红江	立新	东方红	红旗	向阳	胜利	大队
1967	合计				14		22		14	
1968	合计		2	6	6	1	20		32	
1969	合计		9	15	32	12	17	13	22	
1970	合计		21	42	24	12	2	25	30	

---

❶ 小猪也称苗猪,仔猪;联民大队一带的农民们把购买小猪称为"捉小猪"。

❷ 在年终决算时倒欠生产队的农户。

共生经济(1962—1982)
——人民公社时期的农业经营

续表

	猪	东风	红星	红江	立新	东方红	红旗	向阳	胜利	大队
1971	合计		24	5	28	17	5	16	58	
	母猪		2	5	6	3	2	3	8	
	苗猪		20		22	14	3	12	50	
	肉猪		2					1		
1972	合计		2	10	34		12	8	30	
	母猪		2	4	5		4	3	4	
	苗猪			6	27		8	4	26	
	肉猪				2			1		
1973	合计		17	21	8		17		11	
	母猪		2	4	4		3		4	
	苗猪		12	15			13		7	
	肉猪		3	2	4		1			
1974	合计		2	16	13		3		43	
	母猪		2	3	5		3		3	
	苗猪			11	7				40	
	肉猪			2	1					
1975	合计	4	41	23	12	4	32		30	
	母猪	4	6	4	5	4	6		6	
	苗猪		35	19	7		26		22	
	肉猪								2	
1976	合计	32	38	8	46	14	41		18	37
	母猪	3	5	3	5	2	4		5	7
	苗猪	25	33	5	37	10	32		13	30
	肉猪	4			4	2	5			
1977	合计	15	34	14	10	3	16		30	44
	母猪	3	9	2	4	2	3		5	12
	小猪	12	23	11	4		11		25	32
	肉猪		2	1	2	1	2			

续表

	猪	东风	红星	红江	立新	东方红	红旗	向阳	胜利	大队
1978	合计	28	22	34	16	52	48	24	39	75
	母猪	4	7	5	5	4	7	4	7	15
	苗猪	22	14	26	8	48	38	20	32	60
	肉猪	2	1	3	3		3			
1979	合计	16	34	34	20	24	29	17	35	48
	母猪	4	5	4	4	6	7	4	5	12
	苗猪	10	27	30	14	18	22	11	30	36
	肉猪	2	2		2		2			
1980	合计				23					23
	母猪				3					13
	苗猪				20					10

资料来源：联民大队会计资料。

我们从表5-2中可以看到，直到1967年，联民大队才有3个生产队开始集体养猪。由于会计表格设计的原因，我们无法准确知道1960年代各个生产队饲养母猪的数字。整个1970年代，联民大队的集体畜牧业都发展得不错。东风生产队有私人养母猪，农民们对于小猪的需求不迫切，所以，该队直到1975年才办起牧场，养了4头母猪。1976年，联民大队在九里桥办起了大队畜牧场，大队牧场的规模比小队牧场大，1978年，联民大队牧场养了15头母猪。如果以"两年怀三胎"计算，每一胎养小猪14头，每头母猪平均每年养小猪21头，15头母猪可以为附近农民提供315头小猪。2001年4月，胡少祥在日记中回忆了当年大队、生产队办畜牧场的情况。

> 大约在1970年代初，我大队在九里桥南办了个大队牧场，当时造了5间房子，做了很多猪栏。并在塘南抽调了生产队里的部分土地，由冯恒兴同志任场长，张家聚任饲养员。当时的经济收入向大队财务报账，是大队办、大队经营的牧场。
>
> 当时办牧场可能是为了市场生猪的需要，上级很关心、很重视下面办的牧场。经常还会分配饲料，场里还在土地上种了部分精、青饲料，后来还兼营了鱼塘养鱼。

共生经济(1962—1982)
——人民公社时期的农业经营

我们大队这个牧场主要是以养母猪产仔猪为主,少量养肉猪。猪仔供应村里农户,为农户养猪业的发展提供了猪源。曾有一段时间,牧场里仔猪很俏,产前就有人订购,牧场不需要到市场上出售。有时由于行情关系,仔猪不行俏。

我们大队的牧场,办场历时大约有20年时间,大约在1980年代末和1990年代初停办,把房屋转办大队预制场。在整个办场过程中,经济效益并不理想,但也没有较大的亏损,基本上还是持平或略有盈利,社会效益倒是有明显的体现。❶

当时大办牧场是上级党和政府的号召,早在大公社时期,曾多次到石井云龙参观牧场。召开畜牧现场会,作为当时的政治任务,号召各个生产队都要办集体牧场。我们大队多数生产队办起了牧场。

我们生产队原来是两个生产队合并起来的,原来的老七队也办了牧场,就在杨介河南田里搭了草棚办了个牧场,老八队也在张家聚家办了牧场,并队以后,又在尤家河西建造了7间瓦房办了牧场。这个前后持续时间可能也在10—15年时间。

当时号召各生产队大办牧场,同时也号召各农户养猪,等于是生产队繁育仔猪,农户饲养肉猪。各生产队办了牧场,就有了仔猪来源,就能够发展各农户养猪,才能适应市场食肉的来源和需要,因为当时农户很少有人家饲养母猪,集体不办牧场,不养母猪,就缺少猪源,难于发展养猪,猪肉供应就发生困难。

长期以来,全村个人饲养的母猪不到10头,只有4—7头。由于粮食和饲料紧张,难于发展,当时养猪曾广开饲料来源,青草、柴糠、农作物的茎秆加成粉等。猪的生长不快,更难于发展。农业生产的好坏,粮食的丰歉,养猪量的增增减减,时增时减,上下徘徊,猪肉的供给和价格的高低同样也时起时伏。❷

生产队办牧场,都建造了瓦房,配备了饲养员。养猪不算好的农活,没有人抢着干。生产队会安排有一定经验、认真负责的中老年农民进牧场。生产队的主要任务是饲养母猪,在母猪需要交配时,队里会安排劳动

---
❶ 胡少祥,《胡少祥日记》,2001年4月29日。
❷ 《胡少祥日记》,2001年4月30日。

力把母猪抬到专门的优质公猪饲养场,交配完成,再把母猪抬回来。母猪怀胎3个多月以后分娩,10多头可爱的小猪出生了。小猪出生后约一个半月断奶,再经过饲养员的精心喂养,小猪就可以出售。生产队在小猪还没有出生时就接受农民们订购。小猪长到15斤左右,就可以"分小猪"了。生产队会计为小猪编号,事先登记的农民参加抽签,抽到号,对上小猪,他们高高兴兴地把小猪抱回家,或挑回家❶。生产队以市场价或者比市场稍低的价格把小猪卖给农民,但他们不需要付钱,由会计记录在账上,在年终时统一核算。

生产队牧场的主要收入就是卖小猪,但是,牧场的实际成本是多少,却是一笔糊涂账。牧场里的猪每天要吃饲料,母猪特别需要吃精饲料,饲养员随便到生产队仓库里去拿,很少计价核算。陈家场人收获番薯,下午,生产队长会叫几个小青年"挑几担小番薯到牧场去,给猪吃"。联民大队数陈家场最近便,畜牧场与仓库完全连在一起,有一段时间,仓库管理员就是牧场饲养员。表5-3可以让我们体察当年集体牧场经济核算的随意性❷。

表5-3 联民大队1975、1976年度各生产队牧场收支情况表 （单位：元）

队 别	1975年度			1976年度		
	猪总头数	牧业收入	牧业支出	猪总头数	牧业收入	牧业支出
东风生产队	4	150.00	188.37	32	802.97	290.91
红星生产队	41	740.32	224.36	38	1948.89	596.00
红江生产队	23	479.94	492.68	8	164.00	461.75
立新生产队	4	790.90	196.44	14	1 037.28	169.00
东方红生产队	12	0	0	46	405.69	0
红旗生产队	32	646.01	311.94	41	850.96	537.75
向阳生产队		14.00	0		0	0
胜利生产队	30	801.61	322.45	18	879.26	483.34

资料来源：联民大队会计资料。

---

❶ 一只小猪没法挑,他们在扁担的另一头放一块与小猪重量相仿的石头。

❷ 在生产队集体共生经济中,农民的经济行为有一些重要的特点。其一,农民们高度关注家庭利益,他们"时时盯着"与家庭直接相关的那些数字,如工分记录、分户分配记录等。其二,农民们高度关注在生产队集体的经济活动中家庭之间的平等关系,对于吃亏、便宜特别敏感,在平等诉求的压力下,生产队会计不得不把部分涉及家庭的数字计算到小数点后面好几位。其三,农民们通常不太关心生产队集体的开支情况,如表5-3所示,部分生产队的牧业开支高出牧业收入,有的生产队牧业开支是零,如果大家关注,至少零开支的情况是不可能出现的。其四,如果生产队集体开支明显危及农民家庭,特别危及家庭生存底线,会引起整个生产队的不满。

共生经济(1962—1982)
——人民公社时期的农业经营

1970年代,生产队牧场的小猪卖给农民家庭,少量肉猪卖给食品公司。如果母猪老了、病了,怎么办?生产队会杀了母猪,把母猪肉分给农民们吃。生产队里有些人家贫困,平时买不起猪肉,一旦听说生产队要淘汰母猪,他们就翘首以待,盼望着杀猪分肉的那一天。分母猪肉的那一天晚上,陈家场家家户户烧猪肉。顾新庭从祝家桥边的小店里买了一瓶土烧酒,享受着难得的"大块吃肉、大口喝酒"盛宴。

蜜蜂的饲养,作为联民大队畜牧业的有机组成部分,演绎着与养猪不一样的故事。跨过双联桥,走进陈家场,一幢老房子赫然映入眼帘。今天,这里早已人去房空。但是,2米多高的朝南墙门堂,占地2亩多的院子以及院子里的花果树、老井,总会引发人们好奇的追问。

1960年代后期到1970年代,这里就是集体蜂场的驻地,两位一辈子没有在田里干过农活的农民主持着蜂场。男主人名叫顾浩然,出生于1925年。他家境殷实,从小读书。师范学校毕业以后,在海宁庆云镇教书。解放初期,由于受到新思潮的影响,他断然拒绝家里的"包办婚姻",在庆云镇找杨云凤作对象。父亲十分气愤,迟迟不愿意接受儿子的选择。当年,"自由恋爱"受到政府支持,父亲"没有办法",1952年年初为儿子顾浩然办了婚宴。

顾浩然性格温和,脾气倔强。1950年代初,他拒绝思想改造,断然放弃教职,"自找出路"。他身体较弱,就专门自学轻松的手艺,"做什么,像什么"。他做缝纫,修伞,弹棉絮,做小工。1950年代中期,他买了几箱意大利蜜蜂,与妻子两人办起了家庭蜂场,开始了追逐花期的生涯。1958年10月,混在浩浩荡荡的人群中,他也跨进了人民公社的大门。公社领导把他们安排在三八牧场,杨云凤回忆说:"亏得当时在养蜜蜂,我们没有挨饿。"1961年年底,在倒退的惯性中,他们重新开始私人养蜂。

1966年下半年,"四清"运动紧接着"文化大革命",蜂场以极低价格转让给了生产队。生产队让顾浩然夫妻两人继续养蜂。以后几年中,蜂场"为生产队做出了很大的贡献"。1967年,蜂场收入4 165.82元,占全队总收入的15%;1968年,蜂场收入7 700.06元,占全队总收入的21.4%;1969年,蜂场收入7 005.21元,占全队总收入的比例高达22.3%❶。1968年,生产队看到蜂场收入不错,决定扩大规模。蜂群总量从20多箱增加

---

❶ 参见联民大队会计资料。

到50多箱,饲养员也增加到4名。生产队派2名年轻人进入蜂场,一人担任蜂场场长,一人担任会计。

养蜂是一个好差事。人民公社把农民都束缚在狭窄的空间中,意大利蜂追逐花期,为养蜂人创造了走南闯北"跑码头"的机会;在生产队里,年轻人干一天活,才能拿一天工分,进了蜂场,天天10分工;在家里,农民"每天都吃自家饭",养蜂"游世界",外出一天,还可以从生产队里得到0.50元的补贴。陈家场不少年轻人想进蜂场,最终谁能进充满着竞争,也存在着偶然性。1970年1月3日,本书作者在日记中记录了蜂场人员选拔的过程。

> 伟大的20世纪70年代开始了。
> 一场斗争的风暴在迎接着我。
> 1969年12月28日,红旗生产队开了整整一天社员大会。下午3时左右开始谈起1970年谁去(蜂场)的问题。陈望炎说:"张乐天如果眼睛好的话,那进蜂场是十分合适的。就差在眼睛这一点上。"所以,他的意见是陈明德和陈松山。陈祥风说:"为什么在183个人中偏要选两个天生有生理缺陷的半死不活的人呢?"他从开始就是反对的。他自己想去,但出不了口,就提出要陈明德去。陈康余的态度始终是游移的。许多社员都提出要我去。下午没有达成正式决议就散会了。晚上参加会议的人不多,但会议却仍在十分紧张的气氛中进行。
> 陈望炎说了一段令人深思的话:"从陈祥风的身上,我看到了自己的下场。我现在是没有抓住什么把柄,如果抓住了,我的下场比陈祥风还惨。我看在农村,许多事只能睁一只眼闭一只眼,少结些冤家对头算了。"
> 晚上,他口是心非地改变了自己的态度。他同意张乐天和陈松山去。
> 陈祥风在下午和晚上多次提出张乐天的政历通不过。陈祥风晚上又荒唐地提出:"征兵中下放青年缓征,接受贫下中农再教育。"他的意思是放蜂也不能去。但是,绝大多数贫下中农的意见终于成为主宰的力量。决议做出了,1970年我去放蜂。
> 斗争并没有停止。决议让某些人十分不满。风言风语在田野中流传。戴正华听人说,张乐天去放蜂是干部决定的,明年还要换。钱

共生经济(1962—1982)
——人民公社时期的农业经营

> 利珍听人说,张乐天去放蜂是陈世福定的(把我和下台干部连在一起)。顾健康听陈康余说,陈祥风在康余面前吵,责问张乐天上海的成分是什么?如果证明开不出,就让陈祥风去……12月30日,上午盘点,下午我到硖石开证明。大队开会,陈望炎在会议上大发雷霆,他与王张堂吵,他说,张乐天的家庭历史不好。张乐天也是团员?如果出问题要负责。他还说,如果1970年王浆数字减产,要追究责任。❶

1970年1月1日,本书作者与陈松山两人进了红旗蜂场,与顾浩然夫妻共同饲养蜜蜂。此时,蜂群正处于越冬期。蜜蜂数量减少,蛰居于蜂箱内。饲养员要为蜜蜂提供食物。他们把食糖调制成糖浆,抽出蜂巢,注糖浆到蜂巢内。根据计划,红旗蜂场将去江西贵溪繁殖蜂群,俗称"发蜂"。饲养员积极地为去江西做着各种准备。

1970年1月3日凌晨,蜂场出发了。生产队准备了1只7吨的水泥船,4个小伙子把40多箱蜜蜂❷以及许多生活用品都装上了船。3个小时后,小伙子们把蜜蜂都送到了海宁火车站。蜂场事先订好了1节棚车,等了几个小时,蜜蜂装上火车。火车开得很慢,第二天到达贵溪火车站时,太阳已经升上了树梢。20多名男青年正在贵溪车站上等候,他们来自离贵溪40多里地的一个生产队。他们将帮助卸车,并用独轮车把蜂箱以及所有的物资运到贵溪"发蜂"场地❸。独轮车启动了,吱吱呀呀地行走在贵溪的老街上。在一家饭店门口,他们都停了下来。顾浩然上前询问,他们七嘴八舌地说,他们饿了,要吃点心。由于运输费用都已经支付,他们没有理由提出新的要求。顾浩然与他们交涉。他们甩下话说,不给我们吃东西,我们走不动路。顾浩然已经闯了10多年"江湖"了,他知道,强龙压不住地头蛇,就强作笑脸,让他们"吃饱肚子,快快走路"。

一路吱呀声,轧过了青山绿水,蜂场在山脚下的一幢旧房子里安顿了下来。这是一户贫困的山里人家。女主人60岁左右,一个儿子28岁,没

---

❶ 张乐天,《张乐天日记》,1970年1月3日。

❷ 蜂箱在夜里已经封住出口,所有的蜜蜂都被关在蜂箱里。由于是冬天,蜜蜂本来就少动,白天搬运蜂箱,蜜蜂不会出问题。如果是其他季节,最好在夜里搬运蜂箱。

❸ 早在两个月以前,顾浩然就来到贵溪,专门落实"发蜂"场地,安排了进入场地的各种细节,谈妥了相关的费用。

有"过门"的媳妇才14岁,也住在男家❶。饲养员们搭起小灶,摆开生活用具,匆匆"弄点吃的",就开始忙碌起来。蜜蜂已经在蜂箱里闷了30多个小时了,他们要尽快把蜂箱放在合适的地方,打开蜂箱的木封条,让蜜蜂飞出来"透透空气,吃点食"。"进场"后的最初几天是忙碌的。每天旭日东升,饲养员就戴上面罩❷,打开蜂箱盖,取出巢皮❸,用毛刷刷掉巢皮上的蜜蜂,仔细检查蜂窝的情况,看看蜂皇已在多少蜂窝里生产下卵子,看看巢皮里贮藏了多少蜂蜜。不久,蜂场的工作就轻松下来了。红旗蜂场到江西去是为了"发蜂",所谓"发蜂",就是让蜂群繁殖、壮大。在"发蜂"期间,饲养员不需要摇蜂蜜,不生产蜂皇浆,只要隔几天检查一轮蜂箱就可以了。饲养员有兴趣,可以抽空到周边去玩❹。

这是蜂群繁衍的黄金时期。漫山遍野的油菜花竞相怒放,晨雾消散,霞光万丈,菜叶上露珠晶莹,菜花间蜜蜂飞舞。温暖适宜的气候,丰富的蜜源,再加上饲养员的精心照料,蜜蜂的数量以惊人的速度增加。过一段时间,部分蜂群需要分成两群,一只蜂箱分成两只蜂箱。部分蜂群因工蜂密度太高,需要加一个木箱成为上下两层的强蜂群。

3个多月匆匆过去了,蜂群已大大增强,由40多箱蜜蜂增加到60多箱蜜蜂❺。清明前后,蜂场要搬动场地,去浙江平湖"放红花草"❻。饲养员们紧张地进行着"搬家"前的准备。他们重新检查蜂箱内的每一张巢皮,用鞋钉把巢皮固定在蜂箱内。他们清理每一件"放蜂"用具,每一种日常生活用品,有序地放在不同的箱子里。每放满一只箱子,都用绳子扎紧。他们当然也要去大队干部、生产队长以及附近的农民家里道别,每次带上一瓶蜂蜜,每次都要说许多客套话,以留下好印象,"来年还可以再上门"❼。

---

❶ 本书作者是上海回乡知识青年,看到这个14岁的女孩,他脑海里出现了三个字"童养媳",更映现出童养媳的悲惨生活场景。10多天以后,山村里过春节,这位"童养媳"与村落里的其他孩子一起,三天三夜唱戏、狂欢。本书作者纳闷了,因为他从"童养媳"的脸上读不出"痛苦",只有欢乐。

❷ 蜜蜂会蜇人,饲养员工作时需要戴上面罩,防止蜜蜂蜇脸和脖子。

❸ 插在蜂箱里的长方形木框,蜜蜂在上面用蜂蜡制作六角形的工蜂蜂窝。

❹ 在人民公社时期,蜂场饲养员可以借外出养蜂的名义到处旅游,难怪生产队大家都争着去养蜂。1970年春节后,红旗蜂场的两名饲养员去游览了南昌、九江,还信步登上庐山,在仙人洞前欣赏"无限风光"。

❺ 每一个蜂箱内只能有一只蜂皇,如果出现新的蜂皇,就要分出新的蜂箱,组成新的蜂群。

❻ 蜂场俗语,意思是到红花草花盛开的地方放养蜜蜂。

❼ 以后几年,红旗蜂场再也没有到江西贵溪"发蜂",而去了广东等更远的地方。

共生经济（1962—1982）
——人民公社时期的农业经营

一切准备就绪，蜂场出发去贵溪火车站。凌晨4点左右，30多辆独轮车一字排开，轧着晨露，把前后呼应的"吱呀声"编织进雾霭朦胧的山野与小溪中。

上午9点多钟，蜂场到达贵溪火车站。令饲养员失望的是，他们要等到第二天凌晨才能得到一个高边车车皮❶。蜜蜂不能整天闷在蜂箱里，饲养员只得在火车站附近找到空地，把蜂箱一字排开，卸掉木封条，让蜜蜂自由进出。接着，他们又在蜂箱旁边搭起帐篷，准备在火车站过一个通宵。几经周折，蜂场来到平湖县农村，蜜蜂就在这里采红花草蜜。在这里，饲养员就开始生产蜂蜜与蜂皇浆❷。

蜂蜜的生产十分简单。在花源丰富的"场地"，工蜂来回穿梭于花丛与蜂箱之间，积极采蜜，为蜂群贮藏食料。饲养员每隔一两天就打开蜂箱，取出巢皮，扫去巢皮上的蜜蜂。此时，巢皮上那排列整齐的六角形蜂巢内已装满了蜂蜜。饲养员们把巢皮放进中间装着轴轮的铁皮圆桶内，摇动中轴。巢皮在铁筒内旋转，蜂蜜在离心力的作用下溅出，流入铁筒里。饲养员取出巢皮，重新把巢皮放回到蜂箱里，诱使工蜂继续更加努力采蜜。工蜂当然不知道，它们正为人类而辛劳，它们努力采来的蜂蜜都出售给了当地的供销社。

蜂皇浆的生产比较复杂。与蜂蜜的生产相比，蜂皇浆的生产更是人类在蜂群内设置的一场"骗局"。每群蜂都有1只蜂皇、极少数雄蜂和大量工蜂❸。工蜂勤劳而忙碌，它们采集蜂蜜、筑蜂巢，承担维系蜂群的所有劳作。雄蜂最懒，它们只有一个任务，就是与蜂皇交配。蜂皇"养尊处优"，但要大量产卵。在蜜蜂繁殖过程中，工蜂、雄蜂与蜂皇的主要区别在于，繁殖蜂皇的蜂巢几乎比工蜂的大一倍，而且，工蜂给未来的蜂皇吃的食料全部都是蜂皇浆！在自然状态下，工蜂极少甚至根本不建筑培养蜂皇的巢，原因在于，一旦培育出新的蜂皇，蜂群必定分裂。任何蜂群都容不下2只蜂皇！饲养员们看到了机会。他们用人工制造出一条培育蜂皇的巢皮，上面有20多只蜂巢。然后，他们从培育工蜂的蜂巢里移出刚刚从卵子里孵化出来的幼虫，移入培育蜂皇的人工蜂巢里。最后，他们把人工巢皮插入蜂群的中心位置。饲养员给工蜂制造了假象，似乎蜂皇准备

---

❶ 高边车皮，指没有顶篷的货车车皮。
❷ 蜂群还可以出产蜂毒，红旗蜂场从来没有生产过。
❸ 工蜂实际上是发育不全的雌蜂。

培育20多只蜂皇。他们成功了。工蜂工作更加努力,给每一只培育蜂皇的幼虫吃蜂皇浆。几天以后,蜂皇浆装满了人工巢皮,而幼虫还没有来得及吃。此时,饲养员抽出人工巢皮,用镊子把幼虫拣出❶,再用画笔把蜂皇浆从巢内刮出,放到事先准备好的奶瓶里。蜂皇浆易变质,需要低温保存。饲养员早已准备好保温瓶,瓶内放着冰。蜂皇浆装满了几个奶瓶,就卖给当地供销社。当年,蜂皇浆的收购价高达200元一斤。

采完红花草蜜,蜂场还会向北挺进,追逐花期,直到最后回到顾家那个大院子里越冬。

三、副业

1960—1970年代,凡是当过生产队长、副队长、队务委员的人都知道"当家人"该如何安排全年生产。他们"挖空心思"增加粮食面积,提高粮食产量❷。1960年代,生产队的粮食生产只为吃饱肚子;1970年代,"肚子问题已经解决",增产粮食,为的是"让'大肚子'把粮食转化为现金"❸。他们安排络麻种植,络麻的产出正好抵交农业税。他们"根据桑树的长势"订购蚕种,卖出蚕茧,才有钱购买农药、化肥与其他生产资料。最后,生产队一定会努力"抓现金收入",如"脱了把子"❹,年终决算时,生产队就难以分足现金。如何"抓现金收入"?方法之一是抢季节种些"可以卖钱"的作物,如瓜类、蔬菜等;方法之二是抓副业生产。那时候,陈家场的副业生产主要有菊花生产❺、丝绵与窑厂三大类。

菊花是一种多年生草本植物,杭州及周边农村地区的农民们有种植菊花的传统。菊花易适应环境,即使生长在墙脚边、满是碎砖乱瓦的地基上,深秋时节,菊花照样露出张张圆圆的笑脸。联民大队一带的菊花区分为黄菊与白菊,其中白菊特别有名,称为"杭白菊"。菊花经生产队简单加工后出售给供销社,是重要的中药药材❻。

---

❶ 幼虫吃蜂皇浆长大,有时候,饲养员舍不得丢掉,将幼虫炖鸡蛋吃。

❷ 每年年底年初,陈家场召开队务委员会会议,大家谈得最多、算得最细的就是粮食种植安排。用当时的话来说,叫作"千方百计挖潜力"。

❸ 粮食多,猪长得快,就可以多收入现金。

❹ 当地土话,意思是事情没有做到位,犹如双手握铁耙垦地,双手松脱了,就难以垦好地。

❺ 我们把菊花放在副业中,主要考虑到菊花的生产不仅包括种植、收获,还包括加工。菊花需要农户加工以后才能出售。

❻ 1960—1970年代,联民大队一带的农民们种植菊花的时候,菊花都卖给供销社做药材,现在,人们普遍喜欢用菊花泡茶喝。

共生经济(1962—1982)
——人民公社时期的农业经营

菊花喜旱怕涝,适合在旱地里生长。像络麻种植一样,农民们先做好垦地、耙地、施基肥、编轮等项工作,再移植菊花。农民们从前一年的菊花地里挖出菊花根,或者从街上买来菊花根,把每一棵菊花根瓣成几份,每隔6寸左右种上一份。覆盖泥土,浇上清水粪,种植工作就结束了。

春雨淅淅,大地复苏了,菊花萌芽生长。菊花地的管理比较简单,主要是除草、松土与施肥。入夏以后,墨绿色的菊花叶层层叠叠,尽情地汲取着雨露、阳光,有效地抑制了野草的萌发。农民们不再需要做什么工作,他们时而欣赏着串串花蕾,时而计算着采菊花的时辰。

深秋,菊花盛开。女人们戴着印有彩色图案的大草帽,穿着花布衣服,系着小竹篓,高高兴兴地下地采菊花。蓝天、白云;艳丽的菊花、飞舞的彩蝶;轻松的农活、丰收的场景;这一切让采菊的女人们心情愉快,采菊花地里传来一片嘻嘻哈哈声。

地里采菊花,生产队公房里烧水忙。生产队在公房里临时搭了一个大灶台,安排两个男劳力帮助蒸菊花。菊花从地里采来后,需要放到蒸笼里蒸熟。菊花蒸熟,农民们从灶台上搬下蒸笼,把整笼菊花倒到事先准备好的蚕匾中。然后,让菊花晒上几个大太阳,干透了,就可以出售给供销社。

菊花可以充分利用杂地,每亩的收益也较高,但是,后续加工比较麻烦。1960年代初期,联民大队的菊花种植面积超过了瓜类、蔬菜,到1970年代中期以后,生产队集体不再种植菊花(见表5-4)。

表5-4 联民大队种植菊花情况表 （单位：亩）

年　份	菊花种植面积	年　份	菊花种植面积
1962	70.5	1969	44
1963	84	1970	56
1964	22	1971	53
1965	19	1972	50
1966	/	1973	25
1967	12	1974	17
1968	/	1975	3

资料来源：联民大队会计资料。

联民大队第二项副业是"剥丝绵"。"剥丝绵"又称"裹阿子"[1]、"剥

---

[1] 阿子,当地土话,与丝绵同义。

茧子",是把茧子剥开,制作丝绵的过程。在人民公社时期,蚕茧是国家统一收购的"重要物资",生产队不应当私自留下茧子"剥丝绵"。当时,粮食的国家任务有"硬指标",农民即使饿肚子,也首先要完成国家指标。蚕茧的收购是"实产实收",就是生产多少,出售多少。这就给农民们留下的"偷机"的余地。1960年代,联民大队各生产队每年留下茧子总产的8%—10%,例如,1968年,红旗生产队共生产蚕茧5 984.5斤,自留春茧330斤,秋茧264斤,合计594斤。这种情况一直持续到1975年。此后,生产队自留茧子数量大大减少,其中的原因主要有两个方面。一方面,生产队自留茧子"剥丝绵",主要是为了提高收入。1970年以前,国家收购每百斤茧子平均单价125元左右,而一担茧子加工成丝绵后,可以卖到400元以上,用农民们的话来说,"生产队出点加工费是合算的"。1978年以后,国家收购每担茧子的价格提高到215元以上,茧价的提高导致"剥丝绵"的比较收益下降,生产队不想"多找麻烦"。另一方面,1975年以后,四联片部分生产队可以从四联窑厂等其他途径获得收益,"东边不亮西边亮",少剥点丝绵没有关系。

"剥丝绵"是妇女们的活。蚕茧要及时处理,否则,蚕蛹生成蛾,会咬破茧壳,严重影响丝绵的质量。"剥丝绵"的过程可以区分为煮、剥、套、晒四个步骤。煮,就是把茧子放到锅里煮10多分钟,把茧子都煮"熟"。剥,就是把茧子剥开,去掉茧子里的蚕蛹。农民们先准备好"剥丝绵"的木桶,俗称"阿子桶"❶。他们在"阿子桶"里放半桶水,桶中间放一只约40公分高的椭圆形毛竹环,俗称"阿子环"。"阿子环"的两只脚插在一块木板上,木板放在"阿子桶"里,用一块铁锭压住。"阿子桶"放在两条长凳上,桶的两侧坐着两个"剥丝绵"的农妇。煮熟的茧子放到"阿子桶"里后,妇女们就熟练地用双手"剥茧子"。她们先把剥下来的蚕丝绷在左手上,绷到一定的厚度,就拿下来,放在"阿子桶"的一边。套,就是把原先绷在手上的蚕丝拉开,用力套到"阿子环"上。"套阿子"要用力气,她们都站起来,借着身体的力量,双手压着套下去。蚕丝(即"阿子")套到一定的厚度,就从"阿子环"上拿下来。晒,就是把从"阿子环"上拿下来的丝绵穿到事先准备好的竹竿上,放在太阳下晒。晒干以后,就成了一片片如"阿子环"般大小的丝绵了。当年,丝绵是高档的保暖用品,可以做棉

---

❶ "阿子桶"也称"面桶",是直径约1.5米宽的木桶。农民们家里和面做团子、打年糕都用这种桶。

共生经济（1962—1982）
——人民公社时期的农业经营

袄、棉被、棉裤、棉鞋等。

  在陈家场，春蚕或者秋蚕刚刚开始采摘，生产队就开始"排场"❶"裹阿子"了。陈家场顾浩然家的大院子东北边坐落着3间高大的平房，早先，这里是陈姓地主家的房子，土改以后，成为"国家财产"。但是，国家没有来管过，房子一直由生产队"派用场"❷，连续很多年成为"裹阿子"的场所。生产队在这里打了"老虎灶"❸，女人们忙着从家里拿来长凳，长凳上放着"阿子桶"，桶内放好"阿子环"，有的还在桶里放足了水。

  "裹阿子"的劳动是令人难忘的。三四个男劳动力在老虎灶上烧茧子，为女人们送茧子。女人们这里喊，那里呼，送茧子的男人"比茶馆里的跑堂还忙乎"。三四十个女人坐在同一个大厅里剥茧子。她们"张家长、李家短"地扯着，"南天头、北亩头"地聊着，在吵吵闹闹中度过了一天时光，拿了一天工分。在陈家场的水泥场地上，几个中年妇女也十分忙碌，她们负责把裹出来的"阿子"晒干。天气好，太阳大，她们的工作还算轻松。一旦下起了阵雨，她们得赶紧把竹竿搬到屋子里，忙得"像救火似的"。

  陈家场的第三项重要副业是窑厂工作。2001年8月，胡少祥在日记中回忆了当年四联地区办窑厂的情况：

    根据农村的发展情况和初露住房改造的苗头，当时，公社领导考虑到建筑材料的紧张，四联地区条件和地理位置的适当，一是上下河水上交通的便利，办窑的主要原料是泥土，二是因为四联地形高，可取土方多、高地高岗很多，搬掉高地反而可以上水种稻，成为产粮的良田，何乐而不为呢？

    当时，公社党委决定在四联地区首先办个砖瓦窑厂，四个大队合作做好选地点、落实人员、筹集资金、组织领导班子等一系列准备工作。窑厂一建成，确实生意红火，顾客盈门。这里办的一个土窑，以烧柴为主，出的是青砖和土瓦各半。广大农民以柴调砖瓦，每450斤柴调1 000张土瓦，每550斤柴调1 000块青砖，每逢大小麦收获，各户都将全部的大小麦柴介入❹窑厂。晚稻收获又将稻柴全部挑到窑

---

❶ 当地土话，意思是准备。
❷ 当地土话，意思是使用。
❸ 长三角地区一种可以放置大铁锅的灶头。在上海等城市里，居民们到"老虎灶"去打开水，每瓶开水1分钱。
❹ 当地土话，意思是送到，挑到窑厂中。

厂，长年累月，待到准备建房的时候，向窑厂提取砖瓦。算算自己的资金，又算介入窑厂的柴能取多少砖瓦，可达到建房需要的数字，即可准备建造。

介柴和提砖瓦❶有很大难度，因为广大农民一起来就成了个大市场、大气候。每逢收获柴草的季节，窑上的人很辛苦，从早到晚有人介柴，需要过秤，开收据，每到傍晚都要把许多乱放的柴堆整齐，把柴堆得高高的，防止被大雨和阵雨淋湿。农民介柴要排队，想利用出工前的早上，有时等了又等，耽误出工时间。柴略潮要打折扣，清白度差了要扣份斤❷。

1970年在油车港北头西岸办起了四联土窑厂以后，大量的燃料当然由四联及周边地区的广大农民所提供，以柴调砖调瓦，凭柴票预约结算提货。

另一种原料需求量大，就是泥土。砖瓦都以泥土为原料，先将泥土制成砖、瓦的坯子，经过烧和闷，就成了砖和瓦。四联人民历来没有这方面经验，制窑、烧火、闷窑、封窑都请外地师傅，制泥砖坯和泥瓦坯也请外地人。制泥砖坯一学就懂，几乎每户人家都会制泥砖，取代了外地人。制泥瓦坯难度较高，长期请外地人搞。当时由某生产队提供泥土和晒场，由生产队雇请泥瓦师，最后将泥瓦坯介给窑厂。后来，本地人取代了外地人。搞泥瓦坯需要一定大的场地，只有一个生产队才能搞，一家一户是不能搞的。泥砖坯的晒场大小均可，所以

---

❶ 提砖提瓦又是件困难事情，首先到窑上付钱开票，说这一窑出来的砖瓦已经开光，下一次再去，仍然是没有，三趟四趟还是没有，多的甚至五趟十趟的去跑。直到自己轮到开票提货的日子，借了船，叫了帮手，船开到窑厂，他们说"对不起，窑厂里某某领导有个亲戚开后门，把货给提掉了。你们只好白跑一趟了"。到那一次真正轮到提货了，下河的人慢吞吞，人头不全，递烟、送烟花小费，无济于事，真见他们磕头拜揖。提瓦片基本上不带碎张的，而提砖头，有碎块，有水伤砖，有不透砖，就是不烧熟称之为一级砖，二级砖和三级砖，就是质量不好，这里面往往产生两者之间的矛盾，面子大的，是熟人的、亲戚的、朋友的当然好得多，人生地不熟的，香烟乱分还不奏效，这里面是和窑上的人熟悉，特别是发货的人，也包括下河的人，和下河的人关系好，但也要递烟。而且他最后给你多挑几担也无所谓，不熟悉不认识，不通过关系，不但多次白跑，等到提货这天还有很多不称心的事情发生，人家迟来先提，你先来后提，应该到家里是白天，弄到了黑夜，上河十分困难，弄得好紧。提的货儿质量又差。例如，张剑明付的一级砖钞票，却提的二级砖货儿。(《胡少祥日记》，2001年8月10日)。

❷ 胡少祥，《胡少祥日记》，2001年8月9日。"清白度"指柴草受到潮湿影响的程度，受过潮或者淋过雨，如不及时晒干，柴草看上去比较灰黑，烧起来火力较差；柴从田地里收起来后，"一两个大太阳"就晒干了，烧起来火旺。前者"清白度"差，后者好。"份斤"指柴的重量。

共生经济（1962—1982）
——人民公社时期的农业经营

每家每户都可以搞的。当年有很多人家搞泥砖坯，向窑厂出售，有的人家利用空闲时间和早晚休息时间搞得很多，当时每块砖头是2分半至3分，每块泥砖坯1分钱。

除了向窑厂出售泥砖外，不少人家都制作过这种泥砖，自己家里砌内墙、打灶头等也可当砖头用。四联窑厂还组织过一些人在现在的祝会茧站这个地方，制过磨刀砖坯，即沙土制成，烧过之后为荡砖❶，向商业部门打开销路❷。

胡少祥回忆中所说的"某生产队"就是陈家场的红旗生产队。1970年，陈家场每天有农民参加土窑建设。他们为请来的造窑师傅挑泥，做造窑师傅的"下手"，例如，窑膛用土砖砌起来，越砌到高处，砌的速度越快，他们负责快速地向造窑师傅递泥砖。他们总是惊讶于造窑师傅的"本事"，仅用泥砖、泥浆砌出圆穹形的窑膛，却十分坚固！造窑师傅来自江苏启东农村，在窑造到大半的时候，他请来了制砖瓦的师傅，让砖瓦师傅教四联地区的农民制砖。农民们很快学会了制砖，但制瓦较难，没人愿意学习"这种苦的活"。陈家场的生产队长陈双明看到了其中的机会，他向联民大队党支部书记王张堂提出，让制瓦坯的师傅住在陈家场，生产队为他们开辟瓦场，并配上一两个助手。经四联地区党支部联席会议的批准，两位制瓦师傅把行李搬到了本书作者家中，其中一位较年长者是大脚，陈家场人都叫他"大脚师傅"。生产队派了年轻人帮助制瓦师傅"踏泥"❸，并在师傅制瓦坯时当他的"下手"。例如，瓦坯做成以后，帮助把瓦坯排列整齐，晒瓦坯。瓦坯晒干，生产队要派人挑到窑里，传给烧窑师傅叠入窑中，准备烧窑。这些活都是为窑厂做的，窑厂需要支付生产队费用。从此以后，窑厂的收入成为陈家场重要的副业收入。

四、渔业

浙北地区河流纵横交错，河塘星罗棋布。高级农业生产合作社成立以前，河流属于公共水域，任何人都可以去摸鱼捉虾；大多数河塘都归私

---

❶ 联民大队一带的农民们把磨刀砖称为"荡砖"。
❷ 胡少祥，《胡少祥日记》，2001年8月11日。"荡砖"就是磨刀砖。
❸ 制作瓦砖需要"把生泥踏成熟泥"。踏泥的人赤着脚，把一层泥铺成蚕匾大，双脚反复踏泥，使泥变"糯"，再加上一层泥，再踏。如此反复，踏出一堆熟泥。瓦坯师傅用取泥弓取出一片泥，贴到瓦坯模子上。旋转模子，弄均匀泥土，划出瓦线，泥瓦就制成了。

人所有,有人在塘里饲养鱼。高级社成立以后,所有河塘都归高级社所有。高级社开始在河塘里养鱼,于是,生产队里就有了渔业生产。海宁原先有以捕鱼为生的家庭,终年生活在船上❶。1956年年初,他们组织建立了渔业生产合作社,负责在海宁地区的河流里捕鱼。但是,在联民大队一带的农民眼里,外河❷并不属于渔业生产合作社所有,他们仍然在外河内排网捕鱼。

在人民公社时期,鱼的养殖与现在有很大的不同,那时的养殖可以称为"粗放型养殖"。每年春季,生产队集体组织人员外出购买鱼苗,把鱼苗放到各个河塘里。此后,生产队根本不去管理河塘。当年的"放食",至多是往河塘里倒几担粪肥、几篓青草。平时,生产队极少"打鱼"❸,如有人家办婚事丧事,生产队长会选定一个河塘,请人来"拉几网鱼"。年前是鱼收获的时间,生产队到每张河塘里捕鱼。捕鱼的方式有两种。一种是用鱼网"打鱼"。这种捕鱼方法总会有鱼漏网,漏网的鱼到第二年就会长成更大的鱼。另一种是抽干河水捕鱼。河水抽干后,鲢鱼、草鱼、青鱼、鲫鱼等鱼儿在河底乱跳,甲鱼找个地方躲了起来,黑鱼使劲钻到河泥下面,要"捉干净"河里的鱼,还是一件难事。当时正值冬天,天气寒冷,生产队请了专门抓鱼的人,穿着橡皮衣下去抓。冬天捕起来的鱼部分完成国家任务,卖给地方食品公司;大部分按人口、工分等指标分配给农民家庭。这些是农民家庭过年的鱼。

联民大队一带有一些河塘跨越两个生产队,这样的河塘通常由生产大队管理。于是,生产大队可能成立渔场。在"四清"的时候,联丰大队渔场场长检讨了自己的错误,他的检讨使我们看到了集体养鱼中普遍存在的问题。

问题之一是多吃多占。年终捕鱼,生产队很多人"看着",负责捕鱼的人很难有机会"下手"。平时捕鱼,只有两三个人负责,他们拿鱼回家,"神不知,鬼不觉,谁搞得清楚?"有时候,集体把捕起来的鱼拿到街上去卖,卖鱼的农民拿出一两条鱼送到饭店里请人"加工一下",他们"打上一开白酒,津津有味地吃起来,谁管得着他们?"

问题之二是糊涂账。那位渔场的负责人检讨说:"1961—1962年在

---

❶ 联民大队一带的农民称这类人家为"网船上"。
❷ 这是联民大队一带的农民们对于公共河流的称呼。
❸ 当地土话,意思是捉鱼、捕鱼。

共生经济(1962—1982)
——人民公社时期的农业经营

渔场做工时,上街卖鱼。鱼挑到街上,挑去时不过秤,卖多少钱算多少钱。上街的人,每人每次0.20元补贴,也不办手续,外堂过❶。在街上卖鱼,还逃税,如卖50元,只报30元。"

问题之三是私自占有国家紧张物资。当时,为了鼓励农民把鱼卖给食品公司,满足城市居民的消费需要,国家采取了"换购"的方式,多卖鱼,就多分配给一些化肥、鞋、毛竹、木材等等。渔场场长或者生产队的负责人可能私自占有这些物资。

与生产队农业经营的其他工作不同,渔业生产很少受到关注。但是,1972年11月18—21日,海宁县政府在长安人民公社专门召开了"内塘养鱼会议",会议时间长达3天!这里摘录周生康《工作笔记》里的部分内容,一方面可以帮助我们更多地了解当年的渔业生产,另一方面更可以体会当年政府管理农业经营的方式。

> ※ 这次会议的指导思想是以路线斗争为纲,认真学习毛主席对渔业生产的指示。批判破坏渔业生产的罪行,散布的反革命修正主义路线,落实以粮为纲,全面发展方针。学先进,找差距,订措施,鼓干劲,争上游,多快好省发展内塘养鱼,夺取渔业生产的新胜利。
>
> ※ 方法是:一学二听三议。
>
> ※ 时间3天,19号学习,下午讨论。20号交流经验,下午讨论。21号大会总结提出任务,下午讨论计划。
>
> ※ 主要任务和方法:① 认真学习毛主席指示,另外学省委谭启龙重要讲话。② 重点6个先进单位介绍。③ 研究发展内塘养鱼,并布置任务。❷
>
> 20号上午听先进单位介绍。
>
> 许村公社王同志介绍:
>
> 一、1972年情况总的形势是好,取得全面丰收。谈谈取得丰收体会是:抓了路线教育。毛主席教导我们:路线是个纲,纲举目张。抓了以粮为纲,全面发展的方针。全公社有2 000多亩鱼塘,但分布不平衡,重点有6个大队。狠批养鱼不如养草,不吃饭不来,不吃鱼

---

❶ 外堂过指现金不入账。
❷ 参见周生康,《工作笔记》,1972年。

不要紧等思想,刹住歪风,落实了以粮为纲、全面发展,重点抓了路线。

二、抓点做样子,全面推开。我们塘湾大队,增加5—6万斤粮食,达到全面丰收,我们抓住四个方面:① 肥水管理;② 饲料;③ 放养密度,增放200条。

三、在管理上:① 专人管理。全社99人专业队。解决劳力矛盾。② 抓2个生产队的对比教育。③ 加强领导问题。公社大队支委主要负责人抓。生产队除专人负责外,决定1名队务委员抓这项工作。

塘湾大队介绍:672户,鱼塘309亩,最大的24亩,小的4—7亩。1958年粮食产量818斤,渔业产量586多斤。我们大队10年徘徊不前进。

胡斗大队介绍:20个队,616户,鱼塘146亩。

下午听报告,唐部长报告:

其他方面都上去,渔业生产也要上去,去年全县减产。

1. 全县的内塘养鱼的基本情况。

(1) 以路线斗争为纲,落实毛主席以粮为纲,全面发展,进一步落入,为革命养鱼觉悟逐步提高,积极发展淡水养鱼。以粮为纲、全面发展进一步落实,出现了许村塘湾大队、钱塘江新民、红江公社星新大队,这些队都是好的生产大队。

(2) 加强了对淡水鱼的生产领导。公社召开了现场会,列入党委议事日程,每个大队都有干部管理这项工作。认真学习毛主席对渔业生产的主要指示,提高觉悟,进一步认识以粮为纲、全面发展的重要性,加强对渔业生产的管理,1972年取得良好成绩。

(3) 加强了鱼塘管理,提高了养鱼水平。

总的形势是好。但是"一分为二来看,还存在一些问题":

1972年的水平,还等于1952年的水平,平均不到100斤,最高是许村公社。毁塘改田,有的地方干脆不管,影响了渔业生产的发展,对以粮为纲、全面发展认识不足。

如何办?以路线斗争为纲,把渔业生产搞上去,支援世界革命,巩固集体经济,增加社员收入,改善人民生活,有着重要意义。毛主席亲自制订以粮为纲、全面发展的方针。这次上级召开多次会议,认真学习,坚决执行。"杭嘉湖"地处水产有利条件,海宁也是其中之

共生经济(1962—1982)
——人民公社时期的农业经营

一,现在有很大水面没有利用。1971年全县平均亩产113斤,低于全省(平均水平),有的公社只有90斤。现有先进单位亩产600—700斤,许村公社塘湾大队平均314斤。为啥有的大队能达到,有的大队不能达到呢?主要是路线问题。路线一变鱼塘荒了一大片。我们要加倍努力,全县在现在亩产83斤基础上,苦干2—3年达到200斤以上,1973年总产2万担以上,平均150斤。主产区200—250斤,一般100—150斤。

2. 措施:

① 坚持以路线斗争为纲,把路线搞对头。

② 真正落实以粮为纲,全面发展的方针,为革命多养鱼,养好鱼。

③ 进一步落实农村各项政策,调动广大社员群众的社会主义积极性,搞劳动定额。

④ 狠抓增产环节,实行科学养鱼。

水、种、密、混、防。

3. 办法是:

(1) 大搞鱼塘基本建设。搞好鱼塘建设是创造条件,浅改深,小改大塘,坍改好,死水改活水,实行四改。结合冬季基本建设,田漾基本建设中改好。内河养水(草)要退出。但是,荒塘要适当安排。低产改高产。

(2) 做好鱼种放养工作。① 增加放养密度。② 增加放养品种。③ 适当提早些。

要求每亩280尾以上,一般200尾以上,合理搭配。底层比中层多30%。时间:冬至以前放好。

(3) 加强鱼塘管理,适当投肥投饲(料)。

养了要管,反对不管。要专管与群众管理相结合。加强对管理人员政治思想教育,为革命养好鱼。自力更生,挖青饲料,合理施肥,下决心消灭青水塘❶。国家分配的精饲料,用到渔业上,适当搭配好。鱼塘注意防病,以防为主。

(4) 大搞群众性试验活动,大搞混养、密养。

搞一些中草药,治防鱼病。根据外地经验,搞试验成功再推广。

---

❶ 青水塘指没有肥力的塘,鱼在这样的塘里长不快。

每个公社抓好一个队,每个大队抓好一个生产队,每个生产队搞好几只高产塘。

4. 加强党对渔业生产的领导

每个公社组织落实:思想落实,人员落实。做到上面有人抓,下面有人管。❶

第二节 家庭经营

1970年代,联民大队一带的农民们都说,吃饭靠集体,用钱靠自己。一切都已经"归公"了,人又不能外出,自己的钱从哪里来?来自家庭经营。在人民公社集体中,农民的家庭经营可以区分为家庭农业、家庭畜牧业与家庭副业。

一、家庭农业

如果我们把联民大队一带的生产队集体农业叫作精耕农业,那么,农民家庭经营的农业就是"超精耕农业"。仔细观察人民公社时期联民大队一带家庭农业经营的情况,我们可以看到五个鲜明的特征,即作物多样、见缝插针、侵占集体资源、高度关注与自给自足。我们以陈家场农民张宝芬家为例,看看这五个特征的实践方式。张宝芬,女,1932年出生,"四清"积极分子。"四清"结束以后担任联民大队党支部委员、大队蚕业干部与妇女干部。她的丈夫在嘉兴医药公司工作,婆婆王阿福1906年出生,从小受苦,小脚,难以下田劳动,但可以参加旱地里的农活。小叔王金祥,1928年出生,因小儿麻痹症导致左手左脚行动不便。家庭贫困,他很小就到庙里做和尚,解放初期回家,一直未婚。张宝芬有3个小孩,王菊芬,女,生于1950年;王菊芳,女,生于1955年;王东明,男,生于1958年。张宝芬家只有5间低矮的平房,平房后面有3间"猪羊棚"(也称柴间),但是,她家门前有3棵大枣树,东边有1棵大榆树,东边与北边有竹园,让陈家场人十分羡慕。1970年前后,她家全年饲养4头猪,每头猪1分自留地,就有4分自留地。全家6口人,每人半分自留地,共3分自留地。两者相加,全家有7分自留地,这些自留地大部分都在屋子后面。张宝芬的

---

❶ 周生康,《工作笔记》,1972年。

共生经济（1962—1982）
——人民公社时期的农业经营

全部家庭农业就在这 7 分自留地与"屋脚边"❶展开。

家庭农业经营的特点之一是作物多样。

春天到了，自留地里的越冬作物开始"春发"。小麦开始扬花结穗。榨菜"发棵"，菜瘤日长夜大。青菜都长得水灵灵的。地里生长着两种不同品种的青菜，一种人吃，"吃口特别好"；一种长得特别大，俗称"长高白菜"，专门种了做猪饲料。大白菜长得稀疏，过年时已经吃掉一些，地里只剩下 10 多棵，每一棵都用稻草拦腰扎着，"使菜叶包紧，里面的菜叶又嫩又白"。卷心菜长得并不好，部分包紧了，部分没有包紧，"菜叶老，只能给猪吃"。自留地的两边种了豌豆，菊芬与菊芳已经为豌豆扦了篱笆，让豌豆爬藤。渐渐地，豌豆会沿着篱笆长高，开出白色的花，结出一串串绿色豆荚。自留地的另一边种着蚕豆，由于蚕豆花的花蕊是黑的，农民们爱说，"蚕豆花开黑良心"。

张宝芬的"屋脚边"呈现出另一番景象。一长排韭菜长出了新的嫩叶。屋东边的菊花，冬天时割掉了枝干，春天开始发出新芽。屋后面的黄花菜，伴着春雨淅淅，长得茂盛喜人。屋前面的枣树下，开出了两块八仙桌大小的土地，专门用来种葱与蒜，随着天气转暖，葱与蒜都"长得像样了"。

春夏之交，农民们不仅在生产队里忙，在家里也"忙极了"。张宝芬家做番薯的春窖❷，剪出番薯头苗到市场上去卖。他们在自留地里种头苗，待头苗爬藤，他们在头苗地里剪出二苗到街上出售。同时，自留地里也种二苗。与陈家场的许多家庭一样，张宝芬每年一定会在自留地里种植一定面积的番薯。自留地种番薯，目标不是收获番薯，而是不断地剪番薯藤。番薯藤是猪爱吃的青饲料，番薯藤剪了还会再长，正好可以满足猪吃青饲料的需要。

张宝芬家的人计算着各种作物下种的日子，种子是上一年留下来的或者与亲戚、邻居交换的。豆类作物品种繁多，包括黄豆、豇豆、赤豆、绿豆、扁豆以及刀豆等，联民大队一带的农民家庭会留一种或者多种豆类作物的种子。在豆类作物成熟的时候，他们选择一些长得最好的豆荚，让它们"长得老一些"，以最后留种。种豆采下后，他们精心地把它们放在坛

---

❶ 按照红旗生产队规定，屋前从"檐头滴水处"开始，向南 4 公尺、屋后 2 公尺、屋东西边 1 公尺为"屋脚边"的土地，归家庭使用。

❷ 张宝芬家基本上每年都做番薯的冬窖，开春后，他们打开冬窖，取出冬窖中的番薯，去掉那些"有毛病"的，选出合适的做春窖。但是，冬窖易出问题，有时候，冬窖里的"问题番薯"太多，或者整个冬窖就出了问题，他们就可能到市场上去购买"种番薯"。

子里,到下种的季节,再拿出来。像陈家场的其他农民家庭一样,张宝芬家一定会留黄豆种子,其他品种的种子可以通过互换互惠来解决❶。例如,张宝芬家留有较多的豇豆、刀豆种子,却没有留绿豆种子,她乐意把多余的豇豆、刀豆种子送给亲戚、邻居,如她要种绿豆,也可能向邻居去"讨一点"。当时,陈家场的顾颐德家做绿豆芽出售,他家年年种绿豆,留种是自然的。其他人家要种绿豆,通常都向他家"拿几十粒绿豆种子"。有的农民"比较客气",会拿着一小碗黄豆到顾家去换绿豆。

除了豆类作物种子以外,张宝芬家还留玉米种子;她的小叔子王金祥精通于种植南瓜,他每年都会留下南瓜种子。秋天,他每天到南瓜藤里观察,选中几个长得特别好的扁南瓜、长柄南瓜,就让这些"种南瓜"长得老一些。等到南瓜皮黄透了,他摘下这些"种南瓜",在家里放上一两个月,切开南瓜,小心地挖出南瓜里的籽,去除瓤,阴干❷,留到第二年做种。王金祥每年都留下较多的南瓜种子,他知道,10多户邻居都喜欢他家的南瓜秧。

但蔬菜的留种技术要求比较高,张宝芬总吩咐大女儿到5里地外的丰士庙❸去购买菜种或者秧苗。菊芬从小参加劳动,到20岁左右的时候,她已经"成了一位老乡下人"了。她一早起来,沿着弯弯的小路,来到丰士庙市场,购买青菜、浙大萝卜、胡萝卜、菠菜、芹菜、莴笋、蒿菜等各类菜种,回家后精心下种。在丰士庙街上,一些农民拿来一盘盘❹精心培育的茄子秧、番茄秧、冬瓜秧、辣椒秧、黄瓜秧、南瓜秧、丝瓜秧等不同蔬菜的秧苗沿街放着,等待着农民们来购买。与菜种不同,秧苗容易受伤,丰士庙跑一次,只能购买部分秧苗回家,因此,为了买到足够数量的秧苗,菊芬只能多跑几次丰士庙❺。

---

❶ 这里的原因在于,黄豆的用种量较大,而其他品种的豆类用种量都很少,其中扁豆的用种量最少,在10颗以下。因此,村里没有必要家家都留种,只要相互调剂一下,就可以满足农民家庭多品种种植的需求。

❷ 留种的南瓜子不能水洗,不能在太阳下暴晒。

❸ 在人民公社时期,丰士庙是方圆10里内最有名的作物种子市场。

❹ 农民们用稻草扎成一只只直径约20公分的圆盘,里面放着草木灰的泥土,蔬菜的秧苗就培育在盘子里。有很多时候,农民购买整盘的秧苗,拿回家再拔出来种植,这有益于秧苗的成活。但是,如果购买的秧苗数量太少,只能从盘子里拔出来,数枝计价。

❺ 当然,40多年过去了,我们无法清楚地知道张宝芬每一年自留地里具体种植了哪些作物,但是,如果以1970年代作为考察时期,张宝芬家的自留地里一定种过上述的所有作物;如果观察1970年代中同一个年份的陈家场农民家庭的自留地,也一定可以看到上述的所有作物。

共生经济(1962—1982)
——人民公社时期的农业经营

与生产队里的情况不同,自留地里的一些作物都是边收获、边培育。自留地里种植一些结果实的作物,一批果实成熟了,农民马上采摘下来,给植株施些肥料,以便下一批的果实长得更好。茄子、番茄、冬瓜、丝瓜等作物都是如此。南瓜的情况更加特殊。南瓜是爬藤作物,如果一根藤上在相对较近的位置结出了两个青南瓜,靠近枝头的那个南瓜很可能"隐掉"❶。因此,农民就干脆把靠近根部的南瓜采来吃掉,这样就"保住"了两个南瓜。除了果实类作物以外,番薯藤茂盛了,农民一定会"剪来喂猪",并浇些肥料,让地里的番薯藤再生长;空心菜、蒿菜长茂盛了,农民们也可能"挑些嫩头"来吃,地里的菜还会长。

秋天,像生产队里一样,自留地里全部"换一轮作物",不过,越冬作物品种有限,下种、培育都比较容易。张宝芬家每年都会安排约四分之一的自留地种小麦,小麦地的周边必定会种上蚕豆❷。大部分自留地都会种植各种蔬菜,其中,榨菜占了大半土地。菜地的旁边,王金祥总是种上豌豆。他的右手拿着种刀,弯下腰,掘出一个小洞。他的左手不灵活,但每次都能准确地从口袋里取出两粒豌豆,放进洞内。最后,他用种刀拨动泥土,盖住豌豆,就完成了一棵豌豆的下种。由于都是在生产队收工以后才动手,他起码得花3天时间才能最终"种好一圈豌豆"。

家庭农业经营的特征之二是见缝插针。

1970年代初中期,走进张宝芬家的自留地,我们就会知道"见缝插针"的含义。在那片有限的土地上,能种作物的地方都种上了作物,作物之间不仅没有留下"缝隙",还有点儿"过分拥挤",以至于有些作物"拔了长条"或者"缠在一起"。例如,长高白菜种得太密,春天气候转暖,春雨润物,长高白菜挤着长高了,却过分瘦长,当然,农民们说,"这是给猪吃的,没有关系"。小麦与豌豆距离太短,豌豆爬藤爬到了小麦上。"见缝插针"的绝妙诠释也许是粪缸边的种植。1969年年初,张宝芬家隔壁来了一位上海回乡知识青年,他看到宝芬家"朝天粪缸"❸边上也种了作物,就觉得太脏了。朝天粪缸本身就臭,几场雨下来,粪还会溢出来,弄到粪

---

❶ 当地土话,意思是萎缩、脱落。

❷ 大麦、小麦、蚕豆、油菜俗称"春花"。大麦产量低、质量差,只能给猪吃,由于农户不像生产队那样存在茬口安排的困难,他们一般不种大麦。油菜经济效益较低,只是油菜籽出售以后,可以为农民提供菜油,由于生产队里提供的菜油"勉强可以"满足农民家庭的日常需要,他们便不再在自留地里种植油菜。

❸ 当地土话,指放在室外、没有盖的粪缸。

缸边都是粪水。所以,这位刚从城里回乡的人觉得粪缸边应当"空着",王金祥却认为"空着浪费土地"。他紧贴着粪缸种了两排韭菜。韭菜"近水楼台",长得特别茂盛。深秋时节,金祥从河边取来一些沙泥,敷在韭菜两边,把绿色的韭菜制作成黄色的韭芽。几年以后,这位上海回乡知识青年成了农民,他也在自家的朝天粪缸边种了韭菜,做起了韭芽。

当然,"见缝插针"需要技术,否则,庄稼"挤在一起",反而没有收成。像陈家场的许多农民家庭一样,张宝芬经营家庭农业,最重要的"技术"是阴面的利用与空间的开拓。经营家庭农业,除了充分挖掘自留地的潜力外,张宝芬家还在"屋边地"上动足了脑筋。东边的"屋边地"只晒着上午的太阳,西边的只有下午的太阳,北边的更差,"一年四季,365天都晒不到太阳"。缺乏日照的地方能种什么庄稼?张宝芬以收获品为考量标准区分出三大类型作物:一是收获果实的,如番茄、茄子等;二是收获花的,如黄花菜、菊花等;三是收获叶子的,各类"绿叶素菜"就属于这大类。显然,绿叶素菜可以种植在阳光较差的地方,虽然缺少光合作用,长得瘦一些,却不妨碍收获。张宝芬常说,绿叶素菜"也要做点分别",包心菜在阴的地方"包不起心",大白菜在阴的地方"长不大,长不白",这些"大菜"都不能种在屋脚边。她叫女儿们在屋脚边种菠菜、蒿菜、空心菜等"小菜",她说:"蒿菜、空心菜种在屋脚边特别方便,需要的时候,用剪刀去剪一把来,洗洗就可以烧来吃。几天以后,剪掉的地方又长得很好了。"

空间开拓是人民公社时期家庭农业经营的一大奇观。1970年代,走进陈家场,到处可以看到爬在架子上、爬得有屋脊高的青藤,青藤上挂着等待收获的果实。爬藤作物可能高效地利用土地,真正做到"见缝插针"式地种植。张宝芬家屋后面种了一排南瓜秧,每一棵瓜秧旁边插着筷子般的小竹棒,棒上系根绳,"引着南瓜藤向上爬"。绳子的另一头系在靠在朝北屋檐上的竹架子上,南瓜藤通过竹架子,可以一直爬上屋顶。南瓜藤越向上爬,越能获得雨露阳光。到了夏天,张宝芬家房屋的北面屋顶上爬满了绿色的南瓜藤,一阵风吹过,硕大的南瓜叶随风翻动,露出绿叶间那被太阳晒黄了的南瓜。秋天,南瓜叶渐渐泛黄、枯萎,成熟的扁南瓜、圆南瓜、长柄南瓜东一个西一个地摆在瓦片上,就像是南瓜陈列展,看到的人都称赞"宝芬家的南瓜长得好"。当年,南瓜是联民大队一带最重要的爬藤作物,占的空间特别大。另外一些爬藤作物所占的空间相对较小。张宝芬家在枣树下种了几棵丝瓜,先用一根竹竿靠在枣树上,让丝瓜藤朝上爬,再用几根绳子系在枣树与屋檐之间。丝瓜爬到绳子处转弯,朝绳子

共生经济（1962—1982）
——人民公社时期的农业经营

方向爬，这样就可以躲开枣树的树冠，吸收到阳光雨露。本书作者家厢房的西边屋檐有近2米多高，本书作者在屋檐下种了刀豆，让刀豆的藤爬在靠着屋檐搭起来的竹架子上。刀豆边爬藤，边结豆，占了厢房那朝西的空间，也提供了原生态的菜肴。

家庭农业经营的特征之三是侵占集体资源。

在传统的大家庭中，各房小家庭通常都会打自己的"小算盘"，"揩大家庭的油"。人民公社把所有的农民都组织起来，变成农业集体中的成员。但是，他们的身体进了公社，心却仍然留在自己的小家庭中；他们有了公社社员的称号，骨子里却仍是传统的小农。他们白天参加集体农业生产劳动，夜里常常做着家庭发财致富的梦；一旦有机会，发财之梦随时可能演绎成侵占集体的行为。无数侵占集体的行为都在悄悄地发生着，"润物细无声"，却致命地损害着人民公社集体；犹如无数白蚁蛀食着大厦的柱梁，终有一天，公社大厦会轰然倒塌。

侵占集体资源的第一种表现方式是占地。农业经营最重要的生产资料是土地。自从农民进入高级社以后，农民家庭经营的土地就只有面积极小的自留地。为了增加家庭农业经营的产出，农民总是有意无意地侵占集体的土地。在人民公社成立初期，富饶的浙北农村也受到了灾难的侵袭。1961年下半年以后，"挖边"运动鼓励农民们充分利用每一寸土地❶，从而帮助农民们较快地走出饥荒。"四清"运动批判了"挖边"，试图全面遏止农民侵占集体土地的"资本主义行为"。但是，在整个人民公社时期，这种行为从来没有真正停止过。自留地与集体的土地紧挨着，分界线通常是一条地沟。不少农民暗地里把地沟的边朝集体的方向挪动，以扩大自留地面积。联民大队的生产队长们都知道这种情况，他们会采取两种办法来阻止农民侵占集体土地的行为：一是每隔两年丈量一次自留地；二是划出整块界限清楚的土地作为许多人家的自留地。在陈家场农民眼里，后一种措施"更凶"，因为旁边都是村里人家的自留地，谁也不能占邻居或者亲戚的便宜了。

但是，生产队长们对于"屋边地"的控制却有点儿束手无策。联民大队各个生产队制订了差不多的"屋边地"政策，规定房屋朝南门前从"檐头滴水线"起4米宽为"场地"，东西两侧的"屋边地"从墙脚起向外1米，

---

❶ 在生产队中，所有的土地都是集体的，农民们"挖边"，都在集体土地上挖，包括路边、河边、渠道边等，所以，从严格的意义上说，"挖边"就是侵占集体的土地。

朝北的"屋边地"从"檐头滴水线"起向北2米。规定写在纸上,联民大队的许多房子都是祖上留下来的,"屋边地"的情况十分复杂,难以"一刀切"。以顾彩林家的房子为例。顾家的房子南面"场地"有5米宽,5米外是一条约1米宽的小石板路。陈家场的人踏着这条石板路去会龙桥街上,已经走了几十年。更麻烦的是,路外1米处还有一棵顾家的老枣树。这一切显然都无法变动,"只能让顾彩林占点儿便宜了"。顾家的其他几处"屋边地"情况更让生产队长无奈。顾家的房子前后有近30米。在东边,从墙脚开始向外2米长期为顾家所用,部分土地是小路,部分土地种着东西。西面约3米宽的地方,到处是乱砖杂瓦,似乎从来都是荒地。屋后2.5米处的地方,放着3只大粪缸。讲到粪缸占了地方,顾彩林气呼呼地说:"这是造房子的时候就放在这里的,谁也不准动!"1970年代,陈家场多次丈量"屋边地",但到了顾彩林家,生产队制订的政策都成了一纸空文。

当然,令生产队长头痛的主要不在于"屋边地"的传统状态,而在于农民在屋子周边侵占集体土地的行为。像自留地的情况一样,生产队隔几年要组织丈量一次"屋边地",以便重新划定集体与私人之间的界线。但是,量地没多久,分界线又会向集体土地的方向移动。于是,新一轮集体与家庭之间的博弈又开始了。在这场博弈中,最让生产队长哑口无言的是部分农民"不占地,只占天"的行为。1973年,顾彩林在生产队规定的"屋边地"上种了一圈树,东、南、西三面种了苦楝树,北面种上白榆树。两年以后,树都长得超过了屋檐,顾彩林请人帮助修理树枝,把朝向房屋一边的树枝全部修掉,仅仅剩下朝向集体土地一边的树枝。又过了两年,朝向生产队一边的树枝枝叶茂盛,遮住了集体的土地。例如,顾家东面是集体的桑树地,由于苦楝树长得远比桑树高,"抢先"吸收了雨露阳光,那两排"被苦楝树罩住的"桑树就"长得不像样子"。1970年代初期,联民大队一带的农村地区经济情况好转,一批"光荣妈妈"年代出生的年轻人进入了婚育的年龄,不少农民家庭开始筹划翻建房子。当时木材由国家配给供应,"整个大队一年里只有几张木材票",黑市木料价格十分昂贵❶。为应对这种情况,联民大队一带的农民大量植树。几年以后,我们到处可以看到私人树木"占天",妨碍了集体土地里庄稼的生长。

---

❶ 当时,一根像样一点儿的梁条木价格都在40元以上,如果以每一个工0.50元计算,一个男性全劳动力需要干整整80天,所得到的收益才能买到一根梁条木!

共生经济（1962—1982）
——人民公社时期的农业经营

在人民公社中，生产队干部会遏止农民"占地"，他们的行为既是维护集体利益，更是"在农户之间摆摆平"。生产队干部都是农民，他们本人以及他们的家人也都存在"占地"行为，有时候，他们干脆与普通农民"合谋"占地。在陈家场，生产队按照家庭总工分与猪羊饲养情况把外河水面划给农民家庭，农民们可以在划定的水面放养水草，也可以在划定水面相对应的河岸上种庄稼❶。1970年代，生产队秋蚕"上山"以后，陈家场有时会把部分桑树地划给农民家庭，让农民们"抢种一熟蔬菜"。那一次，陈望龙"心狠"，往生产队给他种蔬菜的桑树地里"撒些盐"，结果"吊尽了地力，收获了蔬菜，损害了集体的土地"。

侵占集体资源的第二种表现方式是占用生产队里的肥料、农药、塑料薄膜等生产资料。在人民公社时期，生产队集体农业经营一直存在着肥料、农药等生产资料短缺的问题，在家庭农业经营中，生产资料短缺更加严重，几乎达到"饥渴"的程度。但是，自留地里的庄稼却普遍比生产队里的好，原因何在？农民们悄悄地把属于生产队的资源用到了自留地里。

人民公社中的肥料配给不利于家庭农业经营。一方面，国家化肥供应实行换购政策，农民把农产品卖给国家，国家按比例供应一定数量的化肥。自留地里的农产品大多用于家庭消费，当然拿不到换购的化肥。只有当肉猪出售时，才可能有几张化肥票。另一方面，人民公社号召农民多养猪和羊，根据当年生产队的政策，猪粪、羊灰都归生产队使用，生产队或者给"肥料钱"，或者记录"畜牧工分"，同时，生产队还给每头猪1分左右的饲料地。农民多养猪就可以增加自留地，却没有增加肥料的来源，所以，越多养猪，自留地里的肥料越紧张。严格地说，农民家庭农业经营中的肥料除了来自卖猪所得的少量化肥外，主要来自家庭成员的人粪。张宝芬家有7分自留地，只有6个人，6个人的粪哪能浇肥7分自留地？"庄稼一枝花，全靠肥当家"，"要想庄稼好，肥料当成宝"。当年，陈一揆曾经用自行车带了一对空粪桶到杭州，去居民家里收集人粪，再用自行车把一担满满的人粪"带回家"。陈家场的人都说他"本事大"。当年，看见一个男人在袁花塘河边急匆匆地跑，会有人调侃说，"这个人一定尿急了，想跑回家，把尿撒到自留地里"。

"一泡尿再大，救不了自留地里的庄稼。"很多农民把眼睛转向了猪

---

❶ 由于河岸上通常都有树木、竹园，种庄稼的收成不好，所以，在河岸上种庄稼的农民不多。

粪。1970年代,联民大队一带的农民家庭大多建有独立的小屋,兼做柴间与猪羊棚间。小屋里有1个羊棚,1—3个猪棚❶。这一带传统上"硬棚"养猪,猪棚的地面用地砖或者水泥做成。猪棚的地面由里向外倾斜,并在靠猪栏棚的一个角上开一个缺口,缺口下面埋1只猪粪缸。当农民冲洗猪棚的时候,猪粪可顺利地流入猪粪缸里。猪吃得多,"食多粪多",农民隔天或者每天都要清理猪粪缸,把缸里的猪粪挑到生产队的粪窖里。这一切都由每家每户的农民去做,没有计量,没有监督。这就为农民占用生产队的猪粪提供了机会。在"清理阶级队伍"的时候,祝六宝受到了审查。一天,有人揭发说"祝六宝不老实,把生产队的猪粪浇到自留地里"。祝六宝不服,逼着揭发者"拿出证据来"。揭发者带着群专小组的人去了祝六宝的自留地里,找出几根很粗的屎说:"这是人的屎吗?你拉出来的屎有这样粗吗?"祝六宝没话说了。陈家场的人事后说:"这个祝六宝真笨,也太明目张胆。想浇猪粪,多舀点粪水不就行了吗?谁能从粪水里闻得出人粪还是猪粪?"陈家场的人当然也知道,揭发者本来与祝六宝有矛盾,想借此机会让祝六宝出丑。"说起偷猪粪,谁的屁股后面都不干净,谁揭发谁呀?"

如果说"偷猪粪"是生产队里"眼开眼闭"的事实,挑河泥则更多地是得到了生产队的认可。每年冬天,联民大队一带的生产队都要抽干河水,组织挑河泥。白天,生产队组织农民挑河泥。傍晚,如果河塘附近有自留地,少数勤劳的农民会在收工以后继续干活,把一担担河泥挑到自留地里。河泥肥效不高,但可以改善自留地的土质,提高自留地的肥力,一些农民乐意"为自己干"。张宝芬家有一片自留竹园,由于长年不加土,竹根交叉,土地"板结",竹子生长不好。那一年,生产队抽干了附近的河塘,挑了一天河泥以后,第二天下雨,生产队休息。张宝芬请了几个亲戚,冒雨帮助她家,从河塘挑河泥到竹园里,"足足填高了一层土"。果然,她家的竹园又长得茂盛起来。

与挑河泥的情况一样,在家庭农业经营中,农民从生产队里拿些农药、塑料薄膜也不会受到多少非议。春天,陈家场有些农民做番薯春窖,需要几公尺长的塑料薄膜,如果买不到,他们就到生产队里去讨;有些农民培育秧苗,只需要"桌子大"的塑料薄膜,都到生产队里去拿。生产队

---

❶ 大猪、小猪需要分开饲养,所以,如果农民家庭全年养猪超过6—8头,最好做3个猪棚。

共生经济(1962—1982)
——人民公社时期的农业经营

里的塑料薄膜是上一年用过的旧薄膜❶,透明度不够好,强度较差,"生产队并不把薄膜当宝贝,农民拿一点无所谓"。而且,大家都到生产队里去拿,就没有什么吃亏便宜的事,不会闹出什么意见。

农民家庭对于农药的占有也是如此。供销社把绝大部分农药都卖给生产队集体,自留地里遇到病虫害,唯一的办法就只有到生产队里去"拿"农药。有的农民本来就在生产队里除虫,收工前,他们留下小半桶"药水",背到自留地里去"打虫";有的农民干脆跑到生产队仓库里,自己带着个小瓶,让保管员给一些乐果等农药,回家后再找时间除虫。农民们对于"拿"农药没有什么意见,不仅因为"谁家自留地有了虫,都要去拿";而且大家知道,"农药又不能'当饭吃',多拿了没有什么用,放着时间长了反而要过期"。生产队长关心的主要是集体"打药水",1970年代,由于供销社可以确保农药的供应,生产队就可以放心了❷。

家庭农业经营的特征之四是高度关注。

在人民公社集体中,普通农民较少或者根本不关心集体土地上的庄稼。对于每个农民来说,他在集体的收获中都只占极小的一分子,"自己只占一点点,犯不着去关心"。另一方面,集体地里的庄稼由生产队长们管着,"用不着自己瞎操心"。于是,他们都把"心"放在了自留地上,高度关注着那里发生的每一点儿变化。"高度关注"是家庭农业管理的特点,下面举两个张宝芬家的小例子。

春天,南瓜爬藤以后,王金祥就忙开了。他每天天蒙蒙亮就起来,走出家门,来到南瓜丛中,认真、仔细地观察一朵朵南瓜花。他要看当天新开出了几朵雌花,几朵雄花,选择花蕊"最漂亮"的雄花,去插到雌花的花蕊中,并把几个雌花的花瓣捏在一起。这项工作俗称"腌花",实际上是给南瓜花进行人工授精❸。他要观察前几天"腌花"后的结果,看看花下的南瓜是否"健康",看看花是否在慢慢萎缩,等等。他要注意南瓜结果实的位置,如果一根南瓜藤上结了两个南瓜,他每天要看一看两个南瓜的"长势",到靠根部的那个南瓜"可以炒青南瓜吃了",就把这个南瓜采摘

---

❶ 人民公社时期塑料薄膜供应短缺,新薄膜用过以后,生产队就派人洗干净,放到贮藏室里,准备第二年再用。

❷ 本书在"蚕业生产"一节中描述过农民们"拿"集体蚕匾的故事,在农民家庭中,蚕匾不用于家庭农业经营,这里不再叙述。

❸ 当然,当南瓜藤爬上屋面以后,金祥再也无法"腌花"了。他只能在地上远远地看开花的情况,计算着可能结出的南瓜。

下来,以便让另一个南瓜顺利长大。有时候,他看到"腌花"后结出了一个好南瓜,就果断地把南瓜藤的头去掉,"让养料都集中在这个南瓜里,秋后,这个南瓜可以采下来做种南瓜"❶。

秋天,有一天下午,王金祥在自留地里翻番薯。先把番薯藤割掉,再拿铁耙一点点翻过去。翻一铁耙,弯下腰拣起番薯。翻到约一轮地的三分之一处,金祥发现了两个刚被地老虎咬过的番薯,却没有发现地老虎。金祥想,如果地老虎不消灭,会生长繁衍,今后会给庄稼带来更大损失。这么想着,他就蹲到地上,慢慢用铁耙耙泥,试图找到那只咬了番薯的地老虎。他找得那么仔细,附近的泥土翻转了三四遍,足足花了20多分钟时间,终于找到了地老虎。他杀死了地老虎,心安了,又开始翻番薯。又有一天中午,金祥从生产队劳动回来,走过自留地的时候,看到包心菜上有两条小青虫。青虫繁殖很快,如不及时消灭,会把包心菜菜叶"吃得七孔八洞的"。吃中饭的时候,他把这种情况告诉了家里人。当天下午收工以后,金祥带着菊芬、菊芳一起到自留地里。他们检查每一颗包心菜,一张张叶子看过去,看正面,看反面,看见有青虫,马上捉掉,用脚踩死。直到天黑,还只检查了一半。第二天一早,张宝芬与他们一起捉虫,终于把包心菜上的青虫全部捉完了。

家庭农业经营的特征之五是自给自足。

在人民公社中,集体土地都纳入国家种植计划,生产队每年春天都根据上级的要求制订"一年早知道",规定每一片土地的作物品种。"自由种植"被当作"资本主义倾向"受到批判。但自留地完全在计划经济概念以外,农民家庭可以在自留地上随心所欲地种植作物。

自留地的面积十分有限,在陈家场,生产队给每一个农业人口分配自留地0.5分,每一头猪分配自留地1分。农民家庭一般都会有效地利用有限的自留地,寻求最大的产出。但是,农民的工具理性受到传统的影响,也受到外部环境的约束。在红江人民公社,城北大队的农民有生产、出售蔬菜的传统,联农大队部分农民有"祖上传下来"种植中药药材的诀窍,所以,那两个大队中的有些农民在自留地里种植较多"面向市场的作物"。联民大队没有这样的种植传统,在计划经济时代,他们很难开拓新

---

❶ 本书作者在陈家场务农的时候,每年在屋子边都种南瓜。南瓜开花时节,我日复一日地迎着朝霞,踏着早晨的露水,在南瓜丛中找花、摘花、"腌花",仔细地、时而呆呆地看着"腌"过的南瓜是否已经结实。这些场景成了我终生难忘的记忆。

共生经济(1962—1982)
——人民公社时期的农业经营

的市场机会。因此,在联民大队,农民家庭的农业经营更多地是自给自足❶。

正如自留地区分为给人的土地与给猪的饲料地一样,所谓自给自足包含着满足人的需求与猪的需求。这里以自留地里种植量最大的番薯与蔬菜为例,看看当年农民家庭自给自足的方式。

就单种作物而言,番薯是自留地里种植面积最大的作物。在联民大队农民们的眼里,番薯是"最蛮"❷的作物。不管种在什么地方,高地、低地、坡地、屋基地还是刚刚开出来的荒地,番薯都能生长。肥料多一点或者少一点,阳光好一点或者坏一点,番薯藤"照样爬"。而且,番薯藤还不会有"病虫害"。所以,农民们首选番薯作为养猪的饲料,其中,番薯藤是猪的青饲料,番薯则是猪的精饲料。当然,农民们主要看重番薯藤作为青饲料的价值❸。像陈家场的许多农民家庭一样,张宝芬每年安排在自留地里种植较大面积的番薯。有一年,他们安排种了五轮地番薯,等番薯藤长得"挤进挤出",家里就从最靠边的一轮地开始"割番薯藤给猪吃"。每一次割三分之一或者三分之二轮地的番薯藤,割完以后,一定得浇上肥料,以便促使番薯长出新藤。番薯藤割回家,需要切成小段,烧熟再喂猪。这样每天割一点,一个轮回下来,最初割掉藤的地里又长满了新的番薯藤。于是,可以开始新的割番薯藤的轮回。秋天开始,张宝芬家就少割或者不割番薯藤了。一方面,自留地里的其他"猪食菜"如青菜等已经长得郁郁葱葱,可以挑来给猪吃了;另一方面,如果继续割番薯藤,地下就"一个番薯都没有了"。11月中下旬,番薯收获了。张宝芬他们割掉全部番薯藤,翻起番薯,高兴地看着丰收的成果。他们将花几天时间来处理番薯与番薯藤。王金祥用谷箩装了半担番薯,挑到东边的河里洗去泥土,拿回家,放到灶头上烧熟。烧熟一锅,翻到缸里,再烧一锅。如此反复,他们慢慢把自留地里翻起来的番薯全部都烧成了熟番薯,贮存在3只缸里,缸口

---

❶ 这里必须做两点说明。其一,自给自足是联民大队一带农民家庭农业经营的基本特点,农民的自留地里也会生产专门用于出售的农产品,例如,很多农民种榨菜出售,部分农民家庭做番薯春窖,生产番薯头苗等。其二,如果家庭农业经营的特点是自给自足,如何理解当年流行的一句话——"用钱靠自己"? 在联民大队一带,农民家庭赚钱,不是靠自留地,而是靠发展家庭畜牧业,特别是养猪。

❷ 当地土话,意思是最能适应各种不同种植环境。联民大队一带的农民也用这个词形容人,专门指最能吃得起苦的人。

❸ 番薯藤与番薯两者不能兼得,平时多割番薯藤,番薯一定长不大。

用塑料纸封起来。这3缸番薯是冬天猪吃的精饲料。宝芬的两个女儿"手脚快",专门切碎番薯藤。金祥早已为腌制番薯藤准备了4只足足可以放5担水的大缸。姐妹俩切好一担番薯藤,放入大缸里,金祥爬进大缸,用双脚反复踩踏,压实缸里的番薯藤。然后加一层番薯藤,放上水,再踩踏。这样一层层压紧番薯藤,直到装满整个大缸。他们找来一块石板,压在番薯藤上,加满水到缸口,让番薯藤都浸在水里。这叫作"水腌番薯藤",冬天当作猪的青饲料。

在传统农村,农民种植的蔬菜品种"掰着手指就可以数出来"。1960—1970年代,蔬菜新品种不断引进,农民自留地里种植的蔬菜品种大大增加,农民餐桌上一改过去"青菜加豆腐"的单调,"花色品种多了起来"。但是,当年自留地里的蔬菜培育仍受制于节气的约束,农民们还是"靠天吃菜"。因此,要想"一年四季都有菜吃",需要运用传统的简单加工技术。陈家场农民们腌制的蔬菜品种包括黄瓜、茄子、各类绿叶蔬菜、萝卜、生瓜、苋菜茎秆等。这里先以黄瓜为例。张宝芬家每年都在柴间的旁边搭两个长长的黄瓜棚,初夏,黄瓜结果,宝芬的婆婆阿福负责每天去采摘黄瓜。宝芬家很少吃炒黄瓜、凉拌黄瓜之类的小菜,采下的黄瓜,儿子女儿喜欢拿来生吃,其余的由阿福腌制成酱瓜。阿福用手把盐抹到黄瓜上,再把黄瓜叠在小钵里,装满,把小钵放在朝南的窗台上。几天以后,阿福从小钵里拿出黄瓜,塞入一只酱壶中,塞到离壶口1寸处,放上酱油,给黄瓜着色。她再把壶放到窗台上,让腌黄瓜受到太阳、夜露的滋润,"这样腌出来的黄瓜有鲜味"。此后,阿福每天都要去仔细看看腌黄瓜,捉掉里面的蛆虫。10天以后,她用一层薄薄的丝绸盖住壶口,"苍蝇再也不能在腌黄瓜里产卵了"。再过一些日子,她可以把壶放起来,"里面的酱瓜,吃上一年也不会坏"。

春天,自留地里大量绿叶蔬菜收获了,张宝芬全家行动起来,要及时处理这些容易变质的绿叶菜。此时,冬天腌制的番薯藤已经被猪吃得差不多了,空出来的大缸正好用来腌制大量长高白菜。此后,长高白菜替代番薯藤成为猪的青饲料,一直吃到新鲜的番薯藤"上场"❶。这种"猪食自给"的安排在前一年冬天种菜的时候就付诸实践了。

联民大队一带最有名的腌制食品是"冬菜"。农民们前一年在自留

---

❶ 当地土话,意思是收获。

共生经济（1962—1982）
——人民公社时期的农业经营

地里种下青菜、芥菜等绿叶蔬菜，第二年春天收获的时候，他们切掉菜蒲头❶，去除黄叶，挑到河边洗干净，再放在帘子上连续晒几天太阳。他们根据眼看、手捏来判断菜的含水量，确定腌制的时间。张宝芬家的人经验不足，他们常常会请隔壁的顾彩林前来帮忙。顾彩林知道，张家的人喜欢酸味，她会让菜的含水量高一些，这样做出来的冬菜偏酸。反之，菜晒得越干，做出来的冬菜越没有酸味。腌制的时候，张宝芬把部分晒干的菜放入面桶里，放盐，用双手反复搓揉，直到盐菜均匀。然后，张宝芬拿出事先洗干净的甏，一边把菜放入甏中，一边用木制塞菜棍把菜塞紧。菜一直塞到甏口，张宝芬用几张黄菜叶盖住甏口，搬到屋外墙的附近或者室内墙脚边，挖个坑，把大半个甏埋入泥里，冬菜就做好了。3个月以后，冬菜可以挖出来吃，俗称"新鲜冬菜"。冬菜在地里埋上一年甚至几年都不会变质。在盐官的城北地区有一个汪村，农民们用越冬的乌油菜做冬菜，俗称"汪菜"，"汪菜"在浙北部分地区至今仍有一定名气❷。

二、家庭畜牧业

1970年代，联民大队一带掀起了建房高潮，不少农民翻造了旧房，建设了新的平房。如果讲起造房子的钱从哪里来，许多农民会毫不犹豫地说出两个字"养猪"。或许，这个答案有点儿绝对，却也部分地反映了当年农村的实际情况。在那个缺乏现金的年代，养猪可以一次性拿到比较多的钱。某个农民家庭一次出栏2头猪，每头猪重150斤，以平均价每斤毛猪0.50元计算，他一次就可以从食品公司得到150元现金。这是很大的一笔钱，他可能在生产队年终分配的时候还拿不到这么多的钱❸。当

---

❶ 当地土话，指菜的根。

❷ "汪菜"有一个古老的传说，流传于杭嘉湖一带。说的是夫妻俩，丈夫每天下地干活，7月里由于天气闷热，劳动回家闷得厌食，妻子虽然想尽了办法改善菜肴花色品种，但总是引不起丈夫的食欲。一天，小姑前来探望姐姐，想来想去家里没啥可送给姐姐。就从昨天刚开的甏里摸了点咸菜——"汪菜"，来到了姐姐家中。姐姐闻到了扑鼻而来的咸菜香味，就猜到了妹妹给她捎了汪菜。她边给妹妹递茶倒茶边说："我上街去买点鲜肉烧冬菜夹肉。"姐姐一溜烟买回肉，烧好菜，等待丈夫回家吃饭。丈夫从地里回来，看到桌上的饭菜，闻到一股诱人的咸菜香味，禁不住口水直流，立即端起饭碗，饿狼似的把一碗饭咽下肚去。妻子看着丈夫一反常态，笑着问道："还需添几碗?"丈夫吃饱了饭问："这是哪来的咸菜，这么好吃?"妻子忙说："这是我们家乡的冬菜。因怕你笑话，以前不敢带来。"

❸ 那些准备建房的农民在卖掉肉猪以后，马上就拿了钱去购买建筑材料。每卖一头猪，就去"拖一些"建筑材料，就如燕子筑窝一样。

时农民们说,"用钱靠自己",靠什么?靠的就是多养猪。联民大队一带的农民家庭有极大的养猪积极性。

在人民公社时期,农民发家致富的行为常常被当作"小农的资本主义倾向",不断受到批判甚至斗争。养猪是一个特例。家庭养猪与集体养猪一样,也受到政府的鼓励与支持。下面摘录 1977 年 6 月 30 日红江人民公社党委副书记在全社干部大会上的讲话,我们从中可以理解当年的畜牧政策❶。

> 下一步怎么抓法,主要抓五条:
> ① 要抓纲,要抓纲治国。
> ② 要大张旗鼓地宣传毛主席、华主席对畜牧的重要指示,带头学习,做到家喻户晓。
> ③ 狠抓落实,学习桐乡经验。贯彻最近华主席的畜牧政策。
> ④ 大搞群众运动,树立标兵,大家学习。
> ⑤ 加强各级党委对畜牧生产的领导,畜牧生产很快搞起来。
> 省委关于发展畜牧业规划草案,1977—1979 年达到一亩一猪,一人一猪。1977 年饲养量 2 000 万头以上,比去年增 100 万头以上。年终存栏数 1 200 万头,比上年增加 115 万头。存栏母猪 100 万头,比上年增 2 万头。保证完成国家计划。
> 积极发展集体饲养,积极鼓励社员养猪。

俗话说,猪多肥多,肥多粮多。其实,猪、肥、粮之间的关联还要加上一个环节,才能进入良性循环,这就是粮多猪多。1970 年代,联民大队一带实现了猪、肥、粮之间的良性循环,这促成了家庭收入的增加,促成了第一次建房运动的成功。在联民大队,生产队除了分配给猪饲料地外,还专门分配给猪饲料粮。例如,1973 年全大队全年饲养生猪 1 828 头,共分配饲料粮 98 786 斤稻谷,平均每头猪分到稻谷 54 斤。更重要的是,当年人口的分配粮食标准高,农民们可以把多余的口粮给猪吃。1970 年,联民大队有 3 个生产队人均全年分配粮食 550 斤❷,5 个生产队人均全年分配

---

❶ 参见周生康,《工作笔记》,1977 年。
❷ 农村分粮全部都稻谷计算,每百斤稻谷折米约 71 斤。如果折算成米,人均全年可得到大米 390 斤,平均每月超过 30 斤。

共生经济(1962—1982)
——人民公社时期的农业经营

粮食450斤。1973年,全大队人均全年口粮540斤。1975年,联民大队粮食减产,全大队人均全年口粮降到433.3斤。我们从下面的表格中会看到,粮食的减产直接影响了1976年和1977年的农民家庭养猪情况。1978年和1979年粮食大丰收,分别达到全年人均口粮650斤、692.3斤,联民大队的养猪数量也在1979年达到了有史以来的最大值(见表5-5)。

表5-5 联民大队1962年到1982年猪、羊饲养情况表 (单位:头)

年 度	全年总头数	年终存栏数	全年出售数	全年自杀数	羊存栏数
1962		478			671
1963		640	256	42	866
1964	1 175	728	425	22	922
1965	1 441	789	646	6	975
1966					
1967	1 733	718	1 000	15	949
1968		741			1 049
1969		860	1 089	26	1 087
1970	1 827	884	920	23	1 061
1971	2 075	953	1 072	50	1 161
1972	1 814	818	937	59	1 071
1973	1 828	798	1 067	26	1 095
1974	1 870	804	1 038	28	1 026
1975	1955	851	1 048	56	925
1976	1 756	931	686	139	963
1977	1 722	802	929	191	918
1978	2 076	1 159	898	42	944
1979	3 019	1 385	1 548	58	1 063
1980	2 692	968	1 656	68	1 023
1981	1981	758	1 166	64	828
1982	1 797	759	994	44	798

资料来源:联民大队会计档案资料。

1970年,联民大队的总人口是1 517人,1980年增加到1 619人,在整个1970年代,联民大队的生猪饲养量每年都超过人均1头。1975年,联民大队有集体耕地11 885.192亩,桑园面积606.073亩,社员自留地

136.25亩,社员饲料地61.6亩,合计总耕地1 992.515亩。大队的耕地面积年际变动极小,我们把联民大队全年养猪总头数与耕地面积相对照可以看到,1970年代,有4年达到了一亩一头猪的目标。对于联民大队的农民家庭来说,养猪的最大收益是可以得到"很多钱"。1975年,全大队各个生产队全年分配现金总额46 364.20元。当年农民家庭出售肉猪1 048头❶,如以每头肉猪毛重140斤计算,每斤价格0.50元,农民家庭全年出售肉猪可以获得人民币73 360元。农民家庭养猪得到的钱,是生产队发放现金的1.58倍❷。

平均数与加总数呈现了联民大队家庭养猪的概貌,为了更清晰地理解养猪在家庭经营中的地位,下面具体分析联民大队红江生产队周松山、章桂宝两个家庭的情况。

1976年,周松山全家共5人。周松山,男,出生于1914年;妻子冯大宝出生于1915年。儿子周子华出生于1944年,儿媳妇李淑梅出生于1946年。孙女周雅群生于1974年。周松山,一只脚有点毛病,走路一拐一拐的,"像摇船"。他是联民大队最早的共产党员,1950年代末退党。周志华中专毕业时遭遇"大跃进",直接回到了家乡。周志华与李淑梅是"四清"积极分子,后来,周志华担任大队党支部委员,负责共青团与民兵工作,李淑梅是大队妇女干部。周松山全家除了参加集体生产劳动外,家庭养猪小有名气(见表5-6至表5-9)。

表5-6 周松山户1973年度肉猪饲养情况表

增加日期			说 明	增加数		减少日期			备 注
年	月	日		头	斤	年	月	日	
72	11	1	结转	1		73	4	5	毛132 白88.5
72	11	1	结转	1		73	4	3	毛120 白83
72	11	1	结转	1		72	12	1	毛145 白97
72	11	1	结转	1		72	12	1	毛136 白94
73	4	19	袁花购买	1		73	10	6	结转下年
73	4	19	袁花购买	1		73	10	6	结转下年

❶ 1975年,联民大队各个生产队共饲养母猪35头,年末存栏苗猪109头,肉猪2头。集体牧场没有出售肉猪。

❷ 参见联民大队会计资料。

共生经济（1962—1982）
——人民公社时期的农业经营

续表

增加日期			说　明	增加数		减少日期			备　注
年	月	日		头	斤	年	月	日	
72	12	16	袁花购买	1	25	73	7	7	毛117 白77
72	12	16	袁花购买	1	26	73	7	7	毛121 白81
73	7	25	袁花购买	1	21	73	10	3	结转下年
73	7	25	袁花购买	1	20	73	10	3	结转下年

资料来源：联民大队红江生产队会计档案资料。

表5-7　周松山户1974年度肉猪饲养情况表

增加日期			说　明	增加数		减少日期			备　注
年	月	日		头	斤	年	月	日	
73	11	1	结转	1		73	12	19	毛150 白100
73	11	1	结转	1		73	12	19	毛145 白97
73	11	1	结转	1		74	2	13	毛135 白90.5
73	11	1	结转	1		74	4	13	毛135 白88
73	12	21	袁花购买	1	24	74	7	24	毛137 白94.5
73	12	21	袁花购买	1	25	74	7	24	毛130 白87
74	4	9	袁花购买	1	20	74	10	24	毛147 白92.5
74	4	9	袁花购买	1	21.5	74	10	24	毛143 白93
74	8	4	袁花购买	1	17	74	10	30	结转下年
74	8	4	袁花购买	1	18	74	10	30	结转下年
74	10	29	袁花购买	1	23	74	10	30	结转下年
74	10	29	袁花购买	1	23	74	10	30	结转下年

资料来源：联民大队红江生产队会计档案资料。

表5-8　周松山户1975年度肉猪饲养情况表

增加日期			说　明	增加数		减少日期			备　注
年	月	日		头	斤	年	月	日	
74	11	1	结转			75	1	29	毛133 白92
74	11	1	结转			75	1	29	毛145 白103
74	11	1	结转			75	4	25	毛150 白109
74	11	1	结转			75	4	25	毛145 白106

续表

增加日期			说　明	增加数		减少日期			备　注
年	月	日		头	斤	年	月	日	
75	2	5	袁花购买	1	23.5	75	7	13	毛119 白82
75	2	5	袁花购买	1	23	75	7	14	毛125 白86
75	2	5	袁花购买	1	20.5	75	7	14	毛151 白104
75	5	6	袁花购买	1	24	75	10	18	毛143 白101
75	5	6	袁花购买	1	24	75	10	23	毛120 白83
75	7	21	袁花购买	1	24	75	10	9	结转下年
75	7	21	袁花购买	1	25	75	10		结转下年

资料来源：联民大队红江生产队会计档案资料。

表5-9　周松山户1976年度肉猪饲养情况表

增加日期			说　明	增加数		减少日期			备　注
年	月	日		头	斤	年	月	日	
75	11	1	上年结转	1		76	1	29	毛127 白91
75	11	1	上年结转	1		76	2	12	毛124 白89
75	11	10	东风队购买	1		76	7	15	毛142 白101
75	11	10	东风队购买	1		76	7	15	毛130 白90
76	2	14	袁花购买	1	20	76	10	30	结转下年
76	2	14	袁花购买	1	20	76	10	30	结转下年
76	7	19	袁花购买	1	22.5	76	10	30	结转下年
76	7	19	袁花购买	1	21	76	9	19	结转下年

资料来源：联民大队红江生产队会计档案资料。

1970年代中期，周松山家的劳动力情况属于中等水平。周松山夫妻年龄偏大一些，且周松山本人"脚不大方便"；而周志正夫妻正当年富力强，都是大队干部，他们可以赚取较多的工分。上面4张表格详细记录了周松山家1973—1976年肉猪的饲养情况，我们选取其中两年做些分析，看看周松山全家参加集体劳动的收益与他们饲养肉猪的直接收益❶。

---

❶ 严格地说，家庭养猪的收益中也包含着"集体的贡献"，集体提供了猪的饲料地，分配了大量实物作为猪饲料（其中部分实物就是"按猪分"的）。但是，农民家庭更关注出售猪的现金收入与养猪的畜牧工分，这里把这两者称为养猪的"直接收益"。

共生经济(1962—1982)
——人民公社时期的农业经营

1973年,周松山全家全年劳动所得工分为7 684分,当年每10个工分值折0.66元,全家生产队集体劳动❶所得507.14元。1973年,周松山家卖掉肉猪6只,合计重771斤,以每斤0.50元计,卖肉猪的收益为385.50元;全家养猪工分❷1 824.3分,收入120.40元。全家通过养猪的收入合计505.90元。周松山家当年养猪收益与全家劳动所得几乎相等❸。

养猪的收益激励着周松山全家养更多的猪。1975年,周松山家竟然出售肉猪9头,其中,1975年7月中旬一下子出售了3头,出售毛猪总重量达到1 231斤,卖肉猪的直接现金收入高达615.50元!1975年,周松山家养猪所得工分2 077.6分,当年工分值较低,仅每10分工0.57元,畜牧工分所得118.42元。两者相加,全家从养猪中获得的收益为733.92元。相比之下,当年他们全家从集体劳动中的所得就低得多。全家全年劳动工分8 410.4分,全家从集体劳动中所得为479.39元。养猪的直接收益比全家全年集体劳动所得高出254.53元,这在当年是一笔很大的收益❹。

周松山家有4个成年劳动力,尽管周松山的"腿脚不方便",可以少参加集体劳动,但是,为了养那么多头猪,家里每个人不得不起早贪黑地辛苦干活。有的农民家庭有10多岁的小孩。小孩的"底分"低,参加集体劳动收益很小❺;另一方面,小孩"处于发育期,吃起来却像个大人",因此,小孩加重着家里的负担。在联民大队一带,有些农民家庭就是因为小孩太多而陷入了困境。但是,有些农民巧妙地利用小孩发展家庭畜牧业,增加了家庭的年收益。联民大队红江生产队的章桂宝家就是其中一例。

章桂宝全家5口人。户主章桂宝出生于1933年,1976年时43岁,正值壮年。章桂宝的丈夫王海章从小到上海学生意,在上海救护车厂做到八级钳工。1962年,王海章响应国家号召下放,回到家乡联民大队。1969年,他与几位回乡工人一起在会龙桥一间草棚里手工制造出电动稻

---

❶ 这里"集体劳动"是个广泛的概念,包括"误工",即周志华等参加会议的劳动。
❷ 这是生产队给农民家庭的猪粪收益。
❸ 参见联民大队会计资料。
❹ 同上。
❺ "底分"是生产队根据每一个劳动力(每一个农民)的综合情况评定的基准工分(等级工分),意味着每劳动一个工作日实际可以获得的实际工分。例如,一个人的底分是6分,那么,这个人劳动一天,计10个工作时间,但获得的工分是6分。小孩的底分低,参加集体劳动获得的实际工分就很少。

麦脱粒机,《海宁日报》以"草棚里飞出金凤凰"为题作了长篇报道。1970年代中期,他担任红江人民公社农机修造厂厂长,不再参加生产队劳动❶。王海章的父亲王友松出生于1910年,身体差,基本不参加集体劳动。章桂宝的儿子王国民出生于1961年,女儿王雅敏出生于1962年,1976年时分别是15岁、14岁。儿子女儿都已经离开学校,参加生产队劳动,但底分低,工分少。章桂宝根据家庭的情况,以多养猪来增加家庭收入。表5-10是章桂宝家1976年肉猪饲养情况。

表5-10 章桂宝家1976年度肉猪饲养情况表

增加日期			说 明	增加数		减少日期			备 注
年	月	日		头	斤	年	月	日	
75	11	1	上年结转	1		75	12	18	毛157 白108
75	11	1	上年结转	1		75	12	18	毛189 白134
75	10	27	新星东风队购猪	1		76	4	8	毛160 白110
75	10	27	新星东风队购猪	1		76	4	8	毛146 白100
75	11	10	朝阳队购猪	1		76	8	15	毛141 白100
75	11	10	朝阳队购猪	1		76	8	15	毛141 白100
76	6	5	大队牧场购猪	1		76	10	30	结转下年
76	6	5	大队牧场购猪	1		76	10	30	结转下年
76	10	14	新星牧场购猪	1		76	10	30	结转下年
76	10	14	新星牧场购猪	1		76	10	30	结转下年

资料来源:联民大队红江生产队会计档案资料。

我们从表5-10中可以看到,1976年,章桂宝家卖了6头猪,合计重量934斤;周松山家1973年同样出售6头猪,合计重量771斤。章桂宝家养的猪更肥更重,因此,出售猪的收益也较高。章桂宝出售猪以后共拿到现金467元。1976年,章桂宝家养猪的畜牧工分1 855.6分,工分值是每10分0.68元,她家可获得肥料钱126.18元。两者合计,章桂宝全年从养猪中得到直接收益593.18元。那么,章桂宝从生产队集体劳动中的收益是多少呢?1976年,章桂宝全年劳动工分3 065.2分,王国民全年劳动工分368.5分,王敏雅是408.6分,全家合计全年劳动工分3 842.3分,

---

❶ 王海章在农机厂拿工资,在生产队里没有工分记录。

共生经济（1962—1982）
—— 人民公社时期的农业经营

全家集体劳动所得 261.28 元，大大少于养猪的收益！❶

其实，在联民大队一带，小孩对于家庭畜牧业的主要贡献不在于养猪，而在于养羊。我们下面先考察养羊，最后再看看养兔、养鸡。

海宁农村地区有着养羊的传统，农民们在长期的饲养实践中发展出一套与周边地区不同的养羊"模式"。农民家庭都圈养羊，从来不"放养羊"。大部分家庭都在猪棚的旁边做一个羊棚，与猪棚不同，羊棚都是"软棚"。农民们在柴屋里选好羊棚的位置，挖出一个深约两尺的方形或者长方形土坑❷。土坑的四面都要围住，其中靠外面的栅栏用四根竹子、两根木柱做成，以让羊吃草。栅栏的一角放一只缸，里面装水，给羊解渴。羊棚做成，农民们先在羊棚里填一层干稻草，再放羊进棚。此后，农民看见羊棚有些湿了，再填干稻草。如此反复，干稻草不断地与羊屎尿混合，又被反复踩踏，就成了很好的农家肥料，俗称"羊灰"。等羊棚被羊灰填满了，就需要"清棚"，即把羊灰挑干净❸。农民们在羊棚里不养山羊或者肉羊，而是饲养细毛羊；他们追求的不是美味的羊肉，而是纤细的羊毛。换句话说，农民们养羊不同于养猪，他们不追求卖成年羊，供城里人吃羊肉，而主要是为了卖羊毛。绵羊需要与良种公羊交配，才能保持优良品质。1960—1970 年代，四联地区有专门为农民配种的羊场，场长周森林是兽医，他隔几年就会从新疆引进优质公羊，帮助农民配种。农民选择年轻、健壮的雌羊送到配种羊场，同时送去青草，让雌羊怀孕。羔羊出生以后，农民通常把雄羔羊直接卖给供销社❹，留下雌羔羊慢慢饲养长大。

养猪成本高昂，养羊恰恰相反，成本极其低廉。羊吃野草，野草自然生长，只要去割就行了。但是，野草的总量有限，由于农田水利建设的发展，野草还有不断减少的趋势。所以，联民大队的农民们养到 1 000 头羊，已经达到饱和程度，没有增长空间了。1960 年代中期以后，人民公社里的孩子们都会记得割草的艰难。下午放学的铃声一响，各个不同年级的学生们都飞也似地跑回家，很多人要在天黑以前割满一篓草。他们甩掉书包，拿着草篓、镰刀就向外跑。一出门，却常常"像无头苍蝇那样不知

---

❶ 参见联民大队会计资料。

❷ 羊棚的面积与准备养羊的多少相关。如果只养两只羊，羊棚的面积只要 2 平方或者 2.5 平方就够了。如果养五六只羊，羊棚的面积就要大一些。

❸ 羊灰如挑到水稻田里，农民们需要用双手把羊灰拨开，均匀地撒到田里。农民们把这一过程戏称为"吃羊肉面"。

❹ 供销社当即把羔羊杀掉，剥下羔羊皮，钉在木板上晒干，再送到城市的工厂里加工。

往哪里走",因为他们并不清楚哪个方向更容易找到野草。有时候,几个小孩在一起,他们用甩拳头的办法决定朝哪个方向走。当然,"小孩眼睛尖,手脚快,只要勤快,总能割到草"。但是,有些小孩"不是省油的灯",有的到桑树地里捡枯桑叶,"顺手牵羊"就采桑树上的桑叶;有的到络麻地里"耙麻叶"❶,也不断地用手采络麻秆上的麻叶,这妨害了络麻的生长。1960年代中期,陈家场几个小孩"胆大包天",割草割到大队长陈世福的祖坟上,松动了坟土。陈世福知道后大发脾气,逼几个小孩坐在用水浇湿的场地上,承认错误。大"四清"开始以后,这件事成了陈世福的一桩罪行。1970年代中期,陈家场种了数以千计的苦楝树,大人小孩都把楝树叶当草割,导致绝大多数苦楝树都枯死了。今天,一些陈家场的老人回忆起这种情况,他们会说,"我们割楝树也是没有办法,割草太难了"❷。

养羊的方式并不适合于集体❸。在农民家庭中,小孩本来是负担,养羊是农民们把负担转换成家庭生产力的有效途径。农民养羊的收益比养猪低得多。一头好的绵羊,一年卖羊毛也就8元左右,如果卖羊羔,每只不到1元。成年羊每只10多元,但交易不多,一些农民偏好养着剪羊毛❹。但是,与养猪不同,养羊是"无本钱的买卖"。更重要的是,养羊还能让小孩"赚工分"。所以,联民大队一带的农民有着很高的养羊积极性。例如,章桂宝家的两个小孩才11岁、12岁,她家当年赚到"羊工分"❺1 469分;1975年,她家的"羊工分"是1 670分;1976年,达到了1 684分。

---

❶ 小小的络麻叶落在地下,可以用"拖耙"去耙成一堆,再放到草篓里。

❷ 当然,割草也有让人难忘的快乐。陈家场的老人们至今记得那"沟边发现一片嫩草"时的愉悦,至今记得小孩们聚在一起玩"赌草游戏"时的刺激,至今记得家中大人们看到"背着满满一篓草回家"时的赞扬——他们心中暗暗在笑呢。其实,这篓草并不多,只是孩子们把草塞成满满的样子!

❸ 在"瞎指挥"的年代,四联地区也办了羊场。2001年4月25日,胡少祥写了一篇有关羊场的日记,他写道:"大约在1960年的祝会生产队,就是历史上我们大队和联新大队合并而成的,就在这个时候,办起了两个羊场。一个在卖平木桥,一个就在我村的桑漾河兜。当时桑漾河兜叫塘南村七组,初级社叫七队,在办羊场的时候,这里的人家东分西散,有4户参加了八队,有几户搬到了五队,还有几户搬到了四队,剩下的几户分别参加了四队和六队的生产劳动。当时的大轰动办场,没有什么效益,不久就垮了。直到大约1962年,这里的几户人家重新组织一个生产队,到'文化大革命'初期造小队反时,又并入八队。"

❹ 羊养时间长了会生病甚至死亡,由于成年羊交易少,联民大队一带羊的死亡成为一个问题。例如,1974年,全大队死亡羊140只,1975年多达141只。一直到1982年,全大队每年的羊死亡数字都超过40只。

❺ 当时,农民们称养猪获得的工分叫"猪工分",养羊获得的工分叫"羊工分"。与"猪工分"一样,"羊工分"实际上是生产队给农民家庭的羊粪报酬(参见联民大队会计资料)。

共生经济(1962—1982)
——人民公社时期的农业经营

章桂宝家的劳动力情况远比周松山家差,但是,由于充分发挥了两个小孩的作用,她家赚到的"羊工分"与周松山家差不多❶。更进一步说,如果我们比较一下章桂宝家这几年里集体劳动赚取的工分与畜牧工分的情况,可以更清楚地看到"利用小孩养猪羊"的价值。1973 年,章桂宝全家全年总工分 5 119.7 分,畜牧工分 3 067 分,全家参加集体劳动的工分仅 2 052.7 分,大大低于畜牧工分。1975 年,全家全年总工分 5 698.4 分,畜牧工分 3 166.2 分,参加集体劳动的工分只有 2 532.2 分。1976 年,两个小孩的底分有了较大的增加,全家的工分构成情况有所改变,当年全家全年总工分 7 381.9 分,畜牧工分 3 539.6 分,参加集体劳动的工分首次超出了畜牧工分,达到 3 842.3 分❷。

1960 年代中后期,联民大队一带有部分农民养长毛兔。他们用竹片制造了专门的兔笼。兔笼的底部也由条形竹片制作,竹片之间留有一定的空隙,以便兔子的粪可以顺利地落到笼子下面,保持着笼子本身的清洁。长毛兔娇贵,要吃嫩的青草,特别喜欢吃"爬地根草"。家里的大人小孩不得不到处去找这种"爬地根草"。农民们每天会把兔子从笼子里捉出来,放在桌子或者其他干净的地方,用木梳轻轻松梳理兔毛。梳上两梳子,就用手把木梳上的兔毛小心地拨在一个地方。每天如此,慢慢地积累多了,可以到供销社去卖。在梳兔毛的时候,他们要仔细地打扫兔笼,让洁白的兔子生活在干净的地方。养长毛兔,兔毛可以卖钱,而兔子的机巧、聪颖、水灵、温顺更在艰苦的年代给农民们留下了温情的记忆。

在联民大队一带,家庭畜牧业几乎成为"用钱靠自己"的实践,但是养鸡不同,农民家庭养鸡,大多数是为了改善生活;家庭畜牧业通常与生产队的利益相一致,但是养鸡❸不同,养鸡与生产队集体之间存在着难解的冲突。

每年初春,陈家场的农民们大多到"街上"去"捉"小鸡❹。他们拿着

---

❶ 周松山家 1973 年、1975 年、1976 年三年的"羊工分"分别是 1 663.5 分、1 774 分与 1 840 分,比章桂宝家略多。当时,生产队给每一头羊每天一分工,以此推算,两家长期存栏都是 5 只羊,只不过有时会多一只,有时会少一只(参见联民大队会计资料)。

❷ 参见联民大队会计资料。

❸ 鸭子要吃地里的庄稼,会把地里的庄稼弄死,所以联民大队一带的农民们很少养鸭。

❹ 街上指农村集市,"捉"指购买。与书面语言相比,"捉"这个当地土话十分形象。孵化小鸡比较麻烦,陈家场一带的农民家庭较少自己去做,他们宁可花钱到"街上"去买小鸡。丰士公社有许多农民在家里孵小鸡,再挑出来卖。

第五章　林牧副渔与家庭经营

一只小草篓上街,看到卖鸡摊头上那毛绒绒的小鸡十分可爱,就忍不住弯下身子,用手去挑选。看到好的小鸡,就"捉"到自己的小草篓里。"捉"好小鸡,付了钱,再用布把草篓封住。回家时,一路都可以听到"叽叽喳喳"的小鸡声。陈家场人"捉"小鸡,家家都很"狠",家里只有两个人,却要"捉"10多只小鸡;很多人家每年都"捉"20多只甚至更多小鸡。

小鸡太嫩了,最好在天井❶里关几天喂食。有些人家没有天井,就搭个鸡棚。很快,小鸡可以自己觅食,农民们把所有的小鸡都放到外面,让它们自己找食吃。小鸡抵抗力差,有的会生肠胃病,没几天就死了❷。小鸡吃食少,但是,一群小鸡跑进屋子周边的自留地里,刚刚"春发"的蔬菜就遭殃了。农民多养鸡,最初伤及的是农民的自留地。年年如此,农民们早有所准备。他们纷纷从柴ми里拿出络麻秆、桑树条,沿着自留地边缘扦插,扎紧篱笆,不让小鸡跑进自留地❸。

小鸡渐渐长大,跑得远了,吃得多了。自留地的篱笆已经扎紧,生产队里的麦子正在成熟。麦田成了小鸡们的主要目标,鸡嗉里都是还没有成熟的麦粒。生产队集体与农民家庭之间的矛盾尖锐起来。农民家里养的鸡太多了,不阻止鸡吃麦子,一定会造成麦子减产。生产队长召开队务委员会会议,讨论"禁鸡"的方案。生产队可能在两种方案之间作出选择:一是规定每户养一两只鸡;一是规定禁止鸡外出的时间。前一种方案实施的机率较低,生产队干部们知道,大家不可能在极短的时间内处理掉很多"连雏毛都还没有褪尽的"子鸡❹。后一种方案定下来,生产队召开全体社员大会,征求大家的意见。"禁鸡"的方案一定会通过,但是,方案的执行一定会出问题。到了执行"禁鸡令"的那一天,只要有人看见鸡出来,就会效仿,也偷偷地让鸡跑进集体的土地。在相互效仿之下,"禁鸡令"形同虚设。生产队每年都有"杀手锏",在鸡常走动的地方撒毒麦。因此,生产队每年都有鸡被毒死,都有人骂街。

农民们不得不把鸡全部关起来,不得不每天用粮食、蔬菜等喂鸡。每

---

❶ 当地土话,指房间的小院子。
❷ 小鸡的高死亡率是陈家场人"捉"很多小鸡的原因之一。
❸ 桑树条数量有限,络麻秆经不起日晒雨淋,篱笆以络麻秆为主,到了秋冬时就可能坏掉,第二年只能重新做。有的农民尝试着用槿树条做篱笆。槿树条插入泥土就会成活,做成的篱笆当然可用很多年。但是,槿树会长根,吸收土地里的养料,从而妨碍作物的生长。所以,农民们试了几年,还是拔掉了槿树,重新改做麻秆篱笆。
❹ 联民大队一带的农民们称未下蛋的鸡为"童子鸡",简称"子鸡"。

共生经济（1962—1982）
——人民公社时期的农业经营

一家都感到了"鸡太多"的压力。有些人家把不到半斤的子鸡卖掉，有的杀了自己改善伙食。每家都留下几只鸡。农民们会留下"长得漂亮的雄鸡"，把雄鸡"阉掉"，成为"线鸡"❶，到过年时"吃白斩鸡，鸡肉特别嫩"。他们还会留下一两只母鸡，让母鸡下蛋。他们说，"家里有鸡蛋，来个亲戚朋友就好办"。

三、家庭副业与外出打工

家庭副业与外部市场有紧密的关联，从这个角度看家庭副业，可以区分出营利型、自足型、自足加营利型三种不同类型的家庭副业。

传统浙北农村最著名的家庭纺织属于第三类。解放以前，洋布供应量少，价格较贵，土布在乡村市场占主导地位。丰士庙曾经有规模较大的土布交易市场，吸引着附近方圆10多里的农民来市场交易。市场需求刺激着农民家庭纺纱织布的积极性。那时候，一些农民家庭大量发展土布生产，不仅到市场出售，同时也满足家庭成员的需要。传统家庭纺织业让那些"小脚女人有了出路"。女孩裹了小脚以后，下地干活还勉强应付，下田干活可就不行了。小脚女人走进烂泥田里，不要说干活，连站稳都难。小脚女人可能在家庭纺织中发挥作用。陈家场的顾彩林裹了小脚不久就开始学习纺纱织布，后来她成为陈家场著名的纺织能手。

解放以后，农村市场很快发生了变化。1953年，国家开始在农村地区实行统购统销政策。棉花与粮食一样，也是"直接关系国计民生的重要物资"，由国家统一收购和销售。农民们不能再进行棉花以及布匹的买卖。由于没有了棉花来源，农民家庭从此难以大量纺纱织布；即使家里生产出土布，农民也很难合法地销售。作为家庭副业的家庭纺织很快衰弱了。

不久，国家凭布票向农民出售棉布，即农民所说的"洋布"。棉布的质量远远高于土布，且价格合理，农民也买得起。但是，棉布按人口配给供应，农民每天露天劳动，布的磨损十分厉害，国家供应的棉布难以满足农民们的穿衣需求。于是，农民们用传统的办法来解决穿衣的问题。陈家场有几台织布机继续织着土布，其中顾彩林家的织布机一直用到1976年。

顾彩林裹着小脚，她不能参加某些集体劳动，空下来就纺纱线或者

---

❶ 当地农民对于阉割后的雄鸡的称呼。

"打棉线"。顾彩林家的摇纱机十分古老,几乎与黄道婆❶发明的机器没有什么差别。顾彩林托人从黑市上买来棉花,自己到丰士庙把棉花轧成棉条;棉条可以用来摇纱线。她坐在"烧火凳"❷上,一只手摇动转盘,一只手慢慢地把棉条纺成棉线。夜深人静的时候,伴着昏暗的油灯,棉纱线在轻轻的"嗡嗡"声中不断延长。

由于棉花紧张,顾彩林想办法用其他原料来"打线"。她用丝绵来"打"丝线,用羊毛来"打"毛线。"打线"的工具是一根约2尺半长的叉子❸。她抓起一把丝绵或者羊毛,放在叉子上面。从丝绵或者羊毛中慢慢旋出一根线头,再把线头缠在底部有四块黄铜板的轴上。她一只手紧握叉杆,一只手旋转轴,轴在四块铜板的重力下快速转动。此时,旋转轴的那只手慢慢地放出丝绵或者羊毛,随着轴的转动,丝绵、羊毛变成了丝线、毛线。

棉线、丝线、毛线,不同的线球排列整齐,顾彩林开始准备"经"线。这项工作需要几个人合作,在"经"线过程中,只见顾彩林急匆匆地走来走去,进行着"技术指导"。1970年代初期,为了增加土布的"牢度",她请人帮忙,从上海开后门买来了"拷边线",与土制线"经"在一起。最后,大家一起把"经"好的线装在布机上,准备妥当,就可以织布了。顾彩林家的织布机是老式的,她一个人坐在布机上,只见梭子穿动,一根根线被织入布中,土布在布机的"咔嚓"声中慢慢延长。

1960年代,走在会龙桥集市上,满街可以看到穿着土布衣服的农民,看到女人穿着的大襟布衫和男人穿着的直筒褶褶裤❹。1970年代初期,布票没有增加,但是,"的确良"的出现却大大改变了农民的穿衣传统。"的确良"布料十分牢实,做一件"的确良"衣服,怎么穿都不容易坏。"的确良"以其"牢实"缓解了农村地区布料的紧张,土布不再受到农民们的欢迎。1976年,在顾彩林家,陈家场的最后一台布机停止了工作。2010

---

❶ 黄道婆(约1245—1330年),元代著名棉纺织家,由于传授先进的纺织技术以及推广先进的纺织工具而受到百姓敬仰,在清代被尊为"布业的始祖"。

❷ 她家里有一只"上代传下来的"小凳子,约2尺长,凳面已经坐得起了亮光。平时,凳子放在灶头后面,烧火时坐,俗称"烧火凳"。准备摇纱时,她把凳子搬到摇纱机旁边。她喜欢坐在这只"烧火凳"上摇纱。

❸ 就如日常生活中用来撑晾衣竿的叉子。

❹ 联民大队一带传统男人穿的无腰身直筒裤,穿的时候,用双手褶一褶,再束一根土布条做成的"裤带"。

共生经济(1962—1982)
——人民公社时期的农业经营

年,为了追溯联民大队一带服饰的变迁,陈家场 90 岁高龄的褚三宝打开了她的衣橱,我们惊奇地看到了一匹匹崭新的土布,叠起来足足有 1 米高。她说:"这些都是 70 年代初期织的。"此情此景,令人感慨,发人深省。

在人民公社时期,织土布只是部分家庭的副业;另一些副业是"自足型"的,陈家场很多农民都忙里忙外去做。有时候,生产队可能"应大家的要求"分给农户一些蚕茧,于是,家家户户都烧茧子,剥丝绵。冬天的下午,村里的一些妇女坐在屋檐下,边晒太阳,边纳鞋底;另一些人则用稻草搓绳子。绳子有许多用处,农民们总是说,"多搓一些放着,需要的时候,拿出来就行"。初夏,一些农民用蚕豆和面粉做成麦糕,蒸熟,发酵,太阳晒,做成豆瓣酱。初冬,农民们家里烧出糯米饭,等饭凉透,他们先放一层糯米饭,再放一层酒酿药,如此放满大半坛,再用棉絮包起来。过些日子,坛子里就透出了米酒的香气。

1970 年代初期,四联地区建设了四联窑厂,窑厂需要砖坯,这就为农民们提供了营利型家庭副业的机会。四联窑厂是土窑厂,一切都是土的。从造窑开始,一直到制坯、进窑、出窑以及砖瓦的运输,全部都靠人的体力。四联窑厂每窑烧制 15 万块砖瓦,其中约 20%—30% 为瓦,其余的都是青砖❶。每窑砖瓦需要烧一个星期,加上冷却、出窑,合计半个月。这样,四联窑厂每半个月需要砖瓦土坯 15 万块,一个月就是 30 万块。瓦坯的制作比较难,四联窑厂专门请了两位启东的师傅,并在陈家场开辟了一个瓦场。砖坯制作相对简单,窑厂向附近农民购买。砖坯挑到窑上,验收合格后按每一块 0.9—1 分钱计算价格。用现在的眼光看,砖坯的价格十分低廉,但当年,这个收购价格激发起附近地区农民们极大的积极性,并一度使制作砖坯成为重要的家庭副业❷。

制作砖坯十分辛苦。首先需要找到制坯的泥土。联民大队一带本来土地高低不平,制坯取泥正好可以"削平高地",因此,生产队同意农民在一些地方取泥,既可制砖坯,也平整了土地。当时,一些农民家庭把自己家的场地作为晒坯场,如果取泥的地方离开场地较远,他们不得不花很大

---

❶ 土窑烧制砖的时候,通过窑顶加水,烧出的成砖为青黑色,称为"青砖"。轮窑,当地人又称洋窑,制砖坯、烧窑、出窑都有机械作业,烧出来的砖呈红色,称为"红砖"。红砖的牢固度比青砖好,但乡下的泥师匠更喜欢青砖,因为青砖容易根据砌墙的要求打制成不同大小。

❷ 由于制作砖坯需要黏性的泥土,靠近杭州湾的那些生产队,由于土质为沙性,无法制坯,那里的农民就不可能从事诸如制坯这样的副业。

第五章　林牧副渔与家庭经营

的力气把泥挑到场地上。他们在场地上辟出一块约八仙桌大小的地方，堆上半尺高左右的泥，就用赤脚反复踩踏，直到泥土如"和好了的面粉一般"，再往上面添加半尺左右高的泥土，反复踩踏。如此这般，到了制坯泥土有了近1米高，就可以制坯了。制坯需要一只用坚硬的杂木做成的模子，模子容易脱卸和拼合；还要一把用钢丝与毛竹做的弓，用来取泥土。

制坯正式开始。如果一个人制坯，他先把模子拼接好，放在一块表面平整的石头上，转身用钢丝弓从泥堆上取下一块大小合适的泥块。然后，他双手高举泥块，用力把泥甩到模子里。由于重力的作用，泥土基本上会填满模子，如果发现某个角上还缺少一点泥土，他就用手推动泥土，使泥土填满砖坯模子。这里，模子的底部是平整的，上部一定有多出来的泥土。他用钢丝弓贴着模子把多余的泥土刮掉，再卸掉模子，一块砖坯就成形了。最后，他小心地用双手把砖坯搬到坯场上，竖着一块块叠起来，每一块砖坯间留下与坯的厚度相当的空间，以便"流通空气，砖坯容易晾干"。如果两个人制坯，一个人负责取泥和晒砖，一个人负责制坯。陈家场人看中每块泥坯0.9—1分钱的收益，却平添了许多辛苦。在制坯的高潮时期❶，夜幕降临了，满天繁星伴着村落里那些或明或暗的灯光❷，错落无序的"叭嗒"声伴着不时淌下的汗珠，一滴一滴，落在面团般的坯泥上。

坯场上的砖坯排列整齐，每排叠到五六块砖，两排之间留下一个人可以进出的空间，以方便管理。砖坯不能暴晒❸，在"太阳大"的时候，农民们要在每排砖坯的顶部覆盖稻草帘子。砖坯不能淋雨，如果乌云突起，大雨骤降，就急坏了陈家场人，他们都要冲回家去用塑料薄膜覆盖砖坯。几天以后，等砖坯干透，他们可以直接挑到窑厂去卖。男人每担挑50块砖坯，可卖0.45—0.50元；女人每担挑40块砖坯，可卖0.36—0.40元。砖坯不一定全部都挑到窑厂出售，有些人家把部分砖坯放在家里，待建房的时候，用泥砖坯做房子内部的"隔墙"❹。

在陈家场，卖砖坯的"好时光"仅维持了短短几年，此后，由于挖土困难，陈家场人不再甩砖坯了。俗话说，"东边不亮西边亮"，到1970年代中期以后，陈家场人发现，以前外出打工十分困难，现在变得相对容易了。

---

❶ 通常是秋天，那时天气不冷也不热，更重要的是，生产队里比较空闲一些。
❷ 有些人家在屋檐下接了100瓦的大功率灯泡，有些人家"小气"，只挂了一只15瓦的小灯泡。
❸ 如果太阳暴晒，砖坯会开裂。
❹ 房子内部的隔墙不承重，可以用未烧制的泥砖坯砌。

共生经济（1962—1982）
——人民公社时期的农业经营

外出打工指脱离生产队的集体农业生产，到外面去从事非农业生产并赚取工资。在人民公社时期，外出打工可以区分出三种类型：打短工、进入企业和自主打工。

盐官地区有一个国营蚕种场，由于养蚕的季节性很强，蚕种场只配备较少的固定工人，在农忙的时候，盐官蚕种场就向周边各个生产大队招收临时工。通常，临时工名额分配到大队，由大队干部安排人员。由于人数少、收入高❶，临时工的安排充满了竞争。2011年，当年联民大队的知识青年贾锦芬给我们讲了她如何"开后门"到蚕种场做临时工的故事。

贾锦芬：说到蚕种场的事情，那个时候是走不进去的。那时候我门槛蛮精❷的，我就不太安分，我就到蚕种场去。

问：你自己去？你也不认识（熟人）？

贾锦芬：不认识，但是，外婆场上的陈雪淮、陈双明的姐姐都在里面，但我和这两个人没有接触，我就到朱忠勇家里去，他是搞人事的。

问：在蚕种场搞人事？

贾锦芬：嗯，我就和他说。

问：朱忠勇是你亲戚吗？

贾锦芬：不是我的亲戚，朱忠勇后来也倒霉，被人检举后，叫他把受贿的东西全部交出来。

问：你怎么去找？你认识也不认识，和他没有关系。

贾锦芬：因为察英一直到蚕种场看蚕的，我就听他们说，耳朵听他们说，找人就找朱忠勇。他们在说我在听，我就自己去找朱忠勇。

问：听好以后自己找过去？

贾锦芬：蚕种场人事科里找他的，我跟他说，松林伯是我的一个娘舅，也是在你们蚕种场里。他问我是谁，我说是陈雪淮，他说陈雪淮是你娘舅啊，我说是堂娘舅，是我们外婆场上的。还有一个就是，阿建就是在你们蚕种场里，谁谁谁，就是和他拉近，我送东西给他。

问：送点啥？

贾锦芬：那时候也没有啥东西，乱七八糟的，忘记了。

---

❶ 每个工作日有1.20元的工资，比生产队差不多高出一倍，还可以直接拿到现金。

❷ 当地土话，意思是十分机灵。

问：第一次见面就带东西到那里去？

贾锦芬：去说了以后，通知就到我大队里来了。

问：去了几次，给你通知了？

贾锦芬：我去一次。

问：就去一次，你本事很大的。

贾锦芬：我就去一次，他说你去等通知。我去找张堂，跟王张堂❶打招呼，我叫他娘舅。

问：王张堂你怎么叫他娘舅？

贾锦芬：因为他和我的阿姨佰英、山英、九老头、外婆的关系都很好的，我也叫他娘舅的。我就和他打个招呼，我说，我想到蚕种场做临时工。他说蚕种场里名额很紧张的。我说他们会来通知的。通知到大队里面，我说你放我，这样他说好的。我也铺路的。

问：送东西呀，铺路？

贾锦芬：后来到生产队里面，金喜拦住了，不让我走。

问：生产队也要拦？

贾锦芬：生产队里，队长要盖章的。钱金喜很习难的，他不放我，说生产队里农忙，现在是农忙季节，我们缺劳动力，不放。后来我也没有办法，一直讲好话，也送东西给他，才敲图章给我。以后每次去，上面也不要跑了，大家关系蛮好，下面金喜这里扣得很紧的。

问：对，对，我知道，那个时候很困难的。你和生产队长说了几次，最后成功的？

贾锦芬：生产队长嘛，他不给我嘛，我盯牢他说。他喜欢抽烟的，我就乱七八糟的东西送点给他。他就说好好好，我照顾你。他又写不来字，字迹的图章，哈了口气，敲了。因为名单来了，蚕种场里名单到大队里，大队到生产队，生产队要队长盖章，我再去报到，一关一关很难的。❷

与临时工相比，进入企业工作当然诱惑力更大，也更难。但是，1970年代中后期，红江人民公社的情况正在发生着变化。一方面，社队企业得

---

❶ 王张堂是"四清"运动以后联民大队的党支部书记。

❷ 访谈贾锦芬、虞振华，上海，2011年2月21日。参见《中国田野调查——张乐天联民大队数据库》，口述历史，JJF-20110221—贾锦芬、虞振华。

共生经济（1962—1982）
——人民公社时期的农业经营

到了较大的发展,企业需要更多的工人,普通农民务工的机会大大增加了。另一方面,虽然权力依然控制着人事安排,左右着机会的分配,但是,市场要素已经开始撼动权力的基础。企业的发展需要原料、技术和销售,农村中少数有这方面专长或者"门路"的人员优先进入了社队办企业。过去,上海回乡知识青年总是受到排斥,现在,他们中那些在城市里有"门路"的人轻而易举地进入了红江人民公社最好的企业——公社农机修造厂。

在人民公社时期,自主打工的机会与农村经济的发展直接相关。1970年代中期,伴随着联民大队一带的农村地区出现了建房高潮,泥水匠、木匠、漆匠、竹匠师傅们的生活水平大大提高,于是,联民大队一带出现了一个泥水匠、木匠师傅带五六个甚至十多个徒弟的现象,而农村中的年轻人也有了学手艺、打工挣钱的机会。1978年,联新大队红旗生产队的农民张士生看到农村中出现大量水泥船,却较少有修理水泥船的企业,知道"机会来了"。他找了几个朋友,决定成立水泥船修理小组。这是联民大队一带最早出现的"私人企业"。

四、人民公社时期家庭经营的家际差异

在人民公社时期,家庭经营对于家庭的经济收入、生活状况都有重要的影响。本节列举几个家庭的案例,描述他们从事家庭农业、家庭畜牧业经营的情况。但并不是所有的家庭都如案例中的家庭那样勤勉于家庭经营。家庭经营存在着很大的家际差异,下面以1974年联民大队红旗生产队（即陈家场）为例来分析家庭经营的家际差异（见表5-11）。

表5-11 1974年度联民大队红旗生产队部分农户的人口及工分情况表

户主姓名	家庭人口	劳动工分	畜牧工分	户主姓名	家庭人口	劳动工分	畜牧工分
陈月萍	6	3 209.6	2 511.8	陈康余	5	6 136.4	1 471
陈世福	6	5 071.5	1 150.6	王彩屏	5	6 135.4	2 444.8
陈雪峰	6	8 641.6	2 467	张惠芬	5	7 339.3	2 526
顾秋明	6	8 118	2 639	祝纪福	5	9 434.2	2 566
陈林宝	6	6 625.4	4 882.9	陈明凤	5	5 649.3	2 836.8
王宝芬	6	7 989.7	2 879	陈惠甫	5	7 661.7	1 828
陈松山	6	7 345.7	2 508.8	祝月娟	5	7 693.1	1 704.2
顾浩然	6	12 293.8	3 665.8	祝惠文	5	6 532.1	1 756

资料来源:联民大队会计档案资料。

第五章　林牧副渔与家庭经营

表5-11列出了1974年陈家场所有六口之家与五口之家的劳动工分与畜牧工分,以考察家庭经营的家际差异。我们这里把畜牧工分作为评估家庭经营的主要指标,原因在于:其一,畜牧工分由"猪工分"加上"羊工分"组成,由于养羊需要割草,而草的来源有限,在陈家场,农民养羊的数量通常都不会超过家庭人口的数量,所以,如果两家人口相等,畜牧工分差别很大,主要与养猪相关。其二,养猪的饲料部分靠饲料地的产出,因此,养猪多的人家,饲料地多,家庭农业经营会做得更好一些。其三,与陈家场人一起回忆当年的家庭经营,大家都知道,那些猪羊工分多、经济收入相对较高的人家,家里人都十分"刻苦、勤劳"。下面我们以家庭人口为基准分两个组,分别描述、分析几户人家的情况。

在6人组的家庭中,陈林宝户以4 882.9分的畜牧工分名列第一。陈林宝出生于1916年,其妻子褚三宝出生于1920年,儿子陈双明生于1948年,媳妇贾者英生于1950年。陈林宝有两个孙子陈斌与陈杰,分别出生于1972年和1974年。该户户主陈林宝从小脚就有毛病,走路"一高一低的",父亲10多岁时把他送到上海学生意,直到解放前夕失业回家。在生产队里,尽管他是蚕业技术员,但底分也只有8分。陈双明无论力气还是劳动技术都是"头挑"的,他当过几年生产队长,1970年代中期已经拜师做泥水匠了,所以,劳动工分做得并不多。陈双明的妻子、母亲都是生产队里的劳动能手,体力好,干活利索。他的两个儿子还幼小,需要大人们的照顾。不管怎么说,陈林宝家的劳动力不算很强,家中没有十三四岁的小孩可以帮助养猪羊,但是,令人惊讶的是,陈林宝家的畜牧工分在全生产队中是第一位,还超过了联民大队红江生产队的农户。本章已经列举了红江生产队两个农户家庭畜牧业的情况,如果对比红江队的这两个农户,可以想象陈林宝家家庭畜牧业以至于整个家庭经营的"繁荣、发达"。1970年代末,他家造了5间高大的平房,3间"挺括的"猪羊棚。1990年代初,陈双明建设了陈家场首座三层楼房。

陈世福家的劳动力情况比陈林宝家差一些。陈世福出生于1918年,时年56岁。他原来是联民大队的大队长,"四清"运动中下台,四联地区筹建窑厂,他成为窑厂的负责人。妻子贾祖根1933年出生,年富力强,做事手脚麻利。大女儿陈大莉1957年出生,"做什么都像她娘"。二女儿陈小莉出生于1960年。他还有一个儿子陈公报、一个女儿陈云莉,分别出生于1963年和1966年。陈世福家的人口与劳动力结构正可以与章桂宝家相比较。从1973年起,章桂宝带着分别出生于1961年、1962年的儿子

共生经济（1962—1982）
——人民公社时期的农业经营

和女儿,大力发展家庭经营,每年的畜牧工分都超过3 000分,1975年还超过了3 500分!❶陈世福与章桂宝家一样,家里小孩多,有着比陈林宝家更优越的发展家庭畜牧业以至于家庭经营的条件,但是,他家的家庭畜牧业却令人遗憾。实际上,即使贾祖根忙里忙外依靠家庭经营赚点钱,也被陈世福"喝酒喝光"。1970年代,陈家场绝大多数人家都翻造了房子,他家的旧屋子却"原封没动"。1980年代中期以后,陈家场的很多人家开始造楼房,陈世福仍然心安理得地搬只小竹椅,坐在陈旧低矮的老屋前晒太阳。

在陈家场,比陈世福家更落魄的是陈建民家。陈建民与妻子王文英都出生于1921年,他们的3个儿子分别出生于1951年、1954年和1964年。表面看来,他家的人口结构与劳动力结构都属于上乘,但是,用陈家场人的话来说,家里"人不行,就搞得一塌糊涂"。陈建民当过多年的生产队长。1960年,他看看"什么都要共产了",就把仅有的3间祖屋卖掉了,"换酒喝"。从此以后,他家再也没有了房子,一直居住在一间半位于陈家场的"国家房子"里。他喜欢喝酒,隔三差五地上街"打一开烧酒喝"。他当生产队长,其他事情都做得"很公",就是喜欢向生产队借钱。王文英身体较弱,公社、大队照顾家庭困难,安排王文英进了公社丝绵厂,她每天下班回来,就不想再做什么。大儿子以同样的理由被安排在会龙桥豆腐店里工作,每天"落市"就回家。他上午有时间做自留地、割草❷,但是,他宁可把时间"浪费在河边"钓鱼摸虾,也不愿意"在自留地里动一耙"。二儿子很勤劳,总忙着做自留地、养猪羊,他会抱怨说:"家里靠我一个人做,有什么用?"当然,二儿子的勤劳是有用的,1974年,他家的畜牧业工分1 471分,高于陈世福家;他的勤劳也是没有用的,陈建民家一直到1980年代末都没有造房子,两个儿子都做了上门女婿。

在5人组的家庭中,陈明风家的畜牧工分最高,陈家场人都知道,这"全是小黄牛❸的功劳"。陈明风出生于1923年,他从小学生意,1962年从上海回到家乡务农,1974年时,他在附近地区为企业提供技术指导。妻子祝六宝生于1925年。他们有4个儿女。大女儿陈娟芬出生于1948年,1972年迁出陈家场,到海盐去教书。二女儿陈娟新1952年出生,三

---

❶ 参见联民大队会计资料。
❷ 豆腐店凌晨1点左右上班,每天下午需要睡觉。
❸ 在陈家场,祝六宝有个人人皆知的绰号叫"小黄牛"。

女儿陈聪达生于1967年,儿子陈建人生于1960年。陈明风家重视子女的培养,他们把大女儿送到海宁最好的高中海宁中学读书,但因为"文化大革命"而失去了考大学的机会。1977年恢复高考时,全家都鼓励她去考大学,结果一考成功,成为农业合作化以来陈家场第一个大学生[1]。1974年,陈建人与陈聪达都在上学,祝六宝总叫他们"先读好书,有空再做自留地、割羊草"。那一年,全家的家庭经营主要靠祝六宝与二女儿两个人,她们能养那么多猪羊,拿那么多猪羊工分,确实不容易。祝六宝太能干了,她的丈夫从小就到了上海,缺乏锻炼,在很多情况下,"做她的配角都太累"。从1970年代中期开始,祝六宝像燕子一样不断地把建筑材料拖回家里,准备翻造房子。1978年,她家请人到江苏盛泽装运红砖,陈明风当时正好在那里工作,他看到老婆太累了,就请了假,来搭把手,帮帮忙。不料,一帮忙就帮出了大事。那一天晚上,红砖还没有运到家,陈明风中风倒地,再也没有醒来。30多年过去了,祝六宝说起这件事,还有说不尽的后悔。

---

[1] 当然,陈娟芬"命不好"。她1977年考进浙江林学院,毕业后留校工作。工作一年以后,她刚生完小孩就被查出患了癌症,不久就英年早逝。

第六章 集体经营的组织、制度与运行

人民公社是个大剧场,在联民大队一带的农民们眼里,公社就是国家;生产队是个小舞台,在农民们眼里,却几乎是日常生产与生活的全部空间。人民公社以其组织、制度与意识形态确保了"国家优先"的社会秩序,建构出中国的社会主义。

人民公社是国家改造传统小农的宏伟实践。生产队是人民公社制度的基础,是"国家优先"的社会秩序为农民们留下的活动空间。生产队提供了传统延续的机会与可能,传统在生产队这个舞台上嬗变成命令主义、少数人支配、绝对平均主义以及漠视规章与道德的个人主义。

第一节 公社、大队与生产队

1962年发布的"农业六十条"明确规定,"人民公社的基本核算单位是生产队。根据各地方不同情况,人民公社组织,可以是两级,即公社和生产队;也可以是三级,即公社、生产大队和生产队"[1]。全国绝大多数的农村地区实行三级制,简称为"三级所有,队为基础"。

一、公社、大队组织概览

1958年10月,钱塘江人民公社在锣鼓声中宣告成立,此后,直到1984年人民公社正式改名为乡或者镇,公社组织在全国农村地区存在了

---

[1] 参见《农村人民公社工作条例草案》,1962年9月27日,中国共产党中央委员会第十次全体会议通过。

20多年。人民公社是国家政权的有机组成部分,是国家在农村地区最低级别的行政机构。人民公社干部属于国家干部,人民公社的运行经费来自国家财政经费。作为国家行政机构,其组织结构在初期与后期有较大的差别。

人民公社成立初期,根据毛泽东集工、农、兵、学、商于一体的设想,人民公社的机构设置与县级机构相对应,建成了"五脏俱全"的区域性实体。人民公社建立了党的委员会,党委常委会实际上成为公社的最高领导机构。公社党委下有负责组织、宣传、共青团、妇联的委员,有人民武装部。公社管理委员会下设农业办公室、工交办公室、副业办公室、水利办公室、财务办公室、财贸办公室、民政办公室。公社中同时设置文教委员、妇女委员、卫生保健委员。人民公社还建设了各种专门机构,包括派出所、工商组、税务组、供销部、信用社、粮站、水利农机管理站、广播站、兽医站、公社医院以及钱塘江大学。人民公社各个机构中的一些工作人员本来是农民,一夜之间成了公社干部,哪里弄得清那么多复杂的机构?哪里知道机构运行的科层制特点?更何况公社初期的机构从来就没有稳定过,公社初期的规章与政策从来没有认真执行过,公社初期的狂热、好大喜功、异想天开却总是转化成领导的指令,劈头盖脸地逼着下面执行。因此,人民公社初期的组织可以用"混乱"来形容,组织的混乱与灾难之间的关联值得反思。

1962年年初,钱塘江人民公社分解为三星、石井、钱塘江三个公社,联民大队是三星人民公社下属的一个生产大队。三星人民公社在"四清"运动后改称为红江人民公社,一直到1984年改称为盐官乡。这一时期,人民公社的组织一改大公社时期"五脏俱全"的模式,成为集政府行政、事业于一体的农村基层政权组织。国家政权的部分专属机构不再设在公社一级,而是设在公社与县之间的区级,这类机构包括派出所、工商所、税务所以及地方法庭。这种设置方式更多强调了"条条"的权力,使人民公社这个"块块"组织集中精力去抓好生产,关注社会生活。地方的部分经济组织仍隶属人民公社领导❶,但是,这些组织更多地独立运行,独立核算。这类经济组织包括供销合作社、信用合作社、粮站与食品公司,前两者是集体经济组织,与公社的关系较紧密;后两者是国营企业,与公社的关系较疏远。

---

❶ 这种领导权体现为对这类经济组织的领导人的任命。

共生经济（1962—1982）
——人民公社时期的农业经营

人民公社最重要的组织是"党委、政府两套班子"❶。公社党委建立了一套"党的系统"组织，以执行党的政策、决议，这套组织包括组织、宣传、群众（工会、青年团、妇联）、文教以及人民武装等几个重要部门。公社管理委员会下面则有农业、副业、蚕业、财务、水利农机、民政、治保、卫生、农科等专职人员或机构。1962年，国家根据人民公社管辖的人口数核定了每个公社中"国家干部"的编制数字，由国家财政发放工资。由于公社里的国家干部只有十来人，大家只能相互兼职，以覆盖公社管辖的所有事务。当然，此后活跃在公社大院里的不只是国家干部。国家向公社让渡了自由用人的社会空间，恰恰在这个缺少监督的自由空间里，公社组织实践了自身的演化逻辑。人民公社组织有许多重要的特征，我们曾经在《告别理想——人民公社制度研究》一书中专辟一章进行分析❷。在这里，如果进一步从农业生产管理❸的角度看看公社组织，我们可以看到几个重要特点。

其一，"全面管控"与公社组织的扩张。1962年，人民公社建立起比较完善的党政组织，领导全体公社社员共同建设"社会主义新农村"。此时，人民公社的领导们依然坚定地坚持着共产党在1950年代初就形成的基本"执政理念"，即对所辖范围内的经济、政治、社会、文化实现全面的领导、管理与控制。这种"执政理念"是公社组织演化的推手，也为公社组织演化提供了政治合法性。纵观1962年以后公社组织的变化，我们可以发现，任何时候，凡是农业生产中出现了新的进展❹，社会生活中出现

---

❶ 必须注意的是，领导班子与执行班子既有区别，又有联系。在人民公社中，领导班子是党的委员会，特别是党委会中的常务委员会。党委会制定规则，作出决策，实施领导责任。党委会中的部分党委委员甚至党委常务委员可能是大队支部书记、普通农村干部甚至普通农民，他们参加决策会议，但是，他们不参与决策的执行。在人民公社中，党委书记、副书记、常务委员通常都是脱产的国家干部，他们组成了党委执行班子的核心。党委的执行班子中有一些人不是党委委员，只是普通党员，有些人甚至是普通群众。公社的行政班子叫作公社管理委员会，公社管委会的情况与公社党委的情况类似。

❷ 参见张乐天著：《告别理想——人民公社制度研究》，上海人民出版社，2012年，第100—203页。

❸ 或者说，从公社组织对于生产队农业生产的影响的角度，去进一步分析公社组织的几个重要特点。本书不考察与农业生产不直接相关的各类组织，如共青团、妇联、民兵等；也不分析公社组织的历史沿革，例如，公社组织在相当长的时间内称为"革命委员会"。讨论生产大队、生产队组织时也是如此。

❹ 例如，农田水利建设的大发展，络麻带秆精洗技术的推广等。

第六章 集体经营的组织、制度与运行

了新的情况❶,都需要在公社组织中增加一个部门或者为某一个干部增加一个管理职能,以便全面地管理、控制新的经济、社会现象。在"三级所有"的体制中,人民公社一级有着自己的"所有权"及其经营活动,公社有可以支配的集体收入,这就为增加人员提供了经费保障。因此,在人民公社制度运行的20年中,公社组织扩张,公社人员增加。1982年年初,红江人民公社党委书记让食堂炊事员一早去盐官街上买些"好小菜",准备组织全体公社干部与工作人员"吃一顿年夜饭"。晚上,公社食堂里灯火通明,四张八仙桌全部坐满,红江人民公社各类干部加上工作人员共32人,其中12名国家干部,其余都是聘用人员。与1962年相比,国家干部基本上没有增加,但公社聘用人员增加了许多。

公社聘用人员的工作大多与农业生产相关,我们以农电为例,看看公社干部增加的过程。1962年,三星人民公社中就有一名公社干部徐武臣管理农电,1960年代末以后,随着"农业学大寨"运动的开展,各个生产队都开展了农田水利建设,"两个农民,帮着徐武臣拿拿标尺测量高程,先后被徐武臣录用到公社农电站"。1978年,公社低压电网的运行中经常出现电路问题,徐武臣把公社广播站中的电工陈一揆❷调到了农电站。公社农电站增加到了4人。1981年,"为了适应农业生产发展的需要",红江公社党委决定把公社农电站分成公社水机站与公社机电站两个部门,两个部门的总人数增加到了8人❸。

其二,"向上负责"。公社组织中的主要干部是国家干部❹,他们在上级的领导下工作,接受上级的监督、考察,期待着有大领导"看中",每个月按时拿"国家的高工资"❺。公社干部们处在这样的组织结构中,他们的行为选择无疑会是"向上负责"。公社中的聘用干部都是"受到公社器重的人",虽然他们的工作大多是为农业生产服务,但他们的收入与农业

---

❶ 例如,计划生育的开展、知识青年的下放等。

❷ 陈一揆,1949年出生,从小聪明能干,自学电工操作,1975年进入红江人民公社广播站,专门负责维修电路。

❸ 1970年代,红江人民公社增加的与农业生产密切相关的部门还有公社农科站。最初,公社农科站只有两人,分别负责蚕桑与水稻,后来,增加人员负责络麻,甚至还专门增加了一个专职人员管理渔业生产。此外,1970年代成立的公社兽医站与农民家庭畜牧业关系十分密切。

❹ 人民公社时期,联民大队一带的农民不知道"公务员"这个称呼,只知道公社干部是"国家干部"。

❺ 在当地农民眼中,他们都是拿国家高工资的人。当时,每月40多元的工资也确实是很高的工资了,比普通农民的收入高很多倍。

共生经济（1962—1982）
——人民公社时期的农业经营

生产没有直接关系。他们拿公社里的工资，当然也服从公社的领导。

人民公社创造了一个特殊的时代，仅仅从组织结构的角度去理解公社干部、公社工作人员的行为是不够的。2008 年，原红江人民公社国家干部沈兆坤向我们讲述了人民公社时期的故事，为理解公社干部的行为提供了另一个视角。

> 叫我带队到许村，到许村蛮好的，那时候我已经结婚了，第一个小孩生出了，这时却叫我到盐官了，我没想法了。到底是叫我到许村还是盐官？那时候你自己怎么想是没有用的，他们跟我说，谁和谁不去，那么就回家……到组织部时胡介清跟我谈了话，说你现在先去一段时间再说，以后再调换好了，这样给我下个台，那我也只有去了再说。63 年 3 月份到盐官的，去当文书。实际上到供销社叫我当文书也好，到盐官当文书也好，我自己跟他们说，我也不聪明的，读书只读到四年级多一点，他们说你年纪轻么，先去锻炼锻炼，都赶鸭子上架。我大妈讲，你书都没读怎么会去做这个？因为要有口饭吃，那时候说实话，我们这种人吃苦是不怕的，干活是愿意干的，就是干得好不好。然后讲到这个社会变化阶段，现在我始终坚持一条：没有共产党，也没有我。没有毛泽东，也没有我，所以现在好像是邓小平改革开放，给我们富了，这条是承认的。❶

其三，"对外纽带"。如果我们从更系统的角度去观察生产队、生产大队以及人民公社的组织体系，我们会发现，人民公社组织是乡村社会与外界关联的关键纽带。

传统的农村曾经是停滞不前的，人民公社时期的浙北乡村却处在不断的变化中。农村开展了大规模的农田水利建设，架设了低压电网，引进了大量新的作物品种，增加了化肥、农药的使用量，改进了作物培育管理的方法。这一切变化使得农业产出有了较大幅度的提高，农民的家庭经济也有所好转。这一切是如何发生的？是人民公社"充分调动了农民群众的社会主义积极性"吗？在人民公社时期，农民群众❷失去了土地的所

---

❶ 访谈徐天寿、陆季文、沈兆坤，硖石镇，2008 年 10 月 31 日。参见《中国田野调查——张乐天联民大队数据库》，口述历史，XTS－20081031—徐天寿、陆季文、沈兆坤。

❷ 包括农民个体与他们的家庭。

有权与绝大部分的使用权,除了"在豆腐干大的"自留地上种点吃的、在棚里养几头猪,他们失去了自由的经营权,在这样的环境下,他们内在的发家致富的冲动恰恰被压抑了,他们自发发展经济的积极行动恰恰被一次次地"迎头痛击"。是生产队这个农业生产与经营的主体发挥了主观能动性吗?毫无疑问,生产队有着开展农业生产的主观能动性,但在有些情况下,生产队的主观能动性与上面所说的变化没有正相关。生产队的农业生产与经营是"关在笼子里的打闹",生产队的主观能动性再强,也完全受制于笼子的闭合与开启。

笼子是开启的,只是掌握着开关的是人民公社组织。公社组织成为生产队这一农业经营组织与外界联系的纽带;公社把来自外部的意识形态、方针政策、生产技术等有效地"输入"生产队集体中,而这种"输入"过程也成为公社支配生产队的强制性力量。这里摘录1972年3月23日红江人民公社的干部会议记录,因为这则会议记录使我们看到,通过公社组织这个纽带传递到生产队的信息非常精细。

> 主要解决粘虫及叶蝉问题。
> ① 粘虫:据郭试验,15号高峰罐8把205只。14—19号又是高峰,立即要抓起来。
> ② 捉牢虫要进行汇报。斤、只(袁花公社每夜90多斤)。1 000只为1斤。湖塘公社已捉1 000多斤。
> ③ 在喷雾时最好6点左右。
> 二叶蝉问题。据调查花草有2 000—3 000千只。方法:用只"白树盆",一个平方尺。茭白里有24万。叶蝉每对产100多只,继续产卵。雌虫一般28天,(雄虫)一般10几天。死前一天还要产卵,越冬带186粒。
> 袁花公社搞这"一二三"除叶蝉,效果明显达到86%。
> 关于赤霉病防治问题。有机汞停止使用。用盐水或用土法选种。小麦赤霉病,今年不用"富民农"。农业防治,开沟排水,降低水位,用药是"二消散"。
> 碳、硫黄合剂并水80斤。
> 米泔水代醋,1斤米泔水,1两糖,1两酒。❶

---

❶ 周生康,《工作笔记》,1972年。

共生经济（1962—1982）
——人民公社时期的农业经营

在"三级所有,队为基础"的人民公社体制中,生产大队处于中间层次。1958年10月,钱塘江人民公社宣告成立,生产大队组织也首次出现在杭州湾畔。在大人民公社时期,人民公社内部实行四级建制,生产大队以上还设置了管理区。那时,生产大队的区划几乎每年都发生变动,使得大队干部们都无所适从。1962年,海宁地区生产大队的建制最终稳定了下来。

与公社组织相匹配,生产大队最重要的组织是大队党支部与大队管理委员会。大队党支部是大队里的"班长",最终拍板的"第一把手"。大队党支部委员是大队组织中的领导核心。大队党支部中设支部委员会,分别负责组织、宣传等工作。大队长通常是大队党支部副书记,全面负责全大队的农业生产。大队管理委员会由7—9人组成,有农业副大队长、蚕业副大队长、妇女主任以及负责副业、植保、治保、水利农机、民兵、调解、卫生等工作的委员。大队组织中还有会计、出纳。

在人民公社的运行过程中,大队组织犹如排球场上的"二传手"。公社召开了农业学大寨会议,大队干部回来以后第一时间召开大队会议。大队党支部书记或者其他大队干部,面对着自由散漫、叽叽喳喳的生产队干部,"原原本本地传达、贯彻落实公社会议的精神"。公社上午召开了植保工作会议,由于"病虫害突发,不能拖了时间",大队干部有时吞下一碗阳春面❶,就急匆匆地从公社回到大队,召集生产队植保员开会,以保证各生产队能"虫口里夺丰收"。每年7月下旬,公社布置了"双抢"任务,每个大队都积极筹备"'双抢'誓师大会",争取打一个漂亮的抢收抢种大胜仗"。冬天,公社组织统一的水利工程,大队干部们不仅要开会传达,还要积极负责地"组织队伍,准备物资",以准时到达工程现场。当然,大队组织不只是传达公社的指令,也会把生产队农业生产中的需求向公社反映。例如,各个生产队需要多少张蚕种、多少斤红麻麻籽等,大队向公社反映,公社统一组织采购,再分配到各个生产队。

大队组织的"二传"做得怎么样？如果我们认真分析周生康留下的会议记录,或许会得出一个十分肯定的结论。大队干部们参加了县或者公社的会议以后,通常都会向生产队干部传达上级的指示。在大队会议上,甚至他们用的语言都是直接"从上面的干部那里搬过来的"❷。但是,

---

❶ 阳春面指没有任何菜的"光面",是酱油加上几滴麻油的汤面。
❷ 在人民公社时期,大队干部们开会时的那一套话语大部分都是来自"上面"。

如果我们不仅听其言,更看其行,那么,我们就会对他们"二传"的到位率提出疑议。以桑树培育为例。秋冬时节,公社里总是开会强调桑树的培育,禁止在桑园里间种蔬菜,大队开会时也会强调公社的意见,但是,陈家场每年都会在桑园里间种榨菜、胡萝卜等蔬菜,联民大队的干部们从来都是"睁一只眼,闭一只眼"。春天的时候,公社要求所有种在桑树地里的蚕豆都要翻入土里做绿肥,联民大队极少有生产队真的会把已经豆荚挂枝的蚕豆毁掉。

为什么大队组织的"二传"总是不到位?因为大队干部们是干部,同时也是农民。他们持有农村户口,拿生产队里的工分,生产队收入高,他们家庭收入也高。尽管权力诱惑、政治压力迫使他们服从公社组织的指令,但暗地里他们的屁股常常"坐在普通农民一边"。大队组织的行为,为生产队的农业经营提供了部分自由的社会空间。

二、生产队的队务委员会

在人民公社中,生产队是基础组织,是直接组织农业生产、收益分配的组织。生产队的正式组织是队务委员会,负责生产队的日常工作。队务委员会一般由7人或者9人组成,其中包括正队长1名、副队长3名。副队长通常兼农业、蚕桑、妇女等工作,可以称为农业队长、蚕桑队长或妇女队长。队务委员会还包括会计、出纳、保管员各1名以及委员2名。下面一份1974年度联民大队各个生产队队务委员会干部名单,抄自周生康的《工作笔记》。

参加生产队选举记录　74.1.18

（东风队）	（红江队）	（立新队）	（红星队）
周锦民正队长	朱建康队长	沈麦兵队长	邹伏元队长
韩红财副队长	陈夫康副队长	祝永荣	李顺堂副队长
周胜林委员	周忠华出纳	王定方	李禹松委员
王六彩妇女	邹益龙会计	江志成	沈继松委员
朱六顺委员	沈松宝妇女	沈丙生	邹雨生
徐仕康物资	叶文浩委员	冯莉莉	张毛东副队长
朱祖峰出纳	王组金蚕业	沈宝林	邹雪庆物资
朱国尧会计		周建明	邹苗仙妇女
林月明副队长		胡少祥	邹金发会计

共生经济(1962—1982)
——人民公社时期的农业经营

参加选举的第二天记录　　74.1.20

向阳队	东方队	胜利队	红旗队
徐敏天正队长	陈蚕生正队长	冯恒兵正队长	陈康德正队长
徐德夫蚕业	章桂松副队长	冯子坤会计	余德副队长
绍庭副队长	冯奎涛副队长	绍兵副队长	陈明德副队长
亿仙妇女	陈德夫出纳	六珍妇女	陈月萍妇女
德全付副队长	德荣物资	再兴委员	陈望良出纳
德刚出纳	冯如康蚕业	明富出纳	祝一鹏农业
仁义会议	冯锦良会计	其清付队长	陈树丰治保
树生蚕业	张惠娟妇女	冯明德委员	顾新堂保管
克勤物资	陈桂英	张利明物资	祝建龙会计❶

　　在人民公社时期,生产队队务委员会的建设受到上面与下面的高度重视。对于大队、公社来说,计划经济的各项指标最终都落实在生产队,"只有坚强的领导班子,才能出色地完成上级下达的各项任务"。1972年2月11日,联民大队党支部书记在立新生产队队务委员会选举大会上说:"领导班子建设的问题是一个政治问题,是走什么样的道路、执行什么政治路线的大问题。但是,有些社员对改选的意义认识不足,认为改选年年搞,仍旧老一套。"他批评社员群众中的"错误倾向",要求大家"以主人翁的精神参加队务委员会的选举。选出上级领导放心、社员群众信任的生产队干部"❷。对于生产队里的农民来说,生产队就像一个大家庭,队务委员会就是大家庭里的当家人。他们都知道,当家人的好坏直接影响到每一个小家庭的收益,而且,当家人与自己的关系会影响到自己在生产队里面的"处境"。

　　与上、下重视形成巨大反差的是生产队长的"甩乌纱帽"❸。在人民公社中,生产队是各种矛盾、冲突最集中的地方,所有的矛盾与冲突最终都聚集到一个"拍板的"人头上,这个人就是生产队长。联民大队一带的作物品种繁杂多样,农活错综复杂,生产队长每天都要根据气候的情况把每一件农活分配到每一个农民,"一年三百六十五天,一天都不能停"。

---

❶ 周生康,《工作笔记》,1974年。
❷ 周生康,《工作笔记》,1972年。
❸ 或者叫"躺倒不干"。

第六章　集体经营的组织、制度与运行

派工这件事本来已经让一些生产队长"头脑发涨",却还要面对所谓"一碗水端平"的问题。有的生产队长说,"家里有两兄弟,一碗水都端不平。生产队里有一百几十个人,百姓百姓百条心,怎么可能做到平等?你觉得做得很公平了,他觉得你偏心,有什么办法?生产队里每天都有人骂人,没有骂声,日头❶不过西"。因此,每年到冬天的时候,总有部分生产队长开始消极怠工,想通过改选换下来。

生产队队务委员会在人民公社制度运行中发挥着关键的作用,大队党支部必须抓好队务委员会的建设。纵观联民大队一带的情况,队务委员会的换届通常都在大队党支部的领导下进行,队务委员会的换届有几种不同的方式。其一,队务委员会的换届完全由大队干部掌控。大队干部物色好队长、副队长的人选❷,然后召开生产队社员大会进行换届。陈家场的陈一揆谈到当年的社员大会时说:"开社员大会的时候,队长、副队长的人选早就由大队干部弄好了,例如,正队长是陈建民,副队长是顾颐德,大队干部在会上说,陈建民当正队长,同意的人举手。大队干部权力大得很,他出口一说,谁敢不举手?"其二,在大"四清"与"文化大革命"高潮的两三年里,大队领导班子瘫痪了,生产队长也受到了冲击,时而"躺倒不干"。生产队队务委员会没有正常换届,连任了21年。当时陈建民当生产队长,他"隔一段时间就会'躺倒'一次,他一'躺倒',队里总有些人劝他出来。他经不起劝,一劝,他就又积极地出来派工,安排农活。如此反复,折腾了几年"。在革命高潮的几年里,生产队的出纳、会计、保管员都做好他们的工作,确保着生产队正常的农业经营秩序。其三,大队干部物色了人选,再"放"到生产队里,由生产队的户长选举。我们在周生康的《工作笔记》里看到,1963年,周生康所在的生产小队共13户农民,户主们一起投票选举了队务委员会。其四,1970年代初期以后,联民大队部分生产队的换届选举做得比较规范,由大队支部领导,社员大会进行投票选举。下面我们具体看看换届选举的第四种方式。

在大队党支部的领导与直接组织下,队务委员会的选举工作通常在每年的1月中下旬到2月上旬进行,选举工作分两个阶段展开。首先,大

---

❶ 日头,当地土话,意思是太阳。
❷ 在生产队队务委员会班子中,最重要的人物是生产队长,其次是生产队副队长,其他的委员都是"做做具体工作",而且大多连任多届,所以,大队干部到生产队换届时,最重要的事是物色好队长与副队长。

共生经济(1962—1982)
——人民公社时期的农业经营

队党支部派人深入生产队了解情况,听取原生产队长、队务委员会成员以及社员群众的意见与建议,并物色新一届生产队长和队务委员会的候选人。在这个阶段的工作中,最麻烦的是出现"想当队长的人当不上,不想当队长的人硬要他当"的现象❶,面对这种现象,党支部只得"耐心做思想工作",想办法"把躺倒的人扶起来"。1970年代后期,陈家场的顾颐德就是这样的人,大队党支部书记王张堂不得不三番五次跑到颐德家里做工作,"连门槛都踏破了"。其次,选举前的准备工作做得差不多了,就召开生产队全体社员大会,"隆重举行生产队队务委员会选举"。生产队的选举工作由大队党支部派人主持。在选举会议上,大队领导总结前一届队务委员会的工作,提出注意事项。1973年1月31日,时任联民大队党支部副书记的周生康在红江生产队队务委员会选举大会上的发言摘要如下:

> 总结红江队72年农业生产的情况:粮食总产138 486斤,去年119 892.5斤,增加18 593.5斤;蚕茧今年4 778斤,去年4 626.7斤,增加151.3斤,亩产91.8斤,全年饲养76张,平均68.3斤;络麻平均509.2斤,去年平均488.3斤,增加了单产;油菜总产6 066斤,去年总产6 009斤,增加57斤;春粮总产29 525.5斤,去年总产22 664斤,增加6 861.5斤;畜牧也同样增加;经济收入也同样。
>
> 这是我们红江队广大贫中农努力的结果,形势越来越好。希望在丰收的基础上继续发扬成绩,克服困难,推动当前各项工作。紧接着积肥,培育春花,培育蚕桑。社员的精神面貌一新。在今日选举中,注意要总结前段的干部成绩,队务委员团结,思想统一。❷

选举大会是生产队工作的一次承上启下的会议,原生产队长、队务委员会成员会对自己的工作进行一些回顾和检查。由于生产队规模小,"有能力出来当家的人也就是这么几个人"❸,队务委员会的相当部分人员会

---

❶ 在生产队里,有的人很想当生产队长,他会给别人暗示,或者自己提出意见,但是,由于得不到上级组织和群众的拥护,这样的人"不合适"。有的人上级和群众都拥护,但就是自己不想干。

❷ 参见周生康,《工作笔记》,1973年。

❸ 因为这种情况,生产队里有些农民觉得每年搞一次队务委员会选举没有意思,他们说,"年年弄得辛辛苦苦,弄来弄去还是几只老面孔"。

第六章　集体经营的组织、制度与运行

连任,所以,在选举以前的"表态"中,一些人会谈到如果当选会怎么做,也有人会说两手准备。下面摘录联民大队立新生产队两次队务委员会换届选举投票前原生产队干部们的部分发言,时间分别是1971年2月1日上午和1972年2月11日。

徐仕康:谈谈关于70年度络麻减产。选了我之后"四无":无粮、无油、无柴、无钱。

支援世界革命一点无,只有一点络麻。人口增加如何安排,早稻101亩。(早稻500多斤,晚稻510多斤。)"千军万马靠头头,火车开得快全靠龙头带。"❶由于思想有些阻碍,所以脚踏西瓜皮,趟到哪里算哪里。不愿站在船头上顶风,只在船舱里避风,革命怕拼命,作风很不踏实。所以生产来看,油菜没有施肥。

公共财物拿得快,算得快。自留地超过一半以上,有个别户竹园地超,动员卖给大队不高兴,现在卖给私人都抢着出售。这是啥道理?

一个外出人员,一律不交。处理好后还是不交。分粮低标准,超产按劳分。

沈尧兴同志:谈一年来工作体会。由于去年搞选举,没有从思想入手,所以工作做得非常不够,生产没有搞,胸无大志。对伟大毛主席红旗举得不高,但是想要搞好。①没有突出毛泽东思想,不好。②认为坐中游牢靠,但是结果下游。③主要处处带头,时时带头。

我表决心:在71年,如果群众相信,我一定要搞好,踏踏实实搞好工作。

王廷方:谈70年度体会。为选举而选举,没有从思想着手,所以对工(作作)风飘浮。想要做好,但是思想上没有解决,没有认识到政权重(要)性。有了政权,就有了一切;没有政权,丧失一切。过去学习认真,70年比较不到(位)。选好继续革命,牢牢掌握政权;不选好,做好两手打算。

陈进其同志谈:在70年所做工作对不起社员群众,工作没有做好。主要是第一把手与第三把手问题,70搞选(举),没有搭❷,现在

---

❶ 全靠龙头带,即全靠车头带。
❷ 当地土话,意思是像。

共生经济(1962—1982)
——人民公社时期的农业经营

这样搞,所以思想上有些问题:① 只听好话,不愿听坏话。② 做一日和尚撞一日钟。③ 没有统一思想,各管各,不搭界。

沈丙生:担任老工作,老好人思想是有,主要队长批准,我不搭界❶思想。在"一打三反"看了大字报后,有个活思想,没有帮助(纠正)这种思想。特别看到当前大好形势下,一定迎接,这次做好两手准备。

胡少祥同志谈:对物资保管工作做得不够。

王定宝同志谈:在70年度工作没有起带头作用。❷

沈尧兴同志总结71年度的工作情况。

① 抓革命、促生产方面。② 领导班子加强团结问题方面。

在71年度抓革命、促生产,整个形势大好。但是有些问题特别受到林毒❸,抓革命、促生产位置不正,抓了革命一度不促生产。特别是晚稻,对执行农业八字宪法不够坚决,造成减产,但是全年还是增产3 000多斤。

※ 个人做领导负责人,没有以身作则,对不起社员群众,主要原因是举旗抓纲不力。

毛主席最近教导:路线是个纲,纲举目张。

※ 但是落后当中也再现一个"骄"字。

※ 如何样子加强集体领导。立新生产队搞的"群言堂",不搞"一言堂"。发挥了集体领导作风,做到了分工分线❹,人人动脑筋,各条战线都能起到作用,加强了革命团结,调动社员积极性,71年度起了很大作用。

※ 再谈谈个人体会。为了使72年搞得更好,农业学大寨,争取农业大丰收,主要是:领导班子,要求社员在选举中慎重考虑,领导班子很重要。❺

在原生产队干部们讲话以后,负责选举工作的大队干部通常都会说

---

❶ 不搭界,当地土话,意思是没有关系。
❷ 参见周生康,《工作笔记》,1971年。
❸ 受到林毒,意思是自己受到林彪反动思想的影响。
❹ "分线",指每一个领导各负责一条线,如妇女线、民兵线、生产线等。
❺ 参见周生康,《工作笔记》,1972年。

第六章　集体经营的组织、制度与运行

几句。他们会要求生产队干部们"保持继续革命的觉悟";他们强调选举的重要性,要大家发扬民主,注意选举中"一些搞小动作的不良倾向",更要注意"选举中出现的阶级斗争问题"❶。

这边在开会,那边生产队会计已经把选票准备好了。接下来是投票。投票总是在一片嘈杂声中进行,不少人请其他人"帮助划一下选票",他们或者不识字,或者"懒得动脑筋",或者是对选举不满意。最后,通常由生产队原会计、出纳等几个"有文化的人"唱票。

在联民大队,投票选举出现过三种不同的情况。其一,选票相对比较集中,大队干部们物色的7名或者9名候选人都顺利获得了超过半数以上的票数。例如,1972年,立新生产队的选举结果是正沈尧兴78票,副胡少祥70票,副祝永乐68票,委员沈宝林67票、沈丙生66票、王定方74票、陈进其42票、王定宝40票、朱锦其59票。全队共79人参加选举,一次投票成功。又如,1977年东方红生产队进行投票选举,下面是唱票结果:章桂松39票、陈德夫57票、冯树康37票、陈民芬53票、冯奎涛50票、陈乔生41票、张惠娟46票、王新章1票、张利芬1票、小毛1票、昌民4票、闰方1票、建伟2票、阿仁1票、章祖华1票、陈周华1票、维兵5票、董林宝1票、王兵2票、绍英1票、结荣29票、德全13票、岳全13票、昌亲6票、建强3票、三宝4票、才甫1票、国庆6票、建华2票、奎兵4票、淡华2票、阿培18票、建良5票、永堂1票、淡江5票、雪芬2票、大毛4票、中华2票、仲仙1票、松主3票。虽然前7位以高票当选队务委员,但可以看出许多票都分散到各人,共发66票,1票者多达12人❷。

其二,选票不够集中,有些候选人的票数不到"多数票",只能"矮子里面拔长子",根据得票数"从多到少挑出7个人"❸。1978年,东方红生产队有60多人参加选举,竟有47人获得选票,他们分别是德荣1票、建芬4票、桂松42票、其方3票、汉江8票、惠娟30票、昌新1票、利芬6票、树康16票、奎兴3票、建良24票、奎涛36票、祖华2票、建强9票、德夫32票、荣荣2票、维兴11票、三宝12票、新夫1票、中华27票、德泉13票、老金11票、松宝3票、利云1票、王兴6票、乔生29票、闰方7票、阿培

---

❶ 所谓的"搞小动作",指有些人在选举前或者选举中私下拉选票,或者恶意攻击候选人等行为。所谓"阶级斗争倾向",指有些社员选上中农甚至"四类分子"。

❷ 周生康,《工作笔记》,1978年2月2日。

❸ 根据大队干部们的经验,在这种情况下,再选一次,也难做到所有候选人都超过半数,所以,通常会采用比较简单的办法处理。

共生经济（1962—1982）
——人民公社时期的农业经营

31票、民方47票、国庆2票、中良4票、张玉芬3票、朝英1票、陈建黄2票、建清1票、陈张兴1票、建华2票、冯子山1票、维生3票、张绍亨1票、茂才1票、阿仁1票、建伟1票、才明1票、王福英1票。根据票数的多少进行排列，7名新当选的队务委员是民方47票、桂松42票、奎涛36票、德夫32票、阿培31票、惠娟30票、乔生29票。由于票数比较分散，得票较多的人不适合当生产队长，大队干部让户主们留下，再投两轮票，一轮选生产队长，一轮选生产队副队长。

其三，大量废票，宣告选举失败。例如，1978年，红旗生产队投票选举，当时实发66张选票，收回63张，其中34张白票，29张选票中只有15张正规选票，其余14张里写的名字是猫、狗、死人等，只能作为废票处理。结果选举失败❶。

队务委员会选出以后，他们马上找一个地方讨论分工。实际上，大队党支部在物色候选人的时候，就已经明确了谁将来做什么，所以，讨论队务委员会的分工更多只是走过场而已。

生产队的农业经营由队务委员们共同负责，每个委员都有专门工作，其中，生产队长是关键角色，他责任重，权力也比较大。生产队长全面主持生产队的农业生产与经营。生产队长上任以后会及时召开生产队队务委员会会议，确定生产队的各项"大政方针"，包括工分制度、收益分配制度、畜牧政策、福利政策等，并交由社员大会讨论通过。在一年里，他还要根据需要多次召集生产队干部会议，研究农业生产的组织❷，讨论具体的分配方案，或者解决生产队里遇到的一些困难与问题❸。当然，生产队长最繁重的任务是每天派工。100多个人，每天都要安排适当的工作，还要做到"一碗水端平"，谈何容易？

在人民公社时期，生产队长面临的"当家难题"不只在于管理农业生产，还在于如何巧妙地处理上、下两个层面的关系。生产队队务委员会在其运作过程中，需要与公社、大队这些"上面"的组织进行博弈，还需要与其领导下的农民进行博弈，在日复一日的双重博弈难题中，生产队长不得

---

❶ 周生康，《工作笔记》，1977年1月29日。

❷ 例如，在"双抢"以前，每个生产队都要开会，讨论是否要分组作业，分几个组，并具体进行分组的安排。

❸ 例如，生产队里有些人家把鸡放到水稻田里，大家意见很大，队务委员会要开会"解决鸡吃集体粮食的问题"；又如，生产队里有人偷砍集体的桑树，另一些人也跟着去砍桑树，生产队长看看这样下去"要出大事了"，就会立即召开队务委员会会议，讨论解决这个问题。

不站在"风口浪尖上"❶。

在红江人民公社的很多生产队中,队务委员会里有一位专门负责蚕业生产的副队长,蚕业生产"顶了半边天"。蚕业队长一般熟悉养蚕技术。他为生产队订购蚕种。在养蚕的时候,他每天穿梭于各个蚕室之间,解决养蚕过程中可能出现的问题。春天养蚕,他特别关注蚕室里的温度;夏天养蚕,他要为蚕室的降温操心。春蚕与中秋蚕养蚕数量大,成熟速度快,所以,在春蚕、中秋蚕"上山"的时候,蚕业队长成了全生产队里最忙的人。当然,蚕业队长也收获着丰收的欢乐;生产队卖茧子的时候,看着一担担洁白的蚕茧,他总会有一种难以言说的满足感。

在生产队队务委员会中,妇女队长是唯一代表性别特征的岗位。妇女队长代表生产队里妇女的利益,在生产队干部会议上表达着妇女的意见与愿望。妇女队长要做的具体工作通常与妇女相关。1970年代中期以后,计划生育成了妇女队长的主要工作。在周生康1975年的《工作笔记》中记录了吴兴县禾场公社鲍山大队的经验介绍,在那里,妇女队长在计划生育中充分发挥了干部带头作用,24岁的妇女队长冯月琴生了两个女儿后做了绝育手术❷。

生产队队务委员中的其他成员都各司其职,农业队长主管农业生产,会计掌管生产队内所有的账目,出纳和保管员分别保管着生产队的现金和财产。有的生产会计非常能干,在生产队里有相当大的权力,因为他具体负责全生产队的分配。

生产队的日常工作十分复杂,除了队长、会计等队务委员以外,在不同时期,还会有另一些公社社员参与生产队工作。在生产队里,记工员是队务委员会外最重要的角色,在生产队集体组织劳动生产的时候,他每天在下午"吃了点心"以后,都要拿着记工本到田头地间,为每一个参加劳动的社员记录当天的工作时间。俗称"记工分"。记工员不算干部,要做好记工却很难。记工员需认真仔细,"大公无私,认真负责",有一定的文化水平,有很强的责任感,但也不能过于较真。由于集体生产人多,农活杂,又加上农忙时起早摸黑劳动,记工分是一件十分困难的事情。如果因为某人迟到一会就扣工分,马上会被指出某天谁迟到为什么不给扣分。如果把某人的工分漏记了,记工员也会听骂声。在生产队里,记工员不是

---

❶ 我们将在本节的第三部分讨论这个问题。
❷ 周生康,《工作笔记》,1975年。

共生经济(1962—1982)
——人民公社时期的农业经营

一个很有竞争性的岗位,一个生产队虽有上百个人,但要推一名真正合适且愿意做的人并不容易。

三、队务委员会的"双重博弈困境"

生产队队务委员会负责生产队的农业生产与经营,但是,他们的工作受到来自"上面"与"下面"的压力,不得不机智地处理、灵活地应对,这就是队务委员会的"双重博弈困境"。在这场双重博弈中,生产队长首当其冲。

人民公社初期,各地争先恐后"放卫星",做水稻"万斤试验田"。一时间,会议上,广播里,田头地边,到处都是你追我赶的喧嚣声,你说亩产5千斤,他说亩产8千斤,更有人说"一万年太久,只争朝夕;亩产不超万斤,誓不罢休"。秋冬时节,所有的"卫星"都坠毁了,田里只剩下"连当柴都不行的"烂稻草。那一天,钱塘江人民公社中新大队某生产队正在烧卫星田里的烂稻草,浓浓的烟冲天而起。生产队长看着高高的烟柱,随口说:"大家看,卫星上天了。"不料,他的话很快传到公社领导的耳朵里。公社领导马上打电话给中新大队支部书记,要他及时到生产队里"撤了那个生产队长的职务"。后来,这位生产队长虽然没有"戴上四类分子的帽子,却一直抬不起头来,因为他是犯错误的下台干部"。

这就是人民公社时期的上下级关系。下级是否服从上级的指令,不是一个态度问题、行为方式问题,而是一个政治问题。即使到1970年代,公社、生产大队召开的业务会议上也都弥漫着政治的气氛。例如,1971年3月3日,联民大队召开各生产队农业队长、放水员会议,支部书记王张堂说:"会议开法是:看、谈、学、比、找、干。看,看我们大队各生产队的农业生产的情况。谈,也就是总结我们大队各生产队当前的生产如何。学,学一学最高指示对我们农业生产的要求。比,比一比哪些措施对得上'毛主席提出的八字宪法',哪些地方还差得远。找,找一找差距原因,掘根子。干,如何样在农业生产上当促进派。要求到会的同志抓革命当火车头,抓生产当老黄牛,为夺取1971年农生产全面大丰收作出更大贡献,为毛主席争光,为社会主义建设争光,迎接四届人大召开,为迎接中国共产党成立50周年、巴黎公社100年而努力。为实现第四个五年(计划)的第一年而努力。我们指导方针是:首先要高举红旗狠抓纲。农业学大寨,(以)进行一次思想和政治路线方面的教育为中心,以定案复查、深入'一打三反'为推动力,同时号召全大队

学习王京春❶同志"一不怕苦,二不怕死"的高尚品德,艰苦朴素、自力更生的优良作风。"❷

生产队长们是聪明的,在这样的政治气氛下,最好的应对方法就是多讲"上级喜欢听的话"。1970年12月20日晚上,联民大队东方红生产队队长在大队"五七夜校"上的发言为我们提供了一个"智慧应对"的案例。

> 通过开展学大寨以来,在毛主席哲学思想指引下,把学哲学推向新高潮,使革命生产也推向新高潮。对农业学大寨广泛讨论。学不学大寨是方向性问题,是对毛主席态度问题,是对毛主席忠不忠问题,所以广大贫下中农(要)明确这个问题。我们如何开展学大寨,首先狠批刘少奇"三自一包"流毒。我们东方红生产队全体共产党员,根据新党章、毛主席指示,共产党员先锋队组织都做到处处起带头作用,取得了一些成绩。干部做到"五个过硬",特别章桂松、冯如康、陈德荣同志处处带头。这次平整土地,为了革命,为了支援社会主义建设,为了巩固无产阶级专政。特别是章桂松同志,看电影不去,带头带领群众平整土地。在浸洗络麻中,出现很多先进分子,(如)陈德荣、冯如康。
>
> 通过学大寨,改变了生产队面貌。队务委员几次研究、几次计划,根据农业学大寨后眼光放远,向荒岗要粮。群众精神大发扬,出早工,开夜工,发扬"一不怕苦,二不怕死"(精神),为了东方红队早日实现大寨式县。徐才康久病不出工,现在通过了学大寨后参加劳动。(还有)妇女张雪宝等人。95%以上出工,提出响亮口号。❸

在人民公社时期,公社、大队的指令主要通过各种类型的会议布置到生产队,希望通过生产队来落实上级的要求。翻阅周生康的《工作笔记》,我们可以大量读到"从上到下的"指令,可以读到下级干部们的拥护与决心,却从来没有读到过生产队干部们提出的不同意见与建议。那么,上级的指令真的被"原原本本"贯彻了吗?生产队干部真的像木偶,"上

---

❶ 王京春是联民大队社员王隆的儿子,在黄湾尖山采石场事故中牺牲。联民大队为他开了追悼会,大队党支部号召大家向王京春学习。

❷ 参见周生康,《工作笔记》,1971年。

❸ 参见周生康,《工作笔记》,1970年。

共生经济（1962—1982）
——人民公社时期的农业经营

面怎么拨,下面怎么动"吗？回答是否定的。这是生产队干部们"智慧应对"的另一个侧面,即"说归说,做归做"。"说"只是表述性符号,"做"才是客观性实践。下面我们从"计划种植""作物管理"以及"收益分配"三个方面去看看生产队干部们如何与"上面"进行博弈。

人民公社时期实行计划经济,公社、大队一直要求生产队严格按照国家计划面积进行种植,但是,几乎每一个生产队都会根据自己的情况作出调整。例如,联民大队红旗生产队桑园面积大,水稻种得少,每年队务委员开会的时候,都会提出增加粮食作物面积的意见,并根据实际情况具体安排粮食作物的种植。水稻种植面积扩大了,生产队会计在造"一年早知道"计划方案的时候,却仍"严格按照"上级布置的计划面积"写数字"。红旗生产队队长知道,"稍微扩大一些粮食面积,连大队干部都搞不清楚,不会有什么问题"。

问题还是存在的。公社、大队的干部们知道生产队里有"自由种植"的资本主义倾向,并且在会议上进行批判。这里以1971年的两次公社会议为例。1971年3月23日,红江人民公社召开干部大会,新星大队朝阳生产队马阿大同志介绍发言说:"路线错了,一切都错了。我队42户,203人。互助组到高级社年年丰收,生活逐年好转。……刘上台后❶,大刮五风,三自一包,拆分小小队,弄得乌烟瘴气,种田为活命,粮食按劳分。粮桑挂购,破坏蚕桑生产,大挖蚕桑粮食❷,偷天换日的手法。吃饭靠集体,用钱靠自己。……这是叛徒、内奸、奸贼所害。认真总结,两条道路线斗争非常激烈,只有活学活用毛泽东思想,用毛泽东思想武装一切,才能识别谁是社会主义。"1971年9月30日,红江人民公社召开信用贫管委员会会议,公社领导在会议上说:"当前来看,问题很大,主要有8个方面:① 阶级敌人反攻倒算,很猖狂。② 有些地方阶级敌人篡夺领导权。③ 大摆酒席,大搞铺张浪费。④ 破坏集体经济,盗窃公共财产,偷卖集体的财产。⑤ 自发资本主义倾向。表现在：私发造谣;不按国(家)计划生产;扩大自留地;扩大塘面;自搞土政策,搞独立王国。⑥ 复辟'四旧'❸,搞买

---

❶ 指1962年以后。

❷ 这句话的意思是,把蚕桑地改种粮食。

❸ 所谓"四旧",指的是旧思想、旧文化、旧风俗、旧习惯。1966年6月1日人民日报社论《横扫一切牛鬼蛇神》,提出"破除几千年来一切剥削阶级所造成的毒害人民的旧思想、旧文化、旧风俗、旧习惯"的口号,后来"十六条"又明确规定"破四旧""立四新"是"文革"的重要目标。

卖婚姻。⑦搞'乱三支'❶。⑧大搞无政府主义,不服从党的一元化领导。"在公社领导列举的 8 个方面问题中,第 5 个问题直接与计划种植相关,第 1、2、8 三个问题间接与计划种植相关。生产队干部们的"自由种植"一直在与公社、大队的博弈中展开❷。

在作物管理方面,人民公社引进了大量新的作物品种与新的管理技术,增加了化肥与农药的供应,不断发布病虫害报告并指导农民们使用农药,这一切都受到了生产队的欢迎。1971 年 8 月中旬,红江人民公社组织联民大队各个生产队队长参观海宁县农业生产先进单位许村人民公社永福大队,学习永福大队先进的管理经验,生产队长们受到很大的启发,回来以后,部分生产队谈了落实永福经验的想法。

红江生产队:陈夫康同志说,络麻抗旱,施肥,第二次耘田,还有迟田要施肥田粉。除虫用人工、药械❸。

立新生产队:沈尧兴同志通过永福参观,回来开干部会议,将永福经验贯彻,主要打算下肥尾巴❹,耘田第二次,预计明日结束。除虫,昨天人工捕捉,看情况。灌水田进行搁田,干田灌水加强。关于晚稻加强培养。

东方红生产队:回来后排一排,缺肥 20 亩。召开党员干部会议已 10 多天。"要不要""能不能""怎么超"早稻。解决:1/3 的田人工捕虫,积肥继续搞。

红旗生产队:耘田一次。肥料长生路❺。除虫,黑光灯,质量改进。

向阳生产队:永福参观回来,改进密植程度。施肥:春苗施

---

❶ 即信用社预支、垫支和超支方面的混乱情况。
❷ 生产队与"上面"的博弈并不会也没有导致农业生产的混乱,原因有两个方面:其一,生产队种植计划的确定本身有其"原耕基础",换句话说,生产队的种植计划基本上与传统村落的种植结构相吻合。其二,计划种植的面积以及国家计划征购的粮食或者其他农业产品保持着基本稳定的比例。生产队对于计划种植面积的改变是有限的,并且以完成国家的征购任务为前提,因此,这种改变通过大队组织的中介也部分地得到默认,对"自由种植"的批判也更多停留在"场面"上。
❸ 药械,喷洒农药的器械。当时全国各处多有"农业药械厂",生产农药喷雾器等。
❹ 还剩下有些田没下肥,这是施肥留下的"尾巴",要尽快全部下肥,去掉"尾巴"。
❺ 在长生路边的田里施上肥料。

共生经济（1962—1982）
——人民公社时期的农业经营

15—25斤,而借外债肥料,菜饼未买。耘田一次二次半数❶,多拔草。虫情:继续人工捕捉,药械,根据虫情定施,发现刮青虫,用666粉拍。

  胜利生产队:回来耘田。肥料缺5亩,今后施粪。虫情:明日除虫。❷

  由于公社、大队布置的作物管理措施不一定适合生产队的情况,队务委员会普遍采取"选择性接受"的策略。但是,那是一个"以阶级斗争为纲"的年代,上级的指示往往以"党的领导"的名义下达,生产队长怎么可以不执行?

  他们会执行,但他们总以自己的方式执行。执行方式之一叫"做表面文章"。1970年代,红江公社党委书记亲自布置、推动小麦的"深沟阔轮"种植与管理模式。杭州湾沿岸的生产队都是沙质土壤,深沟"开起来容易,维护难",一旦沟壁坍塌,麦田就会内涝,影响小麦的生长,因此,这些生产队都不适合做"深沟"。面对公社下达的"政治任务",怎么办?中新大队一个生产队长想,公社党委书记下来检查,总是沿着路走,只要路边的小麦田都做到"深沟",就可以应付了。那一次,党委书记钱镜明专门下来检查小麦"深沟阔轮"的落实情况,在其他的地方都是在路上走走看看,偏偏到中新大队那个生产队的时候,走到了田里边,结果,这个生产队长被狠狠批评了一顿。

  执行方式之二叫"见风使舵"。面对公社、大队下达的指令,生产队长会从两方面作出考量,再决定如何执行。一方面,即使是作物管理的指令,其中所蕴含的"政治强度"以及领导人的意志力不相同,有些指令更带有政治色彩,领导人要求贯彻的意志也较强,如"深沟阔轮"就是"政治任务";有些指令政治色彩较弱,领导人对于是否贯彻不会太计较。另一方面,不同年度的不同政治意识形态气氛会影响领导指令的贯彻,"清理阶级队伍"的时候政治空气浓,生产队贯彻得就好一点,1970年代后期,生产队就更多"自行其是"。

  执行方式之三是"叹苦经"。1970年代,公社要求大力推广络麻带秆精洗,陈家场生产队长就反复向大队甚至公社领导说,生产队里没有合适

---

❶ 一半的田耘了一两次田。
❷ 参见周生康,《工作笔记》,1971年。

的田地可以作为精洗的场地,"想全部络麻都带秆精洗,真是没有办法做到"。上级领导看看也没有什么办法,只能允许陈家场部分络麻仍用老办法精洗。

在人民公社时期,生产队与"上面"在收益分配方面的博弈年年都在进行着。每年秋季年终分配以前,公社、大队总会开会反复强调"党的分配政策",要求生产队严格执行。1970年11月28日,红江人民公社召开年终分配会议,公社领导陈松林的讲话比较充分地反映了"上面"的要求。

1. 今年搞秋收分配,要举旗抓纲。首先抓好政治,在学习文件中领会文件所规定的政策。毛主席指示,坚决照办。在这个基础上来搞好今年的分配,要注意到在分配问题上有着尖锐的二条道路斗争,不能忽视。当前出现有些队水稻重打折扣,不能忽视,山芋有的5斤、7斤、10斤的折扣,有的几个不算账❶。

2. 关于分配政策问题:根据省委文件办事。

靠党的领导、靠毛泽东思想、靠突出政治、靠群众路线。安排好三者关系,先国家、集体,后个人。三方面都要安排好,不能头重脚轻。

经济分配坚决按照党的政策办事。集体的生产资金一定要留足,公共积累,应根据丰歉情况和生产发展的需要合理提存。在增加生产的基础上要使社员的收入比上年有所增。要防止多分多吃,不留或少留生产资金和公共积累,也要防止过多地提留集体积累,影响社员当年收入的增加。口粮分配,社员的口粮继续实行基本口粮办法,具体的分配方法由本队全体社员讨论确定。要在增产的基础上适当增加社员的用粮水平。口粮标准要因队制宜,承认差别,水稻地区的余粮队一般的不应低于450斤,最高的不要超过575斤。但是要注意的是:基本口粮和用粮水平不能混合,余粮队和缺粮队的口粮标准应有区别。在具体分配中,既要照顾到劳动力强弱情况,使劳力强的社员吃到稍多的口粮,又要切实保证"四属户"和劳力少、

---

❶ 在生产队的分配中,有些生产队为了更多地把粮食分给社员,账面上又看不出来,就采用重打折扣的方法。例如,分稻谷的时候,明明已经很干燥了,还打掉20%的水分。有时候,生产队在分山茹时,不计入粮食分配。

共生经济(1962—1982)
——人民公社时期的农业经营

人口多的社员能够吃到一般标准的口粮。

种子：一定要留足。应按照生产队和备荒的需要留足一套半到两套。要按照需要适当留一部分精饲料。集体储备粮，丰收的队应适当增加，并建立便于群众监督的管理制度，要做到无战不动、无荒不用。❶

仔细阅读陈松林的报告，对比生产队里实际分配的情况，可以说，凡是报告中明里或暗里讲到生产队分配中的问题，每年在每个生产队中都以这样或者那样的方式存在。

队务委员会需要不断与"上面"博弈，更要时时遏止个体农民损害集体利益的行为。队务委员会与"下面"的博弈呈现出复杂的情况。1971年8月18日联民大队东风生产队的一段会议记录使我们感觉生产队内部的事情有点儿"讲不清，理更乱"。

> 当前东风生产队：春头割蚕头豆，现发现黄豆"隔一枝拔一枝"。另外是以前发现割山芋藤。出现打伤人。
>
> "四类分子"邹新林"嚣张透顶"，进行破坏。"造谣惑众"：明年队务委员全部掉过。
>
> 国荣，到草棚里，发现(西瓜)很大，要求弄清。
>
> 解决"西瓜"问题。徐福康讲，摸掉❷叶雪康，出售祝会半路上吃瓜。
>
> 邵左芬问题：① 出售后一袋西瓜啥地方去了。②"种西瓜"❸啥地方去了。
>
> 叶雪康：社员反映国荣五袋瓜送客，50斤生瓜，不称。徐仕康吃一浪❹让出半浪让给汉民。到会龙桥吃掉5只，每只3斤左右。
>
> 挑泥，每班3人，共9人。7人采一只雪台瓜，吃2只西瓜。
>
> 朱一飞妻，割草偷瓜，他不认识。羊仲明认识错误，认真改过。
>
> 王家康吃西瓜，朱利根、国忠、福民捉鱼，17号去捉一次，14条

---

❶ 参见周生康，《工作笔记》，1970年。
❷ 摸掉，这里的意思隐瞒。
❸ "种西瓜"指留种的西瓜。
❹ 一浪(西瓜)，当地土话，指一块西瓜。

鱼。红江队先捉,周子祥参加。朱利根也参加,西瓜也吃。王友发在13号也捉一次,5条鱼,西瓜也采。

周振民捉鱼参加,草鱼甩掉。❶

生产队像个大家庭,这个大家庭中的许多人却总做着个人或者小家庭的发财梦,并在日常的生产、收获、分配过程中挖空心思地"揩集体的油"。有的私自占有集体的土地,有的"磨洋工磨得像'脱底棺材'"❷,有的"顺手牵羊"把"集体的东西拖回家"❸,有的干脆明目张胆地到集体的仓库里去拿东西,等等。农民们的自私行为威胁着生产队集体,必须有遏止的力量,才能确保生产队集体的维系。

生产队里正直的老年人会出来说话,共产党员、青年团员可能起带头作用,集体生存意识确保着基本的农业生产秩序。最后,队务委员会起到不可忽视的重要作用,因为这是生产队内部有组织力量❹。

队务委员会与"下面"的博弈主要表现为两种方式。其一,队务委员会通过集体的决议或者集体的有组织行为来遏止生产队内部损害集体的不良行为。例如,春天当许多人家把鸡放出来吃集体的庄稼时,队务委员会就会开会决定"禁鸡"。养春蚕以前,队务委员会集体出动,到每一个家庭里去搜查蚕匾。队务委员会看到一些人家通过"移动边界"的方式侵占集体土地,决定重新丈量自留地与屋边地。其二,生产队长、副队长与队务委员以身作则,确保生产队内部正常的劳动生产、收益分配秩序。在生产队里,劳动哨子响了,农民们走到田边地头,懒得动手,或坐在田埂上,或站着闲聊。生产队长或者队干部来了,说了声"动起来吧",大家才挥动手里的工具。这是当年经常可以看到的场景。秋天,陈家场的农民们到塘南去收获番薯,如果生产队长、副队长一起在参加劳动,大家都"比较小心,免得被队长骂一顿"❺。

生产队队务委员会与"上面"博弈的时候,生产队长代表的是生产队

---

❶ 参见周生康,《工作笔记》,1971年。
❷ "脱底棺材"是当地土话,意思是超越了底线。
❸ 那时候,每天收获的农产品必须当天分给每一个家庭,否则,放在田地里,"明天不知道会被'拖掉'多少"。
❹ 生产队队务委员会可能发挥作用的一个重要原因在于集体生存意识的存在。
❺ 有时候,由于没有生产队长、副队长在场,陈家场部分翻番薯的农民会故意"漏掉"一些番薯在泥里,让自己家里的小孩子去"捡",但是,如果生产队长、副队长在场,他们不敢这样做。

共生经济(1962—1982)
——人民公社时期的农业经营

集体的利益,有的时候,他可以理直气壮地去做。但是,在与"下面"博弈的时候,生产队长、副队长以及队务委员会成员都是生产队集体的一分子,他们也是农民,也要争取个人与家庭的利益。进一步说,生产队内都是亲戚、邻居,博弈过程还涉及人情、面子等因素,生产队干部们就会常常觉得"难做人"。因此,队务委员会与"下面"的博弈变得十分复杂,有时候甚至会出现生产队集体秩序的混乱。1970年代初期,一个深秋的下午,陈家场几个男劳力清理桑园里的死桑树。下午吃点心的时候,有几个人把新挖起来的桑树拿回家。邻居看到了,也到桑园里去拿挖起的桑树。挖起的桑树很快被拿完了,没有拿到桑树的人看看心里不平衡,干脆回家拿了山子到桑园里去挖。跑到桑园的人越来越多,连副队长、队务委员都去了,找不到死桑树,后来就挖活桑树。生产队长陈建民本来就没有多少威信,他看到这种情况,急急忙忙跑到大队里,请党支部书记王张堂来帮助解决。王张堂急匆匆地赶到,才平息了这场挖桑树风波,但是,几十棵活桑树已经被挖起,再也救不活了。❶

第二节 生产队的两项基本制度

生产队集体经营的维系仰仗着评工记分制度与收益分配制度。评工记分制度是一套记录农民劳动投入与家庭肥料投入的核算体系,用统一的工分数字作为标识,年终分配时,全家的总工分数成为分配的基本依据,在年终时进行全年收益分配总决算。收益分配制度包括生产队的收益分配政策及其一整套政策实施的程序。

一、评工记分制度

在传统家庭农业生产经营中,家庭是一个整体,每一个家庭成员都是家庭的有机组成部分,家庭成员共同参加劳动,一起享用劳动的收获。因

---

❶ "桑树风波"在一位回乡知识青年脑海里留下了深刻的印象。他在城里接受了良好的高中教育,怀着"接受贫下中农再教育"的理想回到农村,"挖桑树的农民"给了他另一幅贫下中农的图像。更重要的是,这是他回乡后第一次"做坏事"。那一天,他看到左邻右舍的农民都去集体地里挖桑树拿回家,脑海里展开了激烈的思想斗争。他知道这是破坏集体的坏事,不应该去做。但是,桑树是上好的木柴,他看到其他人都轻易地把集体的桑树拿回家,不付一分钱,也眼红了。他去屋里拿了山子,走到门口,又停住了。几经犹豫,跨出门槛,又回来。最后,他也抵挡不住桑柴的诱惑,加入了"破坏集体桑园"的行列。

此,家庭内部不需要评定每一个人的劳动贡献,也不进行收益分配。但是,一旦超越了家庭范围,农业劳动就需要记录与核算。

家庭之间的劳动协作主要有雇工与伴工两种形式。在雇工的情况下,当某个家庭雇用长工或者短工,他通常根据"人"或者"劳动量"支付现金或者实物作为工资。所谓根据"人",就是雇主根据雇用的人的情况支付工资,即雇用一个人干一工支付多少工资。雇主在支付工资时,要区分雇用的人是成年男人、成年女人还是小孩。成年男人是男全劳力,他们有能力承担最繁重的农活,例如踏水车、罱河泥、摇船等,因而可以拿到最高的雇用工资。成年女人是女全劳力,她们没有能力承担部分男全劳力的农活,只能拿低于男全劳力的工资。雇用小孩的情况较少,如有的话,雇主会根据小孩的情况给出工资。在传统农村,雇用工资的多少有约定俗成的规矩,雇主根据雇工在雇用期间完成的劳动量支付工资。例如,某个家庭雇人垦一轮桑树地,不管雇来的人花多少时间,只要垦完了地,雇主就支付一定量的工资。在传统农村,几乎每一样可以清晰计算的农活都有相应的报酬定额,在雇工过程中,大家都会"按规矩办事"。当然,在实际的雇工中,通常都同时兼顾人与劳动量,某户雇用一个人干一工,雇主与雇工都知道一工应该干多少农活❶。在伴工的情况下,两个农户相互帮忙,大家都不支付工资。伴工双方都会按劳动量进行计算,伴工通常并不当场结清,但大家都会记住欠工的情况。

农业合作化运动从一开始就必须建立全面、准确、公平的评工记分制度,否则难以核定每个劳动力的劳动投入情况,从而难以进行收益分配。从互助组、初级农业生产合作社、高级农业生产合作社一直到人民公社,评工记分制度经历了一个不断完善、不断精细化的过程,其中也出现过两次大的干扰。第一次干扰发生在人民公社成立初期,伴随着共产主义的憧憬,大公社初期提出"放开肚皮吃饭,鼓足干劲生产"的口号,短暂地实行了供给制,办起了公共食堂,导致了整个评工记分制度的混乱。从某种意义上可以说,评工记分与收益分配制度的混乱是大人民公社时期普遍灾难的重要原因。第二次干扰出现在"文化大革命"高潮时期。1968年4月3日,中共中央转发农业部关于《全国学大寨大队劳动管理现场会纪要》,向全国推广"大寨式评分"。这种评工记分方法取消劳动定额,以突出政治为主要评分依据,以出勤工日为计算基数,不问劳动的多寡和优

---

❶ 农民们把"多少农活"称为"份额"。

共生经济（1962—1982）
——人民公社时期的农业经营

劣,谁背"语录"多、"斗私批修"好,谁的工分可能就多。在海宁的部分生产队,一个月、一个季度或半年评一次工分,大家先根据人的政治思想表现民主评定标兵工分,然后,每个社员对照标兵,自报公议。公议时以政治思想表现为主,参照个人的"三度"（劳动态度、技术程度、辛苦程度）确定工分。农民们称这种评工分方法为"大概式评分"。"大概式评分"严重挫伤了农民的生产积极性,造成"出工一条龙,生产磨洋工,收工一阵风"的现象。当时,除春节休息几天外,社员天天到田头,生产还是搞不好,产量还是提不高。

"大概式评分"在红江人民公社的影响并不大,到1970年代,各个生产队都已经发展出一套适合生产队情况的评工记分制度,我们来看看联民大队一带的情况❶。

评工记分制度的一个重要环节是"评工分"。其实,在1970年代,"评工分"是一个名实错位却大家都心领神会的概念。农民们都知道,生产队里评工分,评出来的并不是一个人真的有多少工分,而是一个人的"底分"。有底分未必有工分；有底分的人必须去干活以后才能有工分。这是一个"概念滞后现象"的绝妙实例。1950年代中期,刚刚跨进农业合作社的农民们白天下地劳动,晚上坐下来评工分。昏暗的油灯下,大家反复讨论每一个农民白天劳动的情况,并设法给他评出一个工分,其间有数不清的计较与争论。由于农业劳动复杂多样,缺乏标准化的衡量,评工分以此为根据,自然就困难重重,所以,当年流传着一句话叫"生活好做,工分难评"。

实行"三级所有,队为基础"的人民公社体制以后,联民大队一带完全改变了合作社时期的"评工分"办法。生产队不再在每天劳动以后为每一个人评工分,而是根据一个人的体力、劳动技能、劳动态度等情况给他评出一个"底分"。底分是一个人劳动一天,即"做一工"实际可以获得的工分,如某人的底分是8分,那么,他劳动一天,实际获得的工分是8分。每一个人的底分评定以后,生产队记工员只需要记录每一天的劳动时间,汇总以后由生产队会计根据底分计算出每一个人的实际工分。每

---

❶ 这里必须作两点说明：其一,1970年代,浙北一带各个生产队的评工记分制度基本相同,但也各有特点。例如,联民大队一带的生产队以队工为主,组工、定额工都较次要,而钱塘江人民公社的荆山大队一带,许多生产队以组工甚至定额工为主,队工较次要。其二,在各个生产队中,集体农业生产都实行评工记分制度,但是,农民们在建房等以家庭为单位的劳动中,仍像传统村落那样进行着雇工、伴工的合作,合作的运行过程与计算方式仍是"旧式的"。

一个人的底分相对稳定,生产队几个月、半年甚至一年才评一次工分。评工分的内涵变了,但是,"评工分"这个概念长期沿用。

在生产队里,评工分是一件涉及每一个农民的大事,通常在"双抢""上岸"❶或者冬天进行。评工分采取"自报公议"的方法,每一个农民先自己报一个底分,然后大家评"值不值"? 对于大多数农民来说,评工分轻松自如。评工分犹如爬梯子,他们已经爬到了梯子的顶端,已经成为男、女全劳力,每次评工分大会只是为他们重新确认一次底分而已。对于那些想"向上爬"的农民来说,评工分是一件十分纠结的事。自报,报多少?报低了,会觉得吃亏;报高了,怕被别人议论,怕"在政治上影响不好"。在当年的意识形态场景下,政治的考量会影响少数人的"自报"。1970年10月3日晚上,陈家场在生产队共育室里召开评工分社员大会,在"自报"环节,本书作者经过反复的思想斗争,决定把底分报得低一些,以表示自己还"做得不够",要进一步"接受贫下中农再教育"。下面是当天深夜的记录。

> 白天下种,晚上评工分。
> 我报了8分半,评论结果9分半。我自己觉得农业上各方面太欠缺了,贫下中农给了我很高的待遇,我应各方面更加努力工作。
> 评工分的会议开得挺不错。我到农村后,这是一次使我最满意的会议。好就好在大家都发扬了批评和自我批评精神,通过评工分,更鼓起了革命干劲。❷

评工分会议开得再好,也总是充满着争论。大部分人都顺利通过"自报公议"。有些报高了底分的农民,社员大会上不一定能对"加多少"达成一致意见,一般让队务委员会最后裁定。但是,评工分大会往往会因为一两个人的工分问题弄得面红耳赤。在陈家场,顾家两兄弟常常是争论的焦点。顾新堂1962年从嘉兴回乡务农,他耳朵有点聋,干活不够灵敏,工分长期在9分到9.4分之间徘徊,一直到1970年代初期,他才达到了10分。他的堂弟顾新庭以"泰山压顶不弯腰"的称号而闻名四联地区,他

---

❶ 当地土话,指"双抢"完成。这是一个十分形象的说法。"双抢"时农民们每天下水田里干活,上岸了,当然就是水田里的活干完了。

❷ 参见张乐天,《张乐天日记》,1970年。

共生经济（1962—1982）
——人民公社时期的农业经营

长得瘦小，力气较差，但"嘴巴很坏"，总是骂骂咧咧地攻击别人，积了很多冤家，自报工分时想报高一些，当然会招来反对声。别人一批评，他马上反击，于是，会议上一片吵闹声。

评工分社员大会一结束，接着就召开队务委员会会议。社员大会上一定会"留下尾巴"，队务委员会要最后拍板，定下每一个社员的底分。队务委员会会议结束后，生产队会计公布评工分的结果。

社员底分的公布榜受到部分农民的特别关注。那些第一次参加评工分的农民关心自己的"起评底分"，因为起评分低了，以后每次评都会"吃亏"，所以第一次评很重要❶。那些"工分有变动"的农民要看一看工分变动的情况，他们可能会根据"工分的变动"调整自己的劳动。有的人感觉自己的底分评得比较高，在刚刚评好了底分的那些日子里，他会卖力干活，怕别人说自己"不值这个工分"❷。有的人感觉自己的底分评得低了，他会在日常的劳动中更多炫耀自己的体力与劳动能力，以便为下一次评工分创造条件。1970年代初期，说起评工分，陈家场人就会讲起"两只猫"的故事。陈志芳小名小毛，陈望杰小名毛毛，两人小名都是毛，而"毛"与"猫"读音十分相近，陈家场人称他们为"两只猫"。两人都出生于1954年，1970年他们的底分都到了9分。在以后的两年里，"两只猫"劳动时处处逞强，试图超过男全劳动力。他们担子挑得比别人重，垦田垦得比10分的男人快，罱河泥的速度与队里最强的男人不相上下，等等。由于"两只猫"功夫下在平时，评工分时就有了收获。1972年，他们都拿到了10分底分，成了生产队里的男全劳动力。东方红生产队的陈关明是回乡干部，身材矮小，体力较差，他在自己的回忆录里讲述了为提高底分而历经艰难的故事。

男劳力差的或年老的都根据他能力评给他工分，也有低于妇女的工分。男子个矮体弱但年轻者，被评为低分不但影响口粮和收入，甚或是一件非常尴尬的事情。陈关明身材矮小，素来体单力薄。初务农时，还不如文弱书生。队长让他与毛头小伙和老弱者一起。他

---

❶ 访谈贾志华，上海，2008年10月12日。参见《中国田野调查——张乐天联民大队数据库》口述历史，JZH-20081012—贾志华。贾志华是上海回乡知识青年，他记得自己"是从7分工评起的"。

❷ 讲起关于底分的事，生产队里有些中老年会对年轻人说："不要老想着底分高。真的给了你高的底分，你也难做人。你干活的时候，别人都看着呢。"

参与挑粪,只让挑半担,而粪水溅出桶外。初时,劳动底分只有6分,不免有照顾性质。渐渐地,他欲跳出此圈子,跟着多数人去干活,队长派他同妇女们在一起,被戏称为"妇女队长"。他不仅当不了妇女队长,还远不如一般妇女。虽说妇女的最高底分只有男劳力(最高10分)的八成,可谁都知道海宁农村妇女"狠"。这个"狠"是"能"的意思,她们插秧、车水样样都会,同男子一起送粪,一道挑"传担"河泥❶。百几十斤的担子挑在肩上,步履稳健,不喊吃力。如果老在6分这个水平上,让人耻笑不说,自知枉为男子。陈关明于是勉力再闯一闯,参与男劳动干活。后与下乡知识青年一起劳动,除摇船不敢参与外,凡重体力的活,包括传担挑羊灰,搭配踏打稻机❷,他都敢干了,以致底分升至9.4分,可以加入男子汉们行列中。可实际上,他只有一米五几的个头,90来斤的体重,担上是自己体重的1倍半以上甚至近2倍的水河泥❸,尽管路程近,不免三步一摆。更有甚者,遇到挑水河泥穿越桑林,传担挑羊灰翻越渠道走下坡,别人尚有潜力,他已是一百二十分的付出还难能胜任。❹

底分较低的想提高底分,一旦达到了男女劳动力的最高底分,反而比较轻松了。在联民大队一带,男全劳动力的最高底分是10分,女全劳动力的最高底分是7.5分或者8分。男全劳动力的底分已经"碰到天花板了"❺,但女全劳动力的底分还留有余地。陈家场女劳动力的最高底分是7.5分,可祝六宝干农活样样在行,力气与男人差不多,她评了8分底分。在联民大队,女人最高的底分是9分,2001年3月25日,胡少祥专门写了一篇日记回忆这件事。

  女劳动力高于8分者极少。如联民仅有一名叫王雪宝者,被破格评到了9分工,是唯一的一个。因为她在干重活、挑河泥、挑粪担

---

❶ 挑传担河泥指的是一担河泥轮流传着挑。例如,一担河泥要挑1 000米,一共4个人挑,第一个人挑了250米后传给第二个人挑,再传给第三个人,最后由第四个人挑到终点。在这篇回忆录里,讲妇女与男人一起挑传担河泥,意思是妇女干活像男人一样厉害。
❷ 打稻机需要两个人一起用脚踏,才能顺利打稻。
❸ 挑水河泥是联民大队一带最繁重的农活,每担水河泥的重量可达200斤左右。
❹ 陈关明回忆录手抄本,《平凡而坎坷的一生》,"回乡务农十四年"之四"生活体验"。
❺ 当地土话,意思是没有任何可能的上升空间了。

共生经济（1962—1982）
——人民公社时期的农业经营

或者轻便的活,都能和男子同样干,而且不亚于男子,她不愿和女子一起干活,却偏要和男子干重活、脏活,所以评她9分,实际上还是偏少的,而她最多一定不要,9分已经是破天荒的了。❶

评工记分制度的日常工作是"记工分"。在生产队里,需要记录的工分包括队工、组工、定额工、误工、补贴工、购买工以及猪羊工,所有这些记录工作都称为"记工分"。实际上,联民大队一带各个生产队记录的队工、组工并不是工分,而是工作时间;工作时间只有经过会计的核算才成为实际的工分。

1. 队工

队工是农民参加生产队长安排的集体劳动而获得的计时工分。队工有两大特点:一是生产队社员共同劳动,后来人们称为"大呼隆";二是按时间记录。队工所记录的是劳动时间❷,而不是真正的工分,但是,农民们都习惯于把记录队工称为"记工分",把记队工的农民称为"记工员"。生产队集体劳动由队长安排。在陈家场,生产队长通常在晚上就把所有安排记录在小纸条上,第二天早上,记工员"泰山"边吹洋号❸边吆喝着某人到某地去做什么❹。在"文化大革命"高潮的那几年里,陈家场全体农民每天都在指定时间去公房门前的场地上集中,升五星红旗。大家齐声朗读《毛主席语录》,读得最多的是《毛主席语录》中的第一条❺。接着,生产队长陈建民开始派工。

陈家场把一天时间区分为三段,上午占四成,下午以吃点心为界,各占三成。不管一天劳动多少时间,都记录10分。生产队设专门的记工员,他在吃完点心以后,就拿着记分簿去记工分。记工分是一件麻烦的

---

❶ 胡少祥,《胡少祥日记》,2001年3月25日。

❷ 生产队的"劳动时间"不一定与钟表时间相吻合。在联民大队一带,生产队通常都以劳动一天作为10个"劳动时间"。在生产队里,农民们"日出而作,日落而歇",每天干活的实际时间不一样,但是,每天白天干活都只记录10个劳动时间,俗称10成工分。"出早工""开夜工"另外记录工分。

❸ 当地土话,洋号指铜质小喇叭。1968年,"文化大革命"高潮的时候,陈家场"弄来一只洋号"。从此,记工员"泰山"每天吹洋号催人出工。

❹ 当然,"泰山"尽管号称"泰山压顶不弯腰",也有生病的时候,也会"甩纱帽"。这时候,通知出工的活只能每户轮流做。

❺ 《毛主席语录》第一条是:"领导我们事业的核心力量是中国共产党,指导我们思想的理论基础是马克思列宁主义。"

事。生产队里有 100 多个人,记工员必须逐个记录劳动内容、劳动时间,且不说工作量很大,他们常常还分散在不同的地方劳动,记工员如何能做到"不漏记工分"? 当然,更令人头痛的还在于,记工分本身就是个人利益与集体利益之间的博弈,记工员处在这种博弈的浪尖上。

队工又称记时工❶,记工员记录的是每一个农民劳动时间,但农民们恰恰大量"逃离集体劳动时间"。出工的时间到了,有的农民还刚刚跨出家门槛,个别农民还没有离开自留地;上午 9 点 50 分广播响了,一些妇女请假去烧饭,说起来"扣一成工分",但是,个别妇女"烧烧饭就不来了";收工的时间明明还没有到,有的农民早已悄悄回家,因为他们干的活只有一两个人负责,"回家了,别人也不知道";催芽等农活本来就有间断,干这类农活的农民"一半时间在队里干,一半时间在自留地里,却要拿全天的劳动工分。如果晚上做了些事情,还要拿加班工分";等等。记工员每天都碰到诸如此类的现象,他是否扣那些农民的工分? 如果扣工分,可能会引起争吵;如果不扣工分,在"负攀比"的作用下,出工迟到早退的现象会愈演愈烈。

诸如此类现象的背后是传统农民的惯性,小小的记工员怎么可能抵挡? 一旦"逃离集体劳动时间"妨害到农时季节,队务委员会一定会出面干预,具体规定迟到早退的时间,超过时间,"一律扣除工分"。队务委员会派人监督,也支持记工员"大胆扣工分"。于是,集体劳动的情况有所好转。随着时间的推移,慢慢"又回到了老样子",直到队务委员会再一次出面干预。如此反复,队工的记录就是在这样的张力中展开。2001 年 3 月中旬,人民公社时期联民大队的大队会计回忆了当年队工记录的情况,下面是他的一则日记。

> 计时工也叫活评工,贪简单的生产队干部都是不搞定额,不搞计件工的,实际上计时工也有很多难处。一个生产队至少有上百人劳动,不分操作组,不搞定额,采取"大呼隆"生产劳动,看起来似乎省,有什么农活大家一起干,或者一部分在东边干,一部分在西边干,一起收工,一起出工,东边先完成再去西边帮忙,这样做社员意见少,出点劲也是一天,偷点懒也是一天,所以一般生产劳动只能随水余,不

---

❶ 部分生产队在记工时,记工员就把时间与底分进行了折算,记分簿上记录的就是实际的工分。

共生经济(1962—1982)
——人民公社时期的农业经营

那么出劲,叫作"出工不出力"。

但是,工作是好安排,反正大家到那个地方去做就是了。不过,里面隐藏着两大不足,即:生产进度很慢,一是不出力,二是伤蚀功夫(也叫撞煞)。人多脚密,反而影响进度。农闲时候倒没有什么关系,生产的无效工分多一点,反正都是全小队的社员,每个劳动日折价低一点,但总收入仍然是一样的。可是在农忙季节,使用这套方法的不多,一般都要抢季节,采取措施,定额到组、定额到户和定额到人,就会大大加快生产进度。

计时工分的计时比搞劳动定额还难,上百个人劳动就设一个记工员。比如定于每天劳动8小时的话,就记10成工,即每个小时记1.25个工分成。那么7点半上工至11点吃饭,12点出工至2点半休息,3点钟出工做到5点钟休工。但是,上百人出工,从7点半开始有个别人到8点多还刚出工,当然,过8点应该扣分,但是,在这半个多小时之内先后出工,一时攒不断时间,每个差1分钟或2—3分钟,4—5分钟,怎么扣分法,当然100多个人不会前后相差100多分钟的,大部分是同时出工的,但在这半个多钟头之内,可以说是络绎不绝的,你说如何记分?而且,每日出工三次,早上、下午和休息之后,有的人当然是少数,也有特殊情况,三次都迟到。

迟到是应该扣分,但是比较难。如果在10分钟内基本到齐,再过10分钟他刚来,迟到20分钟可以扣分,或者迟到30分更应该扣分。但如果中断不间断的话,就很难记工分。早退倒有请假的,口头打个招呼,我有什么事情,现在几点钟了,把我的工分记一记。往往迟到是不打招呼的,也有个别来得过分迟,当然可能有什么要事,也在刚来时打个招呼。少数不自觉的人也有,迟到了乘人不备,钻入人群干了,如果记工员没有看到,就给他记全了,或者给全天忘了,日后他打反经❶,是人家的不是。人多了而且一天三次出工不整齐,要记好记准工时,是十分艰巨的。记了工每十天或半个月还要抄公布榜公布,至少到月末,无论如何要进行公布,否则,如有漏记和重记,难于判断谁对谁错,时间短,大家还能记得起来。❷

---

❶ 当地土话,意思是倒打一耙。
❷ 胡少祥,《胡少祥日记》,2001年3月14日。

1988年,本书作者在海宁地区搜集到朝阳人民公社东方红大队联丰生产队1974—1975年完整的工分记录资料,这份资料十分宝贵,为我们提供了一份当年记录工分的真实样本,使我们清楚地知道生产队里的每一个劳动力每一天的基本活动情况。下面引录一个片断(见表6-1)。

表6-1　1975年东方红大队联丰生产队社员劳动工分出勤记录(底分10分)

工作名称	上午一	上午二	中午一	中午二	下午一	下午二	时间工分	备注
外出烧酒上午,下午弄账	/	/	√	√	√	√	6.5 4.0	
勿做	/	/	/	/	/	/		
弄账	√	√	√	√	√	√	10	
开社员会议	√	√	√	√	√	√	10	
弄账下午开户长会	√	√	√	√	√	√	10	
弄账	√	√	○	○	○	○	3.5	
弄账分重复工	√	√	√	√	√	√	1.5;12.3	加40分; 加60分
弄账	√	√	√	√	○	○	6.1	扣60分
垦地	√	√	√	√	√	√	10	
罱河泥							24.0	8
算账弄种谷	√	√	√	√	√	√	10	
挑河泥	/	/	/	/	/	/	11.9	
挑泥砖							11.6	卖工分

资料来源:1975年联丰生产队社员劳动出勤工分记录。

2. 定额工

队工中存在着两大难题:一是大量存在的"逃离集体劳动时间"现象;二是集体劳动中的"磨洋工"现象。这两大难题导致集体劳动生产效率低下,如果听之任之,一定会严重影响生产队的集体经济。生产队用定额工来解决队工中的难题。

所谓定额工,就是根据农民完成劳动定额的情况记录工分。从某种意义上说,人民公社时期的定额工就是传统农村中以"劳动量"支付工资雇工方式的延续,所以,生产队很容易搞劳动定额,因为在传统农村中,绝大多数农活本身都存在"份额",只要稍做调整,就可以制定出一整套劳

共生经济（1962—1982）
——人民公社时期的农业经营

动定额标准。2001年2月24日，胡少祥在日记中写到了当年剥络麻时采取定额工的具体做法，他写道："有的农活采取到人的措施，比如有一块麻地1亩或者2亩，麻草长得特别旺和密，靠1个组的劳动力，不知要多少个白天才能解决。生产队把这块田分成几个组一起分块干，或者把工分定得高，1个轮头1个竹签，上面写着10分、15分、12分，谁把这个签中的麻草除完，给这个竹签里的工分，记在谁的名上。这样，发挥了个人的劳动积极性，有的人1天掘麻草2—3个签，当天所得工分40—50分。"❶

浙北地区农活多样复杂，农忙、农闲差异大。在农闲的时候，农民们干活慢一点也不会影响农时季节，也不会导致农民间的矛盾，因为大家都可以干得慢，都可以干活时间少却拿同样的工分。农忙的情况就不一样了。为了迫使农民们"自觉地"努力干活，很多生产队在农忙时采取了定额管理制度，把生产队的农活设定定额，农民完成多少定额，记多少工分。浙北地区原来每年只种一季水稻，自从改成双季稻以后，每年的"双抢"成为最忙的季节，下面是海宁的水稻区双山人民公社的生产队长们制定的部分水稻劳作定额标准（见表6-2）。

表6-2 双山人民公社农业劳动定额与计酬标准

定额工分	工种名称	农活名称	劳动定额与计酬			
			质量要求	单位	每个定额数量	按件计酬工分
每工八分	早稻尼龙秧做秧田	放样锄沟	拉绳锄齐	亩	1	8
		做秧边	边高10公分（单边计算）	米	120	0.06
		锄 板	浅锄,锄齐,四周锄到	亩	0.5	16
		垦秧田	薄片浅垦	亩	0.3	26.6
		劈细耙平	劈得细，耙得平	亩	0.5	16
		养水摊田	平细	亩	0.5	16
每工八分	早稻尼龙秧做秧田	放水拍板	拍平弄光勿见潭	亩	0.5	16
		施磷肥	每亩25公斤,敲细过筛撒匀	亩	2	4
		盖河泥	以塘里挑出为准，倒得匀	担	60	0.13
		捞杂质	捞净，无杂质		自定	
		耥河泥	耥平	亩	0.5	16

---

❶ 胡少祥，《胡少祥日记》，2001年2月24日。

续表

定额工分	工种名称	农活名称	劳动定额与计酬			
			质量要求	单位	每个定额数量	按件计酬工分
每工八分	尼龙秧播种	落谷	每亩125—150公斤,播得匀	亩	1	8
		塌谷	塌得勿见谷	亩	0.8	10
		盖灰	以500米为路程,自挑自盖勿见泥	亩	0.8	10
		搭棚旱膜	每米三样,中间横梁一棒一挡绳	米	72	0.11

资料来源:海宁市志编纂委员会:《海宁市志》,汉语大词典出版社,1995年。

定额工大大提高了农业劳动的效率,但是,定额工引起的问题同样使生产队长们头痛。如果说队工的问题在于缩短劳动时间或者在同样的劳动时间里少干活,那么定额工的问题就是在同样的时间里尽可能多干活,而不顾劳动的质量。在人民公社时期,各个生产队采取了种种不同的办法来保证定额工场景下的劳动质量。但是,由于农业劳动品种太多、太复杂,由于大多数农业劳动本身都是非标准化的,由于农民们智慧而又机灵,生产队长们谈起队工下的效率、定额工下的质量,都只有摇摇头,再加上一个字:"累!"

除了农忙时采取定额管理办法以外,队务委员会经常对繁重的农活、标准化程度较高的农活进行定额管理。繁重的农活搞定额,工分一定很高,如何保证公平?当年流行的方式是抓阄。生产队每年都有很多机会摇船外出,外出的近与远极大地影响了工分的少还是多,以及谁可跑更远的路线。摇船需要搭档,2个人或4个人摇船外出,与谁搭档关系重大,如何决定?在陈家场,凡愿意参加摇船的男人都自愿报名。报名结束,有多少个人,就写多少号,让每一个男劳动力来抓号。于是,男劳动力排出了一个序列,所有的外出都按照这个序列轮流,这就同时解决了摇船外出的两大问题。罱河泥的情况有点儿不同。罱河泥需要抓两次阄,一次决定罱河泥的男劳动力的序列,另一次决定生产队内部10多只河塘的序列。陈家场每年只罱内河河泥,罱河泥的定额工分以船计算。生产队里有10多只河塘,每只河塘里的河泥情况各不一样。有的河塘河泥深,罱起来容易,罱河泥的农民更可能拿到高的定额工分;有的河塘在前一年干

299

共生经济(1962—1982)
——人民公社时期的农业经营

河时挖过河泥,塘底河泥只有薄薄的一层,罱起来难,运气不好的农民只能拿很少的工分。如何决定谁轮到哪一只河塘?抓阄。

3. 组工

组工就是分小组劳动记录的工分。组工是队工与定额工的结合。就生产小组与个体农民的关系来看,农民们在组里劳动,只记录劳动时间,就如同队工。就生产小组与生产队的关系来看,生产队把所有劳动按照定额的方式包到小组,所以,组工就是定额工。一方面,由于组向生产队承包,组里的农民们都知道,干得快一点,大家的工分都会高一些,因此,组里的劳动积极性相对比较高。另一方面,生产队常常把全部土地与劳动力平均分成两三个组,组与组之间的劳动竞赛激发了农民的面子观念与好胜心,促成了劳动效率的提高。在联民大队一带,每年的"双抢"都会分组作业,分组以后,农民单位时间的劳动工分一定超过10分。例如,某生产队共向生产小组承包各类农活,只要按质按量完成农活,就可以记录劳动工分8 000分。生产小组共60人,底分合计400分。如果按照常规干活,小组花20天时间才能完成全部承包农活。生产小组接到承包任务以后,加快了劳动速度,结果10天就干完了全部农活。生产小组记录下每一个农民的组工,即按每天10个时间单位记录劳动工分❶,这时,由于生产小组"一天干了两天的农活",组工可以折合的实际工分翻了一倍。例如,一个全男劳动力的组工10分工,他现在实际可以获得的工分是20分。

4. 误工

误工指生产队的人员参加大队的工作而得到的工分❷。表6-3反映了1970年度联民大队全年的误工情况。

表6-3 联民大队1970年11月底止误工结算表　　　（单位：分）

	东风	红星	红江	立新	东方红	红旗	向阳	胜利
合　计	10 588	11 282	9 068	12 781	6 360	11 495	14 565	12 151
工分分析：								
医疗	2 691	3 147	0	2 639	0	0	0	0

---

❶ 像队工的情况一样,如果出早工、夜工,会增加工分。

❷ 本节的相关内容均可参见张乐天:《告别理想——人民公社制度研究》,上海人民出版社,2012年,第262—263页。

续表

	东风	红星	红江	立新	东方红	红旗	向阳	胜利
渔场	27	462	582	73	496	292	517	464
广播	0	1 656	0	15	0	0	0	0
八三	2 632	3 360	3 360	0	0	0	3 360	2 632
教师	2 520	0	3 175	2 600	413	5 490	2 600	3 130
机站	529	220	0	2 008	148	2 128	2 633	152
窑厂	90	725	0	75	555	305	0	740
其他	90	50	130	1 850	218	0	0	3 360
误工	2 009	1 62	1 821	3 520	4 530	3 280	5 455	1 673
应负	11 319	12 272	9 076	11 266	9 473	9 685	13 747	11 451
余	0	0	0	1 515	0	1 810	818	700
缺	731	990	8	0	3 113	0	0	0

资料来源：L村会计资料。

我们可以根据表6－3对误工做出分类。其一，误工表中的"误工"一栏是大队干部或者大队工作人员如植保员的工分补贴。其二，误工是大队集体单位如渔场、三八牧场、窑厂中工作人员的工分补贴。值得注意的是，这些大队集体单位的收益并不分到各个生产队，人员的工分却要由生产队负担。其三，误工指为农民提供公共服务的人员的工分补贴，如合作医疗站里的赤脚医生、学校里的民办教师、机站里的放水员等。我们从上面的分类中可以看到，在人民公社时期，干部的工分补贴仅仅是误工中的一部分，相当一部分的误工是公共服务的工分支出。这就是说，那时候，国家为农民提供的公共服务经费很少，乡村的公共服务绝大部分由农民自己负担。

与在田地里干活相比，赤脚医生、教师、干部的工作比较轻松，联民大队一带的农民都把误工称为"安耽工"。安耽工与辛苦工同样是"真金白银"，同样拿生产队里的白米柴草，这让直接参加田地里劳动的农民心里不平衡。有的农民以此作为"磨洋工"的理由："人家办公室里坐坐也照拿10分工，凭什么要我们拼死拼活干？我们也慢慢来。"更多的农民背后讲怪话，如果他们在田里劳动，看见一位拿着大队误工的人路上走过，会投去异样的目光。联民大队一位民办教师回忆说："我们下午3点多钟就放学了，我批完作业，也就4点多一点。我想早一点回家，家里还有自留

共生经济（1962—1982）
——人民公社时期的农业经营

地等着我去做。但我一般不会在太阳落山前回去。走在回家路上，田地里干活的那些人看着你，心里不是滋味。如果回家早，我一定想办法绕开有人干活的地方。"

5. 补贴工

补贴工有两种不同情况：一是生产队给队干部的补贴。例如，红旗生产队每年给生产队长、会计、出纳、保管员一定的工分补贴，其中，会计的工作量最大，每年给600分工的补贴。二是生产队提供的带有社会福利性质的补贴。

首先，社会福利性质的补贴工优先支付给工伤人员。集体生产劳动中难免会发生一些事故，例如，搭"山棚"时从高处摔下来，摇船外出时落水受伤，造房子时被砖砸伤等，碰到这些情况，生产队就给当事人补贴工。1975年年初，向阳生产队农民徐德兴在集体劳动中受伤，生产队给了他80工补贴工，他听到后很高兴地说："这就可以安心养伤了。"其次，补贴工"配合国家计划生育政策的落实"。1970年代中期，联民大队制定了支持计划生育的相关补贴工政策。1973年，联民大队规定人工流产7天假期，工分照付；引产15天假期，工分照付；结扎30天假期，工分照付，按生产队同等劳动力给予报酬❶。1975年，联民大队的计划生育补贴工作了一些调整，规定女人工流产50分、放环20分、男扎输精管150分、绝育300分，以上工分的领取需凭医院证明❷。再次，补贴工还专门给一些可以享受优待的特殊人群，如革命烈士家属、义务兵家属（包括消防、武警、民警的义务兵家属）和生活困难的革命残废军人。1982年7月19日，红江人民公社召开会议，传达省民政局有关指示，周生康在《工作笔记》里记录了相关内容。

> 关于今年对烈军属的照顾，据省民政局批转的文件办事。
>
> 优待的对象和标准。享受优待的对象是：革命烈士家属，义务兵家属（包括消防、武警、民警的义务兵家属）和生活困难的革命残废军人。
>
> 优待标准：要从当地实际出发，由社员民主讨论。对革命烈士的直系亲属——父母、配偶和未成年子女要给予照顾，使他们的生活

---

❶ 参见周生康，《工作笔记》，1973年。
❷ 同上书，1975年。

高于一般社员的水平。对义务兵家属一般优待相当于当地一个整劳力全年收入的三分之一到三分之二这个标准。

优待的形式和负担：一般应继续采用优待工分的办法。优待的工分同他们自做的工分一样，参加现金和实物分配，全大队负责摊交。也可按工分值付给，进行全大队负担上交。公社意见按整劳力50%标准。❶

6. 购买工（或称为"买工分"）

生产队里有的农民自由外出做工，包括五匠与小工，有的进入社队企业工作，他们不参加生产队集体劳动，在外面拿工资。他们仍是农业户口，"对生产队没有贡献，却要在生产队里拿粮食、柴草等生活必需物资"，生产队如何处理与他们的关系？在联民大队一带，大部分生产队都会要求他们购买工分，或者至少交纳10%的公共积累，作为他们在生产队里分得生活物资的前提。1960年代，部分公社、大队企业为职工"买工分"。职工在企业里工作，只拿少量补贴，企业把他们的工资转到生产队，队里给他们记录工分。由于这种做法不利于调动职工在企业里工作的积极性，到1970年代中期，红江人民公社已经没有企业采取买工分的办法，都直接发给职工工资。

"进了个人口袋里的钱，要他挖出来，难！"无论是企业里的职工，还是自由外出的工匠、小工，面对着生产队的决定，都是视而不见，根本不会花钱买工分。有些人比较老实，如实地交出收入的10%给生产队，例如，胡少祥每年几次在供销社茧站做临时工，他总是自觉地交出生产队的公共积累，"剩下90%作为家庭的生活开支"❷。向阳生产队的贾锦芬是老实的精明人，她每天早上6点赶到蚕种厂上班，做到中午12点下班，然后急匆匆走7里路回生产队，一直做到晚上6点才收工。既然参加了生产队集体劳动，当然不需要交公共积累了。但大部分人连公共积累也不会交。照道理，生产队可以扣他们的粮食柴草，但在实际分配的时候，谁下得了手呢？外出的人外面拿工资，生产队里拿物资。部分人家全家工分的打算金额不够所拿物资的折价，年终就成了"倒挂户"。"倒挂户"的农民依然外出，依然外面拿工资，队里拿物资。年年"倒挂"，年年如此。生

---

❶ 参见周生康，《工作笔记》，1982年。
❷ 胡少祥，《胡少祥日记》，1999年7月5日。

共生经济(1962—1982)
——人民公社时期的农业经营

产队里劳动的农民忿忿地说:"我们辛苦劳动,他们'白吃',他们剥削了我们!"

7. 畜牧工

饲养猪、羊的农民家庭把猪粪、羊粪给生产队,生产队给农民家庭记录工分,这样的工分叫作畜牧工。在人民公社中,生产队都自行制订处理畜牧工的方案。下面以联农大队向阳生产队为例,该队于1974年11月17日在社员大会上通过了处理猪的方案❶。

  毛猪处理
  1. 量1只猪自留地,全年要完成130斤净白肉,完成11个半月。
  (1) 饲料粮:1斤净白肉付1斤原粮。
  (2) 全年白肉超出130斤,超1斤奖1斤原粮,1分工。
  (3) 全年没有完成130斤白肉的,少1斤扣1斤原料,1分工。
  (4) 全年不养足11个半月的,每月扣20分工。
  2. 管理工每月15分。
  3. 经济报酬根据上年,出售净白肉1斤付人民币0.25元。
  4. 因病毒死亡,猪圈里不能再养猪,无法完成上述(1)至(4)条者,到年终根据实际情况处理。
  5. 猪饲料地每只八厘。
  白肉率计算方法:购入小猪打对折,过栏猪❷40斤以上打六折。死掉小猪,40斤以上打对折,41—70斤打六折,71斤以上打七折。❸

记工分是一件十分繁琐的工作,每天都要记录,每一个细节都不能出错。在人民公社中,每一个生产队都配一名记工员,负责绝大部分的记工分工作;平时,部分工分❹直接由生产队会计记录。在很多生产队,会计每月结算一次工分。他汇总每一个人的工分,把按时间记录的工分折算成实际工分,向生产队社员公布每一个人的工分记录,并负责处理社员们

---

 ❶ 转引自张乐天:《告别理想——人民公社制度研究》,上海人民出版社,2012年,第264页。
 ❷ 小猪经农户养过一段时间以后,再转卖给另一农户饲养,这种猪称为"过栏猪"。
 ❸ 农户把猪出售给食品公司时,食品公司的检验员会告诉农户白肉率,因而出售的猪无须计算白肉率。参见联农大队向阳生产队会计资料。
 ❹ 如误工、补贴工、畜牧工等。

提出的"记录错误"问题。最后,生产队会计把每一个人的工分都登录到《工分分户登记簿》里。下面展示1972年联民大队红江生产队《工分分户登记簿》中章祥宝户的工分记录(见表6-4)。

表6-4 联民大队红江生产队章祥宝户1972年全年工分表(单位:分)

起		止		章祥宝		王国民		肥		料	本期全家合计	本期全家累计
月	日	月	日	本期工分	累计工分	本期工分	累计工分	猪累计工	羊本期工	羊累计工		
12	1	12	31	144.8					110	110	254.8	254.8
1	1	1	31	142.7	287.5	3	3		97.5	207.5	243.2	498.0
2	1	2	29	25.4	312.9	3.8	6.8		95	302.5	124.2	622.2
3	1	3	31	135.4	448.3	6.8	13.6		95	397.5	237.2	859.4
4	1	4	30	70.5	518.8	1	14.6		95	492.5	166.5	1 025.9
5	1	5	31	112.2	631	18.8	33.4		110	602.5	241	1 266.9
6	1	6	30	644.6	1 275.6	5.2	38.6		91	693.5	740.8	2 007.7
7	1	7	31	76.3	1 351.9	/	38.6		105	798.5	181.3	2 189.0
8	1	8	31	6.2	1 358.1	/	38.6		105	903.5	111.2	2 300.2
9	1	9	30	536.1	1 894.2	/	38.6		105	1 008.5	641.1	2 941.3
10	1	10	31	100.9	1 995.1	3.5	42.1		130	1 138.5	234.4	3 175.7
11	1	11	30	340.5	2 335.6	20.3	62.4		135	1 273.5	495.8	3 671.5
								1 317.6				4 989.1

资料来源:联民大队红江生产队会计档案资料。

如果我们仔细看看章祥宝每个月的劳动工分,可以发现她的劳动工分在月与月之间分布极不均匀,其中6月和9月劳动工分特别多,8月特别少,为什么?原来,生产队把4月、5月的定额工都放到了6月,把7月、8月的定额工都放在了9月!在表6-4中,猪工分只有一个总数,其实,该队是全大队养猪情况记录最详细的生产队,队里专门备了账本逐笔记录全队每一头猪的买进、卖出情况,表6-4中的猪累计工总数就来自那个账本。

二、收益分配制度

收益分配制度是生产队处置农副产品的制度性安排,涉及生产队粮食分配、柴草等实物分配与现金分配;收益分配制度包含两个不同的层

共生经济(1962—1982)
——人民公社时期的农业经营

面：其一是处理国家、集体与家庭之间的关系；其二是处理家庭之间的关系。前一个层面的制度安排强调"先国家，后集体，再家庭"，后一个层面存在着"按劳与按需"分配的博弈。下面我们主要围绕后一个层面展开分析。

生产队的分配紧密配合着农时季节展开，每年共有春、夏、秋三次预算分配，年终最后进行决算分配。春天的分配称为春花预分。在联民大队一带，生产队一般以每年5月15日为劳动工分结算期，会计造春花预算方案，生产队根据方案分配春粮与现金。夏季预分主要分配早稻谷和少量现金。夏季分配通常不进行核算，早稻谷按"全年早知道"的分配方案分下去，现金分配一般只能"意思意思"❶，根据每户劳动力的情况分别发5元、15元、25元不等，"解决一下'双抢'购买冷饮的零花钱"。如果有些农户生活上遇到困难，可以向生产队申请借几元钱。每年10月中下旬，生产队会计开始编制秋季预算方案，估计到11月底可能做的工分总量，做出粮食与经济的预算。生产队根据秋季预算分配秋季的粮食、柴草等。生产队最终的决算时间通常都在1月份，这时候，粮食与各种实物的分配都基本结束，生产队会计对预分的情况进行最后的核算，完成决算方案。

1970年代，生产队都在春天编制"一年早知道"计划方案，所谓"有了早知道，鼓舞人心劲头高"。"一年早知道"根据上年的实绩和当年的生产计划和奋斗目标编造。春天的时候，生产队会计要全面核实各项农作物的面积、单产、总产、单价、总产值；生产队全年支出的成本费用、应交的农业税和应提留的积累与管理费；生产队留种的数量；等等。然后，会计计算出社员分配的数量，其中包括应分的粮食和物资折价，以及可能分配的现金总额。另一方面，会计需要根据上一年的劳动工分与家庭劳动力变动的情况估计每一个家庭在未来一年中可能的劳动工分，估计家庭畜牧工分的数字，两者相加，就是家庭全年可能的劳动总工分。最后，"一年早知道"将测算出每一个家庭全年可能的收益分配情况。"农户有了'早知道'，就有了今年的奋斗目标。"生产队按计划种植各类作物，努力争取达到或者超过计划的产量，尽量节约成本开支，增加农民的收入。

生产队的收益分配可以区分为粮食分配、其他实物分配和经济分配三大类。"民以食为天"，粮食是农民们关注度最高的实物，粮食分配是收益分配制度中最重要的组成部分。1970年代，粮食分配的总原则是保

---

❶ 夏蚕养得少，现金收入极其有限，所以，夏季分配时，生产队只能分很少的现金。

证完成国家任务,留足种籽田粮、饲料粮和储备粮,安排好社员生活。

人民公社的粮食分配制度以"三定"为前提。粮食"三定"指国家农村政策中粮食的定产、定购、定销,是1954年春国家在农村实行的粮食统购统销的具体政策。"定产"就是国家根据粮田单位面积常年产量,作为计算国家粮食购销任务的基础。"定购"就是根据粮食定产数量,扣除农业税和农民自用的种子、饲料和口粮,计算出农民一年应有的余粮数量,然后按余粮的一定比例确定国家对农民的购粮数量,由农民在收获后按照国家规定的牌价交售给国家。"定销"就是评定农民的缺粮数量,国家按照销售牌价给予供应。"三定"确定了国家、集体、个人之间的关系,确定了生产队全体农民可能消费的粮食总量。

生产队内部可能消费的粮食总量已经确定,如何进行分配?纵观从高级社到人民公社的过程,可以看到粮食分配中"按劳与按需"之间的博弈。高级社时期,粮食分配有较高的"按劳"比例。人民公社成立初期,粮食分配的秤砣完全偏向了"按需"方面。1962年粮食分配又强调了按劳分配,以"充分调动农民们参加集体劳动的积极性"。此后,生产队粮食分配定格在"以按需分配为基础,以按劳分配为补充"的原则上。

1970年代,红江人民公社规定的粮食分配制度的基本原则可以概括为"两个15%"。第一个15%是按劳、按需的比例关系。在生产队的口粮分配中,85%的粮食都按需分配,仅留下15%进行按劳分配,以确保四属户、五保户以及"劳少吃口重"的农户都有足够的口粮。第二个15%是生产队分配口粮的最高标准是"老三定"加15%,最高不得超过575斤。那么,联民大队各个生产队在实际执行粮食分配过程中是否严格按照"两个15%"的原则呢?我们以1972年联民大队的粮食分配情况为例进行分析(见表6-5)。

表6-5 1972年红江人民公社联民大队各生产队粮食分配决算表

(单位:斤)

生产队	储备粮		其他支出	"老三定"口粮	口粮			
	当年储备粮	累计实有储备粮			实分口粮			
					数量	其中按劳分	分配人口	每人平均
合计	42 467.5	182 791	12 482	763 687.5	883 964.5	120 277	1 539	574.37
东风	6 719	21 485	441	96 198.5	111 555.5	15 357	194	575
红星	5 000	16 783	516	104 205	125 924	21 719	219	575

共生经济（1962—1982）
——人民公社时期的农业经营

续表

生产队	储备粮		其他支出	"老三定"口粮	口粮			
	当年储备粮	累计实有储备粮			实 分 口 粮			
					数量	其中按劳分	分配人口	每人平均
红江	9 275	28 201	826	73 010	87 600	14 590	146	600
立新	4 150	19 901	942	98 877	114 763	15 786	200	571
东方红	4 604	22 522.5	1 323	83 481	96 600	13 119	168	575
红旗	7 000	29 925	5 500	89 855	103 885	14 030	174	597
向阳	3 000	25 434	390	115 090	130 426	15 336	225	579.6
胜利	2 719.5	18 539.5	2 544	102 871	113 211	10 340	213	531.5

资料来源：1972年联民大队决算方案。

  我们先看看分配的标准，在处理国家、集体与个人三者关系方面，公社要求社员口粮分配不超过"老三定"加15%时，从表上的数字测算，联民大队各个生产队的合计最多只能分口粮 878 240 斤，实际的分配数量却超过了这个数字。同时，当年联民大队所有生产队个人最高分粮都超过了 575 斤。就按劳与按需比例来看，1972 年联民大队按劳分配的比例占 13.6%，低于 15%。在 1970 年代，1972 年粮食收成好，按劳分配的比例相对较高，在其他年度，部分生产队完全没有按劳分配的粮食。我们注意到，一方面，联民大队的粮食分配首先满足口粮需要，生产队在分足了口粮以后，再按劳分配；另一方面，即使粮食产量高，生产队也较少卖超产粮，而是把粮食全部分给农民。

  生产队的粮食分配原则上实行"随收随分"，即收起粮食，就分配到农户。具体的分配方法因粮食品种的不同而有所差别。春天收获的大麦、小麦、蚕豆，夏天或者秋天收获的黄豆，通常都在晒干后分给农民，有时候，生产队也统一把麦或者豆运到盐官粮管所，调换成大米后再分给农民。番薯收获，生产队当天就在地里组织分配，所谓"番薯分配不过夜"。生产队也可能装运整船番薯去粮管所换米。稻谷的分配可能有三种不同情况：一是打下稻谷，还没有完全晒干，就分配给农户；二是生产队统一晒干后分配；三是生产队把稻谷统一用船运到三里港粮食加工厂，加工成大米后分配给农民。生产队通常采取第二种分配方式。下面是两张联民大队夏粮分配情况表（见表 6-6、表 6-7）。

表6-6 1977年联民大队夏粮收获与分配情况表一　　（单位：斤）

队别	早稻			杂粮		夏粮合计
	面积	单产	总产	黄豆	其他	
合计	585	553.4	323 770	7 477	1 163	332 410
东风	80	571	45 673			45 673
红星	78.5	523	41 077	100		41 177
红江	65	596.2	38 750			38 750
立新	80	612.5	48 997	1 727		50 724
东方红	68	508	34 581	1 162		35 743
红旗	58	632	36 656	924		37 580
向阳	83	563	46 726	2 114	1 163	50 003
胜利	78	401.4	31 310	1 450		32 760

资料来源：联民大队1977年统计资料。

表6-7 1977年联民大队夏粮收获与分配情况表二　　（单位：斤）

队别	总产量	国家任务	种子	口粮	每人平均	饲料
合计	332 410	24 390	30 372	213 395	135.7	37 746
东风	45 673	2 900	2 800	30 823	158	5 400
红星	41 177	7 441	2 838	27 298	122	3 000
红江	38 750	3 880	3 380	20 803	126	7 487
立新	50 724	2 019	4 155	28 550	103.8	6 000
东方红	35 743		3 775	30 120	169.2	1 188
红旗	37 580		3 220	23 127	123	4 621
向阳	50 003	2 150	5 754	31 822	134	2 892
胜利	32 760		4 450	20 852	96.5	7 158

资料来源：联民大队1977年统计资料。

仔细阅读表6-6、表6-7,我们可以看到,即使在一个生产大队里,各个生产队之间仍存在很大的差别。1977年,红旗生产队的粮食亩产632斤,而胜利生产队的粮食亩产仅401.4斤❶。东方红生产队人均分配

---

❶ 红旗生产队的数据存在一定的问题。在1970年代,红旗生产队经常把桑园改成水田,种植水稻,但是,在会计账本上,水稻田的面积仍保持"计划数字"。1977年,红旗生产队的早稻种植面积应当在60亩出头,即使以62亩计算,红旗生产队的早稻亩产仍大大高于胜利生产队。

共生经济（1962—1982）
——人民公社时期的农业经营

夏粮高达169.2斤,而胜利生产队人均只有96.5斤。有趣的是,按常理,各个生产队早稻留种的数字应当与土地面积相匹配,但事实并不如此:向阳生产队共有早稻面积83亩,留种谷5 754斤,平均每亩留种69.32斤;东风生产队有早稻面积80亩,仅留早稻谷种2 800斤,平均每亩种谷35斤。留种的差别鲜明地反映了各个生产队对待上级指示的不同态度,向阳生产队严格执行了"留三套种子"的指示,而东风生产队不顾上级领导的反复强调,只留一套种子。亩产及其相关的人均分粮的差别让我们注意到人民公社时期不同生产队之间实际发生着的"贫富分化"。如果我们把观察的范围放大,看看全国的情况,可以说人民公社时期存在严重的地区间社会分层❶。

当然,账上的数字并不能说明一切,我们需要说一些账外的事。其一,联民大队有公粮任务,生产队通常把早稻谷与番薯"卖给国家",晚稻米好吃,农民们首先留着自己吃,"舍不得卖"❷。其二,严格地说,会计账面上的数字一般都挤掉了过多的"水分"。有时候,生产队分配的粮食是"鲜货",如没有晒干的稻谷、麦子等,分配的时候,生产队按实际重量分给农户,但会计在记账时需要打掉"水分"。农民们都想折扣打得"凶一点",他们觉得,折扣打得越凶,越合算❸。就应对大队、公社来说,生产队长通常没有"向上爬"的奢望,他们不怕政治上犯错误,所以,折扣打得低一点也无所谓。进一步说,如果当年粮食产量较高,口粮分得太高了,反而会受到批评,还可能有"卖爱国粮"的压力❹。分番薯的情况有些不一样。番薯有大有小,多大的番薯才算是粮食?没有严格的标准。因此,有些生产队干脆不把小一点的番薯当粮食,而"像分番薯藤那样分小番薯"。

---

❶ 1960—1970年代,联民大队一带的农民们收获番薯以后,"不想吃那么多番薯",就把大小番薯都刨成番薯丝,晒成番薯干,到盐官粮管所换成米。农民们晒番薯干的积极性很高,因为每斤番薯干可以抵一斤稻谷。粮管所收了番薯干以后,少量番薯干送到酒厂做酒,大部分都运到安徽农村给农民吃。当年,回乡知识青年想不通,为什么安徽的农民们"喜欢"吃番薯干?如果注意到地区间的社会分层,就可以发现其中的原因了。安徽部分农村农民没有足够的粮食,番薯干是"可以填饱肚子的最便宜的粮食"。番薯干也可以解释另一件事情,部分落后地区每个劳动日只有0.10元甚至更低的收入,那里的人怎么活下去? 吃廉价而填肚的番薯干。

❷ 正因为如此,当年城市里的居民只得吃大量质量较差的籼米,即用早稻谷碾出来的米。

❸ 例如,10斤鲜谷子,如果打8折,就算8斤谷子的钱,如果打7折,就算7斤的钱。农民们当然认为,折扣越打得多,越合算。这种算法其实是没有意义的。

❹ 生产队粮食增产,超过了"老三定"加15%的水平,公社、大队会要求大家"卖爱国粮"。

在人民公社时期,粮食的分配除了口粮以外,还包括饲料粮,主要是分配给猪的粮食。1970年代,联民大队一带的粮食产量较高,所以,饲料粮也分得比较多。下表反映了1972年联民大队饲料粮的分配情况(见表6-8)。

表6-8 1972年红江人民公社联民大队饲料粮分配情况表(单位:斤)

生产队	全年生猪饲养头数	实分饲料	其 中		
			集体饲料	社员饲料	肥 料 粮
合 计	1 814	122 193	6 428.9	115 764	
东风	256	21 547		21 547	
红星	268	12 752	990	11 762	
红江	192	19 797	1 375	18 422	
立新	245	14 810	1 751	13 059	
东方红	199	11 999.5	843	11 156.5	
红旗	182	9 747.9	619.9	91 281	
向阳	245	18 552	200	18 352	
胜利	227	12 987.5	650	12 337.5	

资料来源:1972年联民大队决算方案。

饲料粮的分配方案由各个生产队队务委员会讨论决定,在生产队之间存在很大的差异。有的生产队以养猪的时间为标准分配饲料粮,也有的生产队以猪的重量为标准分配饲料粮,有的则两者兼顾。例如,红江人民公社联农大队向阳生产队就规定:"1斤净白肉付1斤原粮。全年白肉超出130斤,超1斤奖1斤原粮。全年没有完成130斤白肉的,少1斤扣1斤原粮。"该生产队还规定白肉的计算方法❶。饲料粮与口粮都是粮食,农户们拿到家里以后,如何处理饲料粮与口粮存在着巨大差异。部分农户是"人吃猪粮",部分农户是"猪吃人粮"。1970年代后期,联民大队一带的粮食产量较高,大部分农户把部分口粮"打成猪食",促成了那几年养猪生产的大发展。

假如以自给自足的水平判断农村的发展程度,那么,人民公社时期的

---

❶ 原粮指谷子。白肉的计算方法是:购入小猪打对折。过栏猪,即别人养了一定时间的猪,40斤以上的打六折。死掉小猪,40斤以上打对折;41—70斤打六折,71斤以上打七折。出售的肉猪按出售时的白肉计算。

共生经济(1962—1982)
——人民公社时期的农业经营

村落远远落后于 1940 年代。队务委员会根据农民日常生活的需求安排种植,凡是能种的,农民们都自己去种。种了就有收获,收获了就要分配。除了粮食以外,生产队分配的其他农副产品很多,分配原则有三种:一是"按需",即按人口分配;二是"按劳",即按工分分配;三是"按肥",即按畜牧分配❶。具体分配的时候,可能按一种原则分配,也可能按两种原则的不同比例分配,分配政策由队务委员会决定,各个生产队可能有所不同。下表反映了各个生产队的分配政策(见表 6-9)。

表 6-9 1972 年联民大队各生产队部分实物分配政策情况表

生产队	柴 草		副产品分配
	按口粮分	其 他	
东风	70%	20%按猪分,10%按羊分	
红星队	50%	30%按畜牧工分,20%按劳分	50%按劳,50%按需
红江队	50%	50%按劳	全部按劳
立新队	50%	30%按畜牧,20%按劳	50%按劳,50%按需
东方红	50%	25%按肥料,25%按劳	50%按劳,50%按需

资料来源:周生康笔记,1972 年 10 月 28 日。

实物是家庭消费的产品,某种实物的具体分配政策与"谁消费"相关。单纯人消费的实物按照人口分配,或者按照人口与劳动工分的组合分配,生产队蚕茧的分配是为一例❷。蚕沙是羊饲料,陈家场通常以农民家庭养羊的数量为分配蚕沙的依据。番薯藤是猪饲料,生产队主要根据家庭养猪的头数、畜牧工分等情况进行分配。由于番薯藤的数量大,为了鼓励农民养更多猪,番薯藤的分配有时也会考虑劳动工分的情况。生产队产出的大部分实物同时供人与牲畜消费,生产队的分配就会同时兼顾两者。在联民大队一带,这类实物有柴草和蔬菜。

在生产队的会计报表中,农民家庭按固定的顺序排列,每一个农民家庭有一个序号。这个排列成为生产队实物分配的顺序。每年春天,生产队确定一个起始的家庭,以后凡有重要的实物分配,便从起始家庭依次向后推。实物分配大多在田地里进行,以稻草分配为例,几亩稻田的稻草,

---

❶ 按畜牧分配有两种不同的情况,按猪、羊的头数分配,或者按肥料工分分配。
❷ 生产队有时分配少量蚕茧给农民家庭,让他们去剥丝绵,蚕茧的分配从来不会考虑家庭畜牧业的情况。

扎成一捆一捆的,散放在几块田里,实物分配应该从东分到西还是从西分到东?即实物分配应该按什么顺序进行?农民们用抽签的办法来决定。即使番薯堆成了一大堆,生产队在分配番薯时也要通过抽签来决定从一堆番薯的哪一边开始。

一旦确定了分配实物的顺序,分配人员按照会计提供的分配数字"一户一户分过去"。分配是件麻烦的事,不仅称准重量不容易❶,更会引起关于"公平还是偏心"的争吵。生产队分实物用一杆大秤,可以称 200 多斤。农民们都知道,秤砣从外拨到里还是从里拨到外,秤杆"平一平"还是"掀一掀",对实际重量的影响都很大。由于大秤存在这些情况,自然会引起很多纠纷。为了避免分配中的争吵,1970 年代中期,陈家场买了一台磅秤,队务委员会的这个举措得到大家的拥护。

生产队分配实物的时候,大家眼睛都盯着,关注的是"公平"两字。准确地称好重量就是公平,但有时候,为了公平,大家都同意不称重量。例如,几块田里的稻草干湿程度不一,按重量来分配就不对了,只能"数捆头"来分配。麻叶很轻,干脆分成一堆一堆的,大家看着差不多,就每家拿一堆。

生产队的实物随收随分,忙的季节,收得越多,分得越多。收工时太阳已经下山,农民们还要把分到自己家庭的实物搬回家。实物每家一堆,上面夹一张有户主名字的小字条。天黑下来了,有人还没有找到字条,急得直叫帮忙。烂水田里的稻草堆,大白天都很难走,顶着满天繁星农民们"深一脚、浅一脚"地搬着稻草,搞得浑身是泥。塘南的番薯藤让陈家场人头疼,5 里多远,难挑的番薯藤,扎脚的路❷,黑灯瞎火的天,讲起这一切,陈家场人只有一个字:"苦!"

在人民公社时期,生产队有责任满足每一个农民最起码的生存需要,在农业产出十分有限的情况下,生产队不得不按需分配绝大部分的粮食和部分实物。当然,这种按需分配不是集体福利,也不是无偿索取。农民

---

❶ 例如,分稻草的时候,某户可以分得 50 斤稻草,分配的农民要把几捆稻草扎在一起,然后用大秤来称。扎稻草的农民"手把子"没有那么好,扎好了未必就正好 50 斤。这时候,多几斤还好办,抽掉一些稻草就行;如少几斤,就十分麻烦,扎好的稻草难以加进去。

❷ 1970 年代,从塘南挑番薯藤回到陈家场的家,一段是塘南公路,铺着"瓜子片"的路面;另一段是渠道边的路,铺着碎石或者瓜子片。走这样的路,即使什么都不拿,走一个"空身子的人",脚也不舒服,肩上压着 100 多斤的番薯藤,"脚下的滋味只有自己知道"。更何况番薯藤蓬松,难以扎紧,挑番薯藤是"三个小子一般高",走路困难。

共生经济(1962—1982)
——人民公社时期的农业经营

家庭从生产队里拿到的每一粒粮食、每一斤实物都按质论价,都要进行经济核算。生产队的经济分配方案由生产队会计制作。每年秋末冬初,全年作物都收得差不多了,粮食、实物分配基本收尾,生产队会计就开始做年终经济分配决算方案。会计首先计算出生产队全年总收入,如表6-10所示。

表6-10 1978年联民大队各生产队全年经济收入情况表 (单位:元)

大队名称	农业收入	其中:蚕业	棉麻	林业收入	牧业收入	渔业收入	副业收入	其他收入
合 计	30 820.31	59 400.21	40 923.69	1 628.8	9 637.38	3 751.97	13 039.43	3 472.27
东风	40 737.53	5 103.1	5 451.75		1 175.82	500	3 707.53	589.91
红星	40 903.75	7 673.16	6 062	457.27	2 042.75	557.72	2 240.14	
红江	35 708.07	6 694.86	5 142.26	629.42	1 326.14	665.18	1 403.32	247.25
立新	41 550.97	8 634.81	5 645.34	300.88	1 303	532.79	1 394.29	174.03
东方红	31 142.13	5 059.65	4 521.75	89.85	924.83	259.17	220	119.16
红旗	34 006.68	9 638.39	2 482.74	75.6	1 500.88	762.57	3 198.04	
向阳	48 696.35	10 114.95	6 362.7		325.4	155.28		234.92
胜利	35 422.63	6 480.79	5 254.11	75.78	1 038.56	319.26	872.05	

资料来源:1978年联民大队决算方案。

生产队的总收入中包含着出售农产品的经济收入与分配给农民的农产品的经济收入。总收入扣除生产成本、税金、下年生产基金与集体提留,余下的分配给农民家庭。下面的表6-11是1972年联民大队集体提留与社员分配的情况。

表6-11 1972年联民大队各生产队的集体提留与社员分配情况表

(单位:元)

生产队	集体提留			社员分配			
	公积金	公益金	储备粮基金	总收入的%	按劳分配	合计每人平均收入	现金分配
合 计	16 302.22	5 219.93	2 654.56	67.93	206 476.96	134.16	62 286.50
东风	2 213.50	474.11	485.00	67.52	27 174.17	140.33	7 000.00
红星	1 704.24	800.00	570.00	67.26	27 214.03	124.27	6 617.74

续表

生产队	集体提留			社员分配			
	公积金	公益金	储备粮基金	总收入的%	按劳分配	合计每人平均收入	现金分配
红江	2 078.33	692.78	15.67		23 437.36	160.53	6 500.00
立新	2 278	600.00	300.00	71.50	39 670.96	147.60	10 571.02
东方红	1 357.11	603.16	66.82	68.30	20 592.65	122.57	5 652.34
红旗	2 200	800.00	626.36		24 218.64	139.36	8 706.96
向阳	2 667.84	889.28	230.11		30 165.96	134.07	10 000.00
胜利	1 803.20	360.60	360.60		24 003.19	112.69	1 238.44

资料来源：1972年联民大队决算方案。

1972年，联民大队总收入304 054.57元，各项费用，包括生产费用、国家税金、集体提留等合计97 547.61元，占总收入的32.07%，其余的都按劳分配，或者说按工分分配。由于畜牧业报酬用工分结算，所以，畜牧业报酬也包括在按劳分配中。在生产队中，会计把按劳分配的总金额除以全年全生产队农民的劳动总工分，得出每10分工的金额，即所谓工分值。当年的工分值乘以每家的全年劳动工分，就是全家全年劳动的经济所得。在年终结算时，会计把全家全年的经济所得减去当年已经分的现金与实物折价，就得出了最后的结果。部分家庭减去后的结果是正数，说明他们在年终分配时可以从生产队里得到现金；另一些家庭减去后的结果是负数，说明他们劳动一年，年终时不但得不到分文，还欠着生产队现金（见表6-12）。当然，极少有家庭会"还清欠生产队的钱"。

表6-12　1972年联民大队胜利生产队决算经济分户方案（局部）

（单位：元）

社员户名	合计分配工分	参加分配畜牧工分	应分配工分值金额	结算找补	
				队找户	户找队
冯军坤	1 042.06	2 043.1	671.09	55.32	
根夫	8 537.7	2 725.7	549.83	50.60	
凤善	19 100.9	2 784.5	123.010	101.43	
进康	1 235.09	2 797.5	795.40	95.49	
子坤	13 782.3	2 797.5	887.58	57.93	

共生经济（1962—1982）
——人民公社时期的农业经营

续表

社员户名	合计分配工分	参加分配畜牧工分	应分配工分值金额	结算找补 队找户	结算找补 户找队
张占根	3 534.7	23.8	227.63		203.45
冯祖山	10 827.8	1 924.4	697.31	67.57	
云仙	5 257.4	1 542.1	338.58	26.69	
再告	15 615.2	2 414.7	1 005.62	101.33	
永佳	4 627.4	1 939.2	297.98		54.35
金秀林	10 179.3	1 619.3	655.55	68.60	
冯只荣	4 404.2	1 405.1	283.63		80.42
只东	3 794.9	930.3	244.39	31.52	
大祖告	8 241.9	1 149.8	530.78	22.29	
美芬	6 985.2	2 399.4	449.85	20.10	
高社琴	4 358.3	1 768.8	280.67		15.81
朱?云	6 897.5	19 735	444.20	58.55	
张治平	1.5		0.10		65.96
周菊英	2 144.9		138.13	24.98	
冯河福	8 906.9	2 685.5	573.60	42.81	
小毛	12 491.2	2 272.7	804.43		75.32
子床	5 842.4	1 942.5	376.25		165.01
张台?	1 303.5		83.95		14.54
沈永江	10 656.9	31 730	686.30		46.73
张某清	7 046.1	2 496.1	453.77	34.68	
夫清	14 314.0	2 482.1	921.82	105.38	
奸徒娥	11 686.8	2 500.6	752.63	84.12	
杨文珍	4 394.2	1 144	282.99	25.10	
小 计			14 664.14	1 072.49	721.59

资料来源：1972年联民大队决算方案。

在生产队里，欠账是普遍的情况，1971年10月8日，联民大队曾经清理过全大队的欠账，如表6-13所示。

表6-13 联民大队经初步清账"三支"情况统计表 （单位：元）

生产队别	借支		垫支		透支		粮食部分				
	户数	金额	户数	金额	户数	金额	借粮已收回早稻数	借粮目前尚欠数	储备粮已提存数	现在库存数	现库存粮票
合计	136	5 413.71	38	125.44	84	4 437.54	61 622.5	6 933.5	131 311.8	94 683	1 457.1
东风	25	1 195.60			16	485.95	8 186	850	14 887	13 916	/
红星	25	823.94	2	40	9	1 209.18	1 100		11 783	378	90.1
红江	7	718.40			4	69.86	7 659	2 510	18 400.8	15 890.8	/
立新	31	750.00			4	185.28			17 343	17 343	/
东方红	13	399.31			10	274.96	11 235		19 339	19 939	/
红旗	15	735.46	3	29.34	14	810.69	14 767		16 134		1 367
向阳	10	516.00			10	883.59			15 356	15 356	/
胜利	10	275.00			17	518.03	8 775.5	3 573.5	18 069.5	11 860.5	/

资料来源：周生康，《工作笔记》，1971年10月8日。

这里需要指出的是，欠账的不一定是经济条件差的农户。到1970年代后期，欠账的常常是经济条件较好的农户，他们欠账是因为他们家的主要劳动力不参加生产队的劳动，在外面"赚大钱"，却照样拿生产队的粮食与实物。在人民公社时期，农民的经济收入总体而言是不断上升的，下面的表6-14反映了海宁农村人均收入的情况。

表6-14 1966—1978年海宁市各公社农村经济收益分配人均数据

（单位：元）

乡镇名称	1966年	1970年	1971年	1973年	1975年	1977年	1978年
许村	112	110	123	122	124	119	145
许巷	123	111	123	114	119	115	159
许士	119	121	137	134	134	117	161
长安	139	140	151	148	145	149	184
辛江	145	138	153	164	156	156	191
周王庙	147	146	155	155	143	142	169
钱塘江	138	158	164	159	168	166	189
斜桥	128	134	128	136	117	136	157
丰士	111	118	117	119	104	129	146
庆云	123	130	125	141	127	145	167

共生经济(1962—1982)
——人民公社时期的农业经营

续表

乡镇名称	1966年	1970年	1971年	1973年	1975年	1977年	1978年
祝场	112	113	112	120	104	119	145
郭店	133	148	152	150	152	162	185
盐官	109	135	131	133	133	137	159
马桥	135	129	132	139	120	139	165
伊桥	137	131	132	141	125	143	170
双山	147	146	149	148	136	158	181
狮岭	135	134	133	154	143	152	183
石路	130	131	132	137	123	138	166
袁花	114	123	125	130	125	146	166
湖塘	127	115	125	129	114	132	151
朝阳	118	126	132	129	127	145	166
丁桥	109	117	124	125	126	137	161
谈桥	127	118	116	132	115	131	161
黄湾	109	129	121	133	133	151	170

资料来源：海宁市农村经济委员会编：《海宁市农村经济主要数据资料汇编》,1992年根据其中各年经济分配数据综合而制。

第三节 生产队的簿记体系

在传统的浙北村落，温情脉脉的表象下涌动着明争暗斗，小家庭的利益、面子塑造着自私甚至无情的农民；温和的日常对话中或许"含着骨头藏着刺"，有的人就是容不得别人的"发达"。生产队硬是要把这样的农民"捏在一起"，硬是要几十户农民、100多口人一起劳动，共同分配；即便他们有的存在着"前世仇、今生恨"。生产队必须这么做，因为这才是人们当时所理解的"社会主义"。在行动的前提被强制限定的条件下，生产队里的干部与社员们不仅建构了工分制度、收益分配制度，而且还通过一套严密的簿记体系使制度得以正常运行，从而确保了生产队农业经营的正常秩序。

生产队的制度及其运行机制闪现着农民的智慧，内含着共生经济得以可能的重要价值——公平、公正与透明，这一切或许可以看成是生产队留给中国农村的历史遗产。

第六章　集体经营的组织、制度与运行

一、生产队的日常记录体系

生产队的簿记体系可以区分为日常记录体系与会计核算体系。日常记录体系包含两个层面：一是生产队的日常劳动（工分）记录；二是生产队日常现金与实物的收支记录。会计核算体系包含三个内容：一是农民个人及其家庭的劳动工分、实物分配、现金分配的核算，以及家庭畜牧业的情况；二是生产队实物、现金收支的核算，以及固定资产等；三是制作生产队粮食、经济收益分配方案。我们先考察生产队的日常记录体系。

工分是农民家庭收益分配的基本依据，工分制度是一整套复杂的体系。每年秋冬季节，生产队都会召开队务委员会会议，重新讨论生产队的工分制度，制订工分政策。工分政策涉及劳动工分的记录与计算方式、畜牧工分标准、每一年工分的结断时间、生产队干部的误工补贴等，所有这一切都直接关系到每一个农民家庭的收入，都可能引起生产队内部的争论。在生产队里，为了更好地实现工分记录中的公平与公正，生产队常常发展出一套复杂的工分记录制度。

队工记录。在联民大队一带，大多数劳动都以生产队为单位统一安排，称为"队工"。生产队一般把每一天安排成三个时间段，三个时间段相加共 10 个时间工分，或者称 10 成工。10 成工不等于 10 分工，10 成工只是某个劳动力做一天的队工的记录，他实际上可以得到多少工分还取决于他的底分是多少。如果他的底分是男全劳动力 10 分，那么，他就可以获得 10 分工；如果他的底分只有 5 分，那么，他只能获得 5 分工。10 成工或者 10 个时间工分不等于劳动 10 个小时，实际的劳动时间因白天的长短而不同。这种情况给记工员带来了麻烦，由于记工员根据钟表的时间来记录工分，但是，生产队记录的 10 个时间工分不是 10 个小时，那么，记工员在记录工分的时候，不得不把钟表的时间折算成劳动时间工分。海宁红旗人民公社东方红大队联丰生产队队务委员会为记工员提供了精确的折算方案：1975 年 1 月份，生产队规定每天劳动 430 分钟为 10 个时间工分，其中上午 150 分钟、中午 170 分钟、下午 110 分钟；在记录社员工分的时候，如果迟到 10 分钟，应当扣除时间工分 0.233 分！❶ 3 月份天气

---

❶ 参见红旗人民公社东方红生产大队会计资料。联民大队一带的农民一般上午 10 时 30 分就吃中午饭，因此，冬天白天时间短的时候，上午劳动时间就较少。如果上午 8 点出工，两个半小时即 150 分钟后就要吃中饭了。下午因为收工早，劳动的时间也短。

共生经济(1962—1982)
——人民公社时期的农业经营

转暖,大地复苏,农活也慢慢多了起来,从3月1日到3月8日,联丰生产队把每天10个小时的实际劳动时间增加到460分钟,劳动时间的分布是上午150分钟、中午170分钟、下午140分钟;这时,如果迟到10分钟,需要扣除0.218小时工分。3月9日以后,劳动时间延长到每天490分钟,其中上午180分钟、中午170分钟、下午140分钟;如果某农民出工迟到10分钟,就需要扣除0.2个时间工分。联丰生产队5月份每天劳动时间延长到了550分钟,上午210分钟、中午170分钟、下午170分钟;迟到10分钟只要扣除0.182个小时工分。

队工由生产队记工员负责记录。每天下午,记工员就要到生产队里"走一圈",询问每一个农民出工的情况。队工记录的是劳动时间,部分农民家里有事,例如部分农民家庭没有老人或者小孩帮助烧饭❶,妇女就必须提早半个小时回家,记工员会扣除这些农民的时间工分。但是,记工员很难下手扣除那些上工迟到的农民的工分,因为大家都是亲戚、邻居,用农民的话来说,做事情可不能做得"血淋淋"的❷。

承包工(又称定额工)记录。在工分制度中,承包工是仅次于队工的重要工分,承包工通常应当区分出小组承包与个人(或者家庭)承包两种情况。小组承包指生产队根据底分把绝大部分农活❸均匀地分配给两三个小组,在相关的农活按质按量完成以后,生产队给每一个农民记录承包工分❹。在小组承包的情况下,小组不得不每天派人记录每一个农民的劳动情况,犹如记工员记录队工一样。然后,小组再根据承包定额计算每人实际工分所得,小组承包的劳动效率通常比队工高,所以,实际工分都可以得到提升。例如,某个小组承接了生产队的承包定额工共计13 000分,由于小组里的农民们提高了劳动效率,完成承包定额只投入了10 000分,那么,小组就可以给所有人增加30%的实际工分。小组在结算清楚后把每一个人的工分报给生产队会计。个人或者家庭承包指个人或者家

---

❶ 如果家里有小孩,农民通常在出工前在锅里放好米、水以及需要蒸的菜,小孩只需要烧柴火就行了。联民大队一带的农民家庭在老式灶台上烧饭,通常饭与菜就"一锅熟"。

❷ 生产队作为一级正式组织,会努力制定一些严格、精细的规章制度,队工记录的规定可见一斑。但是,所有的规章制度在付诸实践的时候,都不可避免地被村落文化所消解。

❸ 在生产队里,有些农活不容易承包,例如,生产队牧场养了两头母猪,只能由生产队派人饲养,不能承包到组里。有些农活需要全队来做,例如粮食分配工作一般由生产队直接组织。

❹ 在生产队把农活承包给小组时,有些生产队把承包工分与农业产出相关联,称为"联产承包";有些生产队只是承包相关的农活。在联民大队一带,极少有生产队实行"联产承包"制度。

庭直接承包并完成生产队的农活,任务完成,就可以记录工分。有时候,承包工的记录没有任何疑义,例如,摇1.5吨小船去盐官装东西,回到队里,记录工分,谁也没有话说。有时候,承包工也引起争执,例如,承包削桑园里的草,有人削完了,地里仍留着少量的草,要不要给全额承包工分?

其他工分的记录由记工员或者会计负责,但是,与队工、承包工相比,其他工分更容易"漏掉",需要干部与农民的共同关注。误工指外出开会或者做其他工作的工分,记工员只在田地里转,看不到外出的人员,他们需要主动到记工员那里记录工分。猪羊工分通常根据饲养的时间与出售的重量记录工分,记工员很难准确掌握每家猪羊的买卖情况,因此,农民们必须留下买卖的收据,及时到记工员或者会计那里去登记。买工分或者照顾工分直接由会计记录。有的农民在外面赚钱,他根据生产队的规定出钱购买工分,给出纳交了钱,会计就记录工分。照顾工分由队务委员会讨论决定,然后由会计直接记录到该户的工分账户中。

在生产队里,工分是农民最关心的事情。生产队记工员负责记录工分,隔些日子就把工分记录清单汇总后交给会计。会计进行核对、计算、汇总,抄录在生产队劳动工分公布榜上。会计负责每一个月向全体农民公布每一个人的工分记录。生产队劳动工分公布榜通常张贴在生产队"公房"的墙上,在刚刚公布的时候,每天总有人前去核对自己和全家的工分,每次都有人提出这样或者那样的疑问。然后是回忆、找证明人,最后修正错误。这就是生产队时期的工分"月月清"。

现金收支是生产队日常记录的重要内容,由生产队出纳负责。出纳是生产队队务委员会的成员,与生产队会计一起被称为"内当家"。出纳管理生产队的现金,在"一分钱要掰成两半用"❶的年代,"公家"的现金是"大家都盯着的",这种状态给生产队出纳带来了压力。出纳工作看似简单,做好却很难。现金日记同时记录现金的收入与现金的支出,我们先看生产队现金的收入登记。生产队的现金主要来源于出售农副产品。在计划经济时代,国家控制着农副产品的流通渠道,生产队不得不把大宗农副产品销售给国家规定的部门。在联民大队一带,生产队把蚕茧销售给隶属供销社的茧站,把麻卖给隶属供销社的麻站,把稻谷销售给国家粮管所,把肉猪、鱼销售给国家食品公司,等等。所有这些部门都严格按照国

---

❶ 当年说的话,意思是现金十分稀缺,农民们用现金非常节约。

共生经济(1962—1982)
——人民公社时期的农业经营

家指定的价格收购生产队的农副产品,支付给生产队现金;生产队出纳则把现金登记在日记账上。但是,生产队部分农副产品的销售没有纳入国家计划,由生产队到农村集市中去出售,其中,山芋苗的交易数量较大,涉及人员众多,价格变化复杂,给出纳的现金日记带来了困难。首先,生产队长负责核准销售山芋苗的数量并派出销售人员,有时,他"忘记"向出纳交代相关情况。出纳不清楚哪些人上街去卖山芋苗,没有及时向他们收取山芋苗款,有些人就把山芋苗款挪用了。我们在"四清"运动的交代材料中看到,一些大队干部的贪污行为就是"私分山芋苗款"❶。联民大队"四清"开始的时候,章默兴担任生产队出纳,他从海宁高级中学毕业,充满着革命豪情。但是,工作队发现出纳账里山芋苗的现金缺少了,章默兴便成了怀疑对象。半个世纪以后,章默兴仍然记得这件事情给他的冲击❷。其次,在很多情况下,出纳清楚哪些农民受生产队长的派遣上街去卖东西了,但是,有些人交钱"很不爽快",出纳催了两三次,还没有收到"公家的钱"。生产队少数人没有公与私的概念,他们卖了生产队里的山芋苗,就在街上随便用"公家的钱"。回家以后,出纳向他收钱,他们轻描淡写地说,自己"喝了一开烧酒",钱用掉了些,"过几天凑齐了再给"。"几天"是个模糊的概念,不知道到哪天才可能交钱,出于无奈,出纳有时只能把钱转成个人借款。

生产队的现金收入登记部分涉及劳务收入与家庭非农业收入。有些劳务活动由生产队直接组织,收入由出纳统一收取。但是,1970年代中期以后,联民大队一带的家庭非农业收入大量增加,一些农民进了社办企业工作,拿着企业的工资;另一些农民私自外出做泥水匠、木匠、竹匠等,直接获得现金收入。联民大队的一些生产队规定,外出的人员必须交纳收入的10%给生产队,作为生产队的集体提存,才能拿生产队的各类实物。出纳执行生产队的政策,但是,不管如何努力,他仍难以收到这笔钱。在现金日记账中,生产队出纳同时要记录现金支出,下面摘录联民大队红江生产队1972年1月、2月的现金日记,这两个月收入较少,支出较多,有助于我们对支出情况做些简单的分析。

---

❶ 参见联民大队文书资料。

❷ 参见访谈章默兴,联民大队,2009年1月18日。参见《中国田野调查——张乐天联民大队数据库》,口述历史,ZZB-20090118—章默兴。经过反复清查、核对,结果发现,有人出售了山芋苗以后,卖出的钱"忘记"交给生产队出纳章默兴了。

表6-15 联民大队红江生产队1972年度现金日记账 （单位：元）

日期	编号	经手人	会计科目	摘要	收方	付方	结存
1.1				上年结转			2 923.27
1.20	1	才华	农业开支	氨水20担		60.00	
1.20	2	才华	农业开支	旅馆费		0.70	
1.20	3	才华	农业开支	小船租费		1.20	
1.23	4	邹益龙	畜牧开支	丰士售小猪补贴		0.50	
1.24	5	才华	农业支出	碳石装氨水补贴		2.20	
1.11	6	周和尚	公益金	宝全产妇补贴		1.25	
1.24	7	陈雪生	其他支出	铅丝修草棚		1.17	
1.15	8	沈松宝	管理支出	公社开会补贴		1.20	
1.15	10	周彩仙	管理支出	公社开会补贴		1.20	
1.15	9	周志华	固定财产	做拉车工资		8.00	
1.17	11	陈惠康	公益金	陈阿二7斤被絮		3.40	
1.20	12	王祖金	管理支出	公社开会补贴		1.20	
1.20	13	周志华	管理支出	志华等两人开会		2.40	
2.4	14	周志华	库存物资	鱼、菊花、柴等	376.74		
2.4	14	周志华	其他收入	71年分石头等	17.98		
2.4	14	周志华	其他收入	71年分乐果款	22.32		
2.4	15	周志华	其他收入	菊花1斤	0.96		
1.20	16	邹益龙	畜牧收入	小猪6只售丰士	53.12		
1.20	17	周志华	其他收入	71年建砖窑劳务	33.20		
1.12	18	周志华	固定财产	河沙720斤	2.88		
1.11	19	周志华	其他收入	出租小船1只	0.80		
				一月份合计	508.00	84.42	3 346.85
1.9	1	周志华	公益金	陈阿二药费		0.25	
1.3	2	周志华	公益金	陈阿二药费		0.36	
1.13	3	周志华	公益金	陈阿二药费		0.30	
1.16	4	周志华	公益金	陈阿二药费		0.25	
1.16	5	周志华	公益金	陈阿二药费		1.10	
1.9	6	周志华	公益金	陈阿二药费		0.87	
2.12	7	周志华	蚕业开支	巨化碳氨10斤		0.72	

共生经济(1962—1982)
——人民公社时期的农业经营

续表

日 期	编号	经手人	会计科目	摘 要	收 方	付 方	结 存
2.12	8	周志华	蚕业开支	巨化碳氨10斤		103.68	
2.4	9	周志华	固定财产	楝树1 200支等		56.00	
71.12.21	10	周志华	其他支出	鱼秧1 223条		51.58	
2.3	11	叶文浩	农业开支	住宿费3人		0.90	
2.2	12	叶文浩	农业开支	2尺铁锅		1.51	
2.4	13	叶文浩	蚕业开支	上海粪20车		31.60	
2.7	14	叶文浩	蚕业开支	租船费(装粪)		10.50	
1.14	15	叶文浩	管理费	点名簿2本		0.22	
2.10	16	王洪章	农业支出	钵头5只		1.13	
2.22	17	叶文浩	蚕业支出	斜桥装粪补贴		1.70	
2.10	18	陈雪兴	公益金	凤娥产妇补贴		5.82	
2.29	19	王洪章	管理费	农药施用卡1本		0.78	
2.12	20	王祖金	蚕业开支	71年蚕室租费		3.35	
1.11	21	王洪章	其他支出	盐官西门打坝		1.00	
2.11	22	周志华	其他收入	支援粮稻谷	115.14		
2.11	23	周志华	库存物资	库存粮转支援粮	194.68		
2月	24	周志华	其他支出	周新华修农具		15.69	
				2月份合计	309.12	289.31	3 367.36
				2月份累计	817.82	373.73	3 367.36

资料来源:联民大队红江生产队会计资料。

我们从表6-15中可以看到,1972年1月,红江生产队合计支出现金84.42元,其中主要是农业支出,该月还有4笔管理费支出,用于干部到公社里开会❶。2月份生产队合计支出289.31元,主要用于蚕业支出。在2月份的现金支出登记中,陈阿二1月份的药费令人关注。陈阿二的药费数字不大,却有6笔之多。所有这些费用开支都发生在1月份,账目却记录在2月份。这说明,出纳不是根据票据的日期来做现金日记,而是根据"做账日期"来登记。现金日记中2月份的累计支出并不是2月份生

---

❶ 红江生产队干部开会的补贴比较高,达到1.20元,相当于当时一个泥水匠或者木匠每天的工资收入。干部开会,除了可以拿到外出补贴,还可以记录一天的工分。

产队实际的现金支出,而是2月份出纳做账体现的现金支出。

与收取现金相比,出纳支出现金的工作容易操作。但是,后者也会遇到困难。生产队里的现金都存放在出纳那里,生产队里少数人可能窥视"公家的钱",想办法不时拿些钱来消费。陈世福从高级社开始就担任联民大队的领导人,他"四清"时期下台,1970年代初出来工作,担任四联窑厂的负责人;在陈家场,他辈分最高,有几个小伙子都叫他"阿太"了。陈世福喜欢喝酒,早晨,"叫一开酒,点碟小菜,日子像神仙"。口袋里没钱怎么办?方法之一是向生产队借钱。陈世福家本是"倒挂户",很难从生产队里再拿钱,但是,他一开口,出纳能怎么样呢?1970年,陈世福家"倒挂"90.78元,他却断断续续从生产队里拿了184元。1971年,他家"倒挂"86.20元,他先后从生产队里拿走现金251.40元。在陈家场,另一个令出纳头痛的人是陈建民。陈建民长期担任生产队长,年纪较大,偏爱"喝点小酒",用钱糊里糊涂。"借"是他获得现金的办法。1971年,他家"倒挂"137.66元,却从生产队里先后得到现金158.40元;1972年,他家"倒挂"53.22元,从生产队里拿到现金165.07元。在生产队里,向出纳借钱几乎都是"有借不还",为了遏止无理借钱,队务委员会对借钱作出一些规定,这些规定可以管住一般农民,却较难对付陈世福、陈建民这样的人。

实物分配是生产队运行的重要机制,实物分配记录是生产队日常记录的第三大重要内容。在人民公社时期,国家控制着农副产品的流通与销售,支配着农业生产资料与重要日常生活用品的供应,监管着农村集市,关注着农村基层干部与农民们的市场行为。计划经济制度的强有力推行极大地压缩了农民与外部世界的物资流通,减少了农民的市场交易活动,从而提高了村落自给自足的程度。从某种意义上说,人民公社是别具一格的历史演化时期,一方面,无论从制度的设计与运行,还是从技术的引进与推广,人民公社都有力地推动着中国农村的现代化进程;另一方面,村落的社会生活却因更封闭、更自给自足而继续保持着传统的因素。自给自足的生产队需要进行实物的分配。实物的分配与记录有三个重要特点。

其一,及时性。农民们每天在田地里劳动,部分收获的物品可以运送到生产队的仓库或者共育室里,大部分收获的物品都需要当天分给农民家庭,当天做好分配记录。春天,春花收获,农民们割起小麦和大麦,都挑到生产队的水泥场地上,脱粒以后,大麦和小麦柴及时分给农民。油菜拔

共生经济（1962—1982）
——人民公社时期的农业经营

起以后，一般都在田地里搓出菜籽，油菜梗就在田地里分配。春天，蚕宝宝吃剩下的桑叶茎、蚕宝宝的排泄物都是羊的好饲料，蚕室里隔几天就分配一次。夏天，"双抢"时节，农民们忙着抢收早稻、抢种晚稻，收获物的分配成为"双抢"时生产队的重要工作，是令农民们头痛的一件事情❶。秋天，山芋收获的时候，山芋地里的所有东西都要在当天拿回家。陈家场的山芋地多数在离家4里远的塘南，山芋产量高，分量重；山芋藤体积大，搬运困难。所以，当生产队通知收获山芋的时候，一些农民担心着如何把分配的山芋和山芋藤运回家。

其二，参与性。凡是在生产队里劳动过一段时间的人，几乎都直接参与过生产队里的分配，都曾经帮助记录实物分配的信息。生产队随机的实物分配一般由生产队长安排分配人员，由生产队会计提供分配清单。例如，某一天生产队里组织30人剥麻皮，这个农活需要分配麻叶与麻秆❷。生产队长从30人中挑选出5人，安排他们在下午吃过点心后负责分配。生产队会计会为他们提供两份分配的单子，其中分配麻叶的数字根据农民家庭饲养羊的数量计算，分配麻秆的数字根据农民家庭上一年的劳动工分计算❸。又如，秋天收获山芋，下午需要分配山芋和山芋藤，队长指定了分配人员，会计需要提供分配清单。这一次，山芋藤根据农民家庭养猪的数字分配，山芋根据农民家庭的口粮分配。会计掌握着每个家庭口粮占全队总口粮的百分比，他用这个百分比乘以山芋的总量，就得出了每户可以分得的山芋数量。分配人员拿到实物分配的清单以后，需要确定分配秩序（如从田地的东面分到西面，还是相反），然后再按照人员名单进行分配。分配完成后，分配人员在每一户的后面打上勾，把分配的清单交给会计。

其三，生产队会计是实物分配记录的关键人物。生产队的实物分配通常循着三大原则进行：一是按劳分配；二是按需要分配；三是按猪羊分配。生产队会计事先根据不同的原则计算出每一个家庭在全队中所占的百分比，以备随时用。每一次分配完成以后，分配人员都要把分配清单送

---

❶ "双抢"时节，生产队里的劳动十分辛苦，分配的稻草、稻谷拿回家来，还必须及时处理，搞得"忙上加忙"，令农民们烦恼。

❷ 麻叶是羊的食物，麻秆是上好的柴火。

❸ 如果当天剥麻3亩，每亩估计有麻秆10担，当天可分配的麻秆就有30担。生产队会计以每户家庭上年工分合计占全队总工分的百分比乘以30担，就计算出这个家庭可分得的麻秆数量。

给会计,以便会计进行折算、汇总。由于分配大多在劳动工地上进行,分配的柴草、蚕沙都饱含水分,所以,会计在计算重量的时候需要打折。我们注意到,生产队会计在打折的时候,更愿意迎合农民的心愿,把折扣打得"重一些"❶。实物分配的清单很多,会计需要把同一类清单汇总,制作成一份可以纳入会计账目的实物分配分户清单。下面的表 6-16 是经过会计汇总的 1978 年红江生产队春粮分配分户清单。

表 6-16 红江生产队社员预分春粮分户清单(1978 年 7 月 6 日)

(单位:斤、元)

户 名	工	分	大 麦		小 麦		蚕 豆		合 计	
			数量	金额	数量	金额	数量	金额	数量	金额
陈和尚			177	15.93	246	30.75	22	2.42	445	49.10
周阿松			356	32.04	485	60.63	45	4.95	886	97.62
陈惠康			180	16.20	247	30.88	23	2.53	450	49.61
许月仙			200	18.00	275	34.38	25	2.75	500	55.13
陈雪兴			187	16.83	257	32.13	25	2.75	469	51.71
陈雪华			166	14.94	228	28.50	21	2.31	415	45.75
叶文浩			187	16.83	257	32.13	24	2.64	468	51.50
陈桂芬			57	5.13	79	9.88	7	0.77	143	15.78
陈富康			268	24.12	368	46.00	34	3.74	670	73.86
陈云龙			133	11.97	182	27.75	18	1.98	333	36.70
陈云洲			125	11.25	171	21.38	15	1.65	311	34.28
陈云林			177	19.53	242	30.25	22	2.42	441	48.60
周富章			252	22.68	346	43.25	32	3.52	630	69.45
陈雪生			237	21.33	325	40.63	30	3.30	592	65.26
陈世福			369	33.21	507	63.38	46	5.06	922	101.65
沈阿九			125	11.25	171	21.38	15	1.65	311	34.28
毛阿三			34	3.06	46	5.45	4	0.44	84	9.25
朱志炎			55	4.95	75	9.38	6	0.66	136	14.99
俞大仙			55	4.95	67	8.38	12	1.32	134	14.65

---

❶ 其实,对于每一个农民家庭来说,打折打得轻与重是一回事,因为全队农民家庭都同样打折。但是,打折打得重了,生产队收入的总数会减少。

共生经济（1962—1982）
——人民公社时期的农业经营

续表

户 名	工 分		大 麦		小 麦		蚕 豆		合 计	
			数量	金额	数量	金额	数量	金额	数量	金额
陈德亿			343	30.87	471	58.88	43	4.73	857	94.48
王洪章			247	22.23	339	42.38	31	3.41	617	68.02
朱杏生			237	21.37	325	40.63	29	3.19	591	65.15
朱文珍			440	39.60	603	75.35	55	6.05	1 098	121.03
邹子明			138	12.42	189	23.63	17	1.87	344	37.92
邹子浩			153	13.77	211	26.38	20	2.20	384	42.35
邹子兴			99	8.90	135	16.88	13	1.43	247	27.22
周建初			276	24.84	378	47.25	34	3.74	688	75.83
汪秀林			323	29.07	442	55.25	41	4.51	806	88.83
邹益龙			317	28.53	436	54.50	40	4.40	773	87.43
翁兆祥			55	4.95	75	9.38	6	0.66	136	14.99
周和尚			276	24.84	378	47.25	34	3.74	688	75.83
冯桂宝			263	23.67	360	45.00	33	3.63	656	72.30
王华章			164	14.76	225	28.13	20	2.20	409	45.09
章祥宝			263	23.67	360	45.00	33	3.63	656	72.30
毛福元			133	11.97	182	22.75	16	1.76	331	36.48
周松山			273	24.57	375	46.88	34	3.74	682	75.19
王祖金			323	29.07	442	55.25	41	4.51	806	88.83
沈云松			279	25.11	382	47.75	35	3.85	696	76.71
沈松宝			320	28.80	439	54.88	40	4.40	799	88.05

资料来源：联民大队红江生产队会计资料。

生产队全年分配的实物品种繁多，会计需要把不同的类别汇总成不同的清单。在红江生产队的所有分配记录中，家庭名单都按照同样的顺序排列，陈和尚是该队家庭名单中的第一号家庭。我们从红江生产队的许多分配清单中摘录了陈和尚户的数字，希望能从中看到1978年一个三口之家从生产队里拿到的各类实物。

表6-17 陈和尚户1978年全年分配实物、现金清单（单位：斤、元）

记录时间	分配内容	分配数量	折合金额	分配内容	分配数量	折合金额
7月8日	大麦	177	15.93	小麦	246	30.75
	蚕豆	22	2.42			
7月7日	油菜梗	44	2.64	大麦柴	988	3.95
	小麦柴	558	3.91	蚕豆柴	87	0.61
7月11日	硬柴	83	0.83	桑柴	651	7.81
	麻梗柴	137	2.06	杂柴	223	2.23
7月11日	包心菜等	386	1.54	菜梗等	328	3.28
	次山芋	382	3.82	胡萝卜	283	2.83
8月23日	晚稻种谷	22	2.53	早稻种谷	19	1.84
	早稻谷	626	60.72			
8月24日	小瓜	20	1.20	西瓜	334	11.69
	南瓜	74	1.11	番茄	9	0.27
10月9日	猪防疫		0.20			
10月21日	借支		15.00			
不详	预分现金		93.00			

资料来源：联民大队红江生产队会计资料。

像劳动工分的情况一样，实物分配也直接牵动着每一个农民家庭的神经，因此，生产队会计汇总了每一类实物分配的数字以后，都在全生产队进行公示，并且，所有最后存档的清单都需要盖上每一个农民家庭户主的图章或者按上户主的手印。半个多世纪以后，我们看到当年留下的每一张实物分配清单上都密密麻麻地盖着图章或者按着手印，仍深深感慨于生产队运行中对于每一个农民家庭的尊重，感慨于每一个农民家庭对于生产队事务的积极参与。

二、生产队的会计核算体系

生产队会计核算体系首先是生产队会计对于每一户农民家庭的劳动工分、现金与实物的收付、畜牧业情况进行核算，其中的每一个数字都"触动着农民的神经"，生产队会计"动每一颗算盘珠都不能有半点走神"。

生产队日常的工分记录比较零散，包括劳动的时间记录与实际的工分记录。会计每个月都需要把记工员的工分记录进行折算、汇总，按时张

共生经济（1962—1982）
——人民公社时期的农业经营

贴公布。生产队的工分公布榜公布了每一个农民每一天的劳动工分记录，受到农民们的极大关注，很多农民会去核对公布榜中的数字。部分农民有自己的工分日记，他们拿着自己的"小本本"，一笔笔核对着劳动记录。每个月的工分公布榜"上墙"几天内，一定会有农民向生产队记工员、会计提出疑议，记工员、会计不得不进行"核实"，纠正某些可能的差错。生产队工分公布榜每月一张，由于纸张大，无法引录。下面先引录联民大队红江生产队 1972 年度的劳动工分分户账（见表 6－18）。

表 6－18 红江生产队工分分户登记簿 陈和尚全家 1972 年工分记录

（单位：分）

时间	陈和尚		小毛		国金		羊		全家合计	全家累计
	本期	累计	本期	累计	本期	累计	本期	累计		
12月	181.9		156.5		154.4		80		572.8	572.8
1月	222.3	404.2	160.5	317	205	359.4	85	165	672.8	1 245.6
2月	49.9	454.1	17.5	334.5	17.9	377.3	85	250	170.3	1 415.9
3月	98.4	552.5	132.2	466.7	151.8	529.1	85	335	467.4	1 883.3
4月	230	782.5	129.2	595.9	101.5	690.6	85	420	605.7	2 489.0
5月	329.7	1 112.2		595.9	197.8	888.4	85	505	612.5	3 101.5
6月	1 419.5	2 531.7	179.2	775.7	242.3	1 130.7	85	590	1926.6	5 028.1
7月	186.3	2 718	86.3	862	108.1	1 238.8	85	675	465.7	5 493.8
8月	74.5	2 792.5	50.5	912.5	37.7	1 276.5	85	760	247.7	5 741.5
9月	1 860	4 661.5		912.5	75	1 351.5	85	845	2 029	7 770.5
10月	180.8	4 842.3	63	975	78.5	1 430	90	935	412.3	8 182.8
11月	738.3	5 580.6	209.1	1 184.6	215.2	1 645.2	75	1 010	1 237.8	9 420.4

注：全年猪工分 1 536.3，总计全家全年工分 10 956.7。
资料来源：联民大队红江生产队会计资料。

陈和尚是红江生产队一个普通的农民家庭。陈和尚出生于 1914 年，1972 年时已经 58 岁，身体健康，劳动积极；小毛是陈和尚的妻子，同年出生，身体较弱；陈国金是陈和尚的儿子，1955 年出生，时年 17 岁。表 6－18 是陈和尚户 1972 年全年工分汇总，我们需要对图表进行解释。其一，生产队全年工分核算年度与实际的阳历年度相差一个月，工分核算年度从前一年的 12 月份开始，到当年的 11 月份结束。其二，表 6－18 只统计了养羊的工分，没有记录养猪的工分。红江生产队会计一直把养猪工分单列，我们将在下面分析。其三，仔细看一看全家 3 个人的工分情况，陈和尚全年工分高达5 580.6分,以365天计算,他平均每天得到工分15.29分,这就是说,即使一天都不休息,他每天也需要干超过一天半的活,这可能吗?回答是否定的。原来,会计把生产队承包给全家的劳动工分都记录在陈和尚户主的账上。其四,在陈和尚的月度工分记录中,6月份的工分是1 419.5分,工分中包含着全家承包工。秋天,晚稻收获,生产队留下质量最好的稻草,按劳动工分分配到农民家里,要求农民们在冬天农闲时搓绳、做毛蓑、结蚕网、结蚕帘等。这些都是生产队的承包工。冬天,有时不适宜到田地里干活,农民就在家里干承包的活。春天,养蚕季节到来了,生产队派人到农民家里去收取蚕网等养蚕工具,同时记录劳动工分。这些工分在春花预分前结算到了户主陈和尚的名下。9月,陈和尚的工分竟然高达1 860分,这意味着陈和尚需要每天干6天的活!原来,红江生产队7月20日左右开始"双抢",为了提高劳动效率,生产队采取了承包的办法,一直到晚稻秧苗成活、发棵。比较小毛、国金的工分记录,参照7月和8月陈和尚的工分情况,可以得出结论:生产队把承包的工分记到了户主陈和尚名下。

联民大队红江生产队会计邹益龙做事十分认真负责,他为我们留下了详细的农户家庭生猪进出结算登记,下面引录陈和尚户1974年和1975年的生猪进出结算登记(表6-19、表6-20)。

表6-19 红江生产队生猪进出结算登记 陈和尚户1974年度

(单位:分)

增加日期			说明	增加数		减少日期			实养		结算工分	备注
年	月	日		头	斤	年	月	日	月	日		
73	10	30	结转	1		74	4	2	5	2	202.7	毛103.5,白74
73	10	30	结转	1		74	4	18	5	18	224	毛118,白77
74	4	20	牧场	1	15	74	10	31	6	10	253.3	结转下年
74	4	20	牧场	1	14	74	10	31	6	10	253.3	结转下年
			合计						23	10	933.3	

注:"毛"指肉猪(也称生猪)的实际重量,"白"指肉猪杀了以后,猪肉(俗称"白肉")的重量。
资料来源:联民大队红江生产队会计资料。

表6-19和表6-20详细记录了陈和尚户1974年和1975年肉猪饲养的情况,包括"捉"❶小猪的时间、地点,"捉"进的小猪的重量,出售肉猪

---

❶ 联民大队一带的农民们把购买小猪称为"捉"小猪。

共生经济（1962—1982）
——人民公社时期的农业经营

表 6-20　红江生产队生猪进出结算登记 陈和尚户 1975 年度

（单位：分）

增加日期			说明	增加数		减少日期			实养		结算工分	备注
年	月	日		头	斤	年	月	日	月	日		
74	11	1	结转	1		74	11	18		18	24	毛135，白93
74	11	1	结转	1		75	1	3	2	3	84	毛134，白92.5
75	1	3	联丰牧场	1	25	75	7	23	6	20	266.7	毛121，白85.5
75	1	3	联丰牧场	1	25	75			6	5	246.7	毛125，白86.5
75	6	30	牧场	1		75	10	30	4		160	结转下年
75	7	5	牧场	1	21	75	10	30	3	25	153.4	结转下年
			合计						21	71	934.8	

资料来源：联民大队红江生产队会计资料。

（也称生猪）的时间，出售肉猪的重量以及白肉的重量。图表中有关工分的计算需要作两点说明：其一，红江生产队养猪工分的计算比农民劳动工分的计算早一个月，养猪工分每年从 11 月起计算，到第二年的 10 月 30 日结断。其二，红江生产队养猪的肥料报酬采取"包屁股"办法，即猪棚里有一头猪，就每天计算 1.33 分工，每月 40 分工❶。红江生产队会计 11 月份可以结算出每一个农民家庭的养猪工分，再把养猪工分与家庭的其他工分合并，算出全家全年总劳动工分。

在生产队会计核算体系中，劳动工分核算是基础性工作的有机部分，劳动工分核算与生产队收入、支出核算相匹配，就可以制作全年的生产队粮食分配决算表、生产队经济分配决算表。生产队的收入、支出核算区分为经济、粮食两大类别。生产队经济收入、支出核算需要根据农村统一的生产队会计科目汇总生产队每一笔收入、支出账目。1972 年，红江人民公社根据浙江省的有关规定制定了新的生产队会计科目，表 6-21 是生产队新旧会计科目的对照。

对比生产队会计新旧科目可以看到，新科目把旧科目中的"财产"改名为"固定财产"，把旧科目中的实物改名为"库存物资"。这两个科目都只是登记科目，与年度会计收支平衡没有关系。在会计账目中，专门有一本固定财产登记簿，下面列出红江生产队固定财产登记簿中的一页，以考察当年生产队固定财产的情况（见表 6-22）。

---

❶ 有些生产队，例如陈家场采取"包屁股"与白肉重量结合的方法给养猪的肥料报酬，陈家场给养猪户每头猪每天 1 分工，肉猪出售以后，生产队再根据白肉的重量给农户一定的工分。陈家场的政策鼓励农户养肥猪。

表 6-21 红江人民公社革命委员会1972年生产队会计新旧科目对照表

资　金　来　源		资　金　运　用	
旧　科　目	新　科　目	旧　科　目	新　科　目
收入	农业收入	财产	固定财产
	蚕桑收入	开支	农业支出
	畜牧收入		蚕桑支出
	其他收入		畜牧支出
公积金	社员股金		其他支出
	公积金		管理费用
公益金	储备基金	下年成本	下年成本
	公益金	暂付款	暂付款
贷款	贷款	税款	税款
暂收款	暂收款	实物	库存物资
		社员往来	社员往来
		现金	现金
			存款
			收益分配

资料来源：联民大队会计资料。

表 6-22 红江生产队固定财产登记簿 蚕䒰（单位：只、元）

登记日期	登记说明	单价	增加		结存	
			数量	金额	数量	金额
67.1.19	上年结转原5队117只					387.01
67.1.19	上年结转原6队140只					844.48
67.5.2	添购14只	4.45	14	62.30	271	906.78
67.5.8	添购2只	4.45	2	8.90	273	915.68
67.12.30	添购4只	3.90	4	15.60	277	931.28
68.4.12	添购13	4.45	13	57.85	290	989.13
68.8.14	添购5只	4.31	5	21.55	295	1 010.68
68.11.20	添购32只	3.90	32	124.80	327	1 135.48
69.9.3	添购圆䒰4只,方䒰5只	3.89 3.46	9	30.86	336	1 166.34
70.2.18	添购7只	4.45	7	31.15		1 197.48

共生经济(1962—1982)
——人民公社时期的农业经营

续表

登记日期	登记说明	单价	增加		结存	
			数量	金额	数量	金额
70.3.2	添购5只	3.89	5	19.45	348	1 216.94
70.4.26	添购3只	4.41	3	13.23	351	1 230.17
70.6.24	添购4只	3.89	4	15.56	355	1 245.73
70.9.12	添购力藤匾2只,塑料藤匾5只	3.89 3.90	7	27.28	362	1 273.01
71.6.19	添购力藤匾2只,白扎1只	3.89 4.41	3	12.19	365	1 285.20
72.3.13	添购力藤匾4只	4.45	4	17.80	369	1 303.00
72.6.4	添购蚕匾3只	3.89	3	11.67	372	1 314.67
73.4.10	添购蚕匾4只	4.45	4	17.80	376	1 332.47
	结转下年					

资料来源:联民大队红江生产队会计资料。

表 6-22 是关于红江生产队蚕匾的登记,从中可以看到该队蚕匾增加的情况,但没有损耗记录。实际上,蚕匾的损耗十分严重,速度超过蚕匾的增加,以至于到1970年代中期,生产队慢慢用蚕帘替代蚕匾。

新科目在收入与开支两个项目中比旧科目罗列得更加精细。旧科目只列出收入,新科目要求分列农业收入、蚕桑收入、畜牧收入、其他收入;旧科目只列开支,新科目要求区分农业支出、蚕桑支出、畜牧支出、支出与管理费用。生产队会计科目收入、支出项目确定了,生产队会计就按照会计科目把生产队全部收入、支出按科目做成会计明细账,表6-23就是红江生产队1973年的明细账。

表 6-23　红江生产队明细账1973年度农业收入　　(单位:元)

日期	记账摘要	收方	余额
5.20	苗头款,2 905把	646.21	646.21
7.12	苗头款	202.73	
7.12	苗头款	58.66	
7.12	麦柴4.83元、菜籽205.32元、194.81元、春茧款3 013.28元	3 420.66	4 328.26
7.18	牧场,种子,大小麦,蚕豆	301.53	

续表

日 期	记 账 摘 要	收 方	余 额
7.19	大麦1 883斤169.47元,小麦4 930斤616.58元(分)	786.05	
7.19	蚕豆柴2 725斤19.08元,春茧231.5斤231.50元	250.58	
7.19	瘪谷,瘪大麦,瘪小麦1 859斤(分)	74.36	
7.19	小麦柴1 702斤,大麦柴14 001斤,菜梗柴3 084斤,桑条24 878斤	493.44	6 234.22
9.3	收6 880斤,早谷交任务	667.36	
9.3	收11 813斤,早谷分	1 145.86	
9.3	收早谷25 045斤,其中入库存20 378斤、牧场637斤、种谷4 030斤	2 429.37	10 476.85
9.8	早稻柴239.05(分),瘪谷豇豆等1 350斤67.50元	306.55	10 783.36
10.12	夏茧,桑叶	522.96	
10.12	茧子,柴,谷	599.47	
10.12	中秋茧	1 581.94	13 487.73
12.31	萝卜58.85担111.82元,山芋8 693斤182.55元	294.37	
12.31	山芋(调米)32 357斤	679.50	
12.31	麻,晚秋茧款	3 466.71	
12.31	退返社员私人麻款855.5斤	304.63	17 623.68
12.31	晚谷400斤(存库)	46.00	
12.31	谷428.26元,藤288.83元,黄豆45.75元	762.84	

资料来源:联民大队红江生产队会计资料。

科目"农业收入"把生产队在农业经营中所获得的收入全部汇总,得到的数字用于年终决算表格的制作。生产队会计把新会计科目中的所有类别都作入会计明细账中,这个工作完成以后,就可以制作生产队年度经济分配总表,如表6-24。

表6-24 联民大队红江生产队1978年度经济分配表 (单位:元)

项目	金额	占比(%)	项目	金额	占比(%)
农业收入	29 013.51	72.5	税金	1 239.25	3.1
蚕业收入	6 694.86	16.75	积累	3 090.76	7.73
林业收入	629.42		一、公积金	2 800.00	7
牧业收入	1 326.14	3.32	二、公益金	290.00	0.73
副业收入	1 403.38	3.5	三、储备基金		

共生经济(1962—1982)
——人民公社时期的农业经营

续表

项　目	金　额	占比(%)	项　目	金　额	占比(%)
渔业收入	665.18		四、生产基金		
其他收入	147.25		五、折旧基金		
总　计	39 979.74				
农业支出	7 202.28		合　计	4 330.01	10.83
蚕业支出	848.26		社员分配合计	27 046.20	
林业支出			1. 按劳分配	27 046.20	67.67
牧业支出	312.96		2. 肥料报酬		
副业支出			3. 蚕具报酬		
渔业支出	109.00		其中全年现金	8 500.00	
管理费支出	40.92				
其他支出	90.63				
合　计	8 063.53	21.5	总　计	39 979.74	

资料来源：联民大队红江生产队会计资料。

表 6-24 是按照生产队会计新科目制作的红江生产队 1978 年度年终经济分配表，该表收方与付方数字相一致，俗称"轧平"。在付方中，生产队农业经营成本合计 8 063.53 元，占总收入的 21.5%；国家税金 1 239.25 元，占总收入的 3.1%[1]；公共积累合计 3 090.76 元，占总收入 7.73%。社员分配达 27 046.20 元，占总收入的 67.67%。其中全年生产队共分了现金 8 500 元，该队共 40 户，平均每户分得现金 212.50 元；全队共 165 人，平均每人分得现金 51.52 元。表 6-24 显示，全队经济分配全部都是"按劳分配"，这意味着，农民家庭全年从生产队里得到的所有实物、现金，最后都需要该户投入劳动力才能获得。在人民公社时期，经济的"按需分配"只有在大人民公社的初期曾经短期地实行过，当时按人头发放有限的生活费用。

每年秋天，生产队会计在做生产队经济分配表的同时，还需要做粮食分配表。为了做好粮食分配表，会计需要分不同品种汇总生产队全年实物的收入情况(见表 6-25)。

---

[1] 生产队都以实物抵税，红江生产队是"余粮队"，因此，通常都以上交粮食抵税。

第六章 集体经营的组织、制度与运行

表6-25 联民大队红江生产队1978年度分配产量产值表

(单位：亩、斤、元)

名称	面积	单产	总产	单价	总金额	名称	面积	单产	总产	总金额
大麦	24	428	10 262	0.09	923.58	春蚕	25	92.05	2 308.7	3 323.39
小麦	40	313	12 521	0.125	1 565.13	夏蚕	5	48.5	242.5	261.42
蚕豆	10	194	1941	0.11	213.51	早秋	16	42.4	678.5	773.38
早稻	45	626.7	40 736	0.97	3 959.91	中秋	30	55.96	1 678.7	2 077.20
晚稻	78	793.4	61 886	0.115	7 116.98	桑叶				100.10
山芋	28	710	19 872	0.10	199.84	冬菜				1 265.37
黄豆	10	416	4 159	0.20	831.80	芦竹				570.98
杂粮			652			芦笋				509.87
小计			152 029		16 583.56	番茄				500.29
油菜	37		5 252.5		1 592.01	畜牧				1 326.14
络麻	35		26 909.5		514.56	大队企业				1 403.78
西瓜	3				489.09	运费				38.70
柴草					2 214.00	其他				147.15
山芋苗					659.39	渔业				665.18
柏籽					58.06	石头				7.00
						山芋				10.47
						蚕沙				218.95
估产部分										
大队误工					1 209.00	胡萝卜				300.00
小猪			26头		600	鱼				350.00
肉猪			3头		285	小计				2 784.00
合计										39 979.74

资料来源：联民大队红江生产队会计资料。

表6-25称为"产量产值表"，顾名思义，是生产队所有实物的产量与产值。其实，为了与经济分配、粮食分配的表格相匹配，该表中还包含着其他的产值，如大队企业划拨的收入、运费等。表6-25记录了全部粮食的种植面积、单产与总产，记录了其他作物的单产与总产。该表的合计金额与表6-24的总金额相同，粮食总产量与1978年度粮食分配表的总产量相同(见表6-26)。

共生经济(1962—1982)
——人民公社时期的农业经营

表6-26 联民大队红江生产队1978年度粮食分配表　　（单位：斤）

项　目	数　量	占比(%)	项　目	数　量	占比(%)
自产粮	151 377		社员分配合计	129 139	84
供应粮			1. 基本口粮	86 675	
其他粮	652		2. 按劳分配	27 411	
合　计	152 029		3. 饲料粮	1 086	
国家任务	6 880	4.54	4. 按肥分配	4 213	
种　子	11 465		5. 照顾粮		
储备粮					
集体饲料	4 100	2.74			
其中用粮	1 717				
出售国家	1 055				
补充资料					
参加分配工分	409 790.9		其中肥料工分 87 090.4		
每个劳动日值	0.66元		每个劳动日分粮 0.85斤		
分配户数	40户				
分配人数	165人				
平均每人分	165.43元				
平均每人分粮	700斤				

资料来源：联民大队红江生产队会计资料。

在表6-26中，表6-25中的"杂粮"652斤被放到"其他粮"中。1978年，红江生产队出售余粮的国家任务是6 880斤，卖给国家余粮（俗称"爱国粮"）1 055斤。红江生产队全年粮食分配占总产量的84%。在全部粮食分配中，基本口粮占67.1%。这是按需分配的粮食，所有的老人、小孩，即使没有参加生产队的劳动，也都可以拿到基本口粮。1978年，红江生产队基本口粮的水平很高，平均每人全年有525.3斤稻谷，折合大米372.96斤。全队按劳分配的粮食占22.2%。表6-26中，粮食"按肥分配"指按照畜牧工分分配，"饲料粮"指出售猪以后，生产队给每一只猪一定的粮食。

至此，会计已经制作了经济分配表、粮食分配表，结合全队的工分数字，就可以计算出该年生产队收入分配的基本情况。表6-26的"补充资料"呈现了当年农民们最关心的几个问题:每一工多少钱,平均每人分多少钱,分多少斤粮食。在生产队会计制作粮食分配表时,还会制作一份分品种的粮食分配表(见表6-27)。

表6-27 联民大队红江生产队1978年粮食分品种分配表(单位:斤)

品种	合计	留存部分					社员分配				
		国家任务	种子	储备粮	队饲料粮	其他	出售国家	合计	基本口粮	按劳分配	饲料粮	按肥分配
合计	151 377	6 880	11 165		4 100	1 717	1 055	129 139	86 635	27 431	10 860	4 003
小麦	12 521		1 200					11 321	7 585	3 226	113	397
大麦	10 262		800		1 100			8 262	5 536	1 652	826	248
蚕豆			500		400			1 041	697	208	100	36
早稻		6 880	3 900		100			29 070	19 477	6 400	2 900	293
晚稻			2 551	2 000		270		57 065	39 905	11 900	4 961	299
山芋			2 000		400	723	279	16 470	11 035	3 348	1 600	507
黄豆			504			72		3 583	2 400	717	360	106
杂粮												

资料来源:联民大队红江生产队会计资料。

从表6-27可以看到,红江生产队拿出米质较差的早稻谷❶出售给国家,完成国家任务。在生产队里,农民甚至把晚稻谷留作生产队的饲料粮!

生产队会计制作完成经济分配表、粮食分配表,汇总了所有农民家庭的工分资料,就可以制作生产队经济分户方案与粮食分户方案。我们在生产队日常记录体系中谈到,生产队有三大日常记录体系——工分、现金与实物,其中,工分记录本身就按照家庭来汇总,一本社员工分登记簿为年终分户方案提供了基本的工分资料。实物分配日复一日地进行,会计按类别汇总公布,并请各户户主确认盖章或者按手印;平时现金分配的汇总表都经过公布,并与户主确认。在这样的基础上,会计就及时把经户主确认的实物、现金分配数字记录到社员分户账中。下面引录的是联民大队红江生产队的《社员分户账》中的第一页(见表6-28)。

---

❶ 早稻谷轧成的米称为"籼米",口感差,晚稻谷轧成的米称为"粳米",口感好。由于农民更愿意把晚稻谷留下,把早稻谷卖给国家,城市居民不得不吃相当数量的籼米。在上海,每户都有一本购粮证,粮店根据配给总量确定购买籼米和粳米的比例。

共生经济（1962—1982）
——人民公社时期的农业经营

表 6-28　红江生产队社员分户账　陈和尚户 1975 年度（单位：斤、元）

日　期	记　账　说　明	实物折现金	现　金
2.29	谷、肉、化肥、胡萝卜等，54.19 元，0.56 元，1.11 元，3.76 元	59.60	
3.9	鱼 4.20 元，次山芋 1.46 元，合医 0.90 元	6.56	
6.13	支		124.00
7.15	大麦 95 斤 8.55 元，小麦 210 斤 26.25 元，蚕豆 10 斤 1.10 元	35.90	
7.15	蚕豆柴、桑条、菜梗、小麦柴	8.82	
7.15	瘪谷、大麦柴、桑柴、籼米	12.39	
7.15	苗头 18.09 元，防疫针 0.96 元，?? 0.21 元，杂柴 0.84 元，包心菜 1.13 元	21.23	
8.20	早稻谷	59.56	
8.23	西瓜 8.41 元，早稻柴 4.42 元，高粱 4 斤 0.36 元	13.17	
9.18	7.23 支现		62.00
9.18	8.1，分咸肉	1.12	
12.25	瘪谷 0.48 元，黄豆荚 0.66 元，芦竹 0.89 元，谷乱柴 1.72 元	3.75	
12.25	麻梗 15.84 元，小大山芋 7.91 元，1.64 元，晚稻谷 85.10 元	110.49	
12.25	鱼肉 4.36 元，0.78 元，晚稻柴 6.97 元，猪羊防疫针 0.25 元，0.20 元，0.10 元	12.66	
12.25	萝卜 0.63 元，蚕沙 5.23 元，籼米 144 斤 19.87 元，生麻 3 斤 0.45 元	26.18	
12.25	番茄 1.74 元，合医 0.90 元，萝卜菜 0.83 元，藤 10.91 元，黄豆柴 4.44 元	18.82	
12.28	黄豆	9.75	
12.31	找现		185.95
12.31	1976 年劳动报酬 771.91 元		

资料来源：联民大队红江生产队会计资料。

生产队社员分户账记录了每一个农民家庭平时从生产队里拿到的现金与所有实物，会计把分户账中的数字相加，就是农民家庭全年"欠"生产队的钱。

一切资料都已经齐备，生产队会计便可以制作生产队年终经济分户方案与粮食分户方案了。我们已经在本章第二节中分析过这两个方案，这里不再重复。

第七章 共生与内卷

在人民公社时期,生产队是一个稳定却封闭的单位,保持了一种共生经济的形态。政府的推动,农民们的共生意识,扼止着生产队内部的消极怠工,提高着生产队的农业产出,但是,有限的经济增长部分被生产队内部增长着的需要抵销,于是出现了共生经济中的内卷。

共同生存意识是维持公社农业经营秩序的内生动因,共生经济在1967年创造了奇迹。但是,在人民公社制度中,共生经济只能是维持型的经济;共生的力量没有也不可能克服人民公社制度固有的困境,不可能消解经济的内卷,也不可能阻止人民公社的终结。

一、1967年,共生的奇迹

1967年是特殊的。联民大队原支部书记冯茂才正被关在湖州精神病医院里,他在1966年度下半年"变疯"了。大队长陈世福、蚕业队长戴顺堂等大队干部都在"四清"时被批得"抬不起头来",各自回到自己生产队参加农业劳动。原副大队长周生康仍在大队机站里,但是,现在他的主要任务是做检查。1966年下半年,联民大队许多普通共产党、生产队干部都受到了冲击,他们有的干脆"躺倒不干",有的消极怠工。1967年,联民大队有些生产队大半年时间"没有人管"。1967年,"四清"时期被"扶上台"的联民大队党支部书记顾积明已经受到造反派的批判,红江人民公社两大造反派"省联总"与"红暴派"正在相互斗争,农村基层组织还没有建立起来。

1967年,联民大队像周边的其他大队一样,旧的组织已被摧毁,大部分农村干部已被打倒,新的革命组织还没有建立。农村基层正处于"革命的无政府状态"中。农民本来是散漫的,新政权摧毁了宗族组织,更把农民变成"缺乏自然依附"的个体。在这种情况下,一旦农村出现无政府状

共生经济（1962—1982）
——人民公社时期的农业经营

态，可以想象的结果是混乱和灾难。那么，1967年，联民大队出现了混乱和灾难吗？没有一个联民大队的农民会给出肯定的回答。如果没有混乱和灾难，联民大队1967年的农业经营情况处于什么样的水平上？农业产出是否出现滑坡？由于联民大队1967年的"无政府状态"起始于1966年下半年，又影响到1968年的春花，所以，我们选择联民大队1965年、1969年的农业经营情况作为参照，以便对1967年联民大队的农业经营做出比较客观的评估。

其一，粮食作物、络麻的种植与产出。表7-1、表7-2全面呈现了联民大队1967年度集体经营的农作物的面积、产量。

我们先看种植面积。1965年，联民大队春粮种植面积695亩、水稻971亩、络麻364亩；1967年，联民大队种植春粮652亩、水稻1 132亩、络麻302亩；1969年，联民大队种植春粮710亩、水稻1 093亩、络麻309亩。如果我们关注这几类作物总的种植情况，可以看到1965年是2 031亩，1967年是2 086亩，1969年是2 112亩。由此可见，1967年，就种植面积而言，在农村干部或者被打倒或者自己"躺倒"的情况下，联民大队的农民们依然自觉地耕种每一片土地。

1967年，联民大队粮食的产出没有出现滑坡现象。1965年，联民大队"粮豆合计"共830 619斤，1967年是867 845斤，1969年是947 090斤，我们从这一组数字可以看到，联民大队的粮食、豆类的产量是逐年上升的，1967年，全大队粮豆产量不仅没有下降，反而比1965年增加了37 226斤。但是，联民大队1967年络麻的产出处于三年比较年度的较低点，1965年全大队络麻总产量是192 656斤，1967年是128 082斤，1969年是151 230斤，1967年比1965年减产33.5%。对比络麻的种植面积可以看到，络麻总产量的减少部分与种植面积的减少相关。这是当时联民大队的农民们主动采取的种植策略，他们减少国家计划控制较松的络麻种植，多种些水稻，以便收获更多粮食。

其二，蚕的饲养与收益。联民大队是半经济作物地区，蚕桑生产是各个生产队重要的经济收入来源。上表7-3是联民大队1967年全年蚕的饲养与产茧情况。表7-4为联民大队蚕茧生产三年度的比较情况。

我们从表7-4可以看到，1967年，联民大队秋天的蚕茧生产出现了大问题，全大队平均每张蚕种的产量远远低于1965年与1969年。在联民大队的各个生产队中，红江生产队秋蚕的张产竟然只有5.4斤。1967年秋天的蚕茧生产是怎么回事？这里存在着两种可能性，或者受到革命

表7-1 红江公社联民大队集体经营的农作物面积产量报告表（1967年度）

（单位：亩，斤）

生产队名称	粮食及大豆总产量	（一）粮食总产量	一、春粮小计			1. 小麦			2. 大麦			3. 蚕豆			4. 早稻		
			面积	单产	总产量	面积	单产	总产量	面积	单产	总产量	面积	单产	总产量	面积	单产	总产量
甲	1	2	3	4	5	6	7	8	9	10	11	12	13	14	15	16	17
合计	867 845	847 164	652	157.5	102 691	514	147	75 567	67	191	12 710	71	202.4	14 414	505	430.3	217 600
东风	126 664	122 797	104	153.7	15 982	83	139	12 400	14	187	2 625	7	137	957	70	405.7	28 400
红星	1 150 752	112 791	90.65	140.7	12 757	57.85	153	8 845	8.6	166	1 429	24.2	103	2 483	74	397	29 355
红江	107 967	105 486	78.71	169.6	13 344	64.71	139.5	9 029	4	355	2 130	8	27 301	2 185	56	441.7	24 736
立新	120 899	118 253	83	169.3	14 055	74	161	11 909	3	177	531	6	256	1 615	64	518.6	33 194
东方红	87 830	86 495	70	123.4	8 632	50	88.8	4 438	10	230	2 306	10	188	1 888	58	405.4	23 514
红旗	77 249	73 930	48	222.2	7 056	42	2 172	9 127	3	109	326	3	437.3	1 312	43	406.8	17 493
向阳	124 099	121 424	98	151.3	14 829	80	140	11 201	10	141	1 413	8	277	2 215	70	452	31 646
胜利	107 955	105 988	80	154.1	12 327	63	137	8 618	12	112.5	1950	5	352	1 759	70	418	29 262

实际报出日期：1968年2月15日　　社（队）长：章　　制表人：章

资料来源：联民大队会计资料。

共生经济（1962—1982）
——人民公社时期的农业经营

表7-2 红江公社联民大队集体经营的农作物面积产量报告表（1967年度）

（单位：亩，斤）

生产队名称	三、中晚稻			任中晚稻总面积中：			四、山茹			五、什粮（玉米,小麦,高粱）			二、大豆			络麻		
	面积	单产	总产量	中稻	单晚	瓜、芋等翻稻	面积	单产	总产量（五折一）	面积	单产	总产量	面积	单产	总产量	面积	单产	总产量
甲	18	19	20	21	22	23	24	25	26	27	28	29	30	31	32	33	34	35
合计	627	580.5	363996				322	501.3	161431			1446	49	421.8	20671	302	424.1	128082
东风	87	604.5	52612				60	430	25803				10	386.7	3867	49	386.2	18926
红星	94	512.3	48160				45	500.4	22519				8	285.1	2281	42	311.7	14894.5
红江	68	653.2	44417				33	696.6	22989				6	413.5	2481	35	468.3	16391
立新	79	681	53905				24	700.5	16811			288	8	330.7	2646	39	494	19272
东方红	73	541.7	39544				30	483	14499			306	3	445	1335	33	370	12213
红旗	50	626.5	31326				30	476.1	14283			63	4	854	3419	15	460	6903
向阳	90	524.8	47233				60	448.8	26927			789	6	535	2675	49	432	21165
胜利	86	544	46799				40	440	17600				4	491	1967	40	457.9	18318

实际报出日期：1968年2月15日　　社（队）长：章　　制表人：章

资料来源：联民大队会计资料。

第七章 共生与内卷

表7-3 红江公社联民大队全年蚕茧、水产量报告表(1967年度)

(单位:张、斤、亩)

生产大队(生产队)名称	全年合计			春蚕			夏蚕			秋蚕			水产生产	
	饲养张数	张产	总产量	饲养张数	张产	总产量	饲养张数	张产	总产量	饲养张数	张产	总产量	养殖面积	水产总产量
甲	1	2	3	4	5	6	7	8	9	10	11	12	13	14
合计	679	39.8	27012	283	66.73	18886	83	52.86	4387	313	11.95	3739	45	45
东风	72	42.43	3054.9	34	62.8	2135.1	12	51.8	622.4	26	11.45	297.4	4	7
红星	85	33.7	2864.7	30	64.6	1939.4	9	51	459.3	46	10.2	466	10	5
红江	60	43.38	2602.9	30	66.56	1996.8	10	49.8	498	20	5.4	108.1	7	4
立新	112	38.7	4334.1	40	68.9	2757.5	12	56.2	674.2	60	15.07	902.4	7	8
东方红	30	65.25	1957.7	23	70	1629.7	7	40.5	328				4	3
红旗	118	38.56	4552.1	48	68.3	3280.3	10	49.46	494.6	60	13	777.2	3	5
向阳	126	38.41	4849.5	48	67.54	3241.9	12	58.8	706.2	66	13.65	901.4	5	7
胜利	76	36.7	2795.9	30	63.5	1905	11	54.9	604.6	35	8.17	286.3	5	6

实际报出日期:1968年2月15日 社(队)长:章 制表人:章

资料来源:联民大队会计资料。

共生经济(1962—1982)
——人民公社时期的农业经营

表7-4 联民大队蚕茧生产三年度比较表　　　（单位：斤）

	春蚕			夏蚕			秋蚕		
	张数	单产	总产	张数	单产	总产	张数	单产	总产
1965	239	59.7	14 269	69	42.13	2 907	373	40	14 836
1967	283	66.73	18 886	83	52.86	4 387	313	11.95	3 739
1969	272	75.1	18 947.5	83	57.5	4 774	250	43.25	11 337

资料来源：联民大队会计资料。

的影响，蚕茧生产出现滑坡；或者只是联民大队一带的局部问题，如遇到了严重的蚕病。查阅《海宁农业志》可以看到，1967年秋天，海宁的蚕茧生产仍然正常。1965年，海宁全县秋茧总产量70 830.5斤，1967年是78 584.5斤，1969年是78 810.5斤❶，1967年的秋茧总产量比1965年增加了7 754斤。因此可以得出结论：1967年秋天，联民大队蚕茧总产量低是一个局部性的问题。

其三，在联民大队一带，畜牧生产主要是家庭饲养猪羊。当时农民们说，"吃饭靠集体，花钱靠自己"，"靠自己"怎么赚到钱？发展畜牧业是"政治正确"的方法，受到国家的鼓励。由于集体生产劳动很忙，一方面，农民们努力调动家庭内部所有劳动潜力，让"走路还不稳"的小孩儿跟着大孩子去地里割草，让小脚老太提着满桶的猪食给猪喂食，等等；另一方面，所有人都"见缝插针"，"挤出时间"来多养猪羊。几乎每一天，陈应珍只要集体收工的号子一吹，就连走带跑地回家，拿起工具外出去割草，陈家场人看到她那风风火火的样子，会形容她"像抢火烧场一样"❷。

其实，陈应珍只是"样子难看"，联民大队的许多农民都像她一样，一有时间，就"围绕着猪羊转"。这是联民大队一带畜牧生产的一般状态，那么，1967年的情况怎么样呢？表7-5反映了联民大队1967年畜牧业的情况。

---

❶ 参见内部文稿，海宁农业局编：《海宁农业志》，2008年，第103—104页。
❷ 陈应珍出生于1911年，陈雪峰的母亲。解放前夕，家里仅有的三间旧房子失火烧毁，全家生活十分艰难，由于丈夫身体较差，陈应珍一手撑起这个家。后来，回忆起这几年时间，她常常会说："亏得小时候母亲没有给我缠小脚，现在什么重活都能干，否则，这个家怎么能撑下去？""像抢火烧场一样"形容做事十分急，人的行为就像在救火似的。

表7-5 红江公社联民大队牲畜年终存栏数量报告表（1967年度）

（单位：头）

生产大队（生产队）名称	生猪年终存栏头数 合计	其中 能繁殖的母猪	其中 未断奶的猪仔	其中年终集体牧场 个数	其中年终集体牧场 生猪存栏头数	生猪全年饲养量计算 全年出售的活肥猪	生猪全年饲养量计算 全年自宰头数	生猪全年饲养量计算 全年饲养量	生猪全年饲养量计算 平均每户饲养头数	牛年终存栏数 总头数	其中 水牛	其中 黄牛	其中 能耕田的牛	羊年终存栏总头数
甲	1	2	3	4	5	6	7	8=1+6+7（栏）	9=8÷5表2栏	10	11	12	13	14
合计	718	22	70	3	50	1 000	15	1 733	5.399					949
东风	108	2				157	2	267	6.21					165
红星	100	5				96	9	205	5.86					135
红江	84	3	12			120	2	206	6.44					96
立新	85	4	11	1	14	111		196	5.03					125
东方红	65					83		148	4.23					95
红旗	70	2	22	1	22	77		147	3.2					96
向阳	107	2	15			171		278	6.47					152
胜利	99	4	10	1	14	185	2	286	5.96					85

实际报出日期：1968年2月15日　　　　社（队）长：章　　　　制表人：章

资料来源：联民大队会计资料。

共生经济（1962—1982）
——人民公社时期的农业经营

表7-6 联民大队畜牧生产三年度比较表

年 度	年终存栏	其中集体	出 售	自 宰	全年饲养量	平均每户养猪	年终羊存栏
1965	789	1	646	6	1 441	4.45	975
1967	718	50	1 000	15	1 733	5.399	949
1969	860	120	1 089	26			1 087

资料来源：联民大队会计资料。
注：本表中没有列入母猪的数字，联民大队一带的农民们大多没有养母猪的传统，他们都到市场上去购买小猪，饲养半年左右出售，所以，母猪的饲养量并不反映畜牧生产的情况。

我们从表7-6可以看到，革命高潮的到来，基层干部的倒台，生产队中出现的无政府状态，这一切都没有妨碍农民们发展畜牧生产的热情，与1965年相比，1967年联民大队的生猪出售量增长了354头，增长的幅度超过50%！农民们的养猪热情确保了城市的鲜肉供应。1967年，全大队平均年户均养猪达到了5.399头，全大队户均人数是4.41人，农民们养猪的头数超过了家庭人数！从表7-6也可以看到革命对于畜牧生产的影响。1965年联民大队几乎没有集体养猪，1967年集体养猪存栏数达到50头，占全部存栏的7%。

在人民公社内部，生产队与农民家庭可能动用的资料都是有限的，这种情况决定了联民大队畜牧生产的规模。比较联民大队以后的畜牧生产情况发现，到1967年，联民大队发展畜牧的潜力已经充分挖掘出来，畜牧业的发展已经接近极点。1969年，联民大队生猪的年终存栏数与生猪出售数都有小幅增长，这种增长可以解释为年度之间的不平衡，因为即使到1977年，联民大队的养猪水平仍维持在1967年的基本水平上❶。

其四，联民大队农业经营中的劳动投入与收益。随着"文化大革命"高潮的到来，联民大队的"省联总"和"红暴派"是否因为参加革命运动而减少了农业劳动的投入？联民大队的农民们是否因为"干部躺倒"而放弃了集体生产？回答是否定的。资料显示，与1965年相比，1967年全大队的劳动总投入呈上升的趋势。1965年，联民大队总投入劳动日数182 083工❷，1967年是192 115.4工，1969年达到227 872工，在"文化大革命"高潮时期，农民们仍然忙于参加农业劳动。就收益情况而言，1965

---

❶ 1977年，联民大队生猪年终存栏数802头，全年出售生猪729头，全年饲养数1 722头。该年，联民大队羊的年终存栏数是918头。相关数据参见联民大队会计资料。

❷ 不包括畜牧工分。

年全大队总收入231 287.56元,其中社员分配合计146 062.21元;1967年全大队总收入229 376.23元,略低于1965年,但社员分配合计高于1965年,共149 271.13元;1969年全大队总收入257 885.10元,社会分配合计168 662.81元。1965年,联民大队测算每个劳动日报酬0.611 5元。由于年终决算以生产队为单位进行,1967年,大队不再进行劳动日报酬的测算,各个生产队的劳动日报酬分别是:东风生产队0.558 4元,红星生产队0.561 2元,红江生产队0.657元,立新生产队0.78元,东方红生产队0.728元,红旗生产队0.596元,向阳生产队0.58元,胜利生产队0.69元。各个生产队的劳动日报酬各有差异,但总体上说,1967年联民大队劳动日报酬与1965年不相上下。年人均收入的情况也是如此。1965年,联民大队年人均收入105.61元[1]。1967年,东风生产队年人均收入111.86元,红星生产队88.52元,红江生产队128.00元,立新生产队125.20元,东方红生产队107.30元,红旗生产队82.10元,向阳生产队118.19元,胜利生产队81.11元。

联民大队原会计贾维清留下的详细会计资料使我们有机会看到1967年联民大队农业经营的真实图景,与全国此起彼伏的"红色革命风暴"[2]形成强烈反差,村落里的农业经营仍保持着基本的秩序。这是令人疑惑的现象,散漫的农民为什么可能在混乱的时代自发地建构出农业生产秩序?问题的答案潜藏在"三级所有,队为基础"的人民公社的存在方式中。在这里,"部分农民的自私行为在实践中会转化成切切实实的维护集体利益的行为"[3],从而确保了人民公社时期农业生产的基本秩序。

其一,合适的集体规模。

在经历了大人民公社时期的混乱与灾难以后,中共中央于1961年提出"三级所有,队为基础"的人民公社制度,并在1962年9月27日的中共八届十中全会上正式通过了《农村人民公社工作条例修正草案》(简称"农业六十条")。"农业六十条"规定:"生产队是人民公社中的基本核算单位。它实行独立核算,自负盈亏,直接组织生产,组织收益分配。"[4]"农

---

[1] 1969年,联民大队的年人均收入略高一些,为113.42元。
[2] 1967年1月,上海市"革命造反派"夺了上海市委、市政府的权力,史称"一月风暴"。不久,以夺权为目标的革命风暴迅速蔓延,全国各地处于动荡与混乱之中。
[3] 张乐天:《告别理想——人民公社制度研究》,上海人民出版社,2005年,第5页。
[4] 转引自张乐天:《告别理想——人民公社制度研究》,上海人民出版社,2005年,第415页。

共生经济(1962—1982)
——人民公社时期的农业经营

业六十条"没有明确规定生产队的规模,"农业六十条"的实施恰恰又是中央较多地给农民"自由"的时候,因此,生产队的规模最初更多体现着农民的意愿。1962 年,联民大队共划分出 14 个生产队。1964 年,规模最小的第 7 生产队仅 10 户农民,44 人,该队农业劳动力共 14 人,其中男整劳动力仅 3 人,女整劳动力也是 3 人。户数在 11—19 户的生产队有 6 个,20—30 户的生产队有 5 个,30 户以上的生产队有 1 个,40 户以上的生产队有 1 个。1960 年代初期,联民大队有一半生产队的规模在 20 户以下。

1966 年"四清"运动中,生产队的规模受到"革命造反派"的关注。在"批判小小队"的呼声中,1967 年,联民大队扩大了生产队的规模,并赋予每一个生产队革命化的名字,成立了东风、红星、红江、立新、东方红、红旗、向阳与胜利 8 个生产队,生产队的规模均在 35—55 户之间。

这样的生产队规模是合适的。从国家的视角看,这样的生产队规模符合社会主义的理想,1967 年以后,国家意识形态捍卫这样的生产队,而没有对生产队的规模提出任何质疑。农民们也接受这样的生产队规模,因为这样的规模接近于自然形成的村落。1982 年全国第三次人口普查资料显示,海宁全县 137 794 户,3 654 个自然村,在总数中除去 5 个直属镇、43 个自然镇内的居民近 20 000 户,那么,海宁每个自然村的平均规模约 33 户左右。浙江武义全县有 1 530 个自然村,农业户数 73 500 户,每个自然村的平均规模为 48 户❶。因此,农民们生活在生产队中,犹如生活在自然村里,传统自然村里曾经发生的许多故事可能在生产队这个社会主义组织下重新演绎。

其二,清晰的集体边界。

在浙北地区,传统村落与宗族有聚居的场所,却没有清晰的边界。村落的土地相互交叉,村落里的农民自由外出劳动或者定居,村落的物资频繁流动,一句话,村落是一个开放的自然与社会空间。人民公社成立以后,生产队规模经过一系列调整,最终到 1967 年稳定下来,建构出边界清晰的生产队集体。

生产队集体有边界清晰的自然空间。这里有农民们世代居住的房屋,有农民们耕种的田与地,是"一村人家"全部粮食与生活资料的来源。

---

❶ 参见曹锦清、张乐天、陈中亚:《当代浙北乡村的社会文化变迁》,上海远东出版社,2001 年,第 3—4 页。

农民们每天都在这里挥洒汗水,连每一桶粪都要浇到这片土地上!生产队的人都知道集体的划分边界。例如,联民大队红旗生产队东南面以冯家浜为界,北面横亘着一条袁花塘河,西面是狭窄的油车港,南面的土地与立新生产队相接,分界线是一条公认的田埂。

边界清晰的自然空间建构着模糊的"领地"观念。某户农民家里来了客人,他到自己生产队的菜地里去割几棵菜,通常都会得到其他农民们的谅解;但是,如果他跑到其他生产队里去割菜,一定会被当成小偷。联民大队一带的农户普遍饲养绵羊,割草的小孩可能到处跑。草是自然生长的,不属于任何集体;地上的麻叶、桑叶是自然落下的,不属于任何人。原则上说,农民们可以自由地去割草、捡落叶,实际上,农民们有时也会咒骂甚至驱赶来自其他地方闯入生产队"领地"的割草人❶。

生产队集体还有边界清晰的社会空间。生产队赋予每一个社员以劳动、收益的权利,但是,这种权利只有在特定的时间、地点与空间中才是有效的,而其有效性又以服从生产队的安排为前提❷。一方面,在人民公社时期,农民们都被牢牢地限制在生产队这个边界清晰的社会空间中,他们被剥夺了自由外出参加劳动、获得收益的机会❸。另一方面,生产队集体还是生产队里所有农民们的生活、休闲与消费空间。农民们吃的粮食、食油、蔬菜,烧的柴火,大多都来自生产队,离开了生产队,他们一无所有,无法生活❹。

其三,共享的集体收益。

我国在1950年代中期实行统购统销政策,此后,国家与农民之间的关系基本确定。国家全面控制了农副产品的收购与销售,农民在与国家

---

❶ 当然,他们驱赶的理由都是"破坏庄稼"。

❷ 我们在《告别理想——人民公社制度研究》曾经说过,"地缘在公社中变成'画地为牢'的桎梏"。参见张乐天:《告别理想——人民公社制度研究》,上海人民出版社,2005年,第196—198页。

❸ 当然,人民公社没有也不可能完全限制农民们的自由外出,正如有的农民说:"脚生在我们自己身上,谁能管得住?"但是,由于全国都实行严格的粮食、油料、食糖等生活必需品的分配制度,又由于农村的人民公社与城市的单位都不允许自由雇用劳动者,所以,农民们自由外出的机会十分稀缺。1970年代中期以后,情况慢慢地发生了变化。这种慢慢发生着的默认农民外出自由的变化将如此深刻地影响中国社会,以至于有人把这种变化称为"一场静悄悄的革命"(参见沈关宝:《一场静悄悄的革命》,上海大学出版社,2007年)。

❹ 当时,极少数农民的子女在城镇初中毕业后回家,不愿从事艰苦的农业劳动,偷偷从家里拿了钱外出,几天以后,钱花完了,生活没有着落,只得以盗窃为生,结果被公安人员抓住,送去劳动教养(参见复旦大学当代中国社会生活资料中心馆藏资料)。

共生经济（1962—1982）
——人民公社时期的农业经营

的交换中只获得维持生命延续所必需的农副产品。实行"三级所有，队为基础"的人民公社制度以后，生产队独自核算，自主经营，但仍须遵循"先国家，后集体"的行为准则。联民大队是半经济作物地区，粮食种植面积较小，生产队按照"老三定"时期确定的标准种植粮食，有的生产队向国家交纳任务粮，有的生产队购买国家的供应粮。同时，联民大队各个生产队都要把蚕茧、麻、油菜籽等产品卖给国家。生产队与国家的这种关系约束着生产队的分配原则：主要按照需要来分配粮食与其他重要的生活资料❶。

1967年，满足基本需要是联民大队红江生产队的粮食分配的基本原则❷。那一年，红江生产队的"老三定"口粮是70 910斤❸，生产队按照"老三定"的70%按需分配，我们以陈和尚户为例看一看这个标准满足粮食水平的程度。陈和尚与妻子时年53岁，他们的"老三定"口粮标准为全年人均660斤；他们的儿子时年13岁，全年口粮450斤。按照70%计算，陈和尚全家分按需口粮1 245斤，其中，陈和尚夫妻每人可以分口粮465斤，以七二折计算，折白米335斤，平均每月可吃白米近28斤；他们的儿子可以分口粮315斤，折白米226.8斤，每月白米约19斤。生产队分

---

❶ 生产队里的粮食能够让每一个人都能吃饱肚子已经不错了，如果按劳分配粮食的比例过高，劳力少、吃口重的农民必定会挨饿，这既不符合社会主义的原则，也可能导致公社制度的垮台。

❷ "三年自然灾害"以后，国家为了激发农民们的劳动热情，曾经强调粮食的"按劳分配"，但是，"按劳分配"引发了生产队内部的许多矛盾。1967年以后，联民大队的粮食分配更多地向按需分配倾斜，下面的图表反映了1973年的情况。

联民大队1973年度生产队粮食分配情况表　　　　　　（单位：斤）

生产队	老三定口粮	分粮合计	按人分粮	按劳分粮	按劳占%	人均粮食
合 计	780 500	796 903	730 292	66 611	8.36	510.5
东风队	97 500	105 989	96 730	9 259	8.36	543.5
红星队	113 000	113 300	105 195	8 105	7.15	501.3
红江队	75 500	75 470	75 470			500
立新队	100 500	105 265	99 828	5 437	5.165	523.5
东方红队	86 500	96 129	85 547	10 582	11	555.66
红旗队	87 000	104 919	93 532	11 387	10.85	602.98
向阳队	113 000	123 734	115 862	7 872	6.362	547.5
胜利队	107 500	118 097	104 128	13 969	11.83	549.3

资料来源：联民大队会计资料。

❸ 如不作特别说明，这里都指稻谷。

配给陈和尚家的"基本定粮"基本可以满足温饱的需求。1967年,红江生产队粮食丰收,粮食分配总量的25%用于按劳分配,每一个劳动日可以分粮1.24斤❶。陈和尚全家全年劳动工分5 670分,可以分得粮食706斤。基本定粮加上按劳分配粮食,陈和尚家共分到粮食1 951斤,人均650斤,折米468斤,平均每月39斤。陈和尚家不仅能够"吃饱肚子",应该还有余粮。

1960年代初期,"三级所有,队为基础"的人民公社制度刚刚建立,为了鼓励农民参加劳动的积极性,生产队曾经以较高的比例按劳分配粮食。"四清"运动以后,生产队的粮食分配首先满足农民的口粮需要,按劳分配降到了较低水平。1970年代以后,按劳分配水平更低❷。"满足基本需要"是生产队粮食分配的基本原则❸,这一分配原则也被移用于其他重要生活资料的分配,如食油、柴草等。烧菜需要放油,烧饭需要柴草,生产队要确保每户都有最起码的油和柴。

生产队"满足基本需要"的分配实现了生产队集体收益的共享,由于农业生产水平低下,农业产出除了卖给国家的,留下的能够"满足基本需要"已经算不错了,所以,生产队内部的集体收益共享仅仅是维系起码的生命绵延意义上的共享!❹ 我们把集体收益的共享机制与大人民公社时期的"共产风""按需分配"相比较,可以看到三个不同点:大公社以社为核算单位,"社共队的产",生产队严格实行队基本核算制度;大公社破坏

---

❶ 这里不包括畜牧工分,畜牧工分以不同的计算方法分配饲料粮。1967年,红江生产队每个劳动日的分粮水平其实是比较高的,以男性全劳动力计算,他们每天可以分到按需口粮0.9斤米,劳动一天又可以分到按劳口粮0.9斤米,合计1.8斤米。

❷ 1962年,在年终决算时,8队、11队只分配了少量口粮,粮食主要按劳分配;1963年,在年终的粮食决算表格中,按劳排列在分配栏中的第一格,联民大队3队、5队、13队、14队共4个生产队粮食基本实行按劳分配。1964年,年终粮食决算表格中出现了"新基本定粮"一栏,"新基本定粮"占"老三定"标准的70%,是各个生产队优先分配的粮食,多余的粮食才能按劳分配。从此,粮食按劳分配的比例大大降低了。1968年,年终决算表中的粮食分配栏内无"按劳"一栏,只有"口粮"。1971年,有少数生产队自己在表格中加入"按劳"一栏。1972年,年终决算表中的粮食分配栏内有了"按劳"(包括"工分""分粮"),这一表式一直延续到1982年,不过,生产队的粮食分配始终优先满足基本需要,按劳分配的比例一直维持在低水平上。

❸ 国家落实统购统销政策,只给农民留下"满足基本需要"的粮食,更何况随着时间的推移,农民们的"基本需要"在增加,而国家与农民"绑定"的粮食份额标准却一直没有改变,所以,生产队里不仅没有更多的粮食可以按劳分配,粮食生产还一直处于紧张状态。

❹ 联民大队一带的农民们非常清楚生产队能够给他们提供什么,当年流传的一句话是"吃饭靠集体",农民们只期待集体能让他们吃饱饭。即使在浙北地区,农民们的这一期待偶尔也会落空,更不用说中国的中部、西部等自然条件较差的地区了。

共生经济（1962—1982）
——人民公社时期的农业经营

了家庭,生产队的收益分配都以家庭为单位;大公社一度"按人头发钱",生产队在经济方面实行"按劳分配"。

我们需要对第三个不同作一些解释。与大公社"发零花钱"不同,生产队分给农民家庭的所有实物都要进行经济核算,按照国家规定的价格,生产队在年终决算中算出每一个农民家庭全年应当负担的费用;这些费用由全家全年的劳动所得来支付。那么,如果某家庭全年的劳动所得太少,不足以抵扣该户全年从生产队里拿的实物与现金怎么办?生产队允许农民家庭"倒挂"❶,就是说,农民拿了生产队的东西,钱可以"挂在账上"。"倒挂"制度的实施使生产队的经济分配不会影响实物的按需分配,某户年年都是"倒挂户",但该户年年都能从生产队里分到足够的粮食、油、柴草等实物。

其四,"同船合一命"。

几百年前,一对陈姓兄弟摇着小船最终在铁店石栋的地方靠岸,此后,陈姓两兄弟不畏艰苦,努力耕耘,生儿育女,把这片陌生的土地变成了陈姓人家聚居的家园。这是自然繁衍起来的群体,"血浓于水"的信念衍生出人情、辈分等自然的信仰、规范、价值、知识与习俗;这是在同一片土地上滋生出来的群体,地缘因素形塑着农民群体,但在这里,地缘因素总是与血缘因素相互交织。地缘强化着血缘,与血缘共同促成了村落文化———一种具有中国特色的地方性文化。陈姓两兄弟创造了一个自然村落,它像星罗棋布于浙北大地上的其他自然村落一样,具有令人难以置信的历史韧性,历经战争、灾害的侵袭,仍顽强地扎根在袁花塘河南岸这片土地上。

人民公社改变了很多,唯独没有改变浙北农村聚村而居的生存方式:在人民公社实行了"三级所有,队为基础"的制度以后,生产队就是一个自然村或者准自然村,自然村中的许多"历史故事"就会在新的场景下重演。

自然村落是人类生存的聚居地,面对着变幻莫测的外部世界,自然村落内部存在着地方性集体意识,其第一律令是共同生存。1967年初春,"文化大革命"几乎摧毁了浙北农村的所有正式组织,大队与部分生产队干部们有做不完的"深刻检查",以求"过关",生产队时而"群龙无首",连

---

❶ "倒挂"是"户找队"的俗称。在年终经济分配决算表上,最后两栏是"队找户"与"户找队",前者指生产队分配给农户现金,后者指农户欠生产队现金。

农业生产都没有人安排。那时,陈家场生产队长陈建民"躺倒不干",陈家场农业生产显得有点儿混乱与散漫。有些农活干的人太多,"人都挤在一起,浪费了劳动力",另一些农活却没有人去做;有些人出工很晚,仍拿着全天的分;更有一些人一半时间在自留地里干活,还"冒充"拿生产队工分;等等。清明节以后,春花成熟了,需要收获;早稻秧苗长高了,需要插秧;桑叶长大了,蚕种场就要发蚕种了。如果再这样懒散下去,"脱"了季节,就会严重影响全年的收益。这时候,陈家场有些人着急了。顾颐德时年 26 岁,全家 6 口人,三兄弟都已经"出场"❶。1966 年顾颐德全家总工分 12 124.5 分,是陈家场工分最高的家庭,占全生产队总工分 225 558.9 分的 5.4%;全家全年口粮 4 249 斤,占全生产队口粮总数 96 075 斤的 4.4%。顾颐德十分清楚,他家是陈家场的大户,再这样散漫下去,农业减产了,他家的损失最大❷。陈林宝家里也不时地谈到生产队里的劳动情况。陈林宝是生产队里的蚕业技术员,在这样的情况下,他要不要"出来"组织饲养春蚕?他的妻子褚三宝❸聪明能干,受到大家的尊重,她坚决主张丈夫"挑起担子"。生产队会计陈明风生于 1923 年,1962 年从上海回乡参加农业劳动,后来担任生产队会计。他思维缜密,做事认真负责,写得一手好字,从来没有"甩纱帽"。下放工人顾新堂耳朵有点儿聋,最初只拿"妇女劳动力的工分",他就是喜欢"管生产队集体的闲事",时而吆喝着,要求大家好好干活。

地里的庄稼催人急,匾里的春蚕叫人忙。顾颐德出来说话了:"大家只有抓紧劳动,锅里才有米,灶里才有柴,否则,我们就要像'三年自然灾害'那样饿肚子。"褚三宝出来说话了:"如果不及时采桑叶,喂蚕宝宝,眼看着很快可以到手的钱就打水漂了,我们连'出市'的篮子都拎不出,真要苦死了。"顾新堂、陈雪峰❹、陈明风等人也出来说话了。很快,陈家场形成了一种气氛:"不好好干活,大家都没有饭吃。"这种气氛成为文化压力,建构出基本的农业劳动秩序,创造出 1967 年的奇迹。

❶ 当地土话,意思是已经成为全劳动力。
❷ 他家从生产队分配的粮食,约是生产队粮食总量的二十分之一,这就是说,生产队减产 20 斤粮食,他家就少分 1 斤粮食,减少 2 000 斤粮食,他家就少分 100 斤!
❸ 褚三宝出生于 1920 年。
❹ 陈雪峰出生于 1936 年,是陈家场劳动力最强的人,脾气粗暴,没有担任生产队的主要领导,但是,他的话在私下里较有分量。

共生经济（1962—1982）
——人民公社时期的农业经营

二、内卷[1]的纠结

1967年的奇迹只是生存意义上的，如果从发展的角度去看人民公社，那么，人民公社里没有奇迹，只有纠结。黄宗智先生曾经用"没有发展的增长"来形容人民公社时期的农业生产情况，这个描述适合于解释联民大队的事实。在人民公社时期，联民大队的农业从总体上呈现增长的态势，大队农业总收入甚至"翻了一番"（见表7-7）。

表7-7 联民大队1962—1981年的农业总收入和粮食总产量

年 份	总收入（元）	指 数	粮食总产（斤）	指 数
1962	207 458	100	725 696	100
1963	185 466	85	800 867	110
1964	200 298	96	830 239	114
1965	231 288	111	830 619	114
1966	230 254	111	941 184	130
1967	229 376	111	867 835	120
1968	259 179	125	956 979	132
1969	257 885	124	947 090	131
1970	271 014	131	943 111	130
1971	176 149	133	974 475	134
1972	304 055	147	1 154 046	159
1973	257 343	124	785 949	108
1974	279 579	135	919 964	127
1975	244 474	118	879 210	121
1976	291 969	114	1 061 036	146

[1] "内卷化"一词源于美国人类学家吉尔茨（Chifford Geertz）《农业内卷化》（*Agricultural Involution*）。吉尔茨认为，"内卷化"是指一种社会或文化模式在某一发展阶段达到一种确定的形式后，便停滞不前或无法转化为另一种高级模式的现象。黄宗智在《长江三角洲小农家庭与乡村发展》中，把"内卷化"概念用于中国农村经济发展与社会变迁的研究，他把通过在有限的土地上投入大量的劳动力来获得总产量增长的方式，即边际效益递减的方式，称为没有发展的增长，即"内卷化"。本书首先在黄宗智的理解意义上使用"内卷"概念，在分析联民大队农业内卷的过程中，本书拓展了内卷概念，提出了人民公社制度本身存在的内卷特征。

续表

年 份	总收入(元)	指 数	粮食总产(斤)	指 数
1977	/	/	1 041 782	144
1978	339 734	164	1 321 926	182
1979	405 523	195	1 430 132	197
1980	363 014	175	1 006 341	139
1981	408 785	197	1 062 300	146

资料来源:联民大队会计资料。

生产队内部存在着推动农业增长的动力。生产队是一个封闭的社会空间,小孩在长大,人口在增加,农民们需要更多的粮食来"填饱肚子",新增加的劳动力也要"有饭吃"❶。为了满足生产队内部的需求,生产队不得不采取种种措施来增加农业产出,其中最重要的是增加劳动力的投入,增加化肥与农药的投入❷。生产队的努力取得了成功,从1962年到1982年,联民大队各个生产小队的粮食产量、农业总收入都有了较大的提高,但是,生产队增长的粮食被同步增长的人口所抵消,增长的经济收入被同步增长的劳动工分"和淡"了(见表7-8、表7-9)❸。

表7-8 陈家场1962—1982年劳动力投入情况表

年 份	全年实用工	用工指数62年=100	劳动力总数	每工值(元)
1962	14 777	100	44	0.93
1963	13 394	91	52	0.57
1964	14 176	96	57	0.65
1965	15 441	104	56	0.64
1966	14 160	96	62	0.67
1967	17 627	119	63	0.68

---

❶ 在陈家场,农民们把"有活干"称为"有饭吃"。
❷ 参见张乐天:《告别理想——人民公社制度研究》,上海人民出版社,2005年,第207—240页。其中特别分析了过密型技术偏好、过密型劳动投入。参见曹锦清、张乐天、陈中亚:《当代浙北农村的社会文化变迁》,远东出版社,2001年,第461—466页。其中列出了化肥、农药销售逐年增加的情况。
❸ 正常投入一个农业劳动日可以获得2元收入,但是,现在却投入了两个劳动日,结果,每一个劳动日只有1元收入了,陈家场的农民们把这种情况称为"和淡",犹如正常的一杯盐水正合口味,但是,多加了一杯水,结果盐水就变淡了。

共生经济（1962—1982）
——人民公社时期的农业经营

续表

年 份	全年实用工	用工指数62年=100	劳动力总数	每工值（元）
1968	20 983	142	63	0.90
1969	19 189	130	64	0.60
1970	21 688	147	64	0.73
1971	21 297	144	65	0.91
1972	21 212	144	65	0.89
1973	21 201	143	67	0.76
1974	21 589	146	68	0.76
1975	22 138	150	68	0.57
1976	23 138	157	70	0.76
1977	22 536	153	73	0.70
1978	24 151	163	74	0.78
1979	28 100	190	72	0.76
1980	24 469	166	73	0.72
1981	23 044	160	75	0.85
1982	25 331	171	75	1.00

资料来源：联民大队会计资料。

表7-9 联民大队1962—1981年人均户均收入情况表

年 份	人均收入（元）	指 数	户均收入（元）	指 数
1962	102.19	100	405.18	100
1963	80.81	79	334.24	82
1964	92.14	90	384.64	95
1965	105.61	103	442.96	110
1966	106.51	104	464.09	114
1967	105.42	103	465.02	115
1968	122.09	119	540.78	134
1969	113.42	111	499	123
1970	119.77	117	536.83	132
1971	120	117	537.18	133
1972	134.16	131	596.84	147

续表

年 份	人均收入(元)	指 数	户均收入(元)	指 数
1973	104.75	103	473.97	117
1974	/	/	/	/
1975	99.13	97	445.23	110
1976	118.26	116	519.06	128
1977	/	/	/	/
1978	137.80	135	579.96	143
1979	163.81	160	719.84	178
1980	147.78	145	626.10	154
1981	179.81	176	673.01	166

资料来源：联民大队会计资料。

1962—1981年期间，国家曾两次对农产品调价。1965年，国家调高蚕茧收购价格的10%。次年，小麦收购价调高14%，早籼谷收购价调高11.5%，晚粳谷调高11.8%。1979年，蚕茧收购价又提高26.3%，小麦提高20.8%，早籼谷提高20.6%，晚粳谷提高19.3%。假如考虑到价格因素，联民大队农业劳动效率一直维持在很低的水平，农民们的收入水平停滞不前❶。增长着的粮食与经济收入被增长着的需求所抵消，即使在浙北地区，人民公社也只能维系最低水平的生存经济。浙北的农村基层干部与农民们一直被经济内卷所困扰。人民公社制度是特定历史时期的特殊制度。公社制度的一面打着两个大字——"共生"，共生经济创造了农业生产秩序，实现了持续20年生产队农业产出的增长；另一面打着两个大字——"内卷"，经济内卷划出了公社制度可能的历史界限，注定了公社制度最终的历史宿命。

公社时期的内卷是整体性的制度内卷，经济内卷是其中的一个侧面。所谓制度内卷，这里指人民公社制度定型以后，就停滞不前，无法随着经济社会的变化转型。人民公社制度于1962年最终定型为"三级所有，队为基础"的模式，以后，国家通过不断的阶级斗争巩固公社，1970年代中期，经过"四清"与"文化大革命"以后，人民公社已经被打造成经典的社会制度。农民们可以在公社中偷偷摸摸地做各种违背公社原则的事情，

---

❶ 1978年，党的十一届三中全会召开以后，这种情况才慢慢有所改变。

共生经济（1962—1982）
——人民公社时期的农业经营

但是，几乎没有人敢于改变公社制度❶。吊诡的是，越把公社制度打造成经典的制度，越强化公社制度的革命原则，就越把公社制度推向悬崖。正是那些试图使人民公社万古长青的努力导致了公社出乎意料地那么快就走向了终结。

人民公社中的制度内卷是公社制度的"胎生病"。

其一，表7-8的"每工值"一栏显示，生产队里的劳动效率一直在很低的水平上徘徊❷，那么，生产队真的没有办法提高农民们的劳动效率吗？回答是否定的。生产队完全可以实行定额管理❸，以提高劳动效率，但是，各个生产队都主动选择了整体劳动效率较低的"有限定额管理"❹。

生产队的选择是从公社制度出发的理性选择。在生产队里，农民只有参加生产队劳动，才能获得劳动工分，才有经济收入，因此，农民们通常都要求生产队安排集体劳动。陈家场农民把这种愿望称为"我们要饭吃"。于是，问题出现了。一方面，在人民公社时期，化肥、农业机械的引进，大大提高了农业劳动效率。例如，农民们为一亩稻田施用河泥、粪肥，可能需要花费20个工，现在他们只要花1个工施用化肥，就可以获得以往花20个工同样的施肥效果。生产队的田地是有限的、固定的，农业技术的引进可以减少农业劳动的投入，从而减少生产队劳动投入的总量。另一方面，随着时间的推移，生产队里的劳动力在增加❺，他们都不约而同地向生产队长"要饭吃"，导致生产队可支配劳动投入的总量不断增长，这种增长因大量小孩离校而变得更加严重❻。于是，生产队潜在的劳

---

❶ 1978年，安徽凤阳小岗村农民们仅仅在生产队内部搞联产承包，就已经冒着坐牢的风险了。1978年，本书作者考入复旦大学时，从来没有想到人民公社制度会改变。1981年，海宁开始实行联产承包责任制，大多数农村基层干部持反对态度，他们怀疑改变经典"社会主义制度"的可能性。

❷ 其实，如果我们考虑农业技术的改进所带来的劳动效率的提高，那么，实际劳动投入的效率便是呈下降的趋势。

❸ 每年"双抢"时节，联民大队的各个生产队都分出操作小组，绝大部分农活实行定额管理，大大加快了劳动进度，确保了"插秧不过立秋关"。

❹ 所谓"有限定额管理"，指只有部分农活实行定额管理，更确切地说，只在农忙时节实行定额管理。

❺ 陈家场的农业劳动力从1962年的44个增加到1982年的75个，农业劳动力增加了70%。全年农业劳动投入的比例与此相当，为71%。

❻ 当时农村教育实行九年制，小学五年，初中、高中各两年。一个小孩7岁上学，小学毕业回到生产队才12岁，初中毕业也才14岁。联民大队各个生产队的队长们都知道，这些离校返队的小孩是生产队里的"不安定因素"，只有安排他们与大人们一起参加集体生产劳动才是上策。当然，小孩们也愿意"到生产队里拿工分"。

动投入总量大大超过了实际的劳动投入需求❶,怎么办?在联民大队一带,生产队用两种方法解决"农民要饭吃的困境":一是设法增加劳动投入,包括更深度的精耕细作❷与农田水利建设;二是"偷懒的制度性宽容"。在陈家场,"偷懒的制度性宽容"在冬天时表现得特别明显。冬天明明农活很少,但是,只要适合外出劳动,生产队长总会安排农民们出去干活。他们早上9点多才开始干活,一个多小时后就回家吃饭了,全天劳动的时间才4个小时左右,却可以"拿一天的工分"。生产队长对此"眼开眼闭",因为这并没有"误农时",却让大家都高兴;农民们"没有意见",因此,"大家都一样,没有什么吃亏便宜"。

其二,表7-9显示,截至1976年,联民大队的人均收入、户均收入一直在极低的水平上徘徊,此后的情况也没有太大的好转。在人民公社时期,生产队的农业产出总体上呈不断增长的态势,为什么农民家庭生活没有得到实质性的改善?只要看看下面的表7-10,我们就知道答案了。

表7-10 联民大队1962—1981年经济分配情况表

年 份	户数(户)	人口(人)	分配合计(元)	指 数
1962	313	1 241	126 820	100
1963	323	1 336	107 960	85
1964	327	1 365	125 776	99
1965	329	1 387	146 062	115
1966	322	1 403	149 437	118
1967	321	1 416	149 271	118
1968	326	1 444	176 294	139
1969	338	1 487	168 663	133
1970	342	1 532	183 595	145
1971	342	1 532	183 715	145
1972	346	1 539	206 507	163
1973	345	1 561	163 519	129
1974	336	1 576	/	/

---

❶ 在村落里,每一种农活都有"应当"投入劳动量的规定,生产队的田地是固定的,农活也是"明摆着的",实际需要劳动投入的总量可以计算出来。

❷ 我们把这种措施称为"过密集型劳动投入",参见张乐天:《告别理想——人民公社制度研究》,上海人民出版社,2005年,第21—221页。

共生经济(1962—1982)
——人民公社时期的农业经营

续表

年 份	户数(户)	人口(人)	分配合计(元)	指 数
1975	354	1 590	157 613	124
1976	368	1 615	191 013	151
1977	383	1 634	/	/
1978	388	1 637	225 023	177
1979	368	1 615	264 767	209
1980	376	1 593	235 414	186
1981	389	1 556	261 799	206

资料来源：联民大队会计资料。

表7-10显示,联民大队有限的农业增长被各个生产队内部人口的同步增长抵消了。

其三,本章上面的讨论都以人民公社制度的基本稳定为前提,对于"制度内卷"的考察却引导我们进入一个更深的层面,即发现那些公社制度"胎生"的不稳定因素。我们首先注意到生产队中存在的"大家庭困境"。

传统大家庭是许多中国人的理想,但是,由于大家庭中的小家庭都争取自己的利益,导致大家庭内部常常充满着矛盾与冲突。一部"家庭恩仇录"使大家庭理想黯然失色。生产队集体共同拥有土地的所有权与使用权,共同组织农业生产经营,共同分配农业产出,犹如一个传统的大家庭。当然,生产队与传统大家庭存在诸多差别。生产队是"政治嵌入式集体组织",大家庭是血缘群体;生产队的规模远远大于大家庭;生产队长的权威来自选举,而选举的不稳定性导致了权威的脆弱,大家庭的权威是自然的、血缘的、稳定的;生产队里的小家庭拥有私有财产,是一个独立的消费单位,大家庭内的小家庭完全依附于大家庭;在联民大队一带,生产队通常只是一个准血缘群体,大家庭是严格意义上的血缘群体;生产队的集体主义是场面上的,靠着政治强制在维系,大家庭中存在着基于血缘的自然集体主义;等等。这一切差别导致一个结果：在生产队里,小家庭与生产队大集体之间的矛盾与冲突比传统的大家庭更加激烈！

从"三级所有,队为基础"的人民公社成立那天起,农民家庭就常常以"润物细无声"的方式侵蚀着生产队集体基础,成为损害着生产队集体利益的异己力量。为了巩固人民公社制度,确保生产队集体农业经营的正常秩序,国家一方面不断地"教育农民",培养农民们的集体主义意识;

一方面开展阶级斗争,把人民公社打造成经典的社会制度,变成为"不可触摸的高压线"。国家成功了,经过"四清""文化大革命"等运动,联民大队一带的农村基层干部与农民没有人会想象脱离公社;国家没有成功,因为农民仍然执着于家庭利益为中心的价值观,更有甚者,生产队里萌生出了"拿集体的东西不算偷"的道德观。于是,生产队成为"前无古人,后无来者"式的社会存在,生产队里演绎出奇特的"数不清,理更乱"的故事。在中国农村,数以亿计的农民小家庭创造出让人叹为观止的"自发资本主义倾向"。国家或主动出击,或被动应对,设法遏止农民"走资本主义道路"的行为。生产队集体这个大家庭始终在国家与农民家庭的张力中生存,在这里,生产队集体的规模发生了奇妙的作用,生产队集体中滋生的集体生存意识使生产队可能在国家与农民的冲突中维系农业经营的基本秩序。令人遗憾的是,联民大队一带的事实证明,基于集体生存意识的农业生产只能维系农民们最起码的生命延续。

其四,在人民公社制度中,个人的努力最终都可能收获甚少。陈家场农民陈一撲在回忆人民公社时曾经说:"当年,我们一个个都像缸底的大闸蟹,总是不断地拼命向上爬,爬上,跌下,爬上,跌下。"陈一撲的话惟妙惟肖地刻画了生产队里青年农民的心态。

然而,公社里的农民们永远都追求着希望。马克思恩格斯说:"已经得到满足的第一个需要本身、满足需要的活动和已经获得的为满足需要而用的工具又引起新的需要,而这种新的需要的产生是第一个历史活动。"❶生产队这一劳动制度不可能完全满足"新的需要",也难以阻止农民们在一定程度上把"新的需要"变成新的实践。每年秋冬季节,部队到农村招收新兵,联民大队的年轻人都踊跃报名,尽管有些人知道参军的可能性渺茫,❷却也抱着侥幸的心理去"试一试"。1970年代初期实行"工农兵推荐上大学",联民大队竟然有40多人报名,有人说,"有一丝希望,也要报名"。在"四清"运动中,联民大队揭露出来的所有"四不清"问题都与"新的需要"相关,我们从中看到了农村基层干部中个体与家庭发展的强烈冲动。❸在生产队里,我们常常可以看到日落余辉下一个个农民

---

❶ 《马克思恩格斯选集》第1卷,人民出版社,1995年,第79页。
❷ 例如,有些人的家庭成分是富裕中农,成分较高,有些人眼睛近视或者肝脏肿大,等等。
❸ "四清""文化大革命"有效地扼止了这种个体与家庭发展的冲动,因为这种个体与家庭发展的冲动被界定为"走资本主义道路"。

共生经济(1962—1982)
——人民公社时期的农业经营

忙碌的身影,这是农民们在耕耘他们的自留地。尽管他们知道,有限的自留地里的产出总是有限的。

在人民公社中,亿万农民不断产生着的"新的需要"与落后的公社制度压抑农民的"新的需要"之间必然会形成巨大的历史张力,人民公社制度的终结使我们看到,亿万农民的"新的需要的产生"以及在这种"新的需要"推动下的社会实践才真正是左右中国农村经济社会文化变迁的"第一个历史活动"。

图书在版编目(CIP)数据

共生经济:1962—1982:人民公社时期的农业经营/张乐天,丰箫,邱梦华著.
—上海:复旦大学出版社,2019.7
(当代中国农民的脚印系列丛书)
ISBN 978-7-309-13511-4

Ⅰ.①共… Ⅱ.①张…②丰…③邱… Ⅲ.①农村人民公社-农业经营-研究-中国-1962—1982 Ⅳ.①F325

中国版本图书馆 CIP 数据核字(2018)第 023573 号

共生经济:1962—1982——人民公社时期的农业经营
张乐天　丰箫　邱梦华　著
责任编辑/宋启立
复旦大学出版社有限公司出版发行
上海市国权路 579 号　邮编:200433
网址:fupnet@fudanpress.com　http://www.fudanpress.com
门市零售:86-21-65642857　团体订购:86-21-65118853
外埠邮购:86-21-65109143　出版部电话:86-21-65642845
江阴金马印刷有限公司

开本 700×960　1/16　印张 23　字数 358 千
2019 年 7 月第 1 版第 1 次印刷

ISBN 978-7-309-13511-4/F·2447
定价:98.00 元

如有印装质量问题,请向复旦大学出版社有限公司出版部调换。
版权所有　侵权必究